창업학

박춘엽 저

ENTREPRENEURSHIP

THEORY
METHOD
CASES

이론 / 방법 / 사례

보명 BOOKS

●
○

이한빈(1926~2004) 선생님께 바칩니다.

이한빈 선생님께 1951년에 한국인 최초로 하버드 대학교에서 MBA를 받으시고, 후에 숭실대학교 총장과 경제 부총리를 역임하셨으며, 한국에 ENTREPRENEURSHIP을 최초로 전파하신 분으로서 필자에게 뿐만 아니라 많은 창업자, 기업인, 정책 전문가, 학자들에게 스승이 되는 분입니다.

머 리 말

　기업의 창업은 인류의 문명과 문화를 창조해내는 인간의 가장 원천적인 활동 중의 하나이다. 이 책은 초판본 『창업학』에 최신의 이론과 방법 그리고 사례를 추가 소개하는 개정판이다.

　이 책은 창업을 학문으로 배우고자 하는 대학생과 대학원생뿐만 아니라 예비 창업자, 창업 컨설턴트, 벤처 기업인과 벤처 캐피탈리스트, 창업 정책 전문가, 기업내 창업자 등에게도 유용한 것이 되도록 저술한 것이다. 그래서 이 책은 학문적인 체계와 실용성이 모두 만족되도록 작성되었다.

　필자가 1986년에 국내 최초로 창업학 전문 서적 『중소기업 창업과 사업성 분석』을 저술한 이후에 창업에 관한 여러 권의 책들이 발간되었다. 그래서 창업학에 관한 전문 지식이 많이 보급되었다. 하지만 국내의 창업학 수준은 국제 수준과 비교하면 아직 미흡한 점이 많다고 하겠다. 그래서 이 책은 필자가 1975년 이후 40년 가까이 국내외에서 창업학을 연구하고 가르치며 컨설팅 활동을 하고 정책 전문가로 활약하며 실제로 창업 활동을 하는 동안에 축적된 지식과 경험을 바탕으로 저술하여 국제적인 수준에 비교하여 손색이 없는 것이 되도록 하였다.

　이 책의 특징은 다음과 같다. 첫째, 내용에 있어서 소점포 및 소호 창업, 벤처 기업 창업, 제조업 창업, 홈 비즈니스 창업, 여성 창업 등 모든 영역에서 적용될 수 있도록 하였다.

　둘째, 분석 기법에 있어서 사업성 분석, 사업 계획서 작성, 입지 및 상권 분석 등을 사례와 함께 소개하여 지금까지 간행된 국내외의 어느 서적보다도 충실한 내용이 되도록 하였다.

　셋째, 국내외 창업 사례를 소개하여 이론과 분석 기법의 설명만으로는 전달할 수 없는 창업 현장의 경험과 교훈이 생생하게 전달되도록 하였다.

　마지막으로 학습 목표, 주요 용어, 복습 문제를 통하여 학습 효율이 높도록 하였다.

　이 책을 완성하는 데 도움을 준 여러 분께 감사드리고자 한다. 먼저, 필자에게 40년 전에 미국의 조지아공대에 가서 Entrepreneurship(기업가 정신)을 공부할 길을 열어 주신 고 이한빈 선생님께 이 자리를 빌려 감사를 표하고자 한다. 또, 이 책의 초판본 간행을 지원해 주신 동국대학교의 홍기삼 총장님께도 깊은 감사의 마음을 드린다.

이 개정판에 사업계획 사례를 사용하도록 허락해 주신 안종하 님께 감사드린다. 이 책의 초판본을 집필하는 데 준 도움을 정월순 박사, 동국대학교 산업공학과 대학원의 연천진 군과 김영주 군, 연세대학교 대학원의 송일윤 군, 동국대학교 졸업생 민경훈 군과 강성원 군에게도 고마움을 표한다.
　이 개정판의 간행을 맡아주신 보명Books의 정태욱 사장님과 창의적인 디자인으로 이 책을 더욱 쓸모 있게 만들어 주신 정병현 님께도 감사의 마음을 전하고자 한다.

저 자

이 책의 구성과 활용

 이 책은 전체가 16장으로 구성되어 있다. 대학에서 교재로 사용하는 경우에는 한 학기 강좌에 적합하도록 하였다. 이 책은 제조업 창업, 소점포 창업, 벤처기업 창업, 서비스업 창업 등 모든 분야의 창업에 필요한 사항이 충실하게 다루어지도록 구성하였다. 아래 그림을 참조하기 바란다. 이 책을 교재로 사용하고자 하는 교수님들을 위해 강의용 CD를 별도로 작성하였다. 해당 교수님들은 출판사(보명Books)나 저자에게 연락하면 강의용 CD를 구할 수 있을 것이다. 저자와의 교신을 위해서는 parkcy@dongguk.edu로 연락주시기 바랍니다.

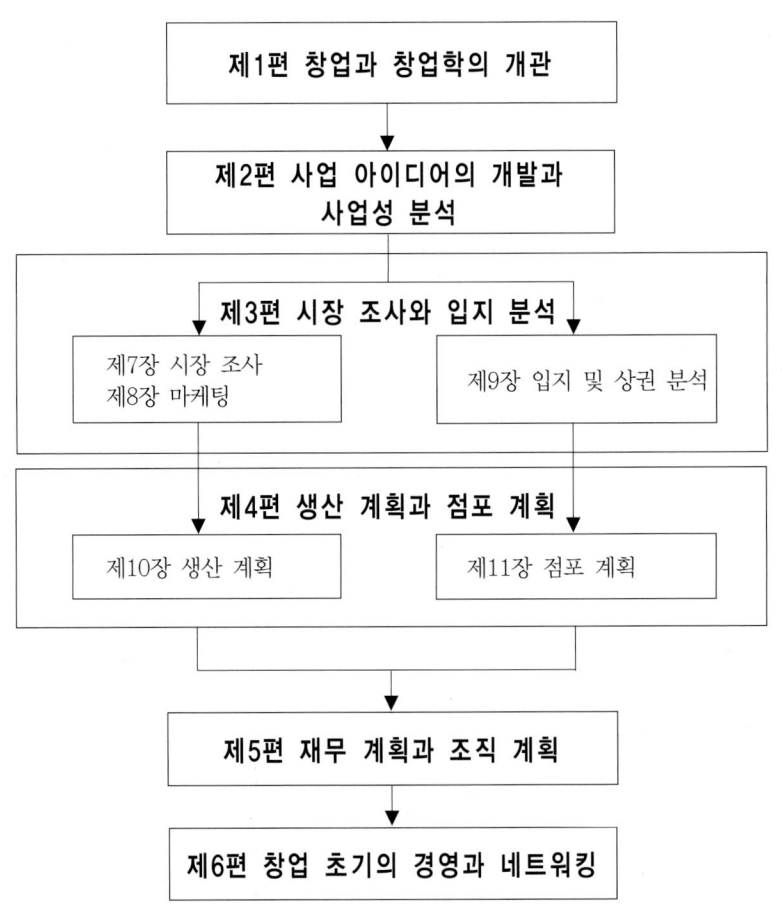

차 례

제1편 창업과 창업학의 개관 ·· 1

제1장 창업과 창업학의 본질과 전망 ·· 3
1-1 창업의 의미와 본질 ·· 6
1-2 창업의 중요성 ·· 7
1-3 앙트르프르너십의 본질 ·· 9
1-4 창업학의 범위와 진로 ·· 16
1-5 미국에서 창업학의 교육 동향 ·· 20
1-6 창업 사례 분석 ·· 20
1-7 복습 ·· 23

제2장 창업의 정의, 과정 및 종류 ·· 27
2-1 창업의 정의와 3요소 ·· 30
2-2 창업 과정 ·· 32
2-3 창업 환경 ·· 36
2-4 변형된 창업 과정 : 자원 우선형 ·· 38
2-5 창업의 종류와 특징 ··· 39
2-6 벤처 기업 ·· 47
2-7 복습 ·· 49

제3장 창업의 장단점과 기업가로서의 자질 ······································ 53
3-1 피고용자의 장단점 ·· 56
3-2 자기 사업의 장단점 ·· 57
3-3 창업자 적성검사 ·· 58
3-4 성공적인 기업가의 특성 ·· 60
3-5 기업가로서의 업무 수행에 필요한 능력 ······································ 64
3-6 적합도 검정 ·· 68
3-7 복습 ·· 68

제 4 장 기업의 성패 요인과 창업 지원제도 ················· 71
  4-1 창업 기업의 실패율 ································· 74
  4-2 창업 기업의 실패 원인 ····························· 75
  4-3 도산의 원인과 대응 방안 ························· 77
  4-4 성공적인 경영자가 되기 위해 필요한 능력 ··········· 81
  4-5 창업 지원기구 ··· 83
  4-6 소상공인 지원제도 ·································· 85
  4-7 복습 ··· 86

제 2 편 사업 아이디어의 개발과 사업성 분석 ············· 89

제 5 장 사업 아이디어의 개발 ····························· 91
  5-1 사업 아이디어의 중요성 ··························· 95
  5-2 평범한 사업과 비범한 사업 ······················ 95
  5-3 사업 아이디어 개발 기법 ························· 98
  5-4 프랜차이즈 창업, 전자 상거래 및 홈 비즈니스 ········ 106
  5-5 사업 아이디어의 선별 ····························· 110
  5-6 지적재산권 ·· 112
  5-7 복습 ··· 117

제 6 장 사업성 분석과 사업 계획 ························· 121
  6-1 사업성 분석의 개념과 필요성 ···················· 124
  6-2 사업성 분석의 기본 과제 ························· 126
  6-3 사업성 분석의 구조와 환경 : 제조업을 중심으로 ······ 127
  6-4 사업성 분석의 절차 ································ 129
  6-5 사업계획 ·· 133
  6-6 복습 ··· 137

제 3 편 시장 조사와 입지 분석 ··························· 141

제 7 장 시장 조사 ·· 143

7-1 시장 조사의 기초지식 ……………………………………… 146
 7-2 시장 조사의 순서 …………………………………………… 150
 7-3 정식 시장 조사 ……………………………………………… 155
 7-4 시장 정보의 원천 …………………………………………… 158
 7-5 1차 자료의 수집 방법 ……………………………………… 159
 7-6 SWOT 분석과 SWOT 매트릭스 …………………………… 161
 7-7 복습 …………………………………………………………… 167

제8장 마 케 팅 ……………………………………………… 171
 8-1 마케팅의 기초 ……………………………………………… 174
 8-2 마케팅 계획 ………………………………………………… 178
 8-3 가격 …………………………………………………………… 179
 8-4 유통 …………………………………………………………… 183
 8-5 촉진 …………………………………………………………… 187
 8-6 판매 촉진 …………………………………………………… 188
 8-7 광고 …………………………………………………………… 189
 8-8 DM …………………………………………………………… 192
 8-9 고객 서비스 ………………………………………………… 197
 8-10 복습 ………………………………………………………… 197

제9장 입지 및 상권 분석 ………………………………… 201
 9-1 기본적 개념 ………………………………………………… 204
 9-2 입지와 지점 선정 절차 …………………………………… 207
 9-3 상점 선택 및 입지 선정 시 고려요인 …………………… 209
 9-4 지점의 평가 및 후보 물건 조사 ………………………… 212
 9-5 쇼핑 센터의 출점 시 검토 사항 ………………………… 215
 9-6 제조업을 위한 입지 선정 ………………………………… 216
 9-7 입지 선정에 필요한 정보 및 소재 ……………………… 217
 9-8 입지 분석 사례 …………………………………………… 218
 9-9 복습 ………………………………………………………… 221

제 4 편 생산 계획과 점포 계획 225

제 10 장 생산 계획 227
- 10-1 생산 계획의 목적과 필요 정보 230
- 10-2 필요 정보 230
- 10-3 생산 계획의 단계 231
- 10-4 복습 239

제 11 장 점포 계획 241
- 11-1 점포 계획 244
- 11-2 소요 자금 추정 249
- 11-3 복습 252

제 5 편 재무 계획과 조직 계획 255

제 12 장 재무 계획 257
- 12-1 재무 계획의 필요성과 목적 261
- 12-2 기초적 개념 261
- 12-3 소요자금의 추정 267
- 12-4 자금을 조달하는 방법 270
- 12-5 사업 자금의 원천 275
- 12-6 벤처 캐피탈 281
- 12-7 수익성 분석 286
- 12-8 복습 289

제 13 장 조직 계획 293
- 13-1 경영자의 중요성 297
- 13-2 조직의 구성 형태 298
- 13-3 창업팀의 형성과 인원 선발 과정 301
- 13-4 경영 파트너의 대상 304
- 13-5 직원 채용 306

13-6 기업의 법적 형태와 장단점 …………………………………… 308
13-7 기업의 설립 절차 …………………………………………… 312
13-8 사업자 등록 ………………………………………………… 315
13-9 복습 ………………………………………………………… 318

제 14 장 사업 계획서 사례 …………………………………………… 321
14-1 소점포 비빔밥 전문점 사례 ………………………………… 322
14-2 디지털 콘텐츠 대여 커피 전문점 창업 계획 사례 ………… 337
14-3 특수 용접봉 제조 사업 계획서 사례 ……………………… 359

제 6 편 창업 초기의 경영과 네트워킹 …………………………… 377

제 15 장 창업 초기의 경영 ………………………………………… 379
15-1 창업 초기에 나타나는 상황과 대응 방안 ………………… 383
15-2 투자의 수확 ………………………………………………… 385
15-3 코스닥 증권 시장 …………………………………………… 387
15-4 복습 ………………………………………………………… 388

제 16 장 네트워킹과 아웃소싱 ……………………………………… 393
16-1 네트워킹 ……………………………………………………… 396
16-2 네트워킹 대상 ……………………………………………… 397
16-3 네트워킹 시 주의점 ………………………………………… 398
16-4 아웃소싱 …………………………………………………… 400
16-5 아웃소싱 과정 및 효과 …………………………………… 401
16-6 복습 ………………………………………………………… 404

참고 문헌 및 추천 도서 ……………………………………………… 407

찾아 보기 ……………………………………………………………… 415

PART 1

창업과 창업학의 개관

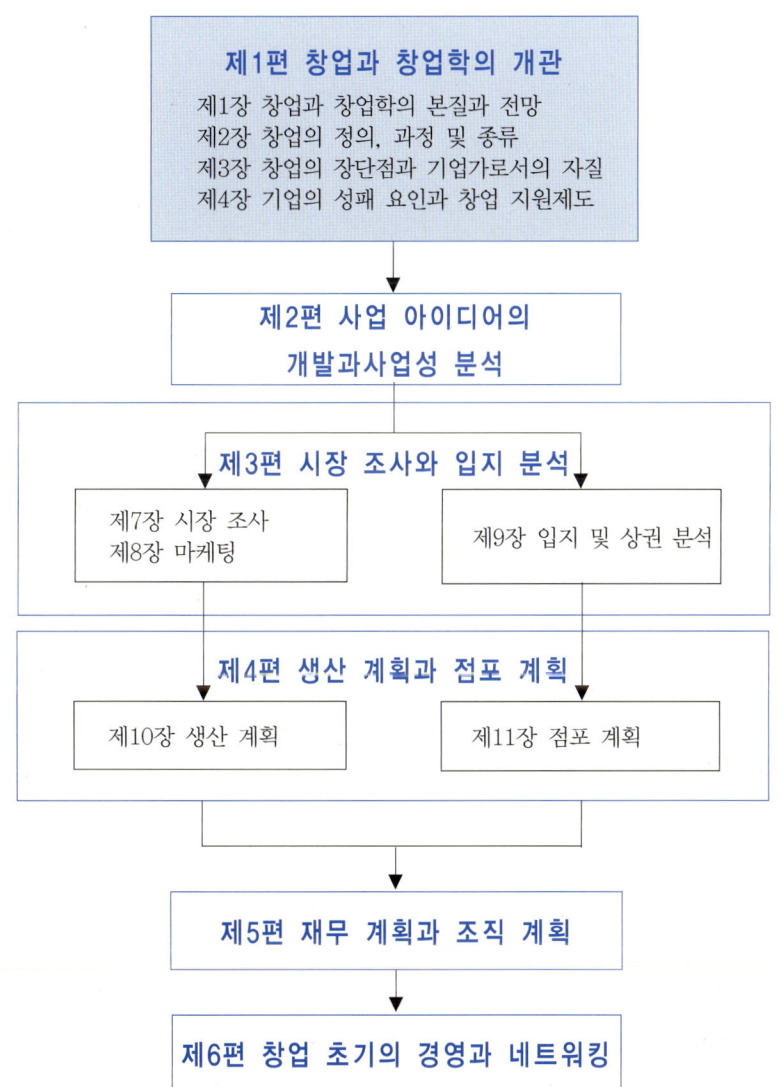

제 1 장

창업과 창업학의 본질과 전망

개관

이 장에서는 창업학의 본질과 전망에 대해서 학습한다. 창업의 의미, 창업학의 학술적인 발전배경, 앙트르프르너십의 의미, 창업학의 학술적 세부 영역, 창업학 지식의 용도, 창업학 전공자의 진로와 활동 분야 등을 다룬다.

학습목표

1. 창업의 중요성을 설명할 수 있다.
2. 잉드르프르너십의 정의를 이해하고 설명할 수 있다.
3. 앙트르프르너십 연구의 역사적 과정을 이해한다.
4. 상업학의 세부 영역에는 어떤 것들이 있는가를 안다.
5. 창업학과 앙트르프르너십과의 관계를 설명할 수 있다.
6. 앙트르프르너십의 발전 과정을 설명할 수 있다.
7. 창업학의 용도를 설명할 수 있다.
8. 창업학 전공자의 진로에 대해서 안다.

주요용어

창업, 창업의 의미, 창업의 중요성, 일자리 창출, 창업학, 앙트르프르너십, 슘페터, 창업학의 용도

사 례 삼성그룹의 창업자 이병철

　호암 이병철 선생은 경제적으로 부유한 가정에서 태어나 유복한 소년시절을 보냈으며, 1930년 일본으로 유학하여 와세다대학에서 경제학을 공부하였다.

　1936년 봄 호암은 평소 알고 지내던 사람들과 공동투자하여 협동정미소를 설립했고, 이후 자동차운송업도 병행하며 사업의 규모를 키워 나갔다. 그러나 전혀 예상치 못했던 중일전쟁의 여파로 인해 사업을 청산하게 되었다. 이병철 선생은 중국을 여행하며 새로운 사업 구상에 몰두했고, 마침내 1938년 3월 1일 대구에 삼성상회를 설립하여 중국과 만주 등을 상대로 무역업을 시작했다. 삼성상회는 오늘날 삼성의 주춧돌이 되었다. 삼성상회는 무역업 외에도 국수제조업으로 내실을 다지면서 성장가도를 달렸고 호암 선생은 삼성상회의 성공에 힘입어 1939년 조선양조를 인수했다.

　호암 선생은 해방 후 무역업에 재도전하기 위해 서울로 무대를 옮겨 1948년 삼성물산공사를 설립했다. 삼성물산공사는 홍콩과의 직접 교역을 통해 급성장했으나 6.25 전쟁으로 모든 것을 잃고 말았다. 1953년에 설립한 제일제당의 성공에 힘입은 호암 선생은 국민 의생활의 질적 향상을 위해 제일모직을 설립했다. 당시에는 마카오에서 밀수입된 영국제 양복지가 부유층을 중심으로 애용되며 마카오 신사라는 말이 유행하고 있었다. 호암 선생은 국내 최초의 고급양복지 골덴텍스가 외래품을 능가한다는 아이디어를 광고선전 담당에게 주며 골덴텍스 광고문안에 외제 양복지보다 낫다는 문구를 반드시 넣도록 지시했다.

　제일모직 기숙사는 생산직 근로자를 위한 우리 나라 최초의 기숙사였다. 기숙사 건물 주변은 갖가지 꽃과 나무로 가득한 정원이 꾸며져 있었고, 정원을 관리하는 정원사가 따로 있었다. 전속 사진사도 있어 가족들이 면회 오면 기념촬영도 할 수 있었다. 건물 안에는 미용실, 세탁실, 목욕실, 다리미실, 도서실 등이 갖춰져 있어 요즘의 기숙사 시설과 견주어도 손색이 없었다.

　이처럼 제일모직 기숙사를 최고수준으로 만든 데에는 "모직은 고가의 제품이다. 만드는 사람의 자질이 뛰어나고 사명감이 있어야 한다. 그러기 위해서는 대우도 최고로 해 주어야 한다."는 것이 호암의 지론이었다. 월급 또한 파격적으로 높았고 이 때문에 신문에 제일모직 생산직 모집공고가 나면 전국적으로 사람들이 몰려들었다. 기업의 사회적 책임과 사명에 관해 확고한 신념을 갖고 있었던 선생은 1961년 한국의 대표적인 경영인들이 모두 참여하는 한국경제인협회를 발의했고 그 초대회장으로 처음이자 마지막인 공직을 맡았다.

호암 이병철 선생은 '동경에 가면 세계가 보인다'라고 하였으며, 해마다 정초를 동경에서 맞이했다. 우리나라와 가장 가까이 있는 국제도시이자 세계경제의 흐름을 접할 수 있는 동경에서 세계의 변화를 읽고, 정보를 얻었으며 새로운 사업을 구상했다. 중요한 인사문제나 직제 개편까지도 동경에서 마무리하곤 하여 사람들은 이를 일컬어 동경구상이라고 불렀다. 전자, 반도체, 항공 산업 진출 등등의 신산업들이 동경구상을 통해 이루어진 것이다.

이병철 선생의 탁월한 경영능력과 미래를 통찰하는 선견력, 강인한 지도력은 한국 경제의 현대화에 불멸의 공적을 남겼다. 또, 호암 선생은 자신의 후계자로 장남을 택하지 않으시고 삼남인 건희 씨를 지명한 것으로도 유명하다. 호암 선생은 1987년 11월 19일 향년 78세로 영면하였다. 이병철 선생의 공을 기려 대한민국 정부는 국민훈장 무궁화장을, 일본 정부는 훈일등서보훈장을 추서하였다.

호암 선생의 경영철학을 살펴보겠다.

사업보국(事業報國) : 삼성의 경영이념 중 첫 번째에 해당하는 사업보국은 기업을 통해 국가와 사회, 더 나아가서는 인류에 공헌하고 봉사한다는 의미를 담고 있다. 호암 선생은 기업의 존립 기반은 국가이며, 따라서 기업은 국가 발전에 공헌해야 한다는 신념을 갖고 있었다.

인재제일(人材第一) : 인재제일은 인간을 존중하고 개인의 능력을 최대로 발휘할 수 있는 여건을 만들어 그로 하여금 개인과 사회의 원동력이 되게 하는 정신이다. 그는 일찍부터 '기업은 사람이다'라는 말을 강조해왔다. 즉 뛰어난 경영이념과 철학은 그것을 실천으로 뒷받침하는 사람이 있어야 한다는 것이다.

합리추구(合理追求) : 합리추구는 사업보국과 인재제일의 정신을 뒷받침하는 개념이다. 사업보국과 인재제일의 뜻이 아무리 훌륭하다 하너라도 그것이 합리성의 바탕에서 이루어지지 않는다면 그 본질마저도 훼손될 수 있다는 점을 간파하고 이치에 합당하는 경영, 합리추구를 경영이념의 하나로 삼은 것이다.

한 번 더 생각하기

- ✓ 위대한 기업이 한 국가 또는 사회에 미치는 영향은 무엇인가?
- ✓ 이병철 회장이 창업할 때는 오늘날과는 달리 창업에 관한 전문 서적이 없던 때였다. 그럼에도 불구하고 그는 작은 기업을 창업하여 큰 기업으로 성장시켰다. 어떤 방법으로 성공할 수 있었을까?
- ✓ 창업에 관한 이론과 기법은 어떤 과정을 거쳐서 발전해 왔을까?

1-1 창업의 의미와 본질

　창업(創業)이란 국어사전에 따르면 두 가지 뜻이 있는데, 한 가지는 나라를 새로이 세운다는 뜻이고(예를 들면, 이성계의 조선왕조 創業), 다른 한 가지는 새로운 기업을 설립한다(기업의 創業)는 뜻이다. 이와 같이 창업이라는 말이 복수의 뜻을 가지고 있기 때문에 새로운 기업을 설립하는 것을 의미하는 경우에 특별히 기업 창업이라는 표현을 사용하기도 한다. 그런데 실제에 있어서 창업이라는 말의 의미가 두 가지 의미 중 어느 것을 의미하는가를 혼동하게 되는 경우는 거의 없으며 보통 창업이라고 하면 기업의 창업을 의미한다. 국가를 설립한다는 뜻인 경우에는 특별히 '국가의 창업' 또는 '왕조의 창업'처럼 수식어를 붙여서 사용하는 것이 통상적인 용법이라고 본다. 그러므로 이 책에서 창업이란, 특별한 언급이 없는 경우에는, 새로운 기업을 설립하는 것을 의미한다.

　창업이란 새로운 기업을 설립하는 것이라고 할 때, 기업의 설립 이유는 무엇인가? 기업 설립의 일차적인 목적은 재화와 서비스를 생산하는 것이다. 그런데 기업이 재화와 서비스를 생산하는 이유는 무엇인가? 그 이유는 그것을 필요로 하는 사람들에게 공급하기 위한 것이다. 그렇다면, 왜 재화와 서비스를 공급하는가? 이와 같은 물음을 계속해 가면, 기업은 궁극적으로 이윤을 얻기 위하여 설립되고 운영된다고 할 수 있다. 그래서 '창업의 궁극적인 목적은 이윤의 실현'이라고 할 수 있다.

　이윤을 실현하는 기업을 창업한다는 것은 매우 어려운 일이다. 비근한 예로, '10층짜리 건물을 신축하는 일과 이익을 발생하는 30평짜리 음식점을 창업하는 일이 있을 때 이들 2가지 일 중에서 어느 것이 어렵겠는가?'라는 질문이 주어졌다면 어느 일이 어렵겠다고 답하겠는가? 어떤 이는 10층짜리 건물을 신축하는 일이 더 어려운 일이라고 답할는지 모른다. 하지만 필자는 그것보다는 이윤을 발생시키는 30평짜리 음식점의 창업이 더 어려운 일이 아니겠는가라고 생각한다. 왜냐 하면 10층 건물의 신축은 건축기술이 발달하여 자금만 있으면 설계를 하여 원하는 건물을 지을 수 있으나, 30평 규모의 음식점을 개설하여 이윤이 발생할 수 있도록 성공적으로 운영하는 일이 더 어렵기 때문이다.

　창업은 본질적으로 소비자가 원하는 제품과 서비스를 생산하고 이를 고객에게 판매하여 이윤을 발생시키는 시스템을 설계 및 실행(plan and implementation)하는 활동이다. 그러므로 창업 활동에는 제품과 서비스(goods and service)를 생산하는 시스템뿐만 아니라 고객(customer)이라는 요소가 포함되어 있다. 생산 시스템에는 기계나 공장 또는 점포와 같은 설비뿐만 아니라 그 속에서 일하는 사람(people)이 있어서 그것을 운영자가 원하는 대로 운영하기란 쉽지 않다. 창업을 10층 건물의 건축보다 어렵게 하는 것은 경쟁자가 있다는 사실이다. 독점적인 위치에서 생산과 판매를 하는 경우도 있지만 대부분의 경우에는 치열한 경쟁 속에서 살아남아야 창업은 비로소 성공했다고 할 수 있다. 이와 같이 창업이란 본질적으로 경쟁적 환경에서 고객의 욕구를 만족시킬 수 있는 우수한 시스템을 설계하고 실행하는 일로서 물적 및 인적 요소와 아이디어 요소를 결합하는 일이다. 여기에서 경쟁적 환경이라는 점이 창업을 특별히 어렵게 만든다.

실제에 있어서 기업을 창업하여 이윤을 발생시키는 기업으로 발전시키는 일은 대단히 어려운 일이다. 기업 창업에 대한 기술은 아직 충분히 발달되어 있지 않다. 그래서 세계의 여러 나라에서는 창업에 대하여 맹렬히 연구하고 있다. 성공적으로 창업하기 위해서는 그에 필요한 지식을 학습하여야 한다. 또, 자신이 직접 창업을 하지 않더라도 창업을 위한 컨설팅, 창업 기업과의 거래, 창업과 관련된 정책과 사회 현상을 이해하기 위해서는 창업에 관한 지식이 필요하다. 이 책은 성공적인 창업을 위한 이론, 방법, 사례를 소개하고 논의하고자 한다.

1-2 창업의 중요성

기업의 창업은 개인의 관점에서 보면 개인적인 부를 창출하기 위한 활동이지만, 그것은 개인의 차원을 넘어 사회적으로도 여러 가지로 중요성을 가진다. 살펴보면 다음과 같다.

(1) 부의 창출(creation of wealth)

기업 창업의 가장 직접적인 목표는 부(富, wealth)를 창조하는 것이다. 창업이 창출하는 부는 개인적으로 소중한 것일 뿐만 아니라 사회적으로도 유용한 것이다. 좀더 많은 사람들이 물질적인 풍요로움의 혜택을 받기 위해서는 먼저 사회 전체의 부의 크기가 증가해야 하는데, 창업은 이러한 결과를 위하여 필요한 중요한 활동인 것이다.

(2) 일자리의 창출(job creation)

기업의 창업은 일자리를 제공하게 된다. 이와 같은 일자리는 개인에게는 생활의 수단이며, 국가적으로는 경제 활동 인구를 늘리고, 실업 문제를 해결하는 데 있어서 가장 근본적인 방안인 것이다.

(3) 자원의 활용(utilization of resources)

창업된 기업은 자원을 활용하여 가치가 좀더 큰 새로운 재화를 생산하게 된다. 만약, 기업이 창업되지 않는다면, 천연자원이 아무리 풍부하더라도 그것을 활용하여 부를 창출하는 활동이 이루어지지 못하거나 저조할 것이다.

(4) 생활 공간의 창조(creation of living space)

현대 사회에서 직장 생활이란 단순히 생계에 필요한 물질을 얻기 위한활동이라는 차원을 넘어서, 삶 그 자체의 매우 중요한 일부이다. 그러므로 기업에서 근무하는 동안의 삶의 질은 종사자들의 삶의 질을 결정하는 중요한 요소가 되는 것이다. 이와 같은 관점에서 볼 때, 기업의 창업은 창업자 본인과 종사자에게 중요한 삶의 공간을 창출하는 행위인 것이다.

(5) 국제 수지에 영향(impact on international balance of payment)

한국과 같이 국제 통상이 국가경제에서 차지하는 비중이 매우 큰 나라에서는 창업은 위에서 설명한 여러 가지 기능을 하는 외에 특별히 국제 수지 개선에 많은 영향을 미칠 수 있는 경제 활동인 것이다.

(6) 혁신을 촉진(promotion of innovation)

기업이 창업되기 위해서는 기존의 재화와 서비스에 비하여 가격, 품질 등에 있어서 우월해야만 한다. 창업은 혁신을 바탕으로 이루어지며, 창업 기업은 지속적인 혁신을 통하여 존립하게 된다.

(7) 과학 기술의 발달 촉진(promotion of science and technology)

기업의 창업은 기술을 활용하게 되는 경우가 많으며, 기업 활동은 새로운 기술의 발달을 요구하게 된다. 그러므로 기업의 창업은 결과적으로 과학과 기술의 발달을 촉진하게 된다.

(8) 환경에 영향(impact on environment)

기업을 창업하여 생산 활동이 전개되는 경우에 발생되는 폐기물은 자연 환경에 영향을 미칠 수 있다. 그것은 오염일 수도 있으며 그렇지 않은 경우도 있을 수 있다. 예를 들면, 오염 물질을 많이 배출하는 낡은 생산시스템을 대체하는 더 효율적인 새로운 기업은 오염을 감소시키는 결과를 가져오기도 한다.

1-3 앙트르프러너십의 본질

창업학의 본질을 이해하기 위해서는 Entrepreneurship(앙트르프러너십)을 이해해야 한다. 그래서 여기에서는 Entrepreneurship어원, 정의, 발전과정 등에 대하여 설명하고자 한다.

1-3.1 Entrepreneurship의 어원과 정의

1) Entrepreneurship의 어원

Entrepreneurship는 Entrepreneur에 접미어 ship이 붙어서 된 말이다. Entrepreneur는 본래 프랑스어로서 '앙트르프르너'라고 음역(발음)하고 우리 말로는 보통 기업가(企業家)로 번역한다. 그래서 Entrepreneurship은 보통 기업가 정신(企業家精神)이라고 번역하고 있다[이 번역이 적합한 것이 아니라는 점은 기요나리 다다오(淸成忠男 p. 7)에서 논의되고 있음].

Entrepreneur는 그 어원이 프랑스어 동사 Entreprendre(발음은 '앙트르프랑드르', 의미는 기도(企圖)하다(영 : attempt), 꾀하다(영 : try)로부터 파생된 말이라고 한다. 동사 Entreprendre는 12세기 경부터 쓰여졌는데, 이 동사에서 명사 Entrepreneur가 생겨난 때는 15세기 경이라고 한다. 영어에서는 Entrepreneur에 해당하는 영어 단어로 Adventurer(어드벤춰러, 모험가, 투기꾼)나 Undertaker(언더테이커, 떠맡는 사람, 기획자, 기업가)가 15세기 경부터 사용되었다고 한다.

2) Entrepreneurship의 정의

Entrepreneurship(앙트르프러너십)이라는 말은 단어가 길고 발음이 까다로워서 한국인인 우리에게는 처음 대할 때부터 어렵게 느껴지는 어휘이다. 그런데 이 어휘는 철자와 발음만 까다로운 것이 아니고 그 의미도 유의해야 명확하게 이해할 수 있다. 앞에서 언급한 바와 같이 Entrepreneurship은 앙트르프러너십이라고 음역하는데 우리말로는 보통 '기업가 정신'이라고 번역되고 있다. 그런데 이 Entrepreneurship이라는 말은 한국인인 우리에게만 어려운 어휘가 아니고 영어를 모국어로 하는 사람들도 유의해서 학습해야 하는 전문 용어이다. 이러한 사실을 뒷받침하는 예로는

Entrepreneurship에 관한 영문으로 된 전문 학술적 서적들 중에는 제1장에서 Entrepreneurship이 무엇을 의미하는가에 대하여 상당한 지면을 할애하여 설명하고 있는 것들이 많다는 점을 들 수 있다.

앙트르프르너십의 개념은 수세기에 걸쳐서 진화하여 왔으며, 그 결과로 앙트르프르너십에 대한 정의(definition)는 여러 가지가 있다. 여기에서는 앙트르프르너십에 대한 론스태드[Robert Ronstadt, 1984, p. 8, Holt(1993)에서 재인용]의 정의를 통하여 앙트르프르너십의 현대적 의미를 살펴보겠다.

앙트르프르너십은 증분의 부를 창출하는 역동적 과정이다. 이러한 부는 중대한 위험을 감수하는 사람들에 의해서 창출된다. 그러한 위험은 재산, 시간, 제품과 서비스에 가치를 제공하는 일을 직업으로 선택하는 결심 등과 관련된 것들이다. 제공하는 제품과 서비스는 새롭거나 독창적인 것일 수도 있고 그렇지 않은 것일 수도 있다. 하지만 이 제품과 서비스에 가치가 주입되어야 하는데 이는 기업가 필요한 기술과 자원을 확보하고 투입함으로써 이루어진다. (Entrepreneurship is the dynamic process of creating incremental wealth. This wealth is created by individuals who assume the major risk in terms of equity, time, and/or career commitment of providing value for some product and service. The product and service itself may or may not be new or unique but value must somehow be infused by the entrepreneur by securing and allocating the necessary skills and resources.)

여기에서 소개한 앙트르프르너십에 대한 정의에서 앙트르프르너십을 '기업가 정신'이라고 하지 않고 그것을 역동적 '과정(process)'이라고 한 점에 유의할 필요가 있다. 하버드대학교 교수였던 슘페터(Joseph Schumpter)도 앙트르프르너십을 과정이라고 하였다. (과정이란 '일련의 활동의 집합'을 의미한다).

1-3.2 Entrepreneurship의 번역어

Entrepreneurship의 정의에서 나타난 바와 같이 그것은 기업가가 수행하는 역동적 과정을 의미하므로 Entrepreneurship을 '기업가 정신'이라고 번역하는 것은 옳지 않다고 지적하는 학자도 있다. 일본의 기요나리 다다오(淸成忠男, 1993, p. 7) 교수는 Entrepreneurship은 기업가 정신이라고 번역할 것이 아니라 '기업가 활동'이라고 번역하여야 한다고 지적하고 있다. 기업가 활동이라는 번역은 '기업가가 수행하는 혁신적인 일련의 활동'을 의미하는 것으로 봐야 할 것이다. (기업가 정신은 entrepreneurial mind 또는 entrepreneurial spirit로 나타낼 수 있다고 지적되고 있다.)

이와 같이 Entrepreneurship이라는 어휘에 대한 기업가 정신이라는 번역은 본래의 뜻을 왜곡할 수 있는 위험성을 내포하고 있으므로 이 책에서는 Entrepreneurship을 기업가 정신이라고 번역하지 않고 '앙트르프르너십'이라는 음역을 사용하고자 한다(음역은 앙트르프르너십 또는 엔트르프르너십이라고 할 수 있는데 앙트르프르너십이라는 발음이 더 널리 사용되는 것으로 보인다). 일본어에서는 Entrepreneur(앙트르프르너)를 起業家(기업가)라고 표기하여 통상적인 企業家(기업가)와 구별하여 표기한다.

1-3.3 앙트르프르너십 연구의 역사적 과정

1) 앙트르프르너십에 관한 이론의 발전 과정

앙트르프르너 및 앙트르프르너십에 관한 연구가들 중에는 로마 제국의 세리까지 거슬러 올라가는 사람도 있지만, 앙트르프르너십에 관한 정식 이론은 이보다 훨씬 뒤인 중상주의 시대의 프랑스 경제학자 캔틸론(Richard Cantillon)의 글에서 처음으로 등장한다(1730경). 자수성가한 국제 은행가인 캔틸론은 모든 분야에서 자기고용(self-employment)을 앙트르프르너십이라고 정식으로 정의하였다. 다시 말하면, 고용되어 있거나 임금을 위해 일하는 사람이 아니면 앙트르프르너라고 보았던 것이다. 극단적으로는 "거지와 심지어는 도둑도 기업가(undertaker)"라고 하였다고 한다.

그후 지금까지 250여 년 동안에 걸쳐서 앙트르프르너십의 개념은 경제학 이론 연구가들에 의하여 체계적인 발전을 해 왔다. 이들 경제학 이론 연구가들은 entrepreneurship의 이론적인 중심 개념 정의에 있어서 상당히 엄밀하였다.

앙트르프르너에 해당하는지 피고용자에 해당하는지를 결정짓는 결정적인 차이점은 자기고용을 에워싸고 있는 추가적인 불확실성을 감내하느냐 마느냐 이었다. 캔틸론에 따르면, 앙트르프르너는 미래에 파는 가격은 불확실함(uncertain)에도 불구하고 현시점에서는 확실한(certain) 가격에 구매하는 사람들이다. 앙트르프르너는 '그들 자신이 위험에 따라 조정'되기 위하여 '그들 자신을 고객이나 소비에 적응'시킬 수 있다고 하였다.

18세기 후반 동안에는 경제학자 케네(Quesnay) 이후의 여러 중농주의자들은 앙트르프르너십의 개념을 더욱 자세히 설명하였다. 중농주의자들은 캔틸론처럼 앙트르프르너를 불확실성의 감내자로 보았고, 더 나아가서는 앙트르프르너는 "이익을 위하여 적절한 재화와 용역을 경제성있게 결합할 수 있는 능력을 가져야 한다"고 결론지었다. "앙트르프르너는 불확실성을 감내하고, 조직을 만들고, 생산을 감독하고, 새로운 방법과 제품을 도입하고, 새로운 시장을 탐색한다."고 하였다. 중농주의자 보도(Baudeau)는 앙트르프르너는 영리하고 지식이 있어야 하며, "가장 생산적인 방법을 사용함으로써 합리적으로 운영하려는 의지가 있어야 함"을 강조하였다.

산업 혁명이 최고조에 달했던 19세기 초엽에, 경험이 많은 경영자 세이(J. B. Say)는 성공적인 앙트르프르너의 특징에 대하여 자세히 설명하였다. 새로운 산업 시대는 아직 중간 관리자 제도가 출현되지 않은 상황 하에서 앙트르프르너로 하여금 새로운 능력을 갖출 것을 요구하게 되었다. 이러한 상황 하에서 세이는 기업가(adventurer)는 다음과 같은 여러 가지의 특징을 가져야 바람직하다고 하였다.

• 자본 조달 능력
• 사업뿐만 아니라 세상에 대한 지식과 인내 및 도덕성을 겸비
• 특정 제품의 중요성 및 수요를 추정하고 생산 수단을 파악할 수 있는 능력 보유
• 감독과 행정 능력 보유
• 생산 원가와 미래 시장 가격을 예측할 수 있는 능력 보유

세이는 이와 같은 자질을 고루 갖추지 못한 사람은 사업에서 성공하지 못한다고 결론지었다. 세이는 그가 살던 시대에 이와 같은 필요한 모든 재능을 갖춘 사람은 많지 않다고 결론지었다.

전문적인 중간 관리자가 새로이 부상하기 시작하던, 1890년대에 알프레드 마샬(Alfred Marshall)은 창업은 기존 기업의 감독과는 다르다는 점을 지적하였다. 앙트르프르너는 노동의 감독뿐만 아니라 위험을 무릅써야 한다고 하였다. 이와 같이 앙트르프르너는 두 가지 능력이 있어야 한다고 하였다. 마샬은 두 가지 능력을 모두 갖춘 사람은 그 수가 적다고 결론을 내렸다. 앙트르프르너는 그의 기업이 성장함에 따라 자신의 능력을 성장 시켜야 한다. 또, 앙트르프르너는 계속하여 성장하려면 독창력, 주도하는 재능과 힘, 인내력, 전술 등을 보유하여야 한다고 하였다.

현대 기업가 사상(entrepreneurial thought)의 아버지라고 지칭되는 슘페터(Joseph Schumpeter, 1883-1950)는 앙트르프르너는 사장, 관리자, 또는 기존 기업을 단지 운영하고 있는 사업가 등과는 다르다고 하였다. 앙트르프르너는 생산 요소들을 '새로이 결합하는' 것이 다른 사람과 구별되게 하는 특징이다. 앙트르프르너의 도전은 가만히 두면 정체될 경제를 발전시키기 위하여 아이디어를 발견하고 이용한다는 것이다. 슘페터는 기업가적 행동(entrepreneurial action)을 촉발할 수 있는 여러 가지 방안들을 발견하였는데 다음과 같은 5가지 결합(combinations)이 새로운 것을 촉발하는 방법이라고 하였다.

(1) 새로운 제품과 서비스 도입   (2) 새로운 생산 방법 도입
(3) 새로운 시장 개방   (4) 새로운 공급원 개방
(5) 새로운 형태의 조직

슘페터는 기업가적 노력(entrepreneurial endeavor)의 핵심적인 특징은 '혁신(innovation)'이라고 믿었다. 사회 경제적 혁신자로서 앙트르프르너는 투기꾼이나 발명가와는 다르다. 앙트르프르너는 새로운 사업 결합(new business combinations)의 창조자들이라고 하였다. 슘페터는 새로운 결합은 새로운 기업이라는 수단을 통하여 도입된다는 것을 깨달았다. 새로운 기업의 설립은 기업가적인 기능의 주요한 일부라고 생각하였다. 그러나 슘페터는 새로운 기업을 설립하는 데 필요한 개별적인 요소나 세부적인 절차에 대해서는 언급하지 않았다. 슘페터는 앙트르프르너의 이상형은 촉진자(promoter)이지 설립자(organization-builder)가 아니라고 하였다.

나이트(Frank Knight, 1920년 경)는 기업가적 과정(entrepreneurial process)에 있어서 불확실한 상황하에서 판단과 결단은 중요한 것이라고 강조하였다. 나이트에 의하면, 앙트르프르너는 자신의 견해에 따라 행동할 수 있는 성향을 가진 사람이다. 나이트는 앙트르프르너는 어느 정도의 재산을 가진 사람이라고 하였다. 앙트르프르너는 자신과 타인을 위하여 기업의 위험을 감내하는 사람이라고 하였다.

펜로스(Edith Penrose, 1960년경)는 앙트르프르너는 여러 가지의 중요한 재능을 보유해야 한다고 하였다. 앙트르프르너는 기업이 환경에 적응하고 기회를 활용할 수 있도록 하는 데 필요한 매일 매일의 혁신을 개발하기 위해서는 상상력과 비전을 가

져야 한다. 펜로스가 묘사한 앙트르프르너는 기업의 성장과 발전과 관련되어 있다는 점에 있어서 슘페터가 앙트르프르너는 경제 전반적인 혁신자로 보았던 점과 대비된다. 펜로스는 앙트르프르너는 자금을 조달하는 능력이 있어야 하며 기업가적 야심과 조직적인 정보 수집과 평가를 통한 판단을 할 수 있어야 한다고 하였다. 펜로스는 앙트르프르너는 기업을 병합을 통하지 아니하고도 성장시킬 수 있는 능력이 있어야 한다고 강조하였다.

라이벤스타인(Harvey Leibenstein, 1970년경)은 앙트르프르너를 관리자와 유사하게 하는 앙트르프르너십 이론을 개발하였다. 그는 앙트르프르너는 기업의 비능률을 해결할 수 있는 사람이라고 하였다.

커즈너(Israel Kirzner, 1975년경)는 슘페터의 이상적인 앙트르프르너를 보완하는 개념을 개발하였다. 슘페터는 앙트르프르너는 혁신을 위하여 균형을 깨뜨리는 사람이라고 본 반면에, 커즈너는 앙트르프르너는 균형을 유지하는 힘이라고 보았다. 앙트르프르너는 중재 활동을 통하여 시장의 불완전성을 보완한다고 보았다.

창업학은 앙트르프르너십에 관한 학문이므로 앙트르프르너십에 관한 학술의 역사적 발달 과정이 창업학의 역사적 배경이 되는 것이다. 앙트르프르너십의 역사적 발달 과정은 앞에서 간략하게나마 언급하였으며 좀더 자세한 내용은 히스리취(Hisrich, 1989), 홀트(Holt, 1992) 등을 참고하기 바란다.

1-3.4 창업학은 과학인가?

창업에 관한 체계적인 지식이 우리 나라에 1986년에 박춘엽(1986)에 의하여 최초로 소개되었을 때, 그것은 신선한 충격이었던 것 같다. 필자가 국내 최초의 창업학 전문서적인 『중소기업 창업과 사업성 분석』(1986)을 간행하였을 때 "창업을 어떻게 책으로 배울 수 있겠느냐?"는 질문을 하며 책을 쓴 필자를 보며 그런 것은 실효성이 없는 일일 것이라는 표정을 짓는 사람이 많았다. 당시에는 "창업하는 방법에 관한 책," "창업 방법의 강의" 등이 아주 새로운 개념이었던 것이다.

필자가 국내 최초의 창업학 전문 서적인 『중소기업 창업과 사업성 분석』의 원고를 탈고하고 출판할 곳을 찾았는데 여러 출판사들이 경제성이 없다고 판단하여 이 책의 출판을 거절하여 필자가 자비 출판을 할 수밖에 없었다. 그런데 이 책은 그 가치가 인정되어 사회과학분야의 베스트셀러가 되었다(한국경제신문, 1986년 10월 8, 26일과 이후). 또, 1988년에는 『소매점창업과 사업성 분석』(박춘엽, 양갑모, 1988)이 베스트셀러가 되었다(한국경제신문, 1988년 8월부터 1989년 7월까지 1년 동안). 그 후 창업에 대한 지식은 그 유용성이 인정되어 이제는 창업학의 연구 논문, 서적 등이 활발하게 발표되고 있으며, 이들은 우리 경제 경영 활동과 산업 발전에 필수적인 것이 되었다.

창업학은 표 1.1에 나타난 세부 분야들이 의미하는 바와 같이 학제적 영역이다. 창업학은 경제학, 경영학, 심리학, 사회학, 지역학, 혁신이론 등의 여러 영역의 세부 영역들이 모여 하나의 체계를 이룬 학문이다. 이와 같이 창업학에는 사회과학적 영역들이 많아서 창업학의 연구결과는 자연 과학의 연구결과와 같은 객관성, 재생성, 경험성을 만족시키는 정도가 높은 규칙성을 견하기가 어려운 경우가 많다.

또, 창업학은 좁은 범위로는 창업 활동에 필요한 현실적인 문제 해결에 도움이 되는 기법들을 다루는 경우가 많으므로 창업학을 '창업을 위한 현실적 경험법칙의 집합' 정도라고 인정하되 그것을 하나의 과학으로 인정하지 않으려는 사람들도 있다.

하지만 창업학은 그 중요성이 인정되어 현재 세계 최고의 대학들이 경쟁적으로 연구하고 교육하고 있는 것을 보면 어떠한 비판에도 불구하고 과학으로 발전되어 가고 있는 것이다. 창업학에서는 현실에 유용한 경험적 규칙과 방법뿐만 아니라 심오한 이론적인 연구도 매우 활발하게 전개되고 있다. 창업학을 창업지원제도, 창업 절차, 소점포 창업 기법 정도로 보는 것은 창업학의 심오한 내용을 아직 모르기 때문일 것이다.

많은 학문이 발달 과정에서 겪었던 바와 같이 창업학은 시간이 경과함에 따라 유용한 과학적 지식을 축적하고 있으며 이러한 지식의 활용은 창업의 성공률을 높이는 데 기여하고 있다. 창업학은 이미 과학이라고 할 수 있는 수준에 접근하고 있으며 앞으로도 큰 발전이 있을 것이다.

필자는 국내 창업학의 수준이 국제 수준에 많이 뒤져 있는 것을 보고 창업학의 발달을 촉진시키기 위하여 2003년 6월에 뜻을 같이 하는 여러 교수, 연구원, 컨설턴트, 법률가, 회계사, 기업인 등과 함께 한국창업학회를 창립하였다. 여기에서 필자는 한국창업학회 초대회장으로 피선되어 2006년 6월까지 회장으로 봉사하였다.

1-4 창업학의 범위와 진로

1-4.1 창업학의 범위

창업학은 '앙트르프르너십에 관한 학술' 또는 '창업에 관한 학술'이다. 창업학은 앙트르프르너십에 관한 학술이라는 관점에서 넓은 범위와 좁은 범위로 구분할 수 있다. 창업학의 좁은 범위는 앙트르프르너십이 현대에서 창업을 의미한다는 관점에서 정의할 수 있다. 좁은 범위의 창업학의 내용으로는 창업 활동과 직접적으로 관련된 세부 영역들이 해당된다. 이와 같은 좁은 범위의 창업학의 범위는 미국에서 발행된 여러 서적과 대학의 창업 강좌(Entrepreneurship course)에서 다루는 내용을 기준으로 하면 다음과 같다(참고: Vesper, 1993).

- 앙트르프르너십의 개념 및 중요성
- 중소기업의 특성
- 창업자의 특질
- 창업 기업의 성공과 실패
- 사업 아이디어의 탐색과 선별
- 창업 기업의 마케팅 전략
- 창업 기업의 조직 및 형태
- 벤처 캐피탈 및 자금 조달
- 사업성 평가
- 사업 계획 작성
- 이노베이션(innovation)
- 프랜차이징(franchising)

이미 설명한 바와 같이 앙트르프르너십의 발전 과정을 보면 앙트르프르너십은 좁게는 창업을 의미하지만 넓게는 혁신적 활동과 관련된 많은 영역들과 관련되어 있다. 이러한 관점을 입증하는 자료로서 앙트르프르너십에 관한 학술지에 포함된 논문들을 살펴보면(박춘엽, 2003) 앙트르프르너쉽은 창업뿐만 아니라 일자리 창출, 지역개발, 혁신, 기술의 사업화 등 광범위한 범위를 포함하는 것을 알 수 있다. 그래서 박춘엽(2003)은 한국창업학회의 설립취지문에서 창업학의 범위에 포함되는 세부 분야로서 50 가지를 제시하였다(표 1.1).

표 1.1 창업학의 세부 분야*

1	앙트르프르너십(entrepreneurship)	26	일자리 창출(job creation)
2	창업자의 특성(entrepreneur)	27	기술의 사업화(commercialization of technology)
3	프랜차이즈(franchise)	28	기술 평가(technology evaluation)
4	창업 교육(entrepreneurship education)	29	기술 이전(technology transfer)
5	창업 컨설팅(consulting for start-up)	30	기업가치 평가(business valuation)
6	국제 기업가 활동(international entrepreneurship)	31	비즈니스 인큐베이터(business incubator)
7	벤처 기업(venture business)	32	창업자금 조달(entrepreneurial financing)
8	인수 합병(M&A)	33	벤처 캐피탈(venture capital)
9	창업 지원정책과 제도(policy for entrepreneurship)	34	기술 창업(technological entrepreneurship)
10	창의력(creativity)	35	혁신(innovation)
11	지적재산권(intellectual property right)	36	창업기업 리스크 관리(risk management)
12	소상공업(micro enterprise)	37	상권 분석(analysis of trading area)
13	타당성 분석(feasibility analysis)	38	입지 분석(location analysis)
14	경제성 분석(economic analysis)	39	사업 계획(business planning)
15	창업기업 재무관리(financial management for new ventures)	40	창업기업 생산 계획(production planning)
16	창업기업 마케팅(marketing)	41	창업기업 아웃소싱(outsourcing)
17	성장 전략(growth strategy)	42	창업기업 인적자원 관리(human resource)
18	기업 공개(public offering)	43	소자본 창업(low-capital start-up)
19	학생 창업(student entrepreneurship)	44	청소년 창업(youth entrepreneurship)
20	여성 창업(woman entrepreneurship)	45	퇴직자 창업(start-up of the retired)
21	장애인 창업(entrepreneurship of the handicapped)	46	기업내 창업(intrapreneuring)
22	창업관련 법률(law)	47	지역 개발(regional development)
23	창업관련 인허가제도(regulation)	48	사회 창업(social entrepreneurship)
24	기업 개발(enterprise development)	49	부의 창출(wealth creation)
25	투자 분석(investment analysis)	50	창업 문화(enterprising culture)

* 한국창업학회 설립취지문의 일부

1-4.2 창업학의 용도와 전공자의 진로

창업학에서 다루는 내용은 누구에게 그리고 어디에 쓸모가 있는 것인가? 창업학의 용도는 다음과 같이 열거할 수 있다.
(1) 창업

창업학에서 다루는 내용 중 많은 부분이 창업 활동에 필요한 것이라고 본다. 창업 희망자는 창업학을 공부함으로써 실패의 위험을 감소시키고, 성공 가능성을 증가시킬 수 있을 것이다.

(2) 벤처 캐피탈 산업 분야

벤처 캐피탈 산업 분야로 진출하고자 하는 사람들에게는 창업학은 필수적인 과목이다. 우리 나라에는 중소기업 창업투자회사, 신기술사업금융회사 등의 벤처 캐피탈 회사가 약 150개 있다.

(3) 창업 컨설팅 분야

창업 컨설팅이라 하면 중소기업을 창업하고자 하는 사람들에게 정보, 사업성 분석, 사업 계획 작성, 경영지도 등을 제공하는 활동을 말한다. 우리 나라에서는 창업 컨설팅을 하고 있는 기업으로는 중소기업 상담회사가 있다. 이런 분야에 진출하고자 하는 사람에게 있어서도 창업학은 필수적인 과정이다.

(4) 대기업에 취업하는 경우

대기업에 취업하게 되는 경우에 신규 사업 개발 부서에서 근무하게 되는 경우에 창업학에서 배운 내용은 매우 유용하게 사용될 것이다. 신규 사업 개발은 대기업에서 가장 중요한 업무 중의 하나이다. 신규 사업 개발 업무의 대부분은 기업의 창업에 필요한 과정과 비슷하다. 그래서 기업 내에서 신규 사업을 개발하는 활동을 기업내 창업 활동(corporate venturing, intrapreneurship, 또는 corporate entrepreneurship)이라고 한다. 기업 내에서 신규 사업 개발을 위해서도 사업 아이디어를 탐색 선별하고, 사업성 평가 및 사업 계획을 수립하는 등 창업에서 수행하는 업무와 같은 업무를 하게 된다.

(5) 중소기업에 취업하는 경우

중소기업에 취업하게 되는 경우에도 창업학에서 배우는 내용은 사내의 신규 사업 개발에 필수적이다.

(6) 경영 컨설턴트

경영 컨설팅의 분야는 매우 다양하다. 예를 들면, 인사, 마케팅, 회계 등이다. 그런데 창업에 관한 이론과 실무적인 지식은 경영 컨설턴트라면 반드시 알아 두어야 할 지식이라고 본다.

(7) 이공계 학생들의 경우

창업학은 경영계열 전공자들에게 필요하며 이공계 전공자들에게는 거의 무관한 과목이라고 생각한다면 착오이다. 미국의 포드사, 일본의 혼다사, 독일의 지멘스사 등과 같은 회사들을 볼 때 세계의 유수한 기업들의 창업자는 기술자들이었다. 최근에는 마이크로소프트사를 창업한 빌 게이츠(Bill Gates) 등은 기술자이다. 기술자들도 재능에 따라 기업가로 성공할 수 있다는 것이다. 그러므로 기술자들도 기업가로서의 재능을 개발 발전시키기 위해서는 창업학에서 다루는 바와 같은 내용의 이론과 방법을 배우면 매우 유용하리라고 본다.

(8) 경영학 전공자

미국 대학들을 보면 이제 창업학은 경영학의 중요한 한 영역으로 자리가 잡혔다. 이것은 단순한 유행이 아니고, 사회의 필요성과 중요성이 인식되어 그렇게 된 것으로 보인다. 그러므로 경상계열 전공자들에게 있어서 한번쯤은 꼭 다루어 보아야 할 학문 영역이라고 본다.

이상을 정리하면 창업학을 공부한 사람들의 진로는 다음과 같은 것들이 포함된다.

(1) 창업자(entrepreneur)
(2) 혁신적 경영인(entrepreneurial manager)
(3) 경영혁신 및 창업 컨설턴트(entrepreneurship consultant)
(4) 기업내 신규 사업 개발자(intrapreneur)
(5) 기업내 혁신가 또는 기업내 창업자(intrapreneur, corporate venturing)
(6) 공공 영역에서의 혁신가(innovation in public sector)
(7) 산업 개발 전문가(industrial developer)
(8) 지역경제 활성화 전문가(regional economic development)
(9) 일자리 창출 전문가(job creation specialist)
(10) 사회 개혁가(social entrepreneur)

1-5 미국에서 창업학의 교육 동향

미국에서 앙트르프르너십 과목을 대학에서 가르치기 시작한 것은 1960년대 후반이었던 것으로 되어 있다. 미국에서 앙트르프르너십 과목을 개설한 대학의 수는 1967년에 8개 대학이던 것이 9년 후인 1976년에는 약 140개 대학으로 증가하였다(박춘엽, 2003). 당시에 미국에서는 공과대학에서도 산업공학과와 기계공학과를 중심으로 앙트르프르너십 교육이 이루어지고 있었다(박춘엽, 2003).

최근의 미국에서의 창업 교육 동향에 관한 미국의 조지 워싱턴 대학교에서 수행한 조사를 보면, 미국에서 앙트르프르너십 교육은 그 중요성이 인정되어 매우 크게 발전하여 현재는 앙트르프르너십(창업) 과목을 개설하는 정도가 아니고 학위 과정(degree) 또는 전공(concentration) 과정으로 교육하고 있는 곳이 많다.

미국의 경영대학원에서도 앙트르프르너십은 가장 인기 있는 전공 중의 하나인 것으로 보고 되고 있다. 최근에 발표된 자료에 의하면 2002년도에 미국의 시카고 대학교 경영학석사(MBA, Master of Business Administration) 졸업생 중 40%가 앙트르프르너십을 전공으로 하여 학위를 받았다(박춘엽, 2003). 이와 같이 미국에서 앙트르프르너십이 매우 활발히 교육되고 있는 것은 앙트르프르너십이 창업뿐만 아니라 기업 경영에서 매우 유용한 것이라는 것이 입증되었기 때문이라고 생각한다.

1-6 창업 사례 분석

사례 연구는 비교적 짧은 시간 동안에 창업에 대해서 이해하는 데 많은 도움을 준다. 사례 연구를 하기 위하여 대상을 물색하고 약속하고 면접을 하는 과정이 경우에 따라서는 그다지 수월한 일이 아님을 발견하게 될 것이다. 이러한 과정 자체가 창업을 준비하는 사람에게는 매우 유익한 경험이 될 것이며, 창업 과정을 생생하게 이해하는 기회가 될 것이다.

(1) 대상의 선정

창업 이후 3-10 년 사이인 사람, 업종에는 제한이 없으나 현재 연간 매출액이 1억 이상인 기업으로 선정하면 좋을 것이다. 물론 이와 같은 조건들이 절대적인 중요성을 가지는 것은 아니다. 다만 어느 정도 규모가 있는 기업을 대상으로 조사함으로써 창업의 복잡성, 어려움, 발생하는 다양한 문제점들을 접할 수 있도록 하려는 것이다.

(2) 질문을 결정

효율적인 면담을 하기 위해서는 묻고자 하는 내용을 철저히 준비해야 한다. 다음 표에 있는 "창업 사례 연구를 위한 면담 질문 예"를 참고하면 도움이 되리라고 생각한다.

(3) 면담의 실시

면담을 상대방이 편리한 시간에 편안한 분위기에서 하도록 한다. 식사에 초대한다거나 차를 마시면서 할 수도 있을 것이다. 기록하거나, 녹음을 하는 것도 고려한다. 면담자는 진지한 자세를 유지하도록 하여야 한다.

(4) 창업 사례 연구 보고서를 작성하는 방법

창업 사례 연구 보고서를 작성한다고 해서 대상을 선정하여, "창업 사례 연구를 위한 면담 질문 예"에 따라 답을 정리하는 것으로 충분한 것은 아니다. 대학에서 창업 사례 연구 보고서를 작성하기 위해서는 질문에 대한 답을 하나의 일관성 있는 이야기가 될 수 있도록 서술체로 다시 정리하여야 한다. 물론 대학 강좌가 아니고 실무 강좌일 때는 이와 같은 과정을 생략할 수 있을 것이다.

-- ∽ 창업 사례 연구를 위한 면담 질문 예

1. 사업과 개인적 배경
- 언제 사업을 시작하였는가?(나이, 연도 등)
- 교육적 배경은(언제, 무슨 학교 등)
- 직업 배경은(사업 전의 근무지, 기간, 업무, 사업과의 관련성 등)
- 사업을 하게 된 동기는 무엇인가[성취욕(구체적으로는?), 능력을 인정받고 싶어서, 자유로운 생활을 위해서, 금전적인 보상을 위해서, 무심결에]
- 사업전의 어떠한 사건이 사업과 가장 많은 관계를 가지고 있다고 생각하는지 [학교생활, 직장생활(그 중에서도 특히 어떤 경험), 집안 배경(부모, 외가, 처가), 친구 관계, 자신의 성격, 기타(군대 경험)]
- 부모님, 친척, 친구, 선후배 중에 창업에 영향을 준 사람이 있었는가?

2. 창업 과정
- 사업 아이디어는 어떻게 얻었는지?
- 사업의 유망성은 어떻게 판단하였는가?
- 아이디어에서 기업이 설립될 때까지 얼마나 걸렸는가?
- 사업 계획은 어떻게 작성하였는가?
- 특별히 도움을 준 사람이나 기관은 누구인가?
- 자금에 대하여 : 얼마나 필요하였는가? 어떻게 마련하였던가? 부족하지는 않았던가?(부족한 경우 어떻게 하였던가?)
- 판매에 있어서 어려움은 무엇이었던가? 극복 방법은 무엇이었던가?
- 창업 파트너는 있는가? 어떻게 발견하였는가? 어떻게 설득시켰는가?
- 창업 당시 가정 또는 가족들에게는 별 문제가 없었는가?
- 당신의 강점과 약점은 무엇이었다고 생각하는가? 약점을 극복하는 방안은 무엇이었던가?

3. 경영에 대하여
- 성장하게 된 이유는 무엇이었다고 생각하는가?
- 현재의 고민 중 가장 심각한 것은 무엇인가? 해결 방안은 있는가?
- 1주일에 몇 시간 정도 일하는가?
- 현재 성장을 추구하는가, 안정을 추구하는가?
- 우수 인력을 확보하기 위하여 어떠한 방법을 쓰는가?
- 가족과 가정에는 어떠한 변화가 있는가?
- 경쟁자에 대한 전략은 어떠한가?
- 매출은 얼마인가? 월간, 연간
- 이익 금액은 얼마인가? 월간, 연간
- 이익률은 얼마인가? 월간, 연간
- 종사자는 몇 명인가? 전일제, 시간제

4. 결론
- 성공하는 데 가장 중요한 요소는 무엇이었다고 생각하는가?
- 다시 창업한다면 똑같은 과정을 밟겠는가? 아니면 다른 방법을 사용하겠는가?

- 가장 고통스러웠던 일은 무엇인가?
- 가장 보람 있었던 일은 무엇인가?
- 창업에서 성공하려면 무엇을 어떻게 하여야 한다고 생각하는지?
- 창업하고자 하는 사람에게 주고 싶은 조언은 무엇인가?

1-7 복습

요약

1. 창업의 중요성으로는 부의 창출, 일자리 창출, 자원의 활용, 생활 공간의 창조, 국제 수지에 영향, 혁신을 추진, 과학 기술의 발달 촉진, 환경에 영향 등을 들 수 있다.
2. 앙트르프르너(entrepreneur)란 혁신적 기업가를 의미하고, 앙트르프르너십(entrepreneurship)이란 혁신적 기업가 활동을 의미한다.
3. 20세기에 와서 조셉 슘페터는 앙트르프르너십의 중요성을 주장하고 혁신을 촉진하는 5가지 결합을 제시하였다. 일컬으면, (1) 새로운 제품과 서비스 도입, (2) 새로운 생산 방법 도입, (3) 새로운 시장 개방, (4) 새로운 공급원 개방, (5) 새로운 형태의 조직이다.
4. 창업학의 범위는
    - 앙트르프르너십의 개념 및 중요성, • 중소기업의 특성 • 창업자의 특질,
    - 창업 기업의 성공과 실패, • 사업 아이디어의 탐색과 선별
    - 창업 기업의 마케팅 전략, • 창업 기업의 조직 및 형태,
    - 벤처 캐피탈 및 자금 조달, • 사업성 평가, • 사업 계획 작성,
    - 이노베이션(innovation), • 프랜차이징(franchising) 등이다.
5. 창업학 학습자의 진로에는 (1) 창업자(entrepreneur), (2) 혁신적 경영인(entrepreneurial manager), (3) 경영혁신 및 창업 컨설턴트(entrepreneurship consultant), (4) 기업내 신규 사업 개발자(intrapreneur), (5) 기업내 혁신가 또는 기업내 창업자(intrapreneur, corporate venturing), (6) 공공 영역에서의 혁신가(innovation in public sector), (7) 산업 개발 전문가(industrial developer), (8) 지역경제 활성화 전문가(regional economic development), (9) 일자리 창

출 전문가(job creation specialist), (10) 사회 개혁가(social entrepreneur) 등이 포함된다.
6. 창업학은 과학적 지식체계로 발전하고 있으며, 세계의 많은 대학들이 앞 다투어 연구 교육하고 있다.
7. 창업 사례 연구를 하는 과정은 (1) 대상의 선정, (2) 질문을 결정, (3) 면담을 실시, (4) 서술형 보고서 작성 등이다.

↘→↗→ 주요 용어

창업(創業)의 의미

(1) 기업을 새로이 설립함
(2) 국가를 처음으로 세움

창업의 정의

창업이란 창업자가 이익을 얻기 위하여 자본을 이용하여 사업아이디어에서 설정한 재화와 서비스를 생산하는 조직 또는 시스템을 설립하는 행위.

일자리 창출(job creation)

실업률이 높기 때문에 일자리 창출은 중요한 사회 경제적 과제이다. 창업은 일자리 창출에서 중요한 역할을 한다.

앙트르프르너십(Entrepreneurship)

기업가 활동을 의미함. 기업가 정신이라는 번역은 적절하지 못함.

슘페터(Schumpeter, Joseph Alois, 1883~1950)

오스트리아 태생의 미국 경제학자. 영국의 케인즈와 더불어 20세기의 대표적인 경제학자로 꼽힌다. 빈대학을 졸업하고 25세에 『이론 경제학의 본질과 내용』을 저술하여 일약 세계적인 명성을 얻었다. 1925년 이후 독일의 본대학 교수로 재직하다가 1932년 하버드대학의 교수로 있으면서 미국에 귀화하여 여생을 그곳에서 보냈다. 대표적인 저서로는 『경제 발전의 이론』, 『학술 및 방법의 제단계』 등이 있다.

복습 문제

1. 창업의 중요성을 설명하라.
2. 앙트르프르너십의 정의를 말하라.
3. 앙트르프르너십 연구의 역사적 과정을 말하라.
4. 창업학의 세부 영역에는 어떤 것들이 있는가?
5. 창업학과 앙트르프르너십과의 관계를 설명하라.
6. 창업학의 용도를 말하라.
7. 창업학 전공자의 진로에 대해서 말하라.
8. 창업 사례를 조사하고 서술형으로 보고서를 작성하라. 모임에서 발표해 보라.

참고 웹사이트

www.smba.go.kr
www.sbdc.or.kr
www.sbc.or.kr
www.entrepreneur.com

제 2 장

창업의 정의, 과정 및 종류

개 관

제2장에서는 창업을 이해하고 실제로 창업을 하는 데 필요한 기초지식을 다룬다. 창업의 3 요소, 창업 과정, 창업 환경 요인, 변형된 창업 과정, 창업의 종류 등을 학습한다. 벤처 기업과 홈 비즈니스에 대해서도 공부한다.

학습목표

1. 창업의 정의를 말할 수 있다.
2. 창업의 3 요소를 설명할 수 있다.
3. 사업 아이디어와 사업 기회를 구별할 수 있다.
4. 창업에 필요한 자본에는 금전 이외에 어떤 것들이 있는가를 안다.
5. 창업 과정을 설명할 수 있다.
6. 창업 실행 과정에서 해야 할 일에는 어떤 것들이 있는가를 안다.
7. 창업의 환경요인이 어떤 것들이 있는가를 안다.
8. 각각의 창업 환경 요인이 미치는 영향을 설명할 수 있다.
9. 변형된 창업 과정을 설명할 수 있다.
10. 창업의 종류를 말하고 각각의 특성을 말할 수 있다.

주요용어

사업 아이디어, 창업자, 창업 자금, 창업 과정, 사업성 분석, 사업 계획, 창업 환경 요인, 변형된 창업 과정, 창업의 분류, 혁신적 창업, 프랜차이즈 창업, 인터넷 창업, 홈비즈니스

사 례 **현대그룹의 창업자 정주영**

아산 정주영 회장은 세계의 100대 기업군에 든 바 있는(1978년) 거대한 기업 현대그룹의 창시자이다. 기업가로서의 정주영 회장에 대한 일화는 수 없이 많은데 언제 들어도 흥미롭다. 이제 그의 기업 창업과 경영에 대한 이야기는 단순한 일화의 수준을 넘어 과학적 연구와 토론의 대상이 되고 있으며, 후배 창업자들에게 귀감이 되고 있다. 정주영의 현대그룹은 거대기업으로서 한국의 경제 발전에 지대한 공헌을 인정하지만, 사회적 정치적 측면에서 부정적인 점이 지적되기도 하였다.

현대그룹은 지금은 세계적 규모의 기업이지만, 다른 많은 대기업들처럼, 그 모태가 되는 기업은 소규모 사업체이었다. 그런 소규모 기업이 거대기업으로 발전하는 과정은 중소기업의 창업과 경영을 공부하는 학도들에게 흥미와 관심의 대상이 아닐 수 없다. 우리는 하나의 창업 사례를 통하여 확고한 과학적 지식을 손에 쥘 수는 없을는지 몰라도 평범과 비범 사이를 오가는 기업가 정주영의 남다른 지혜들을 접할 수 있을 것이다. 이와 같은 지혜들은 현실적 교훈일 뿐만 아니라 좀더 확고한 과학적 지식의 탐구의 시발점이기도 하다.

정주영은 1915년에 함경도 통천군 송전면 아산리에서 태어났다. 그가 고향에서 초등학교를 마치자 부모님은 그가 훌륭한 농사꾼으로 성장하기를 기대하였다. 그러나 그는 극심한 육체적 노동에도 불구하고 만족스럽게 먹기조차 어려운 때가 많은 농사꾼보다는 막연하나마 좀더 나은 미래를 개척하기 위하여 세 번의 무단가출 끝에 서울에서 쌀 소매상 배달원으로 안정적인 취직을 하였다. 그는 열심히 일하였다.

쌀 배달원으로 일한 지 4년이 되던 1935년에 정주영은 그가 일하던 쌀 소매점을 인수받아 경일상회라고 이름 붙이고 창업하게 되었다. 동네의 쌀가게라는 것은 요즈음으로는 대수롭지 않은 영세한 사업이지만 산업이라고 할 만한 것이 별로 없고, 먹는 것이 가장 중요했던 당시로서는 쌀 소매업은 무시할 수 없는 사업이었다. 그런 쌀 상회도 그리 오래 가지 못하였다. 1937년 7월 일본이 전쟁을 수행하기 위하여 쌀을 포함한 주요 군수물자에 대하여 배급제를 실시하게 되자 민간인은 쌀을 취급할 수 없게 되었기 때문이다.

약 3년 동안의 방황 끝에 정주영은 아도서비스라는 자동차서비스업체를 창업하였다. 이 공장은 당시에 무허가 공장이었지만, 일본인 순사에게 고집스럽게 접근하여 묵시적인 인정을 받았다. 그는 자동차서비스업체를 경영하는 데 있어서 다른 공장에서 10일 정도 걸리는 수리를 사흘만에 해 주고 대신에 다른 업체보다 더 많은 수리비를 받았지만, 주문이 많아 크게 성공하게 되었다. 요즈음 말로 하면 신속한 서비스를 통하여 고객만족을 실현하였던 것이다. 자동차서비스라는 것이 요즈음에는 특별한 사업이 아니지만 당시로서는 자동차서비스 사업은 매우 복잡한 기계를 다루는 고도의 서비스사업이었다는 점에 유의할 필요가 있다. 그로부터 40여 년이 지난 지금까지도 자동차산업은 한 나라의 산업의 기간을 이루는 산업이라는 점을 생각하면 당시에 장래성이 매우 큰 사업이었음에 틀림이 없다.

해방이 되자 정주영은 1946년에 자동차 수리업체인 현대자동차공업사를 친구들과 함께 창업하였다. 그의 자동차수리업은 순조롭게 발전하였으나, 그는 자동차수리업보다는 토건업이 좀더 짧은 시간에 더 많은 돈을 벌 수 있음을 발견한다. 그래서 1947년에 현대토건사를 설립하게 되는데 이것은 1950년에 현대건설로 개칭하게 된다.

한국전쟁이 터지자 당시 미군 통역으로 일하던 동생 정인영의 연결로 미군들의 숙소건설사업을 필두로 여러 건의 건설공사를 수행하게 된다. 이 때의 여러 가지 일화 중에서 현대건설이 부산에 유엔군묘지 공사를 수주했을 때 겨울이었기 때문에 잔디가 없었는데, 모래벌판에 보리밭을 통째로 사서 파란 보리포기들을 떠다 옮겨 심어 발주자의 요구를 만족시켰던 것이다. 이것은 억지 같은 일이기는 하지만 콜럼버스의 달걀 세우기처럼 나름대로 돌파력을 갖는 아이디어라고 해야 하지 않겠는가?

그 후에도 정주영은 현대건설을 통하여 1965년에는 태국의 고속도로공사, 1966년에는 월남의 캄란만 준설공사를 수행하는 등 해외로 진출하기 시작하였다. 국내에서는 1967년에 소양강댐 건설, 경부고속도로에 참여하는 등 건설업에서 성공하였다. 1976년에는 사우디의 주베일 산업항사업을 성공적으로 수주하여 이를 완성함으로써 세계적인 능력을 확인하였다. 한편, 현대자동차는 1966년에 미국의 포드자동차회사와 자동차조립사업을 시작하였는데, 이 때 정주영 자신의 자동차에 대한 해박한 지식이 미국의 파트너를 감동시킨 것이 조립사업을 성사시키는 결정적인 계기가 되었다고 한다. 1976년에는 포니를 미국에 성공적으로 상륙시켜 한국을 자동차 수출국이 되게 하였다. 현재 국내에서는 자동차가 홍수를 이루고, 한국이 세계의 유수한 자동차 수출국으로 성장하는 데는 아도서비스라는 조그마한 자동차서비스회사가 있었다는 사실은 아무리 미미해 보이는 사업체일지리도 경영자의 지혜와 노력에 따라 무한히 발전할 수 있다는 평범해 보이지만 중요한 진리를 웅변해 주는 것이다.

사업으로 성공한 정주영 회장은 1977년에 500억 원을 출자하여 아산재단을 설립하여 학술과 문화의 진흥에도 기여하여 부의 사회적 환원을 실천하였다. 또, 1980년에는 서울올림픽 유치에 결정적인 역할을 하기도 하였다. 정주영 회장은 2002년에 88세를 일기로 타계하였다.

한 단계 더 생각하기

✓ 성수영 회장이 정년 시절에 창업한 자동차 수리공장 창업에서 핵심적인 요소는 무엇인가?
✓ 정주영 회장은 어떤 과정을 통하여 창업을 하였는가?
✓ 정주영 회장은 창업을 위한 예상 수익성 분석을 어떻게 실시하였을까?

2-1 창업의 정의와 3 요소

창업을 정의하여, '창업이란 창업자가 이익을 얻기 위하여 자본을 이용하여 사업 아이디어에서 설정한 재화와 서비스를 생산하는 조직 또는 시스템을 설립하는 행위'라고 할 수 있다. 이와 같은 창업의 정의를 분해해 보면, 창업의 궁극적인 목적은 이윤 추구이고, 기업을 설립하는 데 필수적인 요소는 창업자(인적 요소), 자본(물적 요소), 사업 아이디어(목표 요소)이다. 이들 창업자, 자본, 사업 아이디어를 창업의 3요소라고 할 수 있다. 이들에 대하여 설명하겠다.

1) 창업자

창업자는 기업의 창업 아이디어의 확보, 사업성 분석, 사업 계획 수립, 계획의 실행 등을 주도하고 책임지는 창업의 주도자이다. 창업자는 이러한 기능을 수행하기 위하여 기업 설립에 필요한 유형 또는 무형의 자원(resource)을 동원하고, 이들을 적절히 결합하여(organize) 기업이라는 시스템을 만들고, 설립된 기업이 의도한 대로 기능을 발휘하도록 관리하는(manage) 역할을 해야 한다. 그러므로 창업자의 능력, 가치관 등은 창업기업의 성패와 효율에 지대한 영향을 미치게 되므로 창업자는 매우 중요한 요소이다. 따라서 유능한 창업자가 되려는 노력은 성공적인 창업을 위해 필요하며, 그러한 창업자를 양성하려는 사회적 또는 국가적 노력은 해당하는 사회와 국가의 경제적 발전을 위해 중요하다.

2) 사업 아이디어

사업 아이디어(business idea)란 설립되는 기업이 생산하고자 하는 제품 또는 제공하고자 하는 서비스를 나타내는 것이다. 예를 들어, 생산품은 구체적인 형태를 가진 제품일 수도 있고, 그 형태를 정의하기 어려운 서비스일 수도 있다.

사업 아이디어는 창업자가 창안한 것일 수도 있고, 창업팀의 일원으로부터 얻어지거나 제3자로부터 얻어진 것일 수도 있다. 사업 아이디어는, 예를 들어, 세계 최초로 개인용 컴퓨터를 생산하는 것과 같은 전에 없던 새로운 혁신적인 것일 수도 있다. 한편, 그것은, 예를 들어, 문구점 개설과 같은 많은 사람들이 하고 있는 평범해 보이는 사업일 수도 있다.

혁신적 사업 아이디어는 평범한 사업 아이디어에 비하여 창안해 내기가 더 어려울 것이다. 하지만, 혁신적 아이디어는 평범해 보이는 사업 아이디어에 비하여 반드시 우월하다고 말할 수는 없을 것이다. 왜냐 하면 사업 아이디어는 수익성, 위험, 소요자금의 규모 등 여러 가지 기준을 적용하여 평가하게 되는데 혁신적 아이디어가 평범해 보이는 사업 아이디어에 비하여 모든 점에서 우월하다고는 할 수 없기 때문이다.

사업 아이디어와 관련하여 사업 기회(business opportunity)라는 개념이 있다. 이는 티먼즈(J. A. Timmons)교수가 제시한 개념인데, 사업 아이디어가 기업으로 결실되기 위해서는 생산, 판매, 자금 동원 등 여러 가지 조건이 만족되어야 하는데, 사업 기회란 사업 아이디어가 나타내는 재화와 서비스를 경쟁력 있게 생산할 수 있는 여러 조건이 만족되는 여건과 시점을 지칭한다. 그래서 단순히 사업 아이디어를 탐색할 것이 아니라 사업기회를 탐색하여야 한다고 주장하였다. 창업이 이루어지기 위해서는 사업 아이디어를 티먼즈 교수가 제시한 사업 기회로 발전시키는 노력이 있어야 할 것이다.

3) 자본

자본이란 기업을 설립하는 데 필요한 물질적인 자원 또는 금전적 가치가 있는 무형의 자산을 의미한다. 여기에서 의미하는 물질적인 자원과 금전적인 가치가 있는 무형의 자산이란 금전뿐만 아니라 토지, 공장 기계 점포와 같은 설비, 기술 또는 노하우, 원재료, 노동력, 특히 상표 의장 등 산업 재산권, 금전적 가치가 있는 명성이나 신용 등을 포괄적으로 의미한다.

자본의 원천은 창업자 자신일 수도 있고, 창업팀의 구성원일 수도 있다. 또, 자본은 창업과 경영에 있어서 직접 참여하지 않는 제3자로부터 조달될 수도 있다. 기업을 설립하려고 하면, 자본 조달이 어려운 것을 경험하게 된다. 연구 조사 결과를 보면 자본 조달은 창업의 가장 큰 장애요인인 것으로 나타나고 있다. 그래서 유망해 보이는 사업 아이디어가 자금이 없어서 사장되어 버리는 수도 있다.

창업을 위한 자금 공급의 필요성은 개인적인 차원뿐만 아니라 공익적인 차원에서도 그 중요성이 인정되어 창업 자금의 확보를 도와주는 여러 가지 제도가 있다. 예를 들면, 창업 자금 공급을 주업무로 하는 기업인 벤처 캐피탈 회사가 있다. 물론, 이들 창업 자금 공급회사들로부터 자금을 지원받기 위해서는 까다로운 심사과정을 거쳐야 한다. 하지만 그러한 자금마저 없어서 창업할 수 없던 때와 비교하면 창업 환경은 매우 좋아졌다고 할 수 있다.

그러므로 창업 자금을 조달하기는 예나 지금이나 쉽지는 않지만, 창업자가 유능하고, 사업 아이디어가 경쟁력이 있는 것이라는 것을 확신시킬 수 있다면 창업 자금을 지원하고자 하는 개인이나 회사가 이제는 많다. 우리가 창업을 공부하는 중요한 이유 중의 하나는 창업 자금을 확보하는 데 필요한 여러 가지 기법을 배우려는 것이다. 그림 2.1은 창업의 3 요소인 창업자, 사업 아이디어, 자본을 보이고 있다.

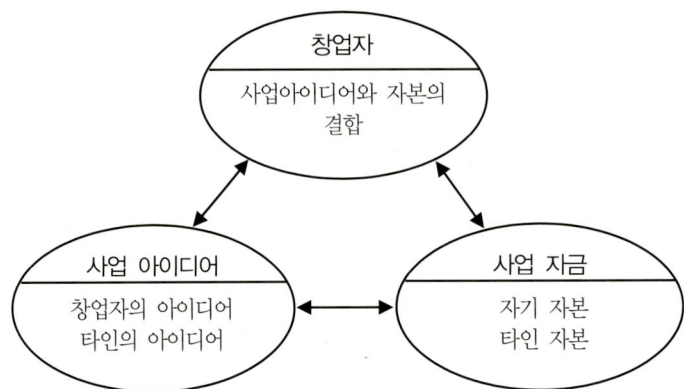

그림 2.1 창업의 3 요소 : 창업자, 사업 아이디어 및 자본

2-2 창업 과정

창업의 3 요소인 창업자, 사업 아이디어 및 자본이 결합되어 창업이 이루어지는 과정을 설명하고자 한다. 창업이 이루어지는 과정은 상황에 따라 여러 가지로 다르게 나타날 수 있는데, 기본적으로는 사업 아이디어부터 시작하는 방식이다. 설명하자면, 먼저 유망하게 보이는 사업 아이디어를 선정하여, 이에 대한 타당성을 분석하고 결과가 긍정적일 때, 자본을 동원하여 기업을 설립하는 순서이다. 이와 같은 창업 과정은 주변의 환경으로부터 끊임없이 영향을 받는다. 이와 같은 과정을 그림 2.2와 같이 표시할 수 있다. 그림 2.2에 나타난 창업의 3요소, 창업 과정, 창업 환경 요인의 모임을 창업 환경 시스템이라고 할 수 있다. 그림 2.2에 나타난 사업 아이디어의 탐색, 창업 과정, 소요 자금, 창업 환경 요인 등에 대하여 설명하고자 한다.

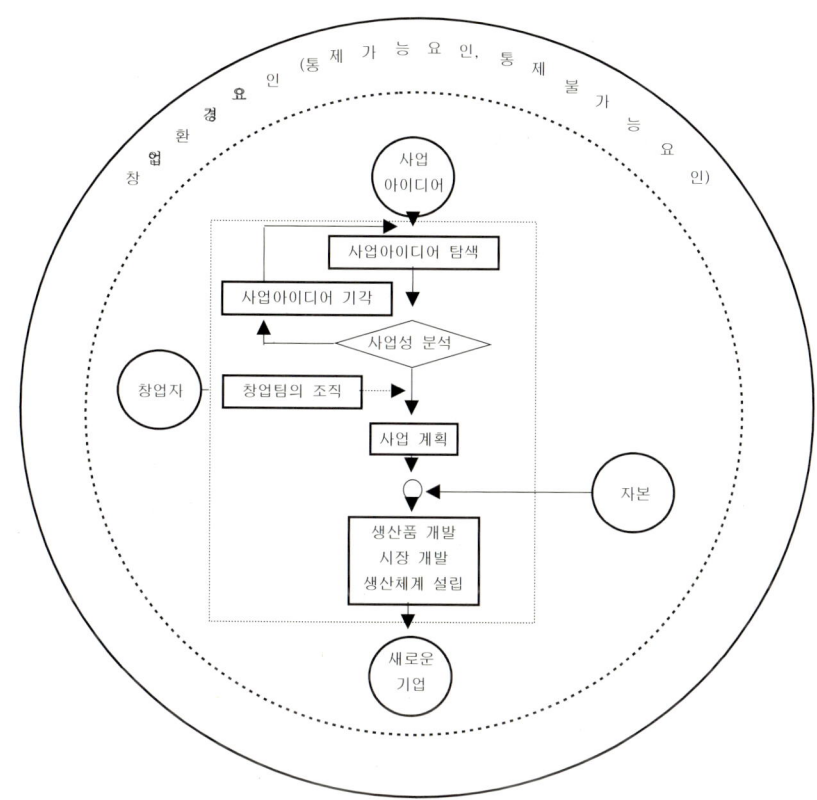

자료출처 : 박춘엽(1985)
그림 2.2 창업 시스템 : 창업의 3 요소, 창업과정 및 창업환경

1) 사업 아이디어 탐색

창업을 하기 위해서 창업자가 가장 먼저 해야 할 일은 사업 아이디어를 탐색하고 선정하는 것이다. 달리 말하자면, 무엇을 생산할 것인가를 결정하여야 한다는 것이다. 고려의 대상이 될 수 있는 사업 아이디어의 종류는 무수히 많다. 예를 들면, 우리의 생활 가까이서 흔히 볼 수 있는 음식점, 옷가게, 편의점 사업 같은 것에서부터, 발명품을 사업화하는 고도의 것까지 무수히 많다. 이렇게 여러 가지 가능한 사업들 중에 어떤 것을 선택할 것인가는 매우 중요한 일일 뿐만 아니라, 어려운 일이기도 하다. 사업 아이디어 탐색에 대해서는 제5장에서 심도 있게 다루고자 한다.

2) 사업성 분석

여러 가지 사업 아이디어 중에서 최선의 것을 선별하는 과정에 필수적인 활동이 사업성 분석이다. 사업성 분석이란 고려하는 사업 아이디어가 목표로 하는 이윤을 실현할 수 있겠는가를 검토하는 활동이다. 고려하는 사업 아이디어에 대하여 사업성 분석을 실시한 결과 만족스러운 결과를 얻을 수 없다고 판단되면 고려하던 사업 아이디어를 기각하고, 새로운 사업 아이디어를 탐색해야 한다. 여기에서 사업성 분석이란 격식을 갖춘 심도 있는 분석일 수도 있고, 간단한 점검 수준의 것일 수도 있다.

예를 들어, 친구의 소개로 유망한 제품의 독점 판매권을 제의 받은 경우에, 평소에 가지고 있던 지식에 의거하여 판단한 결과, 그 사업이 당장은 수익성이 좋아 보이지만, 장기적인 관점에서 볼 때 현재 다니는 직장보다 안정성에 있어서 열등하다고 판단되었다고 하자. 이와 같은 경우에 평소에 가지고 있던 지식에 의거한 판단이, 격식을 갖춘 것은 아니지만, 사업성 분석에 해당하는 것이다.

이와는 달리, 전문적인 지식을 가진 사람을 동원하여 상당한 정도의 자료를 수집하여 실시하는 격식을 갖춘 사업성 분석도 있다. 사업성 분석이 어떠한 형태의 것이든 간에 유망하다고 판단되는 사업 아이디어를 확보하지 못하면 예비 창업자는 사업 아이디어의 탐색과 사업성 분석의 과정을 반복하는 것이다. 많은 사람들이 창업에 대하여 생각해 보지만 그 중 많은 사람들은 유망하다고 판단되는 사업 아이디어를 획득하지 못하고 만다. 한편, 사업성 분석 과정을 통하여 유망하다고 판단되는 사업 아이디어를 획득하게 되면, 사업을 실행할 계획을 세우게 된다.

3) 사업 계획

사업 계획에서는 의도하는 기업을 실제로 설립하기 위하여 수행하고 조달해야 할 업무와 자원을 파악, 확보 그리고 집행할 계획을 수립하는 것이다. 사업 계획에 포함되어야 할 내용에는 목표 상품의 시장 조사 및 판매 계획, 생산 계획, 관리 계획, 재무 계획 등이 포함된다. 시장 조사와 판매 계획에서는 수요를 예측하고 매출액을 추정해야 한다. 생산 계획에서는 생산량 추정, 필요한 설비의 종류와 가격의 파악, 필요한 원자재의 종류 수량 가격의 추정, 또 생산인력 계획을 수립한다. 일반 관리 계획에서는 수행해야 할 일반관리 업무의 종류를 파악하고 필요한 인력 계획을 수립한다. 재무 계획에서는 필요한 자금의 크기를 추정하고, 조달 계획을 수립한다. 이러한 세부적인 기초 계획에 의거하여 사업의 전체적인 수익성 평가도 사업 계획의 일부로 실시하는 것이 좋다.

4) 사업 계획의 실행

(1) 창업팀의 구성

창업팀이란 창업자와 함께 창업에 동참하는 사람들의 모임을 말한다. 창업자는 사업의 계획, 물적 인적 자원 조달, 업무의 추진 등을 위하여 그 자신 외의 사람들과 팀을 이룬다. 창업팀의 특성은 창업자의 특성과 함께 기업 경영에 심대한 영향을 미치므로 그 구성에 매우 신중해야 한다. 창업팀을 구성할 때 고려 요인으로는 업무처리능력, 최고 경영자에 대한 충성심, 구성원들 간의 협력 등이 포함된다.

(2) 인허가의 취득

사업을 하기 위해서는 관계 기관의 인가나 허가가 필요한가를 조사하고 필요한 경우에는 인허가를 획득하여야 한다. 약국처럼 특별한 자격이 필요한 경우도 있다. 인허가가 필요한 사업인가를 확인하기 위해서는 세무서에 문의하는 것이 좋다.

(3) 자금 조달

사업을 실행하기 위해서는 물적 자원으로 사업 자금을 마련하여야 한다. 창업 과정에서 가장 어려운 과정이다.

(4) 사업장의 마련

사업장의 마련이란 제조업의 경우에는 공장, 도소매업인 경우에는 판매 장소를 확보하는 일을 말한다. 서비스업인 경우에는 사무실을 임대하여야 한다. 재택 사업인 경우에는 자가를 사업장으로 선택한 경우가 많다. 점포나 오피스를 위해 상가를 임차하는 경우에는 착오로 인한 손해가 발생하지 않도록 경험 있는 사람의 도움을 받거나 믿을 수 있는 부동산 소개소를 활용해야 한다.

(5) 사업자 등록

사업을 하기 위해서는 세무서에 가서 사업자 등록을 하여야 한다.

(6) 생산 및 서비스 계획

제품을 생산하거나 서비스를 개시하기 전에 면밀한 생산 계획을 수립하여야 한다.

(7) 직원 채용

필요한 직원을 채용한다.

(8) 초기 원자재의 구입

생산 계획에 따라 필요한 원자재를 구입한다.

(9) 생산

생산 계획에 따라 제품을 생산한다.

(10) 최초의 판매 및 수금

제품과 서비스를 판매한다. 판매 대금을 제때에 수금하는 것은 매우 중요한 일이다. 상품과 서비스를 제공하거나 인도하기 전에 대금을 제대로 수금할 수 있겠는가를 면밀히 검토해야 한다.

2-3 창업 환경

창업이 이루어지는 과정에 대하여 좀더 잘 이해하기 위해서는 창업에 직접적인 영향을 주는 창업자, 사업 아이디어, 자본, 사업성 분석, 사업 계획 등에 대한 이해뿐만 아니라 창업에 영향을 미치는 주변의 환경적인 요인들에 대한 이해도 필요하다. 창업에 영향을 미치는 요인들을 경제적 요인, 제도적 요인, 기술적 요인, 사회적 요인으로 나누어 볼 수 있다. 이들에 대하여 설명하고자 한다.

1) 경제적 요인

창업에 영향을 주는 경제적 요인들로서는 경기 동향, 자금 조달의 난이도, 이자율, 산업 분야에로의 진입의 난이도 등이다. 대체로 경제 성장률이 큰 경우에는 창업이 용이하다고 할 수 있다. 왜냐 하면, 소비가 크게 늘기 때문에 시장이 확대되어 매출이 용이하게 신장될 수 있기 때문이다. 하지만, 경기가 침체되어 소비가 위축되는 경우에는 시장이 위축되고 있기 때문에 창업 기업이 시장을 확보하기 어려우므로 대체로 창업하기가 어려운 상황이라고 할 수 있다.

한편, 자금 조달이 어려운 경우, 이자율이 높은 경우, 기존 산업분야에로의 진입이 어려운 경우는 창업이 상대적으로 어려워진다. 경기가 침체된다고 하여도 모든 여건이 불리하게 전개되는 것은 아니다. 경기가 침체되면, 소비자들의 소득이 위축되므로 이러한 상황에 적합한 새로운 창업 기회가 발생할 수 있다. 예를 들면, 불황으로 인하여 소득 감소, 실업 등이 발생하는 경우에는 이러한 상황에서 필요로 하는 직업 알선업, 중고품 거래 사업 등이 유리해진다.

2) 제도적 요인

창업에 영향을 주는 제도적 요인으로는 기업의 설립과 경영에 관한 규제와 장려제도, 조세제도 등이 있다. 예를 들면, 기업을 창업하는 절차가 복잡하고 까다로우면, 기업의 창업은 저조해질 것이다. 한국은 과거에 창업에 관한 규제가 매우 많은 나라로 알려져 왔다. 한편, 한국에서는 1985년에 중소기업 창업지원법을 제정하고 그 후 창업을 지원하는 시책을 적극적으로 전개하고 있다. 이와 같은 국가의 창업지원 정책의 영향으로 많은 중소기업이 창업되기도 하였다.

3) 기술적 요인

새로운 기술이 많이 발생하는 환경, 또는 기술적 변화가 많은 환경은 기술적 창업에 우호적인 환경이 된다. 예를 들면, 컴퓨터, 통신, 유전공학, 환경 등의 분야에서는 새로운 기술이 많이 개발되고 있으며 그로 인하여 관련 산업분야에 많은 기술적 변화가 일고 있다. 이로 인하여 이들 분야에서의 창업은 전세계적으로 매우 활발하다. 또, 기술창업은 그 영향이 매우 클 수도 있다. 예를 들면, 애플컴퓨터회사가 만든 개인용 컴퓨터는 컴퓨터의 대량 보급을 통하여 사회적으로 경제적으로 큰 변화를 가져오게 되었으며 미국의 산업 및 경제 발전에 많은 영향을 끼쳤다. 기술 창업을 촉진하기 위해서는 기술의 개발 및 확산, 그리고 기술과 창업을 연결시키는 여러 가지 지원 활동이 필요하다.

4) 사회적 요인

창업에 영향을 미치는 사회적 요인으로는 인구 통계학적 요인, 문화적 요인, 사회의 의식 등이 있다. 최근에 중요한 인구통계학적 요인으로는 노인 인구의 증가, 유소년 인구의 감소 등을 들 수 있다. 또, 문화적 요인으로는 문화 산업의 비중 증대

문화의 대중소비 등을 들 수 있다. 창업에 미치는 사회 의식의 변화로는 창업 및 창업자에 대한 사회적 인식(social attitude) 변화를 들 수 있다. 한국의 경우, 경제가 한참 빠른 속도로 성장하던 1970년대만 하여도 창업자에 대한 사회적 인식은 우호적이지 못하였다. 당시까지만 하여도 관공서 또는 기업에 취직하는 것이 상대적으로 우등한 선택으로 인식되었고, 창업은 직장을 구하지 못한 사람들에게 주어지는 강요된 열등한 선택으로 인식되었던 것 같다. 이와 같은 분위기는 1980년대부터 조금씩 변하기 시작하여 1990년대에 와서는 능력 있는 사람은 비교적 안정적인 직장일지라도 그것을 버리고 창업의 길을 택하는 경우를 보게 되었다.

2-4 변형된 창업 과정 : 자원 우선형

앞의 2-2절에서 소개한 창업 과정은 사업 아이디어의 탐색, 사업성 분석, 사업 계획 및 실행의 순서이었다. 이것을 기본형 창업 과정이라고 하기로 하자. 그런데 이와는 달리 변형된 과정을 거치는 경우도 있다. 예를 들어, 창업에 필요한 자원이 먼저 확보된 경우가 있다. 자원이 이미 주어진 경우에는 수행해야 할 두 번째 일은 자원에 맞는 사업 아이디어를 선정하는 일이다. 이와 같이 자원이 먼저 확보되고 그에 적합한 사업 아이디어를 선정하여 창업하게 되는 경우를 자원 우선형 창업 과정이라고 할 수 있다. 이와 같은 자원 우선형 창업 과정을 그림으로 표시하면 그림 2.3과 같다.

자원 우선형 창업 과정의 예를 들면, 새로이 건설된 아파트단지의 상업지역에 먼저 점포를 확보하고, 그에 적합한 사업 아이디어를 탐색하게 되는 경우가 있다. 이러한 경우는 사업 아이디어 탐색 과정에서 업종을 미리 정하고 사업장소를 탐색하게 되는 경우와는 다름에 유의할 필요가 있다.

자원 우선형 창업에서 고려되는 자원의 종류는 다양하다. 예를 들면, 특별한 재능, 자격, 특정 분야에 대한 지식, 특정한 사람과의 관계, 특정한 과거의 경험 같은 것들도 창업의 자원이다. 실제에 있어서 기본형 창업 과정과 자원 우선형 창업 과정이 엄밀하게 구별되기 어려운 경우도 있겠지만 이와 같은 개념화를 통해서 현실적인 창업 과정을 좀더 예리하게 이해하고 분석할 수 있게 될 것이다.

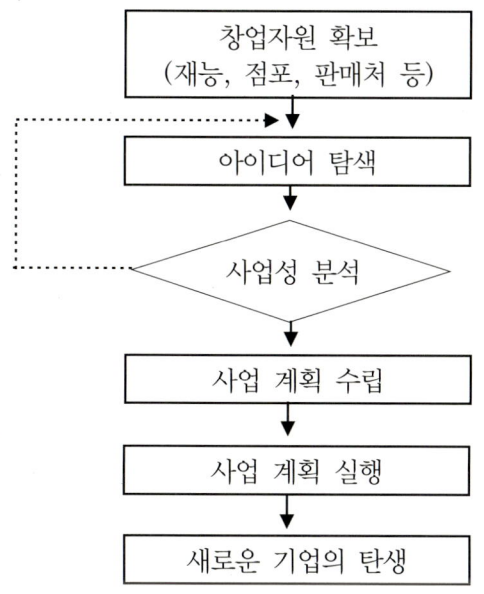

그림 2.3 자원 우선형 창업 과정

2-5 창업의 종류와 특징

2-5.1 업종에 따른 분류

한국의 표준산업분류에 따르면 우리 나라의 산업은 표 2.1과 같이 15개 분야로 분류된다. 이들 중 특별히 관심이 많이 가는 분야는 D. 제조업, G. 도소매 및 소비자용품 수리업, H. 숙박 및 음식점업 등이다. 이들 세 분야의 업체수가 전체의 3분의 2를 차지하기 때문이다. 창업도 이들 세 가지 산업을 중심으로 제조업, 유통업, 음식점업, 서비스 등으로 크게 분류해 볼 수 있다.

제조업 창업은 원료를 투입하여 새로운 제품을 만드는 사업을 말한다. 제조업은 업체수에 비하여 종사자수가 많고 부가가치 창출액이 많아 특별히 중요하다. 유통업은 도매업 소매업 등 제품을 유통하는 업을 말한다. 서비스업이란 그 형태가 다양하여 간단히 정의하기는 어려운데, 한 가지 특징은 제공된 서비스를 원래 상태대로 환원하기 어려운 특징을 가졌다. 예를 들면, 이발을 한 경우에 고객이 만족스럽지 않다고 해서 그것을 처음 상태로 되돌리기가 불가능하다. 이와 같은 서비스업 분야의 창업은 산업사회가 고도화됨에 따라 다양해지며 종사자수도 증가하게 되어 그 비중은 증가한다. 그러므로 서비스업 분야의 창업은 앞으로도 매우 활기 있게 전개될 것이다. 음식점 사업은 그 업체수가 가장 많으며 창업이 비교적 용이하며 잘하면 크게 성공할 수도 있어서 많은 사람들이 관심을 갖는 창업 분야이다.

업종별 기업체 수의 비중을 보면 모든 업종에서 중소기업체의 비중이 95% 이상으로 모두 높다. 중소기업 내의 사업체 수 분포를 보면 사업체 수가 가장 많은 산업분야는 도·소매업인데 84만 4,515개로서 전체의 28.4%를 차지하고 있으며, 다음으로는 숙박 및 음식점업으로서 59만 4,951개로서 20.0%, 제조업은 32만 8,944개로 전체의 11.1%를 차지하고 있다(〈표 2.1 참조).

표 2.1 산업별 중소기업체 수 (단위 : 개, %)*

산업분류	전 체(A) 사업체수	중소기업(B) 사업체수	비 중(B/A) 사업체수	중소기업의 산업별 비중 사업체수
전 산 업	2,976,646	2,974,185	99.9	100.0
A 농 업 , 임 업 및 어 업	593	592	99.8	0.0
B 광 업	1,778	1,777	99.9	0.1
C 제 조 업	329,583	328,944	99.8	11.1
D 전 기 , 가 스 , 증 기 및 수 도 사 업	383	370	96.6	0.0
E 하수·폐기물처리,원료재생및환경복원업	4,443	4,416	99.4	0.1
F 건 설 업	92,217	92,060	99.8	3.1
G 도 매 및 소 매 업	844,795	844,515	100.0	28.4
H 운 수 업	335,283	335,203	100.0	11.3
I 숙 박 및 음 식 점 업	595,018	594,951	100.0	20.0
J 출판,영상,방송통신및정보서비스업	20,198	20,119	99.6	0.7
K 금 융 및 보 험 업	9,359	9,264	99.0	0.3
L 부 동 산 업 및 임 대 업	99,770	99,499	99.7	3.3
M 전 문 , 과 학 및 기 술 서 비 스 업	57,624	57,474	99.7	1.9
N 사업시설관리및사업지원서비스업	28,277	27,893	98.6	0.9
P 교 육 서 비 스 업	132,646	132,574	99.9	4.5
Q 보 건 업 및 사 회 복 지 서 비 스 업	63,792	63,776	100.0	2.1
R 예술,스포츠및여가관련서비스업	92,810	92,766	100.0	3.1
S 수 리 및 기 타 개 인 서 비 스 업	268,077	267,992	100.0	9.0

주 : P. 22~23의 일러두기(1. 기업규모별 통계분류 기준, 2. 통계작성대상 분류 범위) 참조.
자료 : 통계청,『2007년기준 전국사업체조사』에서 재편·가공
*비율은 해가 바뀌어도 그 변동정도가 크지 않음.

중소기업의 종사자 수에 있어서는 제조업 종사자가 가장 많다. 제조업은 전체 종사자의 24.1%를 차지하여 268만 4,368명이고, 다음으로 도·소매업이 235만 1,081명으로 21.1%를 차지하고 있다. 그 다음으로 숙박 및 음식점업이 160만 9,708명으로 14.4%를 차지하고 있다. 여기에서 제조업은 사업체 수에 있어서는 두 번째이지만 종사자 수에 있어서는 비중이 가장 큰 업종이라는 점에 유의할 만하다 (표 2.2 참조).

표 2.2 산업별 종사자 수 (단위 : 명, %)*

산업분류		전 체(A) 종사자수	중소기업(B) 종사자수	비 중(B/A) 종사자수	중소기업의 산업별 비중 종사자수
전	산 업	12,612,692	11,149,134	88.4	100.0
A	농 업 , 임 업 및 어 업	9,390	9,161	97.6	0.1
B	광 업	14,914	13,684	91.8	0.1
C	제 조 업	3,355,966	2,684,368	80.0	24.1
D	전 기 , 가 스 , 증 기 및 수 도 사 업	13,936	8,334	59.8	0.1
E	하수·폐기물처리,원료재생및환경복원업	52,479	48,246	91.9	0.4
F	건 설 업	840,810	743,241	88.4	6.7
G	도 매 및 소 매 업	2,445,217	2,351,081	96.2	21.1
H	운 수 업	819,128	768,668	93.8	6.9
I	숙 박 및 음 식 점 업	1,638,639	1,609,708	98.2	14.4
J	출판,영상,방송통신및정보서비스업	320,095	262,229	81.9	2.4
K	금 융 및 보 험 업	149,729	90,748	60.6	0.8
L	부 동 산 업 및 임 대 업	255,099	227,633	89.2	2.0
M	전 문 , 과 학 및 기 술 서 비 스 업	418,275	341,167	81.6	3.1
N	사업시설관리및사업지원서비스업	603,198	367,422	60.9	3.3
P	교 육 서 비 스 업	488,581	476,632	97.6	4.3
Q	보 건 업 및 사 회 복 지 서 비 스 업	382,955	376,995	98.4	3.4
R	예술, 스포츠 및 여가 관련 서비스업	242,019	221,494	91.5	2.0
S	수 리 및 기 타 개 인 서 비 스 업	562,262	548,323	97.5	4.9

주 : P. 22~23의 일러두기(1. 기업규모별 통계분류 기준, 2. 통계작성대상 분류 범위) 참조.
자료 : 통계청, 『2007년기준 전국사업체조사』에서 재편·가공
자료 : 중소기업중앙회

창업이라 하면 먼저 공장을 연상할 수 있다. 그러나 숫자에 있어서 공장보다는 생활과 밀접하게 관련된 서비스 및 유통업의 창업이 많다. 제조업은 승수효과가 크므로 중요성이 크다. 특히, 한국경제처럼 수출에의 의존도가 높은 경우에는 제조업 창업의 중요성은 특별히 크다. 그러나 많은 자본과 시간이 필요하고 과정이 매우 복잡하다. 그러므로 제조업의 육성을 위해 많은 정책적 사회적 지원이 있어야 하겠다. 한편, 서비스업, 유통업, 음식업 분야는 비교적 손쉽게 창업할 수 있으며 단기간 내에 돈도 벌 수 있다. 그러나 손쉬운 반면에 경쟁이 치열하다는 점도 간과해서는 안 될 것이다.

2-5.2 독립성에 따른 분류 : 독립 사업과 프랜차이즈 가맹 사업

창업의 독립성에 따라 독립 사업 창업과 프랜차이즈 가맹 사업 창업으로 나눌 수 있다. 프랜차이즈 가맹 창업이란 창업에 필요한 제품, 기술, 경영 노하우, 상호 등을 가진 사업체로부터 그것을 사용하여 창업하는 것을 말한다. 예를 들면, 비빔밥 전문점을 창업하고자 하는 경우에 메뉴, 조리법, 경영 기법 등을 보유한 기업에게서 필요한 것들을 전수 받아서 창업하는 경우이다. 이와 같이 제품, 경영 노하우 등을 제공하는 사업체를 프랜차이즈 본부 사업체(franchisor)라고 한다. 본부로부터 제품, 경영 노하우 등을 제공 받는 기업을 프랜차이즈 가맹점(franchisee)이라 한다.

가맹점은 프랜차이즈 본부로부터 상품, 경영 노우하우 등을 제공받는 대신 사업경영에 있어서 체결한 계약에 따라 제약을 받게 된다. 예를 들면, 비빔밥 전문 프랜차이즈 가맹점의 경우 본부 업체의 상호를 사용하고, 원자재를 공급 받고 경영 기법을 지도 받는 대신 경영에 있어서 본부와 약속한 바를 지켜야 한다. 예를 들면, 비빔밥의 종류, 가격, 영업 시간 등에 있어서 점포 주인이 자의로 결정하지 못하고 본부와 약속한대로 해야 한다.

한편, 독립 사업 창업이란 개별 사업체가 독자적인 상호를 사용하며, 원자재 구입, 제공하는 음식과 서비스의 종류에 있어서 독립적인 의사결정을 한다. 이와 같은 경우를 프랜차이즈 가맹 점포에 대비하여 독립점이라고 칭한다.

최근에는 많은 소매업 및 서비스업에서 프랜차이즈 가맹점 형태의 사업이 확산되고 있으며 이와 같은 추세는 앞으로도 상당 기간 동안 계속될 것이다. 이와 같이 프랜차이즈 가맹점 사업이 성장하는 것은 여러 점포가 같은 물건을 취급하게 됨에 따라 규모의 경제성이 커지며, 경영 기술에 있어서 본부 업체와 가맹점이 효과적으로 협력하여 수익성과 경쟁력을 높일 수 있기 때문이다.

2-5.3 혁신적 창업과 모방창업

창업기업은 혁신성 정도에 따라 혁신적 창업기업과 모방창업기업으로 나누어 볼 수 있다. 혁신적 창업이란 기존의 사업과는 기술, 경영, 제품 등에 있어서 크게 다른 형태의 창업을 의미한다. 예를 들면, 발명품의 사업화는 혁신적 창업이라고 할 수 있다. 발명품은 아니더라도 새로운 정도가 큰 제품을 생산하고자 하는 창업은 혁신적 창업이라고 할 수 있다. 또, 경영방식에 있어서 혁신적인 방법을 이용하여 효율이 높은 새로운 기업을 창업한다면 혁신적 창업이라고 할 수 있다.

한편, 우리의 주변에는 기존의 기업과 거의 같거나 매우 유사한 형태의 기업이 창업되는 것을 흔히 볼 수 있다. 예를 들면, 프랜차이즈 가맹점 사업을 시작하는 경우, 흔히 볼 수 있는 소매점, 서비스사업체, 음식점 창업처럼 제품, 기술, 경영 기법 등에 있어서 기존의 제 사업체와 크게 다르지 않은 창업을 모방창업이라고 할 수 있다. 여기에서 한 가지 유의할 점은 혁신적 창업은 우수한 것이고 모방창업은 열등한 것이라고 치부해서는 안 된다는 것이다. 모방창업도 여건을 고려하여 잘 경영하면 크게 성공할 수도 있고, 혁신적 창업도 현실 여건에 부합하지 못하면 미미한 성과밖에 기대힐 수 없거나 실패하게 된다.

또, 한 가지 지적해 두고자 하는 것은 창업되는 많은 기업들 중에는 혁신형이냐 모방형이냐로 구분할 수 없는 것들도 많다. 많은 기업들은 모방적인 창업인 것처럼 보이지만 혁신적인 요소를 많은 포함하고 있는 경우도 있다. 예를 들면, 기존의 음식점과 같은 음식을 제공하는 식당으로 보여도 자세히 보면, 조리법 맛 분위기 등에 있어서 기존의 식당들과 크게 차별화되는 경우가 있다. 여기에서 혁신적 창업과 모방창업을 구별하여 논의한 것은 창업의 특징을 이해하는 길잡이로 소개하고 있는 것이다.

2-5.4 개인 중심 창업과 팀 중심 창업

개인이 창업을 주도하여 제품의 결정, 자금 조달, 경영을 주도하는 경우를 개인 중심 창업이라고 할 수 있다. 한편, 이와는 달리, 2 명 이상의 사람이 창업을 공동으로 주도하는 경우도 있다. 창업기업의 숫자로 본다면, 개인 주도형 창업이 팀 중심 창업보다 훨씬 많을 것이라고 짐작된다. 개인 중심 창업은 책임과 권한의 소재가 분명하고, 의사 결정이 신속하다는 장점을 가지지만 자본과 경영 기술 등에 있어서 개인에게 의존함으로써 한계를 가질 수가 있다. 팀 중심 창업은 구성원들의 견해차가 생길 때 이로 인해 의사결정 속도가 느리고 책임소재가 애매하게 되는 단점이 있지만 신중성, 전문화 등의 장점을 가질 수 있다.

2-5.5 무점포 창업과 점포중심형 창업

창업을 할 때 점포나 공장 등이 없이도 창업할 수가 있는데 이런 경우를 보통 무점포 창업이라고 하며, 이와는 달리 점포를 중심으로 하는 창업을 점포중심형 창업이라고 한다. 무점포 창업은 점포를 확보하는 데 자금이 소요되지 않으므로 자금면에서 매우 효율적인 창업이 될 수 있다. 무점포 창업의 경우에 본인의 거주지 등을 점포나 사무실 대신 사용하는 경우를 재택 사업(home business, 또는 home-based business)이라고 한다. 무점포 사업에는 특별한 업무 공간이 필요 없는 사업도 있다. 무점포 사업은 사업자금 조달이 어려운 처지에 있는 사람들이 특별한 관심을 가지고 고려할 가치가 있는 창업형태이다.

무점포 사업의 예를 들면, 정보 제공업, 번역사업, 소규모의 통신판매사업(카달로그 판매, 인터넷 쇼핑몰 등), 알선업(결혼 정보업 등), 무인자판기 사업, 가내 수공업 등이 있다.

2-5.6 기타의 분류

1) 여성 창업

여성이 창업하는 경우를 여성 창업이라고 한다. 여성 창업은 여성의 사회 활동의 증대와 함께 여성들의 창업 활동도 매우 활발하며 경제적 사회적 중요성을 갖는다. 따라서 우리 나라뿐만 아니라 외국에서도 여성 창업을 중요한 영역으로 인식하고 그에 대한 정책과 지원제도를 마련하고 있으며 그에 대한 연구도 활발하다. 우리 나라에서 여성 기업의 수는 전체 사업체수의 3분의 1을 넘어섰다. 하지만 남성들이 경영하는 사업체에 비하여 규모가 작다. 또, 여성 기업은 서비스업 분야에서 그 비중이 높다.

2) e 비즈니스 창업

인터넷을 이용하여 서비스를 제공하거나 정보를 제공하는 사업체의 창업을 인터넷 창업이라고 부른다. 최근에는 e 비즈니스라는 명칭이 더 널리 쓰인다. 이와 같은 인터넷 창업은 수년 전부터 매우 활발하게 진행되고 있으며 앞으로 크게 발전하리라고 예상된다. 인터넷 전문 쇼핑 몰의 예를 들면 다음과 같다.

(1) 이유식 전문점 : 무공해 이유식을 영양 건강 정보와 함께 제공
(2) 건강 전문 쇼핑몰 : 건강 정보와 함께 유기농 식품 판매
(3) 노인용품 전문점 : 노인용품만 전문으로 판매
(4) 인쇄 전문 쇼핑몰 : 편집, 디자인, 인쇄하여 배달
(5) 상품권 전문 사이트 : 백화점 상품권, 극장 상품권, 각종 할인권 등을 판매하는 사이트

3) 벤처 기업의 창업

기술의 집약도가 높으며 성공 시 큰 수익을 기대할 수 있는 사업을 영위하는 기업을 벤처 기업이라고 한다. 우리 나라에서는 1998년에 벤처 기업 육성에 관한 특별조치법을 제정하여 국가적으로 지원하여 큰 발전을 보았다. 그래서 많은 성과도 있었지만 벤처기업 지정제도는 벤처기업 인증과정에 불필요한 노력이 많이 소요된다는 부작용도 있다.

4) 사회적 기업 창업

사회적 기업 육성법(제 2조)은 "취약계층에게 사회 서비스 또는 일자리를 제공하여 지역주민의 삶의 질을 높이는 등의 사회적 목적을 추구하면서 재화 및 서비스의 생산, 판매등 영입활동을 수행하는 기업으로서 고용노동부장관의 인증을 받은 자를

말한다"고 정의하고 있다. 다시 말하면, 사회적 기업이란 영리 추구라는 창업자의 개인적 목적에 대비하여 사회적 목적을 실현하는 기업을 말한다.

예를 들면, 다음과 같은 것들이 있다.

- 일자리 제공을 위한 사회적 기업 : 일자리를 구하기 어려운 사람들, 예를 들면, 장애인 등을 전체 피고용자의 일정 비율(예, 30%)를 취업 취약 계층으로 고용하는 기업
- 사회 서비스 제공을 위한 사회적 기업 : 기업에서 제공하는 서비스 수혜 대상자의 30%가 노인, 장애인 등인 취약계층이면 사회적 기업으로 인정받을 수 있다.

사회적 기업의 업종들을 다양하다. 예를 들면, 여행사, 오페라단, 영농조합법인, 디자인회사, 건축회사. 간병, 요양, 인테리어, 각종 농산물생산회사 등으로 다양하다. 업종의 창업이더라도 요건만 충족하면 사회적 기업으로 인정받을 수 있다.

5) 장애인 창업

장애인들의 자활을 돕기 위해 중앙 정부와 지방 자치단체 그리고 민간 기구들의 관심과 지원이 증대되고 있으며 이러한 추세는 계속될 것으로 예상된다.

2-5.7 기업 매입

사업에 투신하는 방법 중의 하나는 이미 설립된 기업을 매수하여 사업을 시작하는 대안이다. 사업을 한다는 것은 창업 그 자체가 목적이기보다는 창업을 통하여 이윤을 실현하고자 하는 것이므로 기업 매입을 통하여 사업에 투신하는 것도 창업과 관련하여 고려할 만한 대안이다. 기업을 매입하는 경우에는 사업이 안정단계에까지 이르는 기간이 단축되는 장점이 있다. 단점으로는 초기 투자가 직접 창업하는 경우보다 크게 될 가능성, 전사업자의 나쁜 평판의 지속 가능성이 크다는 점이다.

이상에서 보인 분류 외에도 여러 가지 다른 분류 기준이 있을 것이다. 예를 들면, 자본의 집약도에 따라 자본집약적 창업과 노동집약적 창업으로 나누어 볼 수 있다. 또, 규모에 따라 소규모 창업과 중규모와 대규모 창업으로 나눌 수도 있다.

2-6 벤처 기업

벤처 기업은 영어표현 venture business 또는 venture company 를 나타내는 말이다. 영어의 venture business는 technology-based business(기술기반형 사업), new technology-based firm (NTBF, 신기술기반형 기업), high technology business(첨단기술사업), high technology small firm (HTSF, 첨단기술 중소기업), technology-intensive small firm(기술 집약형 중소기업) 등과 동의어라고 할 수 있다. 이러한 영어 표현으로 대변되는 기업(사업)들은 우수한 기술을 바탕으로 하며, 위험은 높지만 성공하였을 경우 높은 수익을 기대할 수 있다(high risk and high return)는 특성을 가지고 있다.

벤처 기업의 이러한 특성을 고려하여 벤처 기업을 정의하자면, '벤처 기업은 우수한 기술과 경영노우하우를 기반으로 하여 위험은 높지만(high risk) 성공하였을 경우 높은 수익(high return)이 기대되는 기업'이라고 할 수 있다. 이 정의에서 유의할 점은 우수한 기술뿐만 아니라 우수한 경영노우하우를 바탕으로 설립된 기업도 벤처 기업에 해당될 수 있다는 것이다. 벤처 기업은 그 규모에 있어서 반드시 소규모일 필요는 없지만 이러한 특성을 가지는 기업들은 소규모인 경우가 많다.

벤처 기업이 설립되는 산업분야는 특별히 제한을 받지 않는다. 벤처 기업이 반드시 정보통신분야의 산업에서 존재하는 것만은 아니다. 세계적으로 유명한 애플사나 마이크로소프트사 등이 기술을 바탕으로 한 정보통신분야의 벤처 기업들이지만, 컴퓨터 이외의 생명공학분야에도 많은 벤처 기업들이 있다.

표 2.3 벤처기업의 정의

구 분	기 준
벤처캐피탈 투자 기업	창업 후 7년 이내인 기업으로서, 창업투자회사 및 조합, 신기술사업금융업자(조합) 또는 한국벤처투자조합으로부터 자본금의 10%이상 투자(신주에 한함) 또는 자본금 20% 이상 투자(주식, 전환사채 및 신주 인수권부 사채 포함) 받은 기업
연구 개발 투자 기업	• 직전 사업연도 연구개발비가 총매출액의 5% 이상인 기업 • 연간 연구비가 5,000만 원 이상일 것 • 다만, 직전 사업연도 또는 당해 사업연도 중에 창업된 기업은 벤처기업 확인을 요청한 날이 속하는 분기의 직전 4분기의 매출액 또는 연구개발비를 직전 사업 연도의 매출액 또는 연구개발비로 산정
신 기 술 개발 기업	• 특허권, 실용신안권(등록출원중인 기술 중 심사 청구 및 출원 공개된 기술로서 특허청장이 인정하는 기술)에 의해 생산된 제품이 직전 사업연도 매출액이 총매출액의 50% 이상이거나 당해 제품의 수출액이 총매출액의 25% 이상인 기업 • 신기술을 이용하거나 해외도입기술 중 조세감면 대상인 고도기술을 이용하여 생산한 제품의 직전 연도 매출액이 총매출액의 50% 이상이거나 당해 제품의 수출액이 총매출액의 25% 이상인 기업. * 다만, 직전 사업연도 또는 당해 사업연도 중에 창업된 기업은 벤처기업 확인을 요청한 날이 속하는 분기의 직전 2분기 이상의 매출액 또는 수출액을 직전 사업 연도의 매출액으로 산정
기술 평가 기업	• 다음의 기업 중 벤처기업 평가기관으로부터 신기술 또는 사업화 능력이 우수하다고 평가 받은 기업 • 다음의 기업 : 창업 중인 기업, 자체기술 개발기업, 신기술 개발 기준에 미달하는 기업 또는 의장권 보유 기업

* 구체적인 내용은 변경될 수 있다. 벤처기업육성에 관한 특별법 시행령 최근 개정을 참조하기 바란다.

세계적인 미국의 벤처 기업들 중에는 이공학적인 기술에 바탕을 두고 있지 않고 경영노우하우를 기반으로 하여 성공한 것도 있다. 예를 들면, 페덱스(Fedex)사라고 하는 속달우편 회사도 세계적인 벤처 기업이다. 이 사업은 미국에서 시작되었는데 비싼 값으로 우편물을 보내고자 하는 고객이 적을까 우려했는데 고객의 호응이 커서 단기간에 크게 성장하였다. 이 사례는 특별한 공학적 기술을 사용하지 않고도 경영 노우하우를 이용하여 벤처 기업을 이룩한 예이다.

우리나라에서는 벤처 기업을 지원하는 여러 가지 제도를 실시해 오다가, 1997년에 "벤처 기업육성에 관한 특별조치법"을 제정하였다. 이 법에 의거한 벤처 기업은 4 가지로 구분할 수 있는데 열거하면 (1) 벤처 캐피탈 투자 기업, (2) 연구개발 투자기업

(3) 신기술 개발기업, (4) 기술 평가 기업이다. 이들에 대한 세부적인 적용 기준은 표 2.2와 같다. 벤처 기업에서 제외되는 업종으로는 주점, 유흥 사치업종 등 48 개 대상제외 업종이 있다(자세한 내용은 벤처 기업 육성에 관한 특별 조치법 시행령이나 송종호(2000)를 참조).

일상적인 의미에서 벤처 기업이라 하면 이와 같은 엄격한 기준을 만족한 기업을 의미하는 것이 아니고 앞에서 서술한 바와 같이 일상적인 기업, 예를 들면, 소규모 점포, 평범해 보이는 기업과는 달리 수익성과 모험성이 큰 기업을 의미한다.

그러나 법률에 의거하여 관련기관의 지원을 받기 위해서는 지정한 조건을 만족시켜야 한다. 벤처 기업으로 지정되면 여러 가지 지원제도를 우선적으로 이용할 수 있다. 그래서 많은 기업들이 벤처 기업 지정을 받으려고 한다. 벤처 기업 지정제도는 벤처 기업을 활성화하는 데 지대한 기여를 하였다. 하지만 그로 인한 부작용도 많다는 점이 지적되었다.

2-7 복습

요약

1. 창업의 3 요소는 창업자, 사업 아이디어, 자본이다.
2. 창업과정은 (1) 사업 아이디어 탐색, (2) 사업성 분석, (3) 사업 계획 작성, (4) 창업 팀의 형성, (5)자금 동원, (6) 사업 계획 실행 등의 순서이다.
3. 창업에 영향을 미치는 환경 요인으로는 경제적 요인, 기술적 요인, 제도적 요인, 사회적 요인 등으로 구분할 수 있다.
4. 산업을 업체수를 기준으로 비중이 큰 순서로 구분하면 도소매 및 소비자용품 수리업, 숙박 및 음식점업, 제조업, 운수 창고 및 통신업, 부동산 임대 및 사업 서비스업, 교육 서비스업, 건설업, 보건 및 사회 복지업 등으로 나눌 수 있다. 기타 공공 사회 및 개인 서비스업도 큰 비중을 차지한다.
5. 창업의 유형은 독립 사업과 프랜차이즈 사업, 혁신적 창업과 모방 창업, 무점포 창업과 점포 중심 창업 등으로 구분할 수 있다.
6. 벤처 기업이란 위험성은 높지만 수익성도 높을 것으로 기대되는 기업. 기술을

기반으로 하는 경우가 많다. 하지만 반드시 기술 기반형 기업을 의미하는 것은 아니다.
7. 벤처 캐피탈이란 벤처기업에 투자되는 자본 즉, 벤처캐피탈을 운용하는 회사를 말한다. 벤처 캐피탈회사가 자본을 공급하는 방식으로는 투자, 조건부 융자, 신용대출, 장기 저리 융자 등이 있다.

주요 용어

사업 아이디어(Business Idea)
창업 기업이 생산하고자 하는 제품이나 서비스에 대한 아이디어.

사업성 분석(Feasibility Analysis)
고려하는 사업이 이익을 낼 수 있겠는가를 검토해 보는 분석.

창업 환경 요인(Environmental Factors for Entrepreneurship)
창업 활동에 영향을 미치는 요인들. 경제적 요인, 제도적 요인, 기술적 요인, 사회적 요인으로 구분할 수 있음.

벤처 기업(Venture Business)
위험성은 높지만 수익성도 높을 것으로 기대되는 기업. 기술을 기반으로 하는 경우가 많다. 하지만 반드시 기술 기반형 기업을 의미하는 것은 아니다.

벤처 캐피탈(Venture Capital)
벤처기업에 투자되는 자본. 벤처캐피탈을 운용하는 회사를 벤처캐피탈회사라고 한다. 벤처 캐피탈회사가 자본을 공급하는 방식으로는 투자, 조건부 융자, 신용대출, 장기 저리 융자 등이 있다.

e 비즈니스 창업
인터넷을 이용하여 상거래를 하는 기업의 창업.

홈 비즈니스(Home-based Business)

외부 사무실을 임차하지 아니하고 거주하는 집을 기반으로 하여 하는 사업. 투입 자본이 적으므로 실패 시 손실의 규모가 통상적으로 작다.

복습 문제

1. 창업의 정의를 말하라.
2. 창업의 3 요소는 무엇인가?
3. 창업에 필요한 물적 요소에는 금전 이외에 어떤 것들이 있는가?
4. 창업 과정을 설명하라.
5. 창업 실행 과정에서 해야 할 일에는 어떤 것들이 있는가?
6. 창업의 환경 요인에는 어떤 것들이 있는가?
7. 각각의 창업 환경 요인이 미치는 영향을 설명할 수 있다.
8. 변형된 창업 과정을 설명하라.
9. 창업의 종류와 각각의 특성을 말하라.

참고 웹사이트

www.smba.go.kr
www.sbc.or.kr
www.sbdc.or.kr
www.kova.or.kr
www.entrepreneur.com
www.mysmallbiz.com
www.business-idea.com

제 3 장
창업의 장단점과 기업가로서의 자질

개 관

이 제3장에서는 창업의 장단점을 살펴보고, 성공적인 기업가로서의 특성과 성공적인 기업가에게 필요한 자질을 공부한다. 창업자로서의 적합도를 평가하는 기준도 공부한다.

학습목표

1. 창업을 결심하기 전에 기업가로서의 생활의 장단점을 이해한다.
2. 피고용자의 장점을 이해한다.
3. 피고용자의 단점을 이해한다.
4. 자기 사업의 장점을 이해한다.
5. 자기 사업의 단점을 이해한다.
6. 성공적인 기업가의 특성을 이해한다.
7. 성공적인 기업가에게 필요한 능력을 이해한다.
8. 자신의 기업가로서의 적성을 이해한다.
9. 자신(타인)이 기업가가 될 수 있다면 왜 그런지를 설명할 수 있다.
10. 자신(타인)이 기업가가 될 수 없다면 왜 그런지를 설명할 수 있다.

주요용어

피고용자의 장점, 피고용자의 단점, 자기 사업의 장점, 자기 사업의 단점, 기업가로서의 적성, 기업가의 특성, 기업가에게 필요한 능력

> **사 례** **마이크로소프트의 창업자 빌 게이츠**

빌 게이츠(William H. Gates, III 곧 Bill Gates) 회장은 현재 PC용 소프트웨어 분야에서 전세계 선두 업체인 마이크로소프트사의 창업자이다. 마이크로소프트는 2001 회계년도에 200여 억달러의 매출을 기록했으며 전 세계 60개국에 3만 2천여 명의 종업원을 고용하고 있다. 빌 게이츠는 헨리 포드에 맞서는 20세기 최고 비즈니스맨 중의 한 명이다.

1955년 10월 28일생인 빌 게이츠 회장은 두 명의 여동생과 함께 시애틀에서 성장했다. 그의 아버지 윌리엄 H. 게이츠 2세는 시애틀의 변호사로 활동하고 있다. 빌 게이츠는 공립초등학교를 다녔으며, 중학생이던 13세 때 처음으로 PC를 접하고 컴퓨터 프로그래밍을 시작했다. 1973년 하버드 대학에 입학해 그 곳에서 현재 마이크로소프트의 사장으로 있는 스티브 발머를 만나 기숙사에서 함께 생활했다.

빌 게이츠는 대학 2학년 때 폴 알렌과 함께 1975년에 설립한 회사 마이크로소프트에 전력하기 위해 대학을 중퇴했다. 이들은 PC가 모든 사무실과 가정에서 중요한 툴이 될 것이라고 믿고 PC용 소프트웨어를 개발하기 시작했다.

1995년 출간된 『미래로 가는 길(The Road Ahead)』과 1999년에 출간된 『빌 게이츠@생각의 속도(Business@The Speed of Thought)』에서 게이츠는 어떻게 디지털 프로세스가 완전히 새로운 방식으로 비즈니스를 풀어갈 것인가를 제시하고 있다.

빌 게이츠의 성공 과정에 관한 이야기 중에, MS-DOS가 당시 훨씬 뛰어난 성능으로 큰 명성을 얻고 있던 CP/M을 젖히고 IBM PC의 공식 운영체계가 된 과정에 대해 일화가 하나 있다. CP/M 개발자의 거만한 태도에 화가 난 IBM 스탭들이 공손한 빌 게이츠에게 호감을 갖게 되어서 MS-DOS를 채택하게 되었다는 이야기다. 빌 게이츠 어머니가 IBM 회장과 개인적으로 대단한 친분이 있는 거물 여성이었다는 점이 작용하지 않았을까 하고 생각하는 사람도 있다.

할아버지가 대(大)은행가이었고, 아버지는 변호사인 집안 배경을 업고 출발한 빌 게이츠는 철저한 상인 기질이 있었던 것으로 보인다. 소프트웨어를 누구나 공유하는 공공재로 받아들이던 풍토에 과감하게 반기를 들고 사용자들이 구입해야 하는 상품으로 변환시킨 것이다. 당시로는 아무도 팔고 살 수 있는 물건이라고 생각하지 않던 일련의 수학적 논리체계(=프로그램)를 하나의 상품으로 승격시킨 것이다.

게이츠는 컴퓨터에 대한 열정 외에 생물공학에도 관심을 가지고 있다. 그는 아이코스사(Icos Corporation)의 이사이며 영국의 차이로사이언스(Chiroscience) 자회사인 다윈 몰레큘러(Darwin Molecular)사의 주주이기도 하다. 그는 또 전 세계에서 가장 큰 규모의 시각 정보 자원 중의 하나(전 세계 공공 및 민간 부문에서 수집된 예술품 및 사진의 포괄적인 디지털 기록)를 개발하고 있는 코비드(Corbid Corporation)사를 설립했다.

마이크로소프트가 상장된 지 10년 만에 빌 게이츠 회장은 윌리엄 H. 게이츠 재단(William H. Gates Foundation)에 2억 달러를 내놓는 등 지금까지 총 170억 달러를 기부했다. 게이츠 회장이 중점을 두는 세 가지 분야는 교육, 인구 문제, 기술 활용 문제이다.

한 단계 더 생각하기
✓ 빌 게이츠 회장이 대학을 중퇴하고 창업하였을 때 어떤 위험이 있었을까?
✓ 빌 게이츠 회장은 성공적인 사업가에게 필요한 어떤 특성을 가지고 있었을까?
✓ 빌 게이츠 회장은 성공적인 창업가가 되기 위해 어떤 능력을 개발하였을까?

3-1 피고용자의 장단점

3-1.1 피고용자의 장점

　피고용자라 함은 보수를 받으며 타인에게 고용된 사람을 지칭한다. 사람들 중에는 피고용자로서의 생활에 적합한 기질을 가진 사람이 있다. 사회 전체로 보면 고용자와 피고용자 중 피고용자의 수가 많다. 창업 지향적인 분위기에서는 피고용자가 열등한 사람인 것처럼 생각할 수 있으나 반드시 그렇지는 않다. 창업을 결심하기 전에 피고용자의 생활이 가지는 여러 가지 장점을 살펴볼 필요가 있다. 피고용자의 장점은 다음과 같다.

(1) 직장이 확고하다.
(2) 소속기관이 가지는 명성을 향유한다.
(3) 정기적인 소득을 얻는다.
(4) 제한된 지식이나 능력을 가지고도 살아갈 수 있다.
(5) 업무와 휴식이 비교적 잘 구분되어 있다.
(6) 업무 중의 사고(事故)와 재해에 대한 보상이 있다.
(7) 퇴직 보상금이 있다.
(8) 개인 재산에 대한 위험이 적다.
(9) 실패에 대한 책임이 작다.
(10) 근무 시간이 비교적 짧다.
(11) 정기적인 휴가를 얻는다.
(12) 초과 근무에 대한 소득을 얻는다.
(13) 처음부터 소득이 있다.
(14) 책임의 한계가 분명하다.
(15) 규칙적인 생활을 할 수 있다.

1-3.1 피고용자의 단점

　피고용자의 단점은 다음과 같다.
(1) 수입이 한정되어 있고, 수입이 증가하면 소득세가 증가한다.

(2) 개인 소득을 재투자하여 재산을 증식하는 속도가 느리다.
(3) 최고 경영진의 변동에 따른 연쇄 반응으로 직장이 위태로워질 수 있다.
(4) 기업 병합(倂合), 도산(倒産) 등으로 인하여 실직할 수 있다.
(5) 고용자는 피고용자가 미리 정해진 범위 내에서 틀에 맞도록 활동하는 사람이기를 희망한다. 다재다능하고 자유분방한 사람에게 이러한 제약은 불만스러울 것이다.
(6) 개인의 창의력에 대한 충분한 보상을 받지 못하는 경우가 많다. 직장 내에서의 발명이나 퇴직 후 특정 기간 이내의 발명에 대하여는 직장과 이권을 나누어 가져야 한다던가 하는 계약 조건이 있는 경우가 많다.

3-2 자기 사업의 장단점

3-2.2 자기 사업의 장점

다소 모험적이고 개척자적인 일을 좋아하고 힘든 일을 두려워하지 않는다면, 자기 자신의 사업을 시작하여 일하는 것이 피고용자로서의 생활보다 더 보람이 있을 것이다. 자기 사업의 장점으로는 다음과 같은 것이 있다.

(1) 기업의 소유자 즉, 기업가가 되면 자신의 능력, 기술, 지식, 정력, 개척 정신, 모험 정신 등을 최대로 발휘할 기회를 갖게 된다. 또 기업의 소유자는 행동의 제약을 덜 받는다. 기업가는 자기표현(自己表現, self-expression)과 독립(獨立, independence)의 욕구가 강한 사람들이다.
(2) 직장의 안정성에 있어서 기업이 일단 안정이 되면 기업가는 피고용인에 못지않은 안정을 가질 수 있고 해고될 염려가 없다.
(3) 기업가는 기업 규모에 관계없이 그가 관련된 사회에서 독립된 기업가로서의 명성을 얻을 수가 있다.
(4) 기업가 또는 독립적인 활동을 하는 전문가는 정년퇴직과 같은 시간적 제약을 받지 않고 활동할 수 있으며 상응하는 수입도 얻을 수 있다.

3-2.2 자기 사업의 단점

자기 사업을 한다는 것은 매력적인 일이기는 하지만 단점이 없는 것은 아니다. 아마 가장 큰 단점은 금전적인 손실, 개인의 명예 손상 등과 같은 위험일 것이다. 사업의 세계는 냉혹하고 때때로 잔인하기도 하다. 기회를 포착하지 못하면 망한다. 자기 영역을 침범하도록 방임하면 침범당하며 기업은 도산되고 만다. 기업의 세계에 윤리가 없는 것은 아니나 기업인 중에는 비윤리적인 사람도 있다. 자기 기업의 소유와 관련된 단점을 정리하면 다음과 같다.

(1) 금전적, 개인적이 위험이 증가한다. 개인적인 위험이라 함은 개인의 명예 훼손, 지위 상실 등의 위험을 말한다. 보험으로 보호되는 것도 있지만 그렇지 않은 것도 있다. 예를 들면 수요 예측의 오차, 가격의 변동, 정부 정책의 변화, 국제 정세의 변화, 경쟁자의 발명, 가치관의 변화, 수송로의 변화 등으로 인한 손실은 보험으로 보호되지 않는 것들이다.
(2) 업무 시간이 비교적 길고, 신경을 써야 하는 일이 많다.
(3) 모든 결정에 대한 전적인 책임과 피고용자의 급여와 사업 경비 등의 조달에 대한 책임을 진다.
(4) 소득이 불규칙적이다.
(5) 비위를 맞추어야 할 대상이 많다(고객, 일반 대중, 채권자, 정부 기관, 사회 단 등).
(6) 초기에는 수입이 적다.
(7) 간섭과 규제를 하는 기관이 많다. 경찰서, 소방서, 보건위생 관리기관, 노동조합 등에서 요구하는 최저 기준을 만족하다 보면 기업의자율성이 축소된다.
(8) 관계 기관에 대한 여러 가지 보고서 작성에 많은 시간과 자원이 소요된다.
(9) 초기의 중소기업에는 세금도 큰 부담이 된다.

3-3 창업자 적성검사

세상의 많은 일의 성공과 실패는 그 일과 관련된 사람 혹은 인적요인에 따라 좌우된다. 기업의 성패도 기업가가 기업가로서의 적성과 자질을 얼마나 잘 갖추고 있느냐에 달려 있다고 많은 사람들은 생각한다. 만약에 이와 같은 생각에 동의한다면 기업을 경영하려는 사람은 자신이 성공적인 기업가가 되기 위해 필요한 특성을 얼마나 가지고 있는지가 궁금할 것이다. 본 장에서는 성공적인 기업가가 되기 위해 필요한 여러 가지 특성에 대하여 살펴보겠다. 먼저 개인적인 기질에 있어서 기업가로서의 적성을 측정하는 간단한 검사 방법을 한 가지 소개하겠다. 다음에 주어진 21개의 질문에 답하라. 측정 요령과 항목은 다음과 같다.

- 각 항목에서 서술된 내용이 여러분의 행동과 일치하는 경우가 대단히 드물다고 생각하면 1점을 준다.
- 여러분의 행동이 항상 일치하지는 않지만 상황에 따라 서술된 내용과 어느 정도 일치한다고 생각하면 2점을 준다.
- 서술 내용이 여러분을 정확하게 묘사하는 것이라면 3점을 준다.

1. 나는 다른 사람과 경쟁하기를 좋아 한다. ………………………… ( )
2. 나는 이기기 위하여 보상에 관계 없이 격렬하게 경쟁한다. ……… ( )
3. 나는 다소 조심하여 경쟁하지만 가끔 허세를 부린다. …………… ( )
4. 나는 장래의 이득을 얻기 위해서는 주저하지 않고 필요한 위험을 무릅쓴다. ……………………………………………………………… ( )
5. 나는 업무를 잘 처리하여 확실한 성취감을 얻는다. ……………… ( )
6. 내가 하기로 결정한 것이라면 무엇이든 1등이 되고 싶다. ……… ( )
7. 나는 전통에 얽매이지 않는다. ………………………………………… ( )
8. 나는 먼저 일을 시작하고 나서 의논하는 성향이 있다. ………… ( )
9. 칭찬이나 보상보다는 업무의 수행 자체를 중요시 한다. ………… ( )
10. 나는 보통 타인의 의견에 구애받지 않고 내 방식대로 한다. ‥ ( )
11. 나는 과오나 패배를 잘 인정하지 않는다. ………………………… ( )
12. 나는 자발적이다. 타인의 말을 들을 필요가 거의 없다. ……… ( )
13. 나는 좀처럼 좌절하지 않는다. ……………………………………… ( )
14. 나는 문제가 있으면 스스로 해결책을 찾아낸다. ………………… ( )
15. 나는 호기심이 강하다. ………………………………………………… ( )
16. 나는 남이 방해하는 것을 참지 못한다. …………………………… ( )

17. 나는 타인의 명령을 듣기를 싫어한다. ························· ( )
18. 나는 비판을 받고도 참을 수 있다. ···························· ( )
19. 나는 일이 완성되는 것을 보겠다고 고집한다. ···················· ( )
20. 나는 동료나 부하들이 나처럼 열심히 일하기를 바란다. ········· ( )
21. 나는 사업에 관한 지식을 넓히기 위해 독서를 한다. ············· ( )

총점 ··· ( )

이 적성검사의 결과를 해석하는 요령은 다음과 같다. 총점이 52점 이상이면 기업가로서의 적성이 좋은 편, 42점부터 51점 사이이면 보통, 41점 이하이면 낮은 편이라고 본다. 이 결과를 해석하는 데 있어서 유의할 점은 다음과 같다. 이 검사가 공인된 또는 절대적인 검사는 아니라는 점이다. 그러므로 독자는 이 검사의 결과를 보고 자신의 기업가로서의 적성을 과신하거나 과소평가하지 않기 바란다.

이 검사에서 주어진 설문 항목들은 기업가의 특징을 나타내는 것들이므로 각 질문에 대한 자신의 점수를 보며 자신의 특성이 어떤 것인가를 파악하는 데 사용할 수도 있을 것이다.

3-4 성공적인 기업가의 특성

성공적인 기업가의 특성은 현재 앙트르프르너십의 연구 초기에 관심을 가장 많이 끌었던 분야 중의 하나이다. 이 연구 주제는, 달리 말하자면, 어떤 특성을 가진 사람이 사업에서 성공할 가능성이 클까, 사업을 시작하기 전에 기업가로서의 적성을 미리 파악할 수는 없을까 등의 호기심에 대한 해답을 모색하는 연구 활동이었다.

성공적인 기업가의 속성을 두 가지로 나눌 수 있다. 그 중 한 가지는 성공적인 기업가의 특성(characteristics of entrepreneurs)이고, 다른 한 가지는 성공적인 기업가에게 필요한 능력(ability for entrepreneurs)이라 할 수 있다. 여기에서는 성공적인 기업가의 특성 10 가지를 소개한다. 다음 절에서는 성공적인 기업가에게 필요한 능력 10 가지를 소개한다. 이들 10 가지 특성과 10 가지 능력이 모든 특성과 능력을 포함한다고 할 수는 없으나 쓸모 있는 지침이 되리라고 생각한다.

1) 추진력과 정력

사업가는 추진력과 정력이 풍부해야 한다. 사업가들은 장시간 동안 일할 수 있는 능력이 있어야 하며 필요한 경우에는 적은 수면을 취하면서 며칠씩 계속해서 일에 몰두할 수도 있어야 한다. 추진력과 정력은 투자가들이 투자 결정을 하기 전에 유념하여야 할 사업가의 특성이다.

2) 자신감

성공한 사업가들은 자신감이 충만하고 있으며 자신이 세운 목표를 달성할 수 있다고 굳게 믿고 있다. 그들은 또한 그들 주변에서 일어나는 사건들은 주로 그들 자신에 의해서 결정되며, 그들의 운명을 좌우하는 것은 주로 그들 자신이라고 믿는다. 여신 부서에서도 사업에 자신감을 갖고 있는 사업가들에게 자금을 융자해 주고 싶어한다. 그러나 과신, 오만 혹은 겸양의 결여 등은 투자가들로 하여금 현실감이 부족한 사업가라는 판단을 내리게 할 것이다.

3) 장기적인 참여

기업가는 단기간 내에 돈을 벌려고 하는 재주꾼들과는 달리 사업에 장기적으로 참여하여야 한다. 유망한 기업가는 가볍게 행동하지 않고 그가 설정한 목표를 향하여 꾸준히 매진한다. 기업을 성공적인 단계에까지 이르게 하려면 그 사업에 대한 전적인 몰입과 정신이 필요하다.

4) 금전에 대한 욕구

사업가로 성공하기 위해서는 금전에 대한 욕구가 있어야 한다. 사람은 (거의) 누구나 돈에 대한 욕심이 있는 것 같이 보이지만 자세히 살펴보면 금전에 대한 욕구는 사람에 따라 크게 차이가 있는 것 같다. 사업가들 중에는 '돈'보다는 일에 더 관심을 가진 사람도 있다. 또, 사업을 하면서도 공익적인 측면에 관심이 많은 사람, 본인도 아직 여유 없는 사업가이면서도 가난한 사람을 보면 참지 못하는 사람 등은 본인의 관심이 돈과 공익 중 어느 쪽에 더 많은지 성찰할 필요가 있다고 본다.

금전적 욕구가 강한 사람은 일에 대한 금전적 보상, 투자에 대한 수익, 자본 증식 등을 의사 결정의 중요한 기준으로 삼는다. 기업가는 이윤 추구에 목표를 세우고, 돈을 재투자하는 일을 반복하는 데서 희열을 느끼는 사람들이다. 사업가로서의 적성 중의 하나가 금전에 대한 욕구라고 하여 사업가는 모두 금전의 노예라는 뜻은 아니다. 그러나 사업의 목표는 이윤의 실현이고, 사업에는 경쟁이 치열하므로 금전에 대한 적극적인 관심은 사업에 성공하기 위한 필수적인 요소라고 본다.

5) 문제 해결에 있어서의 끈기

성공적인 창업가들은 장애를 극복하고 문제를 해결하여 주어진 일을 완성하는 데 있어서 특별히 강한 의욕을 가지고 있다. 기업가들은 자신감과 낙관적인 사고방식 때문에 불가능한 것이란 보통 문제에 비해 시간을 더 필요로 하는 일이라고만 생각한다. 그러나 기업의 장래를 개척하는 데 있어서 맹목적이지는 않다. 그렇다고 실패가 없는 것도 아니다. 일반적으로 성공적인 기업가는 문제 해결에 있어서 끈기가 있는 반면, 그가 해결할 수 없는 문제를 판단하는 데 있어서 현실적이며, 꼭 풀어야 할 문제가 대단히 어려운 것이라고 판단되면 도움을 얻을 수 있는 곳을 빨리 알아내는 기술도 가지고 있다.

6) 온건한 모험심

성공적인 기업가는 너무 쉽지도 않고 또 성공 가능성이 너무 적지도 않은 그런 종류의 일에 모험을 걸기를 좋아한다. 그들이 좋아하는 모험의 대상은 성패가 단순히 우연에 의하여 좌우되는 일보다는 자신들의 노력으로 성공의 가능성을 높일 수 있는 것들이다. 이와 같은 온건한 모험적 기질은 기업가로서의 가장 중요한 특성이다. 왜냐 하면 이러한 특성은 사업에 필요한 여러 가지 의사 결정을 하는 데 있어서 중요한 영향력을 미치기 때문이다. 기업가는 "산에 가야 범을 잡는다."라는 말의 뜻 즉, 가치 있는 것을 획득하려면 모험을 해야 된다는 의미를 아는 사람이다.

7) 실패로부터 배우는 자세

성공적인 기업가는 실패로부터 교훈을 발견하고 그것을 폭넓게 활용하려는 노력이 있어야 한다. 기업 경영에서 실패는 없고 학습은 있다는 말이 있다. 성공적인 기업가들은 자신의 성과에 대한 비판과 격려를 통하여 성과에 대한 피드백을 통하여 배우고 개선하고 시정 조치를 한다.

8) 주도권과 책임감

역사적으로 볼 때 기업가는 독립심이 강하고 자기 의존적인 혁신가이었다. 기업가의 성격에 관한 현재 연구는 이와 같은 역사적인 관점과 일치한다. 유능한 기업가는 주도권을 잡으려고 능동적으로 노력하며 또한 주도권을 잡는다. 그들은 그들 자신이 성공과 실패를 책임질 수 있는 위치에 있기를 희망한다. 어떤 경우에나 리더십(leadership)을 발휘하려고 하며, 문제 해결에 있어서 주도권을 잡고 일한다. 그들은 또한 개인적인 영향력과 행동이 평가되는 것을 좋아한다. 성공하는 기업가들은 기업의 성패가 행운, 숙명 등 어쩔 수 없는 외적인 요인들에 달려 있다고 생각하지 않는다. 그들은 성공이나 실패를 그들이 좌우할 수 있는 일이라고 생각한다.

9) 상황 윤리관

기업의 세계에는 그 나름대로 기업 윤리가 있는데, 이것은 종교적인 윤리관과는 뚜렷이 다르다. 역사적으로 볼 때 기업가들은 기업 윤리의 기준을 상황 윤리에 두는 경향이 크다. 다시 말하면, 기업가들은 윤리적 판단 기준을 특정한 상황이 요구하는 데에 두려는 경향이 있으며 모든 상황에 일률적으로 적용되는 엄격한 행동 기준은 기피하려고 한다.

10) 불확실성을 감내

창업이란 불확실성에 대한 도전이다. 어느 사업도 성공이 보장된 사업은 없다. 기업가들은 모호성과 불확실성 속에서도 훌륭한 의사 결정을 할 수 있는 특별한 역량을 가져야 한다. 불확실성에 대하여 초조하고 불안해하는 사람은 기업가가 될 수 없다. 이를 극복하고 일을 추진할 수 있는 능력이 있어야 한다. 이상의 성공적인 기업가의 특성을 표 3.1의 평가표를 이용하여 평가해 볼 수 있을 것이다.

표 3.1 성공적인 기업가의 특성 평가표

성공적인 기업가의 특성	매우 낮다	약간 낮다	보통 이다	약간 높다	매우 높다
	1	2	3	4	5
1) 추진력과 정력					
2) 자신감					
3) 장기적인 참여					
4) 금전에 대한 욕구					
5) 문제 해결에 있어서의 끈기					
6) 온건한 모험심					
7) 실패로부터 배우는 자세					
8) 주도권과 책임감					
9) 상황 윤리관					
10) 불확실성을 감내					
합계					
평균					

3-5 기업가로서의 업무 수행에 필요한 능력

성공적인 기업가 되기 위해서는 앞에서 언급한 기업가로서의 특성뿐만 아니라 기업가로서의 업무 수행에 필요한 능력을 가져야 한다. 여기에서는 기업가로서 성공하기 위해 필요한 능력 10 가지에 대하여 다루고자 한다.

1) 사업과 가사를 조화시킬 수 있는 능력

기업가는 주위로부터 끊임없이 많은 압력을 받는다. 기업의 초기 단계에서는 기업의 생존을 위하여, 그 다음에는 기업의 활성화를 위하여 끊임없이 경쟁자와 싸워야 하는 것이다. 사업은 기업가가 그 사업에 대해 얼마나 많은 정열과 노력을 쏟느냐에 따라 성패가 결정되어질 수 있다. 그러므로 기업가는 사업을 위하여 그의 모든 것을 바칠 준비가 되어 있어야 한다. 특히 창업 단계에서는 이러한 자세가 더욱 요구된다. 결혼 생활, 가족 관계 등을 유지하면서 성공적인 기업가가 되는 것은 쉬운 일이 아니지만 결코 불가능한 것은 아니다. 성공적인 중소기업을 경영하면서 행복한 가정을 유지하는 것은 매우 중요한 일이다.

2) 전적으로 몰입하고 결단할 수 있는 능력

사업을 시작하고 성장시키는 일은 시간제(part-time) 근무로 할 수 있는 일이 아니다. 성공적인 기업을 만들기 위해서는 전적인 몰입과 결단이 있어야 한다. 지금까지의 연구 결과에 의하면 관리자의 역할은 대행될 수 있으나 기업가로서의 역할은 대행될 수 없다는 것이 밝혀졌고 자본가들도 이런 견해에 동의하고 있다. 자본금이 65억불이나 되는 미국의 어느 기업 자본 회사의 사장은 "관리자는 고용할 수 있으나 기업가는 고용할 수 없다"라고 하였다.

특히, 자본가들은 기법의 성공을 위해 필요한 결단을 내릴 수 있는 기업가를 원한다. 그들은 기업가들이 가정에 소홀하면서까지 장시간 기업에 몰두하기를 바랄 뿐만 아니라 노후를 위한 저축의 일부도 사업에 투자할 수 있기를 바란다. 나아가서 자본금이 부족할 경우 집이라도 저당 잡혀 필요한 자본금을 충당하는 결단이 있는 사람이기를 바란다. 또한, 자본가들은 기업이 실패할 경우 기업가 자신이 그 손해를 모두 감당하더라도 자본가에게는 어떠한 피해도 입히지 않겠다는 결심이 있는 사람을 원한다.

3) 창의력과 혁신 능력

창의성과 기술 혁신은 기업가의 역할 중 대단히 중요하다. 기업가로서 성공하기 위해서는 창의적인 기회를 잘 활용할 수 있어야 한다. 기업가로서 성공할 수 있는 요소는 창의성과 기술 혁신에 있는 반면 관리자로서 핵심이 되는 요소는 능력과 효율성이다.

4) 업종에 대한 지식

자본주들은 그들이 투자하려 하는 기업가의 과거 경력을 중요시한다. 대부분의 자본주들은 기업가가 설립하려고 하는 사업에 완벽한 경험이 있고, 믿을 만한 실적이 있기를 바란다. 정규 학교 교육은 성공적인 기업가들을 구별하는 요소가 되지 못할 뿐 아니라 때로는 저해 요인이 되기도 한다. 하지만, 전문적인 과학 기술의 지식이 요구되는 분야에서는 그 분야의 정규 교육이 기업가들의 필요 요건인 경우도 있다. 예를 들면, IT 분야의 기업가가 되기 위해서는 최소한의 지식은 있어야 한다.

5) 팀 구성 능력

유망한 기업이 개인 한 사람에 의하여 경영되는 경우는 드물다. 자본가들은 높은 자질이 있는 동업자를 포섭하고, 동기를 유발시키며, 그들과 팀을 구성할 수 있는 능력이 있는 기업가를 높이 평가한다. 동업을 싫어하는 기업가는 혼자 한다는 것이 얼마나 어려운가를 알아야 한다. 혼자 일하게 되는 경우에는 사업 자본을 형성하는 단계에서 일반적인 재원을 이용하기가 어렵고 개인의 재산, 혹은 친구나 친척의 힘에 주로 의존하게 된다. 미국에서 수행된 어느 연구 결과에 의하면 경영 팀의 힘을 빌리지 않고 혼자서 경영하는 경우 연간 매출액이 10억 원 이상의 기업으로 성장하기는 어렵다고 한다.

6) 주변 자원의 활용

성공적인 기업가는 기업을 설립하는 데 필요한 도움의 필요 시기와 방법을 알고 있다. 그들은 또한 그들의 목적을 달성하는 데 필요한 도움과 전문적인 지도를 항상 잘 받아들인다. 이런 특성은 대단히 개인주의적이며 자기 의존적인 기업가 특성에 있어서 다른 측면이기도 하다. 이와 같이 외부의 도움을 적시에 얻어 활용하는 적극성은 성공적인 기업가의 중요한 특성이다.

7) 진실성과 종합 능력

자본가들은 기업가가 자신의 과거를 숨기는 등 정직하지 못한 점을 발견할 경우에 자본을 투자하려고 하지 않는다. 기업가가 성공을 하기 위해서는 믿을 만하고 정직하다는 신임을 받아야만 한다. 실패한 경우에도 숨기지 말아야 하며 실패를 통하여 무엇을 얻었는가를 밝힘으로써 투자가들의 신뢰를 얻어야 한다. 기업가는 종합 능력이 있어야 한다. 여러 가지 사건과 가치관 속에서 기업에 가장 적합한 결정을 내릴 수 있는 종합 능력이 있어야 한다.

8) 목표 설정 능력

기업가는 명확한 목표를 설정할 수 있는 능력과 결단력을 가지고 있다. 보통 이런 목표는 높은 수준의 것들이지만 실현 가능한 것들이다. 기업가는 목표 지향적인 행동기이다. 그들은 그들이 진행하고 있는 방향을 항상 의식하고 있으며 시간을 아껴 쓴다. 지각하는 일이 없도록 하기 위해서 시간을 빠르게 맞춰 놓는 기업가도 있다.

9) 경영의 기본 지식

현대 사회에서 기업가로 성공하기 위해서는 기업 경영에 필요한 최소한의 학술적인 지식을 가져야 한다. 많은 성공하는 기업인들이 사업가 초년 시절에 회계 원리 등을 배우고, 그 후에도 틈나는 대로 기업인을 위한 각종 교육, 연수, 특별 강연 등을 통하여 경영에 필요한 지식을 습득한다. 또, 세계적인 기업가가 된 후에도 교수, 컨설턴트 등의 자문을 받으며 끊임없이 과학적 경영에 필요한 지식을 보충한다.

10) 설득력

사업에 성공하기 위해서는 수많은 사람과 대화하여 자기의 의견을 관철시키는 능력이 있어야 한다. 설득력은 다소 타고난 측면도 있지만 수련과 학습에 따라 향상될 수 있으며, 목표 달성에 대한 집념 등에 따라 강화될 수 있다.

표 3.2 성공적인 기업가에게 필요한 능력

기업가로 성공에 필요한 능력	매우 낮다	약간 낮다	보통이다	약간 높다	매우 높다
	1	2	3	4	5
1) 사업과 가사와의 조화 능력					
2) 전적인 몰입과 결단력					
3) 창의성과 혁신 능력					
4) 업종에 대한 지식					
5) 팀 구성 능력					
6) 주변 자원의 활용 능력					
7) 진실성과 종합 능력					
8) 목표 설정 능력					
9) 경영의 기본 지식					
10) 설득력					
합계					
평균					
결정적으로 부족한 능력은 무엇인가?					

3-6 적합도 검정

이상에서 논의한 성공적인 기업가의 특성 10 가지에 대한 표 3.1에서의 평가치 중위수는 3점이다. 10 가지 항목에 대한 평균치가 4.0 이상이라면 성공적인 기업가의 특성이 우수한 사람이라고 평가될 수 있을 것이다.

이상에서 논의한 성공적인 기업가에게 필요한 능력 10 가지에 대한 표 3.2에 대한 평가치 중위수는 3점이다. 10 가지 항목에 대한 평균치가 4.0 이상이라면 성공적인 기업가의 특성이 우수한 사람이라고 평가될 수 있을 것이다.

각각의 경우에 평균치 외에도 어떤 특성에서 높은 점수가 나오고, 어떤 특성에서 낮은 점수가 나오는지 살펴보라. 개인의 특성이 사업에 어떤 영향을 미치겠는가도 생각해 보라.

3-7 복습

↘→↗→ 요약

1. 피고용자의 장점으로는 직장이 안정, 소속 기관의 명성 향유, 정기적인 소득, 제한된 능력으로도 일할 수 있음, 규칙적인 생활, 재해 보상, 퇴직금, 개인 재산 위험 없음, 실패 책임이 유한, 근무 시간이 비교적 짧음, 정기적 휴가, 초과 근무 수당, 처음부터 소득 등이다.
2. 피고용자의 단점으로는 한정된 수입, 재산 증식이 한계, 최고 경영진의 변동으로 인한 해고, 합병 도산으로 인한 해고, 능력 발휘 한계, 창의력에 대한 보상 미흡 등이다.
3. 자기 사업의 장점으로는 능력 발휘, 해고될 염려 없음, 명성 획득, 정년 제한 없음 등이다.
4. 자기 사업의 단점으로는 금전적 위험의 증가, 장시간의 업무, 책임 증가, 불규칙적인 소득, 간섭과 규제, 많은 보고서 작성, 과중한 세금 등이다.
5. 성공적인 기업가의 특성으로는 (1) 추진력과 정력, (2) 자신감, (3) 장기적인 참여, (4) 금전에 대한 욕구, (5) 문제 해결에 있어서의 끈기, (6) 온건한 모험

심, (7) 실패로부터 배우는 자세, (8) 주도권과 책임감, (9) 상황 윤리관, (10) 불확실성을 용인하는 특성 등이다.
6. 성공적인 기업가로서 업무 수행에 필요한 능력으로는 (1) 사업과 가사를 조화시킬 수 있는 능력, (2) 전적으로 몰입하고 결단할 수 있는 능력, (3) 창의력과 혁신 능력, (4) 업종에 대한 전문 지식, (5) 팀 구성 능력, (6) 주변 자원의 활용 능력, (7) 진실성과 종합 능력, (8) 목표 설정 능력, (9) 경영의 기본 지식, (10) 설득력 등이다.

주요 용어

성공적인 기업가의 특성
성공적인 기업가의 성격, 가치관, 태도, 심리적 특성 등을 의미한다.

성공적인 기업가로서 업무 수행에 필요한 능력
기업의 창업 및 경영에 필요한 지식, 지적 능력, 인적 자원 관리 능력, 판단력, 전문 지식 등을 의미한다.

복습 문제

1. 피고용자의 장점과 단점을 말하라.
2. 자기 사업의 장점과 단점을 말하라.
3. 성공적인 기업가의 특성은 무엇인가?
4. 성공적인 기업가에게 필요한 능력은 무엇인가?
5. 자신의 기업가로서의 적성은 어떤가를 말해 보라.
6. 자신(타인)이 기업가가 될 수 있다면 왜 그런지를 말해 보라.
7. 자신(타인)이 기업가가 될 수 없다면 왜 그런지를 말해 보라.

연구 및 실습 과제

1. 각자는 자신에 대하여 기업가로서의 특성과 성공적인 기업가로서 업무 수행에 필요한 능력을 판단하여 보라. 표 3.1과 표 3.2를 사용하여 보고 부족한 점을 찾아보라. 해결 방안에 대해서도 생각해 보라.
2. 성공한 또는 실패한 기업가에 대하여도 연구 문제 1과 유사한 분석을 실시해보라.

참고 웹사이트

www.smba.go.kr
www.sbc.or.kr
www.sbdc.or.kr
www.entrepreneur.com

제 4 장

기업의 성패 요인과 창업 지원제도

개 관

제4장에서는 먼저 기업의 실패 요인에 대하여 학습한다. 실패 요인을 세부적으로 분석하여 예방하거나 해결하는 방안에 대해서도 논의한다. 기업의 성공에 필요한 조건에 대해서도 학습한다. 창업을 지원하는 중소기업청 등 정부기구와 민간기구들의 창업지원활동을 소개한다. 소상공인 지원제도에 대해서도 공부한다.

학습목표

1. 창업 기업의 실패 원인에 대하여 이해하려는 태도를 가진다.
2. 기업의 실패 원인은 관점에 따라서 다를 수 있음을 이해한다.
3. 기업의 실패 원인은 여러 가지 다른 형태로 분류할 수 있음을 이해한다.
4. 실패를 예방하기 위해서는 실패의 근본적인 원인을 파악해야 함을 이해한다.
5. 실패를 예방하기 위해서 필요한 조건을 안다.
6. 창업지원제도에는 어떤 것들이 있는가를 안다.
7. 대표적인 창업 지원 기구에는 어떤 것들이 있는가를 안다.

주요용어

창업 기업의 실패율, 실패 원인, 비능률적 경영, 경기 침체, 자금 부족, 도산 원인의 분류, 실패 원인의 원인, 창업지원제도, 중소기업청, 소상공인지원센터, 중소기업진흥공단, 중소기업 창업지원법, 벤처 기업 육성에 관한 특별조치법

사례   소니의 창업자 모리타 아키오

소니의 창업주인 모리타 아키오 회장은 일본의 전통 있는 정종1) 양조 가문들 중 한 가문에서 3남 1녀 중 15대 장손 맏아들로 1921년 1월 26일 나고야시에서 태어났다. 부친인 모리타 큐자에몬은 가업을 위해 게이오 대학에서 경영학을 공부하던 중 학업을 포기한 바 있는 현실적이고 보수적인 기업가였다. 장남인 아키오에게 일찌감치 장사하는 법을 가르치기 시작했다. 10세 때부터 부친이 경영하는 회사 사무실과 정종 양조장에 가기 시작한 아끼오는 거기서 기업이 어떻게 움직이는가를 보았고 지루한 중역회의 때도 부친 곁에서 꼼짝 않고 앉아 있었으며 사원들에 대한 대화방법을 배울 수 있었다.

그의 부친은 늘 그를 회의 때마다 참석하게 하면서 그에게 "네가 사장이라고 해서 직원들을 함부로 해도 된다고 생각 마라. 결정과 지시는 분명히 하고 그 결과에 대해서는 전적인 책임을 져라."는 주의를 하곤 했다. 아키오는 아버지의 가르침으로부터 사원들과 협력하는 것을 배우기 위해서는 경영자는 인내와 이해심을 가져야 한다는 것을 깨달았다. 이기적인 행동을 하거나 사원들에게 야비하게 대해서는 안 된다고 생각했다. 이러한 개념들은 아키오의 청장년 시절을 통하여 큰 영향을 미쳤고 소니사의 경영철학의 개발에도 영향을 미치었다. 어린 중학교 시절 그는 휴일을 집안의 사업을 돕는 데 다 보냈다.

아키오는 중학교 시절 새 전축에서 흘러나오는 클래식소리에 매료되어 진공관 같은 새 전기제품에 빠져들기 시작했다. 그 때부터 전자 공학에 관한 서적들을 구입하며 음향재생과 라디오에 관한 최신 정보를 담은 국내외 잡지들을 보며 직접 실험까지 해 보며 결국 조잡하나마 직접 전축과 라디오를 만들어냈다. 자기 소리를 녹음하여 직접 만든 전축으로 틀어보는 데 성공한 것이다. 이러한 일들에 정신을 몰두하니 자연 학교 공부는 형편없었다. 그러나 마지막 해 1년 동안 열심히 노력해서 가장 힘들다는 제8고교의 이과에 입학한 역대 학생 중에서 가장 석차가 낮은 학생으로 주위를 놀라게 했다.

오사키제국대학에서 응용물리학을 적극적으로 공부하기 시작한 그는 전시에는 해군장교로 근무했다. 전쟁이 끝나자 그는 공학도 출신의 이부카와 함께 도쿄의 한 폐허 지하실에서 7명의 직원으로 비록 실패하였지만 전기밥솥 개발의 착수를 시작으로 사업을 개시했다.

녹음기에 있어 가장 중요한 부분인 녹음 테이프를 만드는 방법에 대한 지식이 전무한 이들이 더구나 원자재인 플라스틱조차 없는 상황에서 단지 패기만으로 사업에 뛰어들었다. 수차례의 실패 끝에 새로운 소재인 수산화철산염을 이용하여 자기 기억 테이프를 개발하는 데 성공했다. 그 결과 1965년 11월 IBM이 자사의 컴퓨터 기억장치용으로 단 500달러의 자본금으로 시작한 도쿄 무선 통신 공업 회사를 선택해 일본사회를 떠들썩하게 만들기도 했다. 아끼오는 하드웨어 부분에서 테이프녹음기를 최고의 수준까지 올려놓은 것이다.

그래서 기술만 좋으면 고객이 몰릴 것이란 생각 아래 제품을 생산하기 시작했다. 그러나 기술을 가지고 독자적인 제품을 만드는 것만으로는 사업을 계속 유지할 수 없다는 것을 깨달았다. 제품은 팔아야 하며, 그러기 위해서는 스스로가 회사의 판매원이 되어야 한다는 점을 깨달았다.

모리타 아키오가 소니라는 거대 기업을 이룩할 수 있었던 배경은 세 가지로 요약할 수 있다. 첫째는 가정환경 요소로서, 어렸을 때부터 아버지에게 배운 각종 회의 참여를 통해 기업문화를 이해하게 되었고 어머니로부터는 항상 새로운 것을 수용하려고 하는 자세를 배운 것이다.

둘째는 물리학을 전공함으로써 나중에 교토 무선 통신 공업 회사로부터 시작하여 소니라는 거대 기업을 만들어 낸 엔지니어로서의 시대의 기술의 흐름에 대한 안목을 가지게 된 것이다. 예를 들면 녹음기의 소형화를 주도한 점이나 경영진 모두가 워크맨에 대하여 부정적인 생각을 가지고 있을 때 엔지니어로서의 감각으로 성공을 예견하고 추진한 점 등이다.

마지막으로는 그의 경영철학으로서 인적 자원의 중요성을 인식하고 종업원들을 가족으로 대하여 종업원들에게 끊임없이 동기를 부여한 것이다. 그는 사업과 그의 미래는 그가 고용하는 사람들 손에 달렸다고 생각했다. 관리자로서 가장 중요한 사명이란 종업원들과의 건전한 관계를 조성하고 회사 내에 가족적인 분위기를 만들어 노사 간에 공동운명체 의식을 심어 주는 일이라고 생각하고 이를 실천한 것이다. 소니의 노사 관계에는 다른 어느 곳에서도 찾아볼 수 없는 일종의 평등이 있다. 노무직과 사무직과의 구별이 거의 없도록 했다.

경영자가 아무리 영리할지라도 사업은 채용하는 가장 젊은 직원들의 손에 달렸다고 생각했다. 기업은 종업원을 이용한다는 생각에서 기업 자체가 종업원들의 것이라고 그는 생각하고 실천하였다.

한 단계 더 생각하기

✓ 소니의 창업자 모리타 아키오 회장의 성공 요인은 무엇이라고 생각하는가?
✓ 모리타 아키오 회장은 실패의 위험을 어떻게 극복하였을까?
✓ 모리타 아키오 회장 시절에 지금과 같은 창업 지원제도가 있었다면 어떻게 되었을까?

---

1) 일본의 정종은 일본의 국주(國酒)이며 문화적 심벌이다. 모리타가문은 "네노히마쯔"라는 상표로 300여 년 동안 정종을 만들어 오면서 지역사회의 유지역할을 해 왔다.

4-1 창업 기업의 실패율

우리 나라의 창업 기업의 실패율에 관한 포괄적인 연구는 많지 않다. 그래서 외국의 연구를 통하여 창업 기업의 실패율에 대하여 살펴보고자 한다.

기업의 실패율은 여러 가지 관점에서 살펴볼 수 있는데 가장 기본적인 검토 중의 한 가지는 시간에 따라 얼마나 생존할 수 있을까 하는 문제이다. 미국에서 발표된 한 조사 결과를 표 4.1에 소개하였다. 표 4.1에 따르면 창업 후 1 년 동안에 20%가 도산한다. 2 년이 경과하면 도산하는 기업은 누적치 31%에 이르고 있다. 3년째 말까지에는 누적치 39% 정도의 기업이 문을 닫고 만다.

다른 많은 연구들이 대체로 표 4.1과 유사한 유형을 보이고 있다. 표 4.1은 모든 업종을 대상으로 조사한 결과이다. 구체적인 숫자는 업종이나 기업의 규모에 따라 조금씩 다르다. 하지만 설립 초기에 도산하는 비율이 높다는 것은 공통된 점이다.

표 4.1에 보인 자료와 위에서 언급한 내용을 상기하면 기업을 설립하고 거기에 생계를 의지한다는 것이 쉬운 일이 아니라고 느끼는 사람도 있으리라고 본다. 그런데 용의주도하게 연구하고 준비한다면 위에서 언급한 실패하는 사람의 대열에 포함되지 않을 수도 있다는 점을 강조하고 싶다. 이 책은 그러한 노력에 조금이라도 도움을 주기 위하여 쓰인 것이다.

표 4.1 시간에 따른 기업의 실패율

창업 후 햇수(년)	실패율(%)	누적 실패율(%)	생존율(%)
0	0	0	100
1	20	20	80
2	11	31	69
3	8	39	61
4	6	45	55
5	5	50	50
6	6	54	46
7	4	58	42
8	3	61	39
9	3	64	36
10	2	66	34
11	2	68	32
12	1	69	31

자료출처: 그림 4.1의 자료를 표로 작성한 것임.

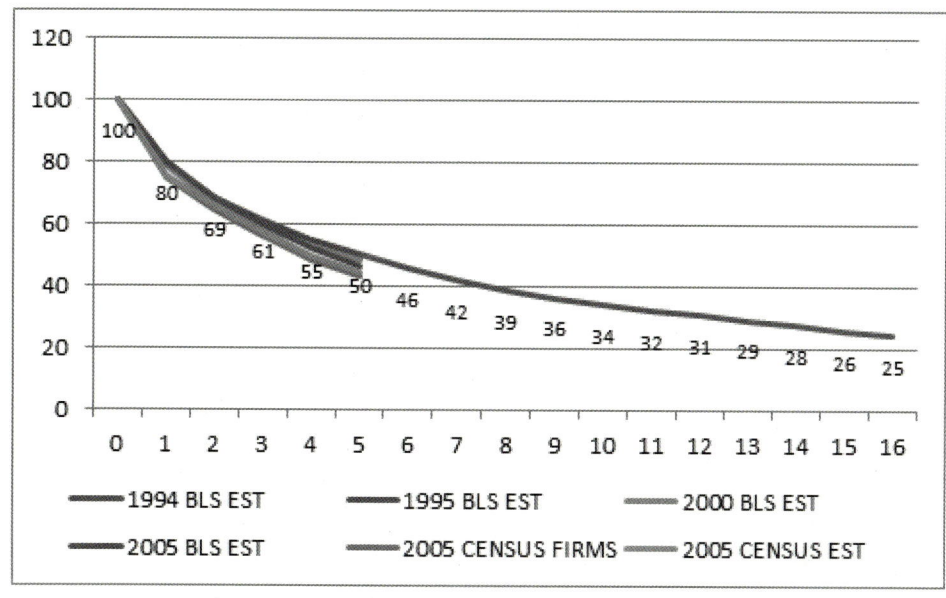

그림 4.1 창업 기업의 생존률

자료 출처 : 미국의 노동통계국(Created from data from Longitudinal Business Database 1977-2010, Census; Business Employment Dynamics 1994-2010, Bureau of Labor Statistics

4-2 창업 기업의 실패 원인

성공을 위해서는 성공하는 방법과 실패하지 않는 방법 중 어느 것이 더 중요할까? 답은 하나가 아니겠지만 사람들은 전자의 편에서는 경우가 많다. 즉, 성공하는 방법을 아는 것이 더 중요하다고 답하는 사람들이 많을 것이다. 물론 이론적으로는 충분한 이유가 있을 것이다. 그러나 실전에 있어서는 실패에 관한 지식이 크게 중요시된다는 점을 부인할 수 없다. 실패에 관한 지식은 사람을 신중하게 하고, 용의주도하게 한다. 조사 결과를 토대로 기업의 실패 원인에 대하여 논의하고자 한다.

기업의 실패가 한 가지 이유 때문에 초래되는 경우가 많지는 않을 것이다. 또 하나의 실패에 대해서도 보는 이의 견해에 따라 다른 결론에 도달할 수 있다. 이런 경우에 현실을 바로 이해하는 데 도움이 되는 한 가지 방법은 관계된 여러 사람의 견해를 경청하는 것이다.

표 4.2는 중소기업의 실패에 대한 관리자와 소유자의 견해를 정리한 것이다. 실패의 가장 중요한 원인으로는 경영 능력의 부족이라고 관리자와 소유자 공통으로 지적하고 있다.

실패의 두 번째 이유에 있어서는 관리자와 소유자의 견해가 서로 다르게 나타나고 있다. 관리자는 경기 후퇴, 경제적 상황, 인플레이션, 실업 등을 두 번째 이유로 지적하고 있는 반면에 소유자는 고이자율을 지적하고 있다.

세 번째 이유에 있어서도 결과가 일치하지는 않는다. 소유자들의 응답에서는 기업 실패의 이유로 자금 부족과 과도한 사업 확장이 세 번째로 많고, 관리자들의 경우에는 고이자율이 세 번째이다.

표 4.2 기업 실패 이유에 대한 관리자와 소유자의 견해

이유	응답 백분율(%)		
	합계	관리자	소유자
경영능력 부족	29.1	27.9	29.6
고(高)이자율	15.6	11.5	17.7
경기 후퇴/경제상황/인플레이션/실업	11.4	13.1	11.1
자금 부족/과도한 확장	10.1	6.1	11.7
세금	5.8	6.7	5.2
경쟁	5.8	7.4	4.9
현금 흐름	5.0	6.1	4.9
정부의 규제	3.6	4.5	3.5
간접비 과다	2.5	2.6	2.1
기타	11.1	14.1	9.3

자료출처 : Peterson, Robert A., George Kozmetsky and Nancy M. Ridgway(1983), "Perceived Causes of Small Business Failures : A Research Note", American Journal of Small Business, Vol. 8, No. 1, pp. 15~19.

다음에는 기업 실패의 원인에 대한 기업가와 채권자의 견해가 어떻게 다른가를 살펴보겠다. 표 4.3의 내용은 봄벅(Baumback, 1988)이 소개하고 있는 기업 실패 원인에 대한 채권자와 사업주의 견해를 보인다.

표 4.3에서 사업주는 실패의 가장 중요한 원인을 경기 침체라고 보는 반면에 채권자는 경영 능력 부족을 실패의 가장 큰 원인으로 보고 있다. 사업주는 경영자로서의 자신의 능력이 부족하다고 인정하려 들지 않는 경향이 있다는 점을 나타내고 있다.

표 4.3에서 사업주와 채권자 공통으로 두 번째 실패 원인으로는 자금 부족을 지적하고 있다.

표 4.2와 4.3에서 공통으로 발견되는 실패 원인으로서는 경영능력 부족, 자금 부족(과도한 확장), 경기 침체, 경쟁, 과다한 이자 등임을 지적해 둔다.

표 4.3 사업 실패에 대한 기업주와 채권자의 견해

실패의 원인	해당 기업(%)	
경기 침체	68	29
비능률적 경영	28	59
자금 부족	48	33
회수불능채권	30	18
경쟁	40	9
자산의 가치 하락	32	6
기업의 위치 부적합	15	3
과다한 이자	11	2
업계의 불리한 변화	11	2

자료출처 : Clifford M. Baumback(1988), *How to Organize and Operate a Small Business, 8th Edition*, Englewood Cliffs, New Jersey, Prentice-Hall, p. 17.

4-3 도산의 원인과 대응 방안

4-3.1 도산의 원인

창업 기업의 실패 원인에 대하여 4-2절에서 살펴보았지만 실패의 좀더 구체적인 원인을 살펴보고자 한다.

1) 일본 중소기업청이 분류한 도산 원인

일본의 중소기업청이 분류한 중소기업의 도산 원인을 살펴보고자 한다. 이 분류는 중소기업의 도산 원인을 크게 3가지로 분류하였는데, 일길으면 (1) 기업 내적 원인, (2) 구조적 원인, (3) 경기변동적 원인으로 분류하였다.

첫째, 기업 내적 원인에 해당하는 세부적 원인으로는 다음과 같은 것들이 지적되었다.
① 경영자의 가정 사고
② 경영 계획의 실패
③ 방만한 경영
④ 우발적 원인

둘째, 구조적 원인으로는 다음과 같은 것들이 지적되었다.
① 대기업
② 외국자본의 진출
③ 신제품
④ 타제품, 외국제품의 진출
⑤ 과당경쟁
⑥ 업계의 부진
⑦ 노동력의 부족
⑧ 계열 및 하청의 재편성

셋째, 경기 변동적 원인으로는 다음과 같은 것들이 지적되었다.
① 시황 악화로 인한 판매 부진
② 수요의 감소
③ 수출의 부진
④ 금융 긴축
⑤ 받을 어음의 부도
⑥ 불량채권의 발생
⑦ 거래처의 도산 등

2) 일본 상공회의소에서 분류한 도산 원인

한편, 일본의 상공회의소는 도산 원인을 정태적 원인과 동태적 원인으로 구분하였다. 먼저 정태적 원인으로는 방만한 경영, 과소자본, 타사의 도산여파, 기타의 원인으로 구분하였으며, 동태적 원인으로는 적자 누적, 신용 하락, 판매 부진, 매출채권의 회수 지연, 재고상태 악화, 설비투자 과대 등을 지적하였다. 좀더 자세한 내용은 표 4.4에 보이는 바와 같다.

　표 4.4에 소개한 도산 원인의 분류를 비교하면 같은 내용이 분류방식의 차이에 따라 서로 다른 그룹에 속한 것을 발견할 수 있다. 예를 들면, 도산 원인 중 '대기업의 진출'이 중소기업청의 분류에는 구조적 원인으로 분류되어 있는데, 일본 상공회의소의 분류에는 동태적 원인으로 분류되어 있다.

표 4.4 일본의 기업 도산원인의 분류

일본 중소기업청의 도산원인의 분류	일본상공회의소의 도산원인의 분류
1. 기업내적 원인 　1.1 경영자의 가정 사고 　1.2 경영계획의 실패 　1.3 방만경영 　1.4 우발적 원인 2. 구조적 원인 　2.1 대기업, 외국자본의 진출 　2.2 신제품, 타제품, 　　　외국제품의 진출 　2.3 과당경쟁 　2.4 업계의 부진 　2.5 노동력의 부족 　2.6 계열 및 하청의 재편성 3. 경기변동적 원인 　3.1 시황 악화로 인한 판매 부진 　3.2 수요의 감소 　3.3 수출의 부진 　3.4 금융 긴축 　3.5 받을 어음의 부도, 불량채권의 　　　발생 　3.6 거래처의 도산반응	1. 정태적 원인 　1.1 방만한 경영 　　　(1) 사업상의 실패 　　　(2) 사업 외의 실패 　　　(3) 융통어음 조작 　1.2 과소자본 　　　(1) 운전자금 부족 　　　(2) 금리부담의 증가 　1.3 타사의 도산여파(불량채권의 발생으로 인한 　　　연쇄도산) 　1.4 기타 2. 동태적 원인 　2.1 누석된 적자 　2.2 신용성 저하(금융거래 좌절) 　2.3 판매 부진 　　　(1) 업적 부진 　　　(2) 경영에서의 낙오 　　　(3) 시황 동향의 변화 　　　(4) 대기업의 진출 　2.4 매출채권의 회수 지연(결제조건 악화) 　2.5 재고상태 악화 　2.6 설비투자 과다

4-3.2 예방

1) 예방할 수 있는 원인과 예방할 수 없는 원인

이들 도산 원인들 중에는 경영자의 지식, 노력 등으로 예방할 수 있는 것으로 판단되는 것들도 있고, 그렇지 않아 보이는 것들도 있다. 예를 들면, 경영 계획의 실패 또는 방만한 경영은 경영자의 노력으로 어느 정도 예방할 수 있는 것으로 분류할 수 있다. 한편, 경기 변동과 같은 것은 경영자의 노력으로 예방할 수 없는 것으로 봐야 할 것이다. 하지만 기업의 기본적 경쟁력을 강화한다면 경기 변동으로 인한 도산도 어느 정도 예방할 수 있을 것이다.

독자들은 소개된 도산 원인에 대하여 그것은 예방할 수 있는 것인지 아닌지를 판단해 보고, 예방할 수 있다고 판단되는 것들에 대해서는 구체적으로 어떠한 예방 방법과 조치가 있어야 할 것인가를 생각해 보면 유익할 것이다.

2) 원인의 원인

도산의 원인들에 대하여 예방 조치를 취하거나 해결 방안을 모색하기 위해서는 '도산의 원인의 원인'을 알면 좋을 것이다. 여기에서 '원인의 원인'에 대하여 좀 더 살펴보기로 하다.

예를 들어, 표 4.4에서 (일본 중소기업청의 분류 중)중소기업 도산의 내부적 원인 중의 하나는 '경영자의 가정사고'로 되어 있다. 그렇다면 경영자의 가정 사고가 발생하는 원인은 무엇일까? 이 질문에 대한 대답으로는 부부간의 불화, 자녀 문제, 배우자의 금융 사고, 고부 갈등, 우발적 사고 등을 들 수 있을 것이다. 이들 '중소기업 도산 원인의 원인'을 '중소기업 도산의 2차 원인'이라고 부를 수 있을 것이다.

이들 2차 원인을 중심으로 해결 방안을 모색하면 가정불화의 원인을 제거할 수 있을 것이고 이는 나아가서 도산을 예방하는 작용을 할 것이다. 예를 들어, 부부간의 불화에 대한 해결 방안으로는 가정 불화의 원인을 제거(성격 및 가치관 차이, 관심, 대화 부족, 성적 불만)하면 이로 인한 가정 불화를 제거하고 이는 도상의 예방 역할도 할 것이다. 마찬가지로 자녀 문제에 대해서는 평소에 자녀에 대한 관심, 지나친 기대 조절, 전문가와 상담 등이 문제를 예방하거나 해결 방안이 될 수 있는 것이다. 이와 같은 방법으로 도산 원인을 분석하면, 예방이나 해결 방안을 찾는 데 도움이 될 것이다.

표 4.5 경영자의 가정 사고의 원인과 예방/해결 방안의 예

(도산)원인	원인의 원인 (2차 원인)	예방/해결 방안
경영자의 가정사고	부부간의 불화	가정 불화의 원인 제거(성격 및 가치관 차이, 관심, 대화 부족, 성적 불만)
	자녀 문제	평소에 자녀에 대한 관심, 자녀와 대화, 전문가와 상담
	배우자의 금융 사고	대화를 통한 예방 조치, 부부사이라도 어느 정도의 재무적 통제
	우발적 사고	우발적 사고가 날 가능성을 축소(건강진단, 교통사고 예방(자동차, 모터사이클), 보험으로 보호, 화재 예방
	기타	

4-4 성공적인 경영자가 되기 위해 필요한 능력

기업의 실패 원인을 분석한 후 실패를 예방할 수 있는 방책이 있다면, 그것이 성공적인 경영의 요건이 될 수 있을 것이다. 실패의 원인은 매우 다양하며, 그 중 상당 부분은 예측하기 어렵다고 판단되는 것들이며, 어떤 것들은 예측을 하였다 하여도 예방하거나 사전 조치를 취하기 어려워 보이는 것들도 있다.

하지만 이 장에서 지금까지 살펴본 기업의 실패 원인과 기업의 성공 요건을 중심으로 성공적인 경영자가 되기 위해 필요한 능력으로는 다음과 같은 것들이 포함된다.

(1) 예측 능력

모든 일에서나 발생할 일에 대하여 미리 아는 예측력이 있다면 좋을 것이다. 경기 변동에 대한 예측력, 거래 기업의 부도에 대한 예측력, 기술 변화에 대한 예측력, 시장 변화에 대한 예측력 등 모두 바람직한 예측력들이다. 하지만 이런 예측력을 모두 만족스럽게 갖출 수는 없을 것이다. 하지만 노력하면 남보다 더 우수한 예측 능력을 개발할 수 있을 것이다. 예측력을 향상시키는 데는 다음과 같은 노력이 도움이 될 수 있을 것이다.

① 미래에 대비하는 마음으로 미래의 사건과 동향을 예측하려고 노력한다.
② 예측에 도움이 되는 각종 정보를 적극적으로 수집하고 활용한다. 예를 들면, 신문, 잡지, 방송, 유명 인사의 특강 자료, 관련 분야의 예측 자료 등이다.

(2) 대비책을 마련하는 능력 개발

① 미래를 예측을 하여도 기민하게 대비하지 않으면 소용이 없다.
② 다양한 대비책을 마련하여 둔다면 예측을 잘 못하였다 하여도 예상하지 못한 사건으로 인한 피해를 줄일 수 있을 것이다.

(3) 변화를 주도할 수 있는 능력 개발

① 미래의 변화를 주도하면 예상하지 못한 사건으로 인한 피해를 줄일 수 있다. 시장 상황을 주도하면 본인에게는 주도하는 것이고 다른 사람에게는 예상하지 못한 변화가 될 수 있다.
② 변화를 주도하기 위해서는 창조적인 경영 활동이 필요하다. 예를 들면, 새로운 기술, 새로운 제품, 새로운 마케팅 활동, 새로운 경영 전략 등이 창조적 경영 활동에 포함된다.

(4) 시장과 조사와 마케팅 계획 수립 능력

① 현대 경영에서 시장과 고객의 위치는 절대적이므로 시장과 고객에 대하여 특별한 관심과 노력이 있어야 한다.
② 시장을 정확하게 조사하고 마케팅 계획을 수립할 수 있는 능력을 갖추어야 한다.

(5) 기회의 포착

① 사업을 시작하려면 적기에 사업 기회를 포착하여 성공 가능성을 조심스럽게 평가하여야 한다.
② 변화를 예의 주시하고 소비자 욕구의 변화에 대응하는 노력을 경주하여야 한다.

(6) 인적 자원 관리

① 능력 있는 인재를 유치하고 유지할 수 있는 능력 : 경영자가 모든 일을 할 수 없으므로 우수한 인력을 유치하고 유지하는 것은 성공적인 경영을 위해 절대적으로 필요한 경영자의 능력의 일부이다.
② 우수한 인재를 유지하기 위해서는 끊임없는 근무 동기를 부여하는 능력과 노력이 필요하다.

(7) 재무 관리 능력

    ① 사업 경비를 적정 수준으로 통제한다.
    ② 현금흐름, 부채, 투자 등을 효율적으로 관리할 수 있는 능력
    ③ 외상 거래를 적절히 통제한다.

(8) 상품 및 자재 관리 능력

    ① 자본, 재고품, 인력, 장비 및 건물이 기업의 목적에 최대로 활용되고 있는가를 확인한다.
    ② 상품을 선택할 때 신중을 기한다.

(9) 품질관리 및 고객 만족 경영

    ① 고객의 니드를 신속 정확하게 파악한다.
    ② 고객의 만족을 실현하는 능력을 갖춘다.

(10) 학습하는 자세

    ① 변화를 감지하고 대응하고 창조하기 위해서는 끊임없이 배우고 연구하는 자세가 필요하다.
    ② 학습하는 노력은 사원들에게도 영향을 주고 거래 기업의 신뢰를 얻어내는 효과를 가진다.

4-5 창업 지원기구

1) 중소기업청

  중소기업청은 중소기업의 창업과 경영을 지원하는 중앙정부 기구이다. 중소기업청 내 여러 부서가 정책, 법규, 자금, 기술, 경영기법 등 여러 가지 방법과 형태로 창업을 지원하고 있다.

2) 지방 중소기업청

  지방 중소기업청도 관할 지역 내의 중소기업 창업 지원활동을 하고 있다.

3) 소상공인 지원센터

소상공인의 창업과 경영을 지원하기 위해 설립된 중소기업청 산하기구이다. 창업 상담, 창업 정보 제공, 창업 교육, 자금 알선 등의 서비스를 제공하고 있다. 필요에 따라 출장 서비스도 제공하고 있다. 이 기구의 서비스는 단순히 공무원 수준의 서비스가 아니라 실제로 창업 전문가들이 업종 소개, 입지 선정, 사업 계획서 작성 등의 전문적인 서비스를 제공하는 것이다. 전국에 60개소의 센터와 분소가 설치되어 있으며 행정구역에 관계없이 본인이 가까운 곳에서 서비스를 받을 수 있다. 웹사이트는 www.sbdc.or.kr이다.

4) 중소기업진흥공단

중소기업의 창업에 대한 교육, 자금 지원, 정보 제공 등 종합적인 지원을 하는 기관이다. 경영 지원, 기술 지도 등의 광범위한 사업을 하고 있다.

5) 한국여성경제인협회

여성들의 창업을 위한 교육, 전시회 등 여러 가지 프로그램을 운영하고 있다.

6) 은행과 신용보증기관

(1) 금융기관
  금융기관들은 특별히 창업자금을 융자하고 있다.
(2) 신용보증기관
  신용보증기금은 사업성은 있으나 담보력이 약하여 자금 조달이 어려운 기업이 자금을 대출받을 수 있도록 채무 이행을 보증해 주는 기구이다. 기술신용보증기금은 신기술을 개발하거나 개발한 기술을 사업화하는 기업이 금융기관 또는 신기술사업금융회사로부터 자금을 대출받을 수 있도록 채무 이행을 보증해 주는 기구이다. 지역신용보증조합은 지방중소기업에 대한 신용 보증을 확대하기 위해 설립된 기관이다.

7) 그 외의 유관기관

(1) 근로복지공단, (2) 각 대학의 창업보육센터, (3) 한국프랜차이즈협회, (4) 산업기술정보원, (5) 한국소기업소상공인연합회, (6) 중소기업중앙회, (7) 한국무역협회, (8) 한국무역진흥공사, (9) 한국발명진흥회, (10) 한국벤처협회, (11) 한국벤처캐피털협회, (12) 한국산업기술진흥협회, (13) 한국산업단지공단, (14) 한국산업디자인진흥원, (15) 한국산업안전공단, (16) 한국산업인력공단, (17) 한국생산기술연구원, (18) 한국생산성본부, (19) 한국여성경제인협회, (20) 한국여성경영자총협회, (21) 한국자원재생공사, (22) 한국전자산업진흥회, (22) 한국중소기업학회, (23) 한국창업학회, (24) 한국프랜차이즈협회, (25) 환경관리공단

4-6 소상공인 지원제도

1) 소상공인 및 소상공업 정의

(1) 소상공인의 정의
(2) 제조 및 건설업
   상시 종사자 10인 미만의 사업체를 경영하는 자
(3) 서비스 및 유통업
   상시 종사자 5인 미만의 사업체를 경영하는 자
(4) 소상공업의 정의
   이상의 소상업인의 정의에 준하여 소상공업이란 이상의 정의와 같이 제조 및 건설업은 상시 종사자인 10인 미만의 사업체, 그 외의 서비스 및 유통업은 상시 종사자 5인 미만의 사업체를 의미한다.

2) 소상공인 지원제도의 발전 배경

박춘엽(1997, 1998)은 소상공인이 수직으로 볼 때 비중이 크고 소상공업이 일자리 창출에 있어서 매우 큰 역할을 한다는 사실을 규명하고 소상공업의 발전과 일자리 창출을 촉진하기 위해서는 소상공인을 지원해야 함을 밝혔다. 이와 같은 이론에

따라 소상공인지원센터가 미국의 소기업개발센터(Small Business Development Center, SBDC)를 기본 모형으로 하여 우리 나라에 1999년 2월에 13 개소가 설치되었다. 그 후 증설되어 현재는 전국에 60개소의 센터와 분소가 설치되어 있으며 많은 성과를 올리고 있다(박춘엽, 2002, 2003).

소상공인지원센터는 소상공업의 창업과 경영 개선을 위한 상담, 경영 지도, 자금 알선, 창업 교육, 정보 제공, 입지 분석 등의 업무를 수행하고 있다. 창업을 하고자 하는 사람은 소상공인지원센터를 방문하여 상담하면 창업에 도움을 받을 수 있을 것이다. 전화상담도 가능하다.

4-7 복습

↘→↗→ 요약

1. 기업이 실패하는 가장 큰 이유는 경영 능력 부족 또는 비효율적 경영이라고 할 수 있다. 이외에도 기업이 실패하는 중요한 이유로서는 경기 침체, 자금 부족, 경쟁 등이 있다.
2. 기업이 실패하는 과정을 설명하는 확정적 모형은 없다. 여러 가지 유형으로 설명할 수 있다. 하지만 지금까지 밝혀진 기업의 실패원인을 참고하여 경영 능력을 향상해야 한다.
3. 경영자의 능력을 향상하기 위해서는 (1) 예측력 (2) 대비책 마련 (3) 변화를 주도 (4) 인적 자원 관리 (5) 종합적 판단력 (6) 시장과 고객에 대한 관심 (7) 기회의 포착 (8) 학습하는 자세 등이 필요하다.
4. 창업을 지원하는 기관으로는 중소기업청, 소상공인지원센터, 중소기업진흥공단 등이 있다. 이외에도 많은 민간 기구와 지방자치단체들이 있다.
5. 이들 기구들은 자금, 정보, 상담, 창업 교육을 통하여 창업을 지원하고 있다.
6. 소상공인지원제도는 특히 사회적 안정을 위해 매우 중요하다.

주요 용어

비능률적인 경영(Inefficient management)
경영에 있어서 자원을 효율적으로 활용하지 못하고, 업무를 우선순위에 따라 질서 있게 처리하지 못하며, 생산비용을 낮추지 못하는 경영이라고 말할 수 있다.

실패 원인의 원인
기업이 실패하는 원인으로는 예를 들면 경영자의 가정 사고가 있을 수 있는데 이에 대한 구체적인 원인으로는 부부간의 불화, 자녀 문제 등이 있을 수 있는데 이와 같이 세부적인 원인, 구체적인 원인을 원인의 원인이라고 할 수 있다.

창업지원제도
창업을 활성화하고, 창업 기업의 실패를 감소시키기 위하여 정부, 지방자치단체, 민간 기구 등에서 자금, 정보, 상담, 창업 교육 등에서 지원하는 것을 말한다.

소상공인지원센터
소상공인은 제조업 및 건설업에서는 10인 미만, 소매 및 서비스업에서는 5인 미만의 기업을 경영하는 사람을 말한다. 이들 소상공인들 지원하기 위하여 1999년에 설치되었다.

복습 문제

1. 기업의 실패 원인은 무엇인가?
2. 기업의 실패 원인은 왜 여러 가지 다른 형태로 분류할 수 있는가?
3. 실패를 예방하기 위해서는 어떻게 해야 하는가?
4. 창업 지원제도에는 어떤 것들이 있는가?
5. 대표적인 창업 지원 기구에는 어떤 것들이 있는가?
6. 소상공인지원센터의 창업 지원 서비스에는 어떤 것들이 있는가?

연구 및 실습 과제

1. 창업 기업의 실패를 줄이고, 성공률을 높이기 위해서 개인, 국가, 지자체가 해야 할 일들을 말해보라. 현실은 어떤가?
2. 우리 나라의 창업 지원제도는 어떻다고 생각하는가?

참고 웹사이트

www.sbdc.or.kr
www.smba.go.kr
www.sbc.or.kr
www.entrepreneur.com

PART 2

사업 아이디어의 개발과 사업성 분석

```
┌─────────────────────────────────┐
│      제1편 창업과 창업학의 개관       │
│  제1장 창업과 창업학의 본질과 전망     │
│  제2장 창업의 정의, 과정 및 종류       │
│  제3장 창업의 장단점과 기업가로서의 자질 │
│  제4장 기업의 성패 요인과 창업 지원제도  │
└─────────────────────────────────┘
                 ↓
      ┌──────────────────────┐
      │  제2편 사업 아이디어의    │
      │    개발과사업성 분석      │
      └──────────────────────┘
                 ↓
┌─────────────────────────────────┐
│        제3편 시장 조사와 입지 분석       │
│  ┌──────────────┐  ┌──────────────┐ │
│  │ 제7장 시장 조사 │  │ 제9장 입지 및  │ │
│  │ 제8장 마케팅   │  │   상권 분석    │ │
│  └──────────────┘  └──────────────┘ │
└─────────────────────────────────┘
┌─────────────────────────────────┐
│        제4편 생산 계획과 점포 계획       │
│  ┌──────────────┐  ┌──────────────┐ │
│  │ 제10장 생산 계획│  │ 제11장 점포 계획│ │
│  └──────────────┘  └──────────────┘ │
└─────────────────────────────────┘
                 ↓
      ┌──────────────────────┐
      │  제5편 재무 계획과 조직 계획 │
      └──────────────────────┘
                 ↓
      ┌──────────────────────┐
      │ 제6편 창업 초기의 경영과 네트워킹 │
      └──────────────────────┘
```

제 5 장

사업 아이디어의 개발

개관

 이 장에서는 사업 아이디어를 개발하는 데 필요한 이론과 기법을 학습한다. 소비자의 니드를 중심으로 사업 아이디어를 탐색하는 방법과 제품을 확보하고 그것을 필요로 하는 소비자를 탐색하는 방법을 소개한다. 후보 사업 아이디어 중에서 적합한 것을 선별하는 기법과 지적 재산권도 다룬다.

학습목표

1. 니드(need)를 만족시키는 사업 아이디어를 개발하는 능력을 갖춘다.
2. 사업이 될 만한 제품과 서비스를 탐색하는 능력을 갖춘다.
3. 소비자의 욕구에는 어떤 것들이 있는가를 이해한다.
4. 새로운 서비스나 제품의 필요성을 발견하는 데 사용할 수 있는 착안섬을 알고 활용할 수 있다.
5. 자신을 중심으로 한 사업 아이디어를 탐색하는 방법을 알고 활용할 수 있다.
6. 사업 아이디어를 선별하는 기법을 알고 활용할 수 있다.
7. 지적 재산권 중 특허권, 실용신안권, 디자인 제도에 대해서 안다.

주요용어

 소비자의 니드, 소비자의 욕구, 사업 아이디어 선별, 산업 재산권, 특허권, 특허 제도, 실용신안 제도, 디자인 제노, 상표 세노

사 례 **LG그룹의 창업자 구인회**

　연암(蓮庵) 구인회 회장의 향리인 승산마을(경상남도 진양군 지수면)은 예로부터 허씨 가문과 구씨 가문이 사돈의 연을 이어 오면서 문중의 번성을 일궈온 고장이다. 지수보통학교를 거쳐 중앙고등보통학교에 입학해 신문학과 신문물을 습득하면서 도전정신을 키웠다. 19세에 고향에 돌아온 연암은 협동조합을 운영하는 등 장차 실업가로서 청운의 꿈을 키워갔다.

　1931년 사업의 꿈을 넓게 펴고자 진주로 진출하여, 구인회상점을 열어 포목상 경영자로 성장한 연암은 1941년 주식회사 구인상회를 발족시켜 규모 있는 사업가로 변신하면서 시야를 해외로까지 넓혀 운수 및 무역업에 도전했다.

　해방과 함께 위축됐던 경제가 움트기 시작하자 새 출발을 결심한 연암은 귀환 동포와 미군 진주로 북적이는 부산으로 사업 터전을 옮겨 조선흥업사를 설립하고, 미 군정청이 승인한 무역업 허가 제1호 업체가 되었다. 그 무렵, 연암은 허만정 공의 셋째 아들 허준구 씨를 사업에 참여시켜 향후 LG의 양 축을 이루는 구·허 체제의 시발점을 만들었다.

　연암은 부산에서 새로운 사업에 대한 이해를 넓히던 중 화장품 사업에 참여키로 하고 본격적인 화장품 판매 사업을 시작했다. 서울에서의 화장품 판매업이 의외로 잘 풀려 나가자 연암은 또 다시 판매업에서 제조업으로의 전환을 모색했다. 이러한 과정을 거쳐 연암은 사업의 새로운 전환점이 된 제조업으로 향한 첫발을 화장크림 생산을 통해 내딛게 됨으로써 한국 화학공업을 개척하는 락희화학이 탄생하게 되었다.

　연암은 41세가 되던 1947년 1월에 락희화학공업사를 창립하면서 제조업으로 본격적인 사업을 펼치게 되었다. 상표 럭키는 당시 부산 화장품 시장을 장악하고 있던 외제 화장품에 대항하기 위해 만든 국산 브랜드였다. 럭키크림이 시중에 첫선을 보이자 소비자들의 반응은 좋아 생산이 수요를 따라가지 못할 정도였다. 연암은 이러한 호황 속에서도 자만하지 않고 화장품 연구실을 개설하고 럭키 크림의 품질 개선에 큰 힘을 쏟아 화장품 업계를 제패할 수 있었다.

　1952년 동양전기화학공업사를 설립하고 10월에는 부산시 범일동 공장에서 최초의 합성수지 제품인 오리엔탈 상표의 빗과 비눗갑을 만들었다. 락희화학은 치약 제조와 비닐제품 생산을 위해 연지동 공장을 신축하고, 1954년 비닐시트와 필름, 1956년 PVC 파이프를 국내 최초로 생산한 데 이어, 1957년에 비닐장판과 폴리에틸렌

필름을, 1959년에는 스펀지 레저를 각각 개발했다. PVC 파이프는 전후복구사업과 맞물려 수요가 크게 늘었으며, 국내 최초로 개발한 스펀지 레저와 비닐장판은 혁신 제품으로 호평을 받았다.

한편, '럭키치약'은 1955년 3월 피나는 개발 노력 끝에 연지공장에서 최초의 시험 생산에 성공하여 그 해 가을에 제품 출시를 본격화했다. 특히 '럭키치약'은 완벽한 제조 공법을 이전받아 제조한 것이 아니라 스스로 토막 정보 및 기술을 습득하여 개발, 생산한 순수 국산품이라는 점이 자긍심을 높였다.

1958년 10월 1일에 우리 나라 최초의 전자공업회사인 금성사가 창립되었다. 구인회 사장은 금성사 창업 직후인 11월 첫 해외출장인 구미 전자업계 시찰하고 전자산업에 대한 비전을 가지게 되었다. 1958년 11월 15일에 대망의 국산 라디오 제1호가 금성사 제품으로 탄생했다. 전자기기의 트레이드 마크가 된 상표 'GoldStar'는 이렇게 등장했다. 금성사가 이룩한 라디오는 처음부터 부품 국산화율 60%에 달했는데 이는 한국 전자공업사에 획기적인 성과로 기록될 만한 것이었다. 또한 기술적인 측면에서는 락희화학이 플라스틱 제품 생산을 통해 축적한 금형기술에 힘입은 바가 컸다.

국내 최초로 라디오의 국산화를 실현한 금성사는 수요층의 외제 선호로 인하여 내수가 부진하여 금성사는 외국제에 밀려 전자사업의 철수론까지 대두했다. 1962년 군사정부는 '농어촌 라디오 보내기운동'을 펼침으로써 금성사는 기사회생의 대 전기를 맞게 했다. 이 운동으로 경영 수지와 기술 축적, 기술 인력 확보면에서 큰 진전을 이룬 금성사는 1964년 종합전자전기공장 준공으로 연 자동시대에 이어 도약의 온천동시대를 열었다. '기술금성'을 견인한 전자기술은 1960년 선풍기 개발을 시작으로 냉장고(1964), 흑백 텔레비전(1966), 에어컨(1968), 세탁기 및 승강기류(1969)에 이르기까지 국내 최초로 국산화에 성공함으로써 국민 생활에 혁신을 가져왔다. 이에 따라 1969년에는 18개 품목의 전자 전기제품을 비롯해 통신기기, 전선 등으로 생산 영역을 확대하고 100억 원대의 매출규모로 창업 10년 만에 239배라는 비약적인 성장을 이룩했다.

1960년대 중반 정유업 등 기간산업에 진출하는 등 규모가 성장함에 따라 보다 거시적 안목에서 경영의 통할 조정이 필요하게 되었다. 이에 따라 구인회 사장은 1966년 럭희화학을 비롯한 각 시의 공동대표이사 회장에 취임, 전문적인 경영체제를 지향하고 서울사무소에 기획조성위원회를 설치해 주요 프로젝트를 담당케 했으며, 1968년에는 기획조정실을 신설, 자매사간 통합 조정 차원의 기획 기능을 강화했다.

> 1969년은 락희화학은 기업 공개, 민간기업사상 최초의 전산체제 구축 등의 경영 선진화와 그룹 본사를 서울로 이전해 본격적인 서울시대를 개막했다. 당시 LG는 락희화학, 금성사, 반도상사, 호남정유, 금성판매, 한국콘티넨탈카본, 호남전력, 금성통신, 금성전선, 국제신보, 경남일보 등으로 다각적인 사업영역을 구축하고 1970년대의 도약을 구상하고 있었다. 그러나 이를 주도하던 구인회 회장이 1960년대를 마감하는 1969년 12월 31일 63세를 일기로 운명했다. 이에 앞서 구인회 회장은 기업 이윤의 사회 환원과 기여를 위해 문화재단 설립을 추진하여 장학육성사업, 문화사업, 사회복리사업에 기초한 연암문화재단을 설립했다.

한 단계 더 생각하기

✓ 구인회 회장은 사업 아이디어를 어떻게 구하였는가?
✓ 구인회 회장은 시대의 변화에 따라 어떤 새로운 사업을 시작했는가?
✓ 구인회 회장은 고객의 어떤 니드에 착안하여 사업 아이디어를 구하였는가?

5-1 사업 아이디어의 중요성

　유망한 사업 아이디어의 개발은 성공적인 창업의 첫걸음이다. 우리 주변에는 수많은 종류의 사업이 있지만 본인 자신을 위하여 혹은 누군가를 위하여 사업 아이디어를 탐색하여 선정하려고 하면, 유망한 사업 아이디어를 선정하는 일이 매우 어려운 일임을 깨닫게 된다. 창업자에게 적합하지 못하거나 시장 환경에 적합하지 못한 사업은 실패하게 되므로 성공 가능성이 큰 사업 아이디어의 탐색과 선정을 위해서는 과학적이고 신중한 접근을 하여야 한다.

　사업 아이디어의 중요성을 정리하면 다음과 같다.

(1) 창업자의 적성에 맞지 않는 사업 아이디어로는 성공하기 어렵다.
(2) 시장 환경에 적합하지 않은 사업 아이디어는 실패하기 쉽다.
(3) 창업자가 담당할 수 없는 고도의 기술이나 재능을 요하는 사업은 성공시키기 어렵다.
(4) 아무리 좋은 사업 아이디어일지라도 창업 후 잘 경영하지 못하면 성공할 수 없다.
(5) 매우 좋아 보이는 사업 아이디어도 실제로 창업하여 운영하다 보면 어려움이 부딪치게 된다. 성공하기 위해서는 그 어려움을 극복하려는 창의력이 필요하게 된다.

5-2 평범한 사업과 비범한 사업

　미국의 빌 게이츠의 창업 성공담을 들으면, 매우 흥미롭고 도전해 보고 싶은 충동이 일어날 수도 있지만, 실제로는 그와 같이 화제가 되는 창업보다는 평범해 보이는 창업이 훨씬 많음을 인식할 필요가 있다. 예를 들면, 생활 속에서 흔히 접하게 되는 각종 음식점, 문구점이나 의류 소매점 등과 같은 소매점, 부동산 소개소와 세탁소 등과 같은 각종 서비스업 분야의 창업들이 훨씬 많다. 이들 평범한 사업들은 정체된 것처럼 보일는지 모르나 좀 자세히 관찰하면, 이들 분야도 서비스 제공 방식, 경영 방식 등에 있어서 끊임없이 변하고 있으며, 이러한 변화에 편승하여 크게 성공하는 사업가도 많다.

미국의 햄버거 프랜차이즈 기업인 맥도날드는 미국의 대표적인 다국적 기업의 하나이다. 이 햄버거 프랜차이즈 기업은 고도의 기술이 아니라도 고도의 서비스와 원활한 유통망을 형성하여 양질의 음식을 저가로 공급함으로써, 개인적인 부의 창출과 함께 국가 경제에도 이바지하는 효과도 가져올 수 있음을 보이는 예이다(요즈음은 패스트 푸드가 비만의 원인이 된다는 비난도 있다).

이와 같은 예를 통하여 전달하고자 하는 내용은 '첨단기술을 이용한 창업은 우수한 것'이고 평범한 서비스업이나 유통업의 창업은 열등한 것'이라는 이분법적인 태도는 적절하지 않다는 것이다. 우리 나라에서는 국가 경제의 발전을 위하여 첨단 기술을 바탕으로 하는 기업들에게 우선적인 지원을 제공하고 있다. 하지만 첨단 기술이 아닌 분야의 창업은 무시하는 태도는 좋지 않다는 것이다. 모든 사업은 고객을 통하여 그 가치가 실현되며 그 가치의 크기는 사전에 예단할 수 없음을 말하려고 하는 것이다. 앞의 예에서 본 바와 같이 맥도날드 햄버거는 평범한 기술을 이용한 사업이지만 사회와 국가 발전에 큰 기여를 하는 예이다.

표 5.1에서는 우리 주변에서 흔히 접하는 한국표준산업분류 중 대분류 G(도소매 및 소비자 용품 수리업)의 중분류의 일부 소분류를 소개하였다. 표 5.2에서는 생활에 밀착된 사업의 구체적인 예를 보였다. 표 5.2에서 체인점이라고 하는 것들은 프랜차이즈 가맹점을 의미한다. 여기에서 평범한 사업의 종류를 소개하는 이유는 이러한 평범해 보이는 사업에 관심을 가지고 관찰함으로써 성공적인 창업과 경영의 원리를 좀더 손쉽게 이해하는 데 도움을 주고자 하는 것이다.

표 5.1 도소매업 및 소비자 용품 수리업의 분류(일부)

소 분 류(KSIC번호)+	세 분 류
수퍼마켓(5211)	수퍼마켓, 백화점, 종합소매점
음식료품 및 담배 소매업(5220)	곡물, 고기, 수산물, 채소, 과실, 설탕, 빵 및 과자류, 식품종합소매, 담배, 기타 음식료품
의약품 의료용품, 및 화장품 소매업(5231)	의약품 및 의료용품, 의료기기, 화장품 및 화장비누, 화장품 외판 소매
섬유 의복 신발 및 가죽제품 소매업(5232)	섬유 및 직물, 내의, 외의
가정용 기기, 기구, 장비 소매업(5233)	가구, 가정용 전기기기, 식탁 및 주방용품, 악기, 조명기구 및 전기용품, 자정용 직물제품, 등세공품 및 기타 목제품
철물페인트 유리 및 기타 건설자재 소매업(5234)	철물 및 난방용구, 페인트 및 유리제품, 기타 건설자재
서적 문구류 및 사무, 광학, 정밀기기 소매업(5235)	서적 및 신문, 문구용품, 컴퓨터 및 기타 사무기기, 안경, 사진 광학 및 정밀기기
가정용 연료 소매업(5236)	연탄 및 기타 고체연료, 액체연료, 가스연료,
기타 비식용 신품 일반 소매업(5239)	벽지 및 마루덮게, 시계 및 귀금속, 운동 및 경기 용품, 오락게임용구 및 장난감, 예술품 및 골동품, 관광민예술품 및 선물용품, 자전거 및 자전거 부품, 음반 및 테이프, 기타 비식용 신품
중고품 일반 소매업(5240)	중고가구, 중고서적, 저당물 판매업, 기타 중고품
통신판매업(5251)	통신판매
다단계 판매업(5252)	다단계판매원의 소매 수입
기타 특수판매업(5259)	자동판매기 운영업
개인 및 가정용품 수리업(5260)	개인 및 가정용품 수리업

+Korea Standard Industrial Classification(한국표준산업분류) 번호

표 5.2 생활에 밀착된 업종들

분류	업종
음식	실버식당, 실버찻집, 아침식사전문점, 어린이레스토랑, 제과부페, 종합 음료점, 주스전문점, 카레전문점, 카멜레온클럽, 커피박물관, 컴퓨터감자튀김점, 코너피자점, 흔들스낵점
대여	가구대여업, 장비대여업, 특수의류대여업, 화훼대여업, 휴가용품대여업
서비스	가요바자회점, 가전제품정보신문, 가정간호업, 기업뉴스제공업, 놀이뱅크, 대리점안내잡지업, 대학생진로지도업, 도산업체구조업, 만남센터, 배달대행업, 베이비호텔업, 사업경영대행업, 사업자보험업, 샘플판매조사업, 신문스크랩업, 아르바이트알선업, 야간업무대행업, 여성배달대행업, 5분배달업, 외국자본중개업, 유통정보업, 음성정보업, 의원컨설팅업, 이미지관리업, 인력은행업, 자동차약국, 자동차정보신문, 재고정리업, 전문업컨설팅, 전신미용살롱, 전화사서함, 조경식물관리센터, 지역컨설팅업, 출판대행업, 판매대행업, 학생적성검사업, 한방피부전문점
일반업종	건강기구점, 경정비카센타, 고시촌, 교육교재서점, 기념품제조전문점, 넥타이전문점, 닭고기반제품점, 덤핑상품전문점, 동물박제점, 동물보험업, 동전세탁소, 등산용품전문점, 모조상품점, 무점포판매업, 밀랍인형점, 비규격제품점, 생수점, 생필품균일가점, 세제점, 수화점, 식사재료배달점, 식육전문점, 실버용품점, 양말전문점, 여행용품점, 이동쇼룸점, 이벤트청부업, 재고상품처분점, 종합주류점, 주방용품점, 특산물전문점, 카세트잡지업, 특수서점, 편의서점, 학습놀이장, 희귀상품점
레저/문화	간이골프장, 노인휴게실, 석궁장, 스트레스해소센터, 청소년휴게실, 클레이사격장
체인점	즉석 철판볶음밥 체인점, 빈대떡 체인점, 참치회 체인점, 청주전문 체인점, 스낵 체인점, 갈비 체인점, 부대고기 체인점, 일식 체인점, 어묵전문 체인점, 컴퓨터 부동산 체인점, 배달 돈까스 체인점, 세차서비스 체인점, 아이디어 상품 체인점, 자동차 부품 체인점, 어린이 영어학원 체인점, 꽃집 체인점, 무공해 콩나물 재배 체인점, 포토갤러리 체인점, 아트플라워 체인점, 장례토탈 서비스 체인점, 인쇄 체인점, 중저가 횟집 체인점, 찜질방 체인점, 실내스키장 체인점, 헬스클럽 체인점, 브랜드 귀금속 체인점, 분식 체인점,

5-3 사업 아이디어 개발 기법

사업 아이디어 창출에서 자주 사용하는 기법 중의 하나는 필요성과 제품의 활용이라는 두 축을 중심으로 아이디어를 탐색하는 것이다. 이를 좀더 자세히 설명하면 다음과 같다.

(1) 만족되지 않은 필요성(needs) 또는 욕구를 발견하고 이를 만족시키는 제품이나 서비스를 개발하는 접근이다.
(2) 제품, 기술, 재료 등을 발견하고 이를 필요로 시장에 공급하는 접근이다.
이들 두 가지 사업 아이디어 탐색 관계를 그림으로 표시하면 그림 5.1과 같다.

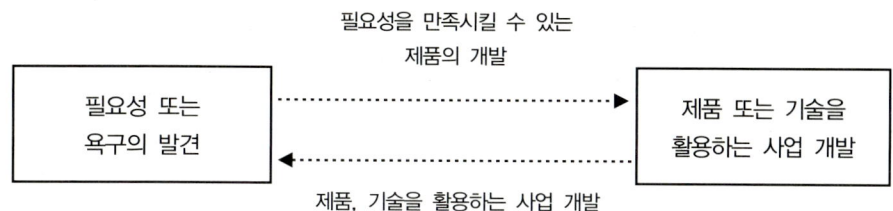

자료출처: 박춘엽(1991), 중소기업 창업과 사업성 분석

그림 5.1 필요성과 제품 중심의 사업 아이디어 탐색 기법

5-3.1 필요성의 발견

인간의 욕망을 만족시키는 제품과 서비스는 끊임없이 산출되고 있지만, 인간에게는 언제나 만족되지 않은 욕망이 있다. 예를 들면, 전화를 통하여 매우 빠른 시간 내에 교신할 수 있게 되면 그와 관련된 욕구는 줄어들 것 같이 생각될 수도 있겠지만 현실은 그렇지 않다. 목소리가 좀더 선명하게, 좀더 편리하게, 좀더 저렴하게 서비스, 나아가서는 영상도 함께 송수신하는 서비스를 받고자 하는 욕망이 생기고 이를 만족하는 제품과 서비스가 새로운 사업거리가 된다. 인간은 현실에 어느 정도 만족할 줄 알아야 한다는 가르침도 있지만, 사업을 개발하기 위해서는 소비자의 입장에서 우선 만족되지 않은 필요성과 욕구를 발견하여야 한다.

1) 매슬로우의 욕구 단계 이론

소비자의 필요성과 욕구는 사업 개발의 중심축의 하나이므로 이와 관련된 이론과 응용에 대하여 살펴보고자 한다. 욕구에 대한 이론 중 지금까지 가장 널리 알려진 이론 중의 하나는 매슬로우(A. H. Maslow)의 욕구 단계 이론이다. 이 이론은 다음과 같은 두 가지의 기본 전제를 바탕으로 한다.

첫째로, 인간은 충족되지 못한 욕구들을 만족시키고자 한다는 것이다. 매슬로우는 인간이 만족시키고자 하는 욕구를 다음과 같은 다섯 가지로 구분하였다.

(1) 생리적 욕구(physiological needs) : 생리적 욕구는 음식, 의복, 거처 등과 같이 생명을 유지하기 위하여 필요한 욕구를 말한다.

(2) 안전 욕구(safety needs) : 이 욕구는 생명의 안전, 직업 보장, 위협과 공포로부터 안전함 등과 같이 신체적인 위험과 생리적 욕구를 만족시키는 데 필요한 자원의 박탈의 위험으로부터 자유로워지고 싶어 하는 욕구이다.

(3) 소속감과 애정 욕구(belongness and love needs) : 이것은 귀속 욕구(affiliation needs)라고도 하는데 소속감과 애정 등과 같이 사회적인 존재로서 인간이 어딘가에 소속되거나 다른 집단에 의해서 받아들여지기를 바라는 욕구, 또는 이성간의 교제나 동료들과의 친교를 원하는 욕구를 말한다.

(5) 존경 욕구(esteem needs) : 이것은 자존심과 아울러 타인으로부터 인정 또는 존경받고 싶어 하는 욕구를 말한다.

(6) 자기실현 욕구(self-actualization needs) : 이것은 계속적인 자기 발전을 위해서 자신의 잠재력과 능력을 극대화하려는 욕구로서, 본래의 자기모습을 찾고자 하며, 자기가 바라는 바를 실현하고 싶어 하는 욕구이다.

둘째로, 매슬로우는 이상과 같은 인간의 욕구가 만족이 추구되고 만족되는 과정이 계층적으로 진행된다는 것이다. 예를 들면, 제2단계 욕구인 안전에 대한 욕구는 제1단계 욕구인 생리적 욕구가 만족된 다음에야 동기화(motivate)된다고 주장하였다. 즉, 욕구의 발생과 만족은 단계적으로 진행된다는 것이다. 많은 경우에 이와 같은 매슬로우의 단계적 진행 주장은 현실에서 설득력이 있지만, 한편으로는 이와 같은 과정에 따르지 않는 예외적인 현상이 많이 관찰되고 있다. 이와 같은 매슬로우의 욕구이론에 따라 특정 개인이나 사회 전체의 욕구를 정확하게 추정하기는 어렵겠지만, 이러한 이론은 소비자의 욕구를 파악하고 예측하는 데 매우 유용한 지침이 될 수 있다. 예를 들면, 먹을거리가 부족한 상황에 있는 개인이나 사회에 레저와 스포츠 등에 관한 상품은 별로 관심을 끌지 못할 것이라는 예측을 할 수 있다.

2) 소비자의 욕구의 분류

소비자가 상품을 필요로 하고 구매하는 것은 자신과 가족 및 관계자의 욕구를 충족시키기 위한 행동이라고 할 수 있다. 이와 같은 구매 행동에 영향을 주는 좀더 구체적인 변수들을 살펴보면 다음과 같다.

(1) 가격에 대한 욕구 : 대부분의 소비자들은 정상적인 경우에 같은 상품과 서비스라면, 낮은 가격에 상품을 구입하고자 한다. 그러므로 가격을 낮추는 것은 새로운 사업 아이디어를 개발하는 중요한 지침이다.

(2) 기능에 대한 욕구 : 소비자들은 필요한 기능을 많이 가진 상품을 선호한다. 그러므로 기능이 추가되거나 개선된 제품은 가치 있는 새로운 사업 아이디어이다.

(3) 품질에 대한 욕구 : 소비자들은 같은 가격이라면, 좋은 품질의 상품을 구매하고 싶어 한다고 할 수 있다. 그러므로 품질 개선은 사업 아이디어 개발을 위한 훌륭한 착상점이다.

(4) 차별화의 욕구 : 많은 소비자들은 다른 사람과 다른 상품을 구입하고자 하는 욕구를 가지고 있다. 그러므로 기존의 상품과 다른 상품을 공급하는 것은 좋은 사업 아이디어이다. 기능과 품질이 거의 같은 경우에 유명 상표의 제품을 구입하는 이유 중의 하나는 차별화의 욕구라고 할 수 있을 것이다.

(5) 동질화의 욕구 : 상황에 따라서 소비자들은 다른 사람과 같은 상품을 구입하고자 하는 욕구를 가지고 있다. 그러므로 다른 사람들과 같은 상품을 소유하고 소비할 수 있게 하는 것은 좋은 접근이다. 예를 들면, 외국의 좋은 상품을 수입하거나 모방하는 것은 이러한 욕구를 만족시키는 사업 아이디어의 개발 접근이다.

(6) 디자인, 멋, 맛 등에 대한 욕구 : 소비자는 디자인, 맛, 멋 등과 같이 감각적인 면에서 좋다고 판단되는 상품을 선호한다. 그러므로 디자인의 개선, 좀더 좋은 맛, 좀더 멋있는 것은 좋은 사업거리이다.

(7) 서비스에 대한 욕구 : 소비자는 구매 전, 중, 후에 좀 더 좋은 서비스를 받고자 하는 욕구를 가지고 있다. 그러므로 좀더 좋은 서비스의 제공은 좋은 사업거리이다.

3) 필요성을 발견하는 사회 경제적 착안점

(1) 사회 변동을 분석

인간이 사는 사회는 끊임없이 변한다. 과학과 기술의 발전의 결과로 인간은 육체적 노동으로부터 해방되고 전보다 많은 여유시간을 가지게 되었다. 이러한 결과로 인간은 늘어난 여가시간을 좀더 유용하게 사용하는 방안에 대한 필요가 있게 되자 이를 만족시켜 주는 서비스가 주요한 사업거리로 등장하였다. 예를 들면, 레저 산업이 이와 같은 욕구를 만족시켜 주기 위해 생기는 사업이다. 또, 여성의 사회 진출로 인하여 발생하는 새로운 니드, 예를 들면, 어린이 보육, 가정생활의 편리성을 도와주는 사업 등 새로운 사업들이 생성된다. 또, 다른 예로는 정보화의 진전, 산업구조의 변화 등으로 인하여 조기에 퇴직하는 직장인이 늘고 있는데 이들을 위한 직장 알선, 창업 교육 등의 서비스가 주요 사업 거리가 된다.

(2) 인구추이를 분석

인구의 구성비에 따라 사회의 니드 구조가 영향을 받는다. 예를 들면, 수명이 연장됨에 따라 고령자의 수가 늘고 이들이 필요로 하는 시장이 커지므로 실버산업(silver industry)이 중요한 산업으로 부상한다. 또, 한 가족의 자녀의 수가 감소함에 따라 한 자녀에게 사용할 수 있는 자원(돈)의 양은 증가하게 된다. 따라서 자녀들에 대한 서비스는 값이 비싸더라도 고급의 것을 추구하는 수요가 증가하게 된다. 그러므로 예를 들어, '저렴한 유아원'에 대한 수요에 못지않게 '비싸도 고급의 서비스를 제공하는 유아원'에 대한 수요도 증가하고 있다.

(3) 경제적 추이를 분석

한국의 경우에 경제 성장과 함께 개인소득이 증대함에 따라 개인의 욕구도 크게 변해 왔다. 가장 괄목할 만한 변화 중의 하나는 "양보다는 질"이라는 말로 표현되는 것이다. 또, 먹고 마시는 것에 대한 욕구에서 문화적인 욕구로의 전환 등이 그러한 것들이다. 이러한 추이를 예측하고, 문화 레저 산업 분야에 일찍 투신하여 성공을 거둔 사람들도 있다. 최근의 한국의 경제동향을 보면 지난 20세기 후반에 이루었던 것과 같은 고도의 경제 성장을 기록하기는 어려울 것 같다. 그러므로 좀더 합리적이고 짜임새 있는 소비 생활이 예상된다. 이와 같은 변화에 부응하는 사업도 중요한 사업의 영역으로 성장하게 될 것이다. 예를 들면, 중고품 센터, 할인점, 폐자원 활용 산업 등이 꾸준히 성장할 것이다.

(4) 새로운 제도와 법률의 영향 조사

제도와 법률이 바뀌면, 소비자의 니드도 바뀐다. 예를 들면, 입시 제도의 변화에 따라 학생들의 니드가 변하여 그에 부응하는 각종 서비스 비즈니스가 명멸한다. 한국은 경제개발협력기구(OECD)에 가입하게 됨에 따라 많은 제도가 변하게 되었다. 여러 가지 변화 중에서 특별히 주목할 만한 것은 수출입의 자유화이다. 농수산물의 경우, 쌀과 쇠고기를 제외한 전 품목이 수입이 자유화되었다. 이와 같은 변화에 따라 기존의 사업 중에서는 피해를 입는 사업이 많겠지만, 새로운 사업 기회가 발생하게 된다는 점에도 관심을 가지고 사업 아이디어를 구해 볼 일이다.

(5) 소비자와 접촉

니드를 중심으로 한 사업 아이디어를 구하기 위해서는 예상되는 소비자를 관찰하거나 접하는 방법도 유용하다. 예를 들면, 입시와 관련된 사업을 개발하기 위해서는 입시 준비생들의 생활을 관찰하거나 면담하여 어려움, 고통을 주는 요인을 파악한다면, 사업 아이디어를 얻는 효과적인 방법이 된다. 또, 감수성이 강한 중고교생, 대학생 등은 니드를 중심으로 한 사업 아이디어 탐색의 좋은 협력자가 될 수 있다.

(6) 개발 계획을 조사

중앙정부 및 지방자치단체의 개발 계획을 참고하면 특정한 상품과 서비스의 수요를 예측할 수 있다. 그러므로 미래의 개발 계획을 참고하여 미래의 사업 아이디어를 개발하는 것은 매우 유용한 접근이다.

(7) 기존의 산업에서 필요로 하는 상품 조사

기존의 산업이 필요로 하는 부품, 원재료, 기계 등을 공급하는 것은 좋은 사업거리이다. 그러나 대부분은 이미 만족되고 있으므로 기존의 것보다 더 좋은 품질, 더 저렴한 가격과 같은 고객에게 추가적인 가치를 제공하는 것이어야 한다.

5-3.2 제품과 서비스의 발견

제품과 서비스를 발견하고 이를 필요로 하는 소비자를 발견하는 방법도 매우 유용한 접근이다. 구체적인 제품과 서비스를 파악한 후에 사업을 추진하는 것이기 때문에 니드를 만족시키는 제품과 서비스를 개발하는 접근보다 좀더 용이할 수가 있다. 하지만 용이한 분야에는 항상 경쟁이 더 치열하다는 점을 지적해 둔다. 구체적인 사업 아이디어 탐색 접근으로는 다음과 같은 것들이 있다.

1) 주변의 사업을 관찰

이미 존재하고 있는 사업거리 중에서 쉽게 모방하거나, 조그마한 변형을 통해서 성공적으로 전개할 수 있는 사업거리가 있는가를 관심 있게 관찰한다. 이미 앞에서 지적한 바와 같이 우리 주변에는 비슷한 사업이 많고, 조그마한 차이 때문에 성공적으로 운영되고 있다. 예를 들면, 미국에서 피자는 배달되는 것이 아니었는데 배달하는 피자점을 만들어 크게 성공을 한 경우 도미노 피자의 예도 있다.

2) 성공한 사람에게 문의

성공한 사업가들은 현재의 사업뿐만 아니라 앞으로 성공 가능성이 많은 사업을 알고 있는 경우가 있다. 그들은 다만 떠들고 다니지 않을 따름이다. 그러나 누군가가 진지하게 물어오면, 그러한 노하우를 공개하기도 한다. 왜냐 하면, 자신과 친한 사람이 사업을 하면, 자신의 사업도 이롭게 되는 경우도 많기 때문이다.

3) 해외의 동향 조사

국외 여행을 하면, 국내에 수입하면 잘 팔릴 것으로 보이는 상품이 눈에 띄는 경우가 있다. 지금은 한국인이 전 세계를 누비고 있으며, 세계의 어지간한 곳에는 한국인이 모두 거주하고 있어서 새로운 사업거리들이 한국에 매우 빨리 도입되고 있고 세계적으로 확산되고 있으므로 일시적인 여행을 통하여 새로운 사업 아이디어를 발견할 수 있는 확률은 크게 감소하였다. 그러나 국외 여행을 통하여 접하는 새로운 경험은 새로운 사업의 기회를 개발하는 데 많은 도움이 될 수 있다.

4) 새로운 기술의 영향을 연구

새로운 기술은 기술자의 전용물이라고만은 할 수 없다. 해당 분야의 전문 기술자가 아니더라도 새로운 기술의 결과로 발생하는 변화를 예측하고 그에 따라 발생하는 새로운 니드를 포착하고 이를 만족시키는 방법을 개발할 수 있다. 예를 들면, IT 기술을 이용한 전자상거래를 이용하여 창업한 인터넷 서점 아마존이 있다. 국내에서도 전자상거래를 통하여 성공한 기업들이 많다.

5) 전시회의 참관

전시회는 새로운 제품, 특정 분야의 산업 및 기술 동향 등을 매우 효율적으로 접할 수 있는 기회이다. 관심 있는 분야의 전시회에 참여하여 사업화할 수 있는 제품이나 아이디어를 구하는 것은 매우 유익하다. 또, 사업을 준비하고 있는 사람이라면 업계의 동향을 한눈에 파악할 수 있는 좋은 기회이다.

6) 지방에서 구할 수 있는 기능과 제품

지방의 특별한 기능 및 특산물은 좋은 사업 기회가 된다. 예를 들면, 강원도 춘천 지방의 막국수는 서울에서도 인기 있는 음식이 되었다. 또, 전라북도 순창 지방 사람들은 고추장 담그는 전래 기술을 이용하여 고추장을 생산하는 산업을 일으켰다. 이러한 과정을 통하여 지방의 기능 및 특산물을 이용한 사업이 많이 개발되어 왔다. 그러나 아직도 사업화할 가치가 많은 유용한 지방의 기능과 특산물이 있을 것이다.

7) 간행물의 활용

유망 신사업을 소개하는 서적이 많이 간행되고 있다. 또, 인터넷을 뒤지면 각종 사업 아이디어를 발견할 수 있다. 경제신문, 또는 일반신문의 비즈니스 섹션 등도 국내외의 새로운 유망 사업 정보를 제공하는 중요한 자료이다.

5-3.3 자신을 중심으로 한 사업 아이디어 탐색

사업 아이디어의 원천 중에서 가장 중요시하는 것은 창업자 자신의 직장 또는 사업 경험, 지식 등이다. 왜냐 하면 사업에서 성공하려면 사업에 대한 흥미와 경험, 주변의 지원 등이 필수적인데 창업자 자신의 경험이나 지식을 기반으로 개발된 사업은 이러한 조건을 만족시킬 가능성이 크기 때문이다. 다음과 같은 질문은 자신에게 적합한 사업 아이디어를 개발하는 데 도움이 될 것이다.

(1) 내가 하고 있는 일 중 가장 즐기는 것은 어느 일의 어느 부분인가? 이것을 직접 간접으로 활용하여 사업화할 수 있는 것은 무엇인가?

(2) 내가 가장 잘 아는 제품이나 공정은 무엇인가? 이것을 직접 간접으로 활용하여 사업화 할 수 있는 것은 무엇인가?

(3) 나의 관심을 끄는 취미와 여가 활동은 무엇인가? 이것을 직접 간접으로 활용하여 사업화할 수 있는 것은 무엇인가?

(4) 나의 생활에 여유가 생긴다면 하고 싶은 일은 무엇인가?

(5) 나의 주변의 인적 자원을 이용하여 할 수 있는 사업은 무엇인가?   주변의 인적 자원으로는 친구, 가족(배우자, 자녀, 부모 등), 친가의 친척(큰 아버지, 작은 아버지, 고모 등), 외가, 처가, 학교 동창생, 직장 동료, 취미 생활 친구 등의 도움을 받거나 협력하여 할 수 있는 사업은 무엇인가?.

5-4 프랜차이즈 창업, 전자 상거래 및 홈 비즈니스

5-4.1 프랜차이즈

프랜차이즈에 대해서는 제2장의 창업의 종류에서 설명하였다. 프랜차이즈는 프랜차이즈 본부 업체가 창업 모형을 만든 후 가맹자에게 창업과 경영을 지원하는 방식으로서 경험이 없거나 적은 사람들이 관심을 많이 가지는 창업 형태이다. 잘 준비된 본부를 선택하면 성공확률도 높은 것으로 보인다. 그래서 창업자가 한 번쯤은 프랜차이즈 가맹점을 할 것인가는 고려해야 하는 대상일 것이다.

1) 부실체인 본부 선별 지침

(1) 체인점을 직접 방문해서 점주들의 협조 아래 의견을 청취하라.
    가맹 점주는 웬만하면 궁금한 것들에 대해 사실 그대로를 이야기해 주므로 체인 본부에 대한 정확한 정보를 얻을 수 있다.
(2) 각 가맹점의 평균 매출을 직접 확인하라.
    꺼릴 수도 있지만 자신의 입장을 솔직하게 이야기하면 굳이 숨길 이유도 없을 것이다.
(3) 본사의 설립연도와 자금력을 확인하라.
    회사의 법인명만 알고 있으면 상업등기소에서 회사의 개략적인 사항을 알아볼 수 있다. 역사가 있고 자본금이 크면 건실하다는 판단을 할 수 있지만, 젊은 사업가들이 참신하고 기발한 아이디어로 체인사업을 전개하는 경우도 있기 때문에 자본금뿐만이 아니라 여러 상황 등을 잘 파악하여 정한다.
(4) 계약 내용을 확실히 확인하고 계약하라.
    본사에서 준비한 계약서가 서너 장 분량밖에 안되고 항목도 미비한 것이 많아서 분쟁의 소지가 있다면 조심해야 한다. 계약서가 어렵다 싶을 정도로 복잡하고 자세하며 회사 측에서도 계약 내용을 꼼꼼히 설명하면서 이해를 시키려고 한다면 믿을 만하다고 판단해도 된다.
(5) 법적으로 하자가 없는 회사인지 확인하라.
    소위 유령회사를 조심해야 한다. 계약금은 냈는데 갑자기 회사가 사라지는 경우가 있다. 또한, 기계 설비를 샀는데 제조회사가 없어져서 애프터서비스 등 모든 일을 주인이 알아서 해야 하는 경우도 있다.

2) 피해 사례 유형

(1) 본사의 고의적인 부도
(2) 계약금 챙기기
(3) 부실한 본사
(4) 과다비용 요구
(5) 재고품 떠넘기기
(6) 보장받지 못하는 독점 영업권

(7) 과도하게 제시하는 예상 수익 금액

(8) 상권 분석의 실패

(9) 홍보 및 판촉 활동의 미비

(10) 해약 시 보증금 미반환

5-4.2 홈 비즈니스

홈 비즈니스는 거주지를 중심으로, 외부에 사무실을 빌리지 않고 영위하는 사업 형태이다. 거주지를 기업의 본거지로 사용하므로 투자금액이 적어서 실패 시 손해가 적다.

홈 비즈니스(home business)는 SOHO(Small Office Home Office)와 유사한 의미를 가진다고 생각하고 혼용하는 경우가 있으나 구별하는 것이 좋겠다. 홈 비즈니스는 거주지 외부에 별도의 사무실을 두지 않는다는 점이 특징이라고 하겠다. 한편, SOHO는 홈 오피스(home office)와 소규모 오피스(small office)를 모두 의미하는 점에서 (순수) 홈 비즈니스와는 다르다고 하겠다(표 5.3 참조).

표 5.3 홈 비즈니스, SOHO, 전자 상거래의 특징 비교

구 분	주요 특징
홈 비즈니스 (home-based business)	-외부 사무실 없음 -반드시 전자상거래는 아님 -대부분 초소자본 사업임 -외부 사무실을 임차하지 않으므로 극히 효율적인 사업 형태임
소호 (SOHO)	-홈 비즈니스와 비슷하지만 -홈 비즈니스뿐만 아니라 외부 사무실을 임차하는 사업까지를 포함
전자상거래 (e-Commerce)	-인터넷을 이용한 상거래만을 뜻함 -재택 또는 외부 사무실 있음 -대, 중, 소형 기업 가능

우리 나라와 일본에서는 홈 비즈니스라는 말보다는 SOHO라는 말이 많이 사용되며 양자가 혼용되는 경향도 있다. 하지만 미국에서는 Home-based Business(홈 비즈니스)라는 말이 압도적으로 많이 사용된다. 이것은 미국에서는 홈 비즈니스가 일찍부터 발달해 왔기 때문이라고 본다. 미국에서도 SOHO라는 표현은 많이 사용되고 있으나, 홈 비즈니스 분야는 상당한 역사적 발전 과정을 거쳐서 형성된 확고한 영역이다. 홈 비즈니스에 적합한 업종을 표 5.4에 정리하였다.

표 5.3 홈 비즈니스 창업 아이템

1) IP 사업 • 결혼 정보회사 • 결혼식 음악 제공업 • 멀티미디어 공부방 • 회의 기획 대행업 • 컴퓨터 그래픽 디자이너 • 온라인 출판기획 대행업 • 출판 아이디어 제공업 • 온라인경매 • 웹사이트 중개업 • 영화관련 여행업 • 스토리 사진방 • 우편 응모 대행업 • 매뉴얼 서비스업 • POP광고대행업 2) 인터넷 전문쇼핑몰 • 이유식 전문몰	• 건강전문 쇼핑몰 • 상품권 전문사이트 • 노인을 위한 실버용품 전문몰 • 왼손잡이 전문쇼핑몰 • 인쇄전문쇼핑몰 • 공예전문용품몰 • 수산물 전문매장 3) 디지털 기술 응용사업 • 무선카드 결제 시스템 사업 • 디지털 가상 성형사업 • 디지털 사진관 사업 • 디지털 영상편집 사업 • 멀티포토 전문점 • 인터넷 비즈니스 아이디어 개발 • 인터넷 레크리에이션
4) 건강 관련 업종 • 한방건강제품 전문점 • 사상체질생식 전문점 • 생식 전문점 • 참숯 생활용품 사업 • 녹즙 배달 • 유기농산품 판매업 • 홍삼원액 전문점 • 허브 전문점 5) 방문형 사업 • 방문 도서 대여업 • 영어교재 방문 대여 • 이동형 완구 대여점 • 차량이동형 카페 • 이동형 사업 • 방문 판매업 6) 환경 관련 업종 • 욕실 리폼 사업 • 항균 코팅업 • 아로마 바디용품 전문점	• 악취제거제 판매업 • 자동불판세척업 7) 생활 편의 관련 업종 • 베이비시터 및 실버시터 파견업 • 태교 및 출산관련 도우미 서비스 • 빈집 지켜주기 대행 • 연락 대행업(경조사) • 쇼핑대행서비스 • 가정식 김치 배달업 • 용품 대여업 • 홈 스테이 대행업 • 아침식사 배달업 • 과일 배달업 8) 엔젤 관련 사업 • 육아정보제공업 • 어린이 생일파티 대행업 • 장난감 수리업 9) 교육 관련 사업 • 아동보육 사업 • 스터디 시터 사업

5-4.3 전자 상거래

전자상거래는 인터넷을 통하여 이루어지는 상거래를 의미한다. 전자 상거래는 대기업뿐만 아니라 소규모 창업으로도 성공하는 경우가 많다. 홈 비즈니스 방식으로도 전자상거래 창업을 할 수 있다. 전자 상거래는 표적 시장을 단기간 내에 확대할 수 있는 등 여러 가지 장점이 있는 사업 형태이므로 고려해 볼 만한 창업 형태이다.

5-5 사업 아이디어의 선별

1) 예비 선별

한 개 혹은 다수의 사업 아이디어가 후보 사업으로 고려의 대상이 되었을 때, 가장 적합한 것을 선별하기 위해서 이들을 평가해야 한다. 그런데, 모든 사업 아이디어에 대하여 상세한 사업성 평가를 실시하는 것은 효율적이지 못하므로 비교적 간단한 방법으로 사업 아이디어의 사업성을 평가할 필요가 있다. 이와 같이 초기의 사업 아이디어 선별 활동을 예비 선별이라고 부른다. 예비 선별에서 적용할 수 있는 비교적 간단한 선별 기법을 소개하고자 한다.

구체적으로 설명하자면 사업 아이디어의 사업성과 관련된 일련의 질문에 대하여 '합격' '불합격' 식의 판단을 하여 사업 아이디어를 선별하는데, 이들 검토 사항 중 한 가지만이라도 불합격이면, 그 사업 아이디어를 기각한다. 여기에서 검토하는 사항으로는 과대한 원가요인, 소요자본의 크기, 정부 및 사회적 규제와 규범, 정부시책과의 양립성, 진입 장애 요인, 마케팅 활동 장애 요인, 타산업과의 공존성 등이다. 자세한 질문 내용은 표 5.4에 보인 바와 같다.

표 5.4 사업 아이디어 예비 선별에서의 검토 사항

검토 주제	질문 내용	합격	불합격	비고
원가상승요인	적절한 비용으로 제품을 생산할 수 없게 하는 요인이 있는가[법률 제한, 독점, 기타(에너지, 기타 등)]			
자본	소요자본이 과대한가?			
정부 규제	정부의 규정, 사회에 부정적인 영향, 환경오염 등으로 사업이 불가능한가?			
국가시책, 목표	국가의 정책, 목표 등과 양립할 수 없는가?			
진입 장벽	중소기업의 참여를 배제하는 장애 요인이 있는가?			
마케팅 방해	제품의 마케팅 활동을 방해하는 요인이 있는가?			
타산업과 공존	타 산업과 공존할 수 있는가?			

2) 사업 아이디어와 창업자의 적합도 검토

사업 아이디어를 얻는 접근 중의 하나는 먼저 많은 사업 아이디어를 열거한 다음 그 중에서 여건에 부합되는 아이디어를 선별하는 것이다. 그러나 먼저 사업 아이디어의 선별 기준과 방법을 안다면, 아이디어의 창출 과정에서 미리 선별할 수 있게 되어 효율적일 것이다. 선별 기준을 몇 가지 제시한다.

(1) 창업자에게 적합한 것이어야 한다

일반적으로는 유망하다고 판단되는 사업일지라도 창업자에게 적합하지 않는 것은 배제하여야 한다. 창업자의 비전, 성격, 가치관, 취미 등에서 창업자에게 적합한 것이어야 한다.

(2) 할 수 있는 것이어야 한다

수익성 측면에서 유망하고, 창업자의 적성에 맞는 것일지라도 소요 자금이 너무 커서 필요한 자금을 조달할 수 없다면, 그 사업은 '실행할 수 없다'. 이 외에도 실현을 불가능하게 하는 요인이 있는지를 검토하여 부적합 것은 기각하여야 한다.

(3) 성장 및 발전 가능성이 큰 것이어야 한다

성장이 정지되었거나 저하된 분야의 사업에 있으면 경쟁이 격하되고 이윤이 감소하게 된다. 그러므로 창업하는 분야는 성장성이 큰 것이어야 한다. 또, 관련된 사업과 연계하여 발전 가능성이 큰 사업이어야 시너지(synergy) 효과를 기대할 수 있다.

5-6 지적재산권

1) 특허제도

(1) 제도의 취지

특허제도는 발명을 보호하고 그 이용을 도모하여 발명을 장려하고, 나아가 산업 발전에 기여하는 것을 목적으로 한다. 즉, 특허제도는 신기술을 공개한 사람에게 기술을 공개한 보상으로 일정기간 동안 일정조건 아래에서 특허권이라는 독점권을 부여하고 제3자에 대해 그 공개된 발명을 이용할 수 있는 기회를 부여하여 기술의 발전을 촉진시키는 제도이다.

(2) 특허권의 성립 요건

산업상 이용할 수 있는 발명으로서 신규성과 진보성을 갖추고 타인보다 먼저 특허권을 신청한 자에게 특허권을 부여한다.

(3) 특허권으로 보호받기 위한 절차

우리 나라는 심사주의를 채택하기 때문에 아무리 발명을 하였다 하여도 심사를 거치지 않고는 보호를 받을 수 없다. 심사라는 행정행위를 거쳐 특허권의 요건을 갖춘 발명에 대하여 특허권을 부여한 다. 특허권을 신청하는 특허 출원, 공개, 심사, 등록, 등록 공고, 이의신청하는 절차를 밟는다. 특허권은 공고일 또는 설정등록을 한 날부터 발생하고 특허권의 존속기간은 출원일부터 20 년간이다.

(4) 보호장치

특허권 또는 전용 실시권을 침해하는 자는 5 년 이하의 징역 또는 5천만 원 이하의 벌금에 처하는 형사상의 구제를 받고, 특허권 침해금지청구권 및 손해배상금을 청구할 수 있는 민사상의 권리가 생긴다.

2) 실용신안제도

실용신안제도는 특허제도와 별 차이가 없다. 다만 발명에 대응하여 고안이라는 용어를 사용하고 고안은 발명의 정의에서 고도한 것을 제외한 것, 즉 '자연법칙을 이용한 기술적 사상의 창작'이라고 규정하여 개념상으로는 발명에서와 같이 고도성을 요구하지 않기 때문에 기술의 정도가 낮은 것으로 파악할 수 있다. 그러나 고도성이라는 개념이 정량화가 곤란하므로 사실상 발명과 고안을 구분하기는 곤란하므로 특허

제도와 실용신안제도는 같은 제도로 파악하는 것이 이해하기 쉬울 것이다.

특허제도와 실용신안제도의 차이점은 기술적 고도성 이외에 권리기간이 출원일부터 10년간으로 짧고, 제반 수수료와 권리 등록료가 싼 점 등이다.

3) 디자인 제도

(1) 제도의 취지

디자인제도는 디자인을 보호하고 그 이용을 도모하여 디자인의 창작을 장려하여 산업 발전에 이바지하는 것을 목적으로 한다. 디자인의 보호와 이용이라는 수단을 통해 공익과 사익을 조화시켜 궁극적으로 산업발전에 이바지하는 것이다. 디자인제도는 산업혁명을 거쳐 공업기술이 발전함에 따라 공업생산품의 디자인이 시장에서 고객의 시선을 끌고 구매의욕을 자극하여 결국 제품의 디자인이 경쟁력에 관계되기 때문에 많은 노력을 기울여 디자인을 개발하게 되고 이를 다른 사람이 모방하여 제품을 낼 경우 디자인 개발 의욕을 상실할 우려가 있으므로 이를 방지하기 위한 제도이다. 예술과 기술의 중간단계에 해당하는 부분이 디자인이라고 할 수 있으며 기술성이 극대화되면 발명이나 고안이 되고, 예술성이 극대화되면 예술작품이 된다.

(2) 디자인 권의 성립 요건

디자인 권은 공업상 이용할 수 있는 디자인으로서 신규성이 있고, 창작이 용이하지 않은 것으로 먼저 출원한 자에게 디자인 권을 부여한다.

(3) 디자인 권으로 보호받기 위한 절차

우리 나라는 심사주의를 채택하기 때문에 아무리 디자인을 고안하였다 하여도 심사를 거치지 않고는 보호를 받을 수 없다. 심사라는 행정행위를 거쳐 디자인권의 요건을 갖춘 디자인에 대하여 디자인권을 부여한다. 디자인권을 신청하는 디자인등록 출원, 심사, 등록, 공고하는 절차를 밟는다. 디자인권은 설정 등록을 한 날부터 발생하고 디자인권의 존속기간은 설정 등록일로부터 15년간이다.

(4) 보호 장치

디자인권 또는 전용실시권을 침해하는 자는 5년 이하의 징역 또는 5천만 원 이하의 벌금에 처하는 형사상의 구제를 받고 디자인권 침해금지 청구권 및 손해배상금을 청구할 수 있는 민사상의 권리가 생긴다.

4) 상표제도

(1) 제도의 취지

상표를 보호하여 상표 사용자의 업무상의 신용 유지를 도모하여 산업발전에 이바지하고 수요자의 이익을 보호함을 목적으로 한다. 상표란 상품을 생산·가공·증명 또는 판매하는 것을 업으로 영위하는 자가 자기의 업무에 관련된 상품을 타인의 상품과 식별되도록 하기 위하여 사용하는 표장으로 ① 기호·문자·도형·입체적 형상 또는 이들을 결합한 것, ② 위의 각각에 색채를 결합한 것을 말한다.

(2) 상표권의 등록 요건

상표는 식별력이 있어야 한다. 따라서 보통명칭, 관용상표, 성질표시 상표, 현저한 지리적 명칭, 흔한 성 또는 명칭, 간단하고 흔히 있는 표장, 기타 식별력이 없는 상표는 등록 받을 수 없다. 상표는 발명과 달리 창조한 것이 아니고 사용자가 선택(adoption)한 것으로 먼저 선택하여 출원한 자가 등록 받을 수 있다. 특허청에서는 외국의 유명 상표를 모방하여 출원하여 외국의 상표권자를 압박하는 상표 브로커가 많아 통상무역 마찰이 심해지므로 심사기준을 엄격히 적용하여 거절하고 있다.

(3) 상표를 보호받기 위한 절차

상표권을 신청하는 출원, 심사, 등록 사정, 등록 공고하는 절차를 밟는다. 상표권은 설정 등록을 한 날부터 발생하고 상표권의 존속기간은 등록일로부터 10년간이고, 매 10년마다 갱신 등록할 수 있으므로 영구 보유가 가능하다.

(4) 보호 장치

상표권 또는 전용 실시권을 침해하는 자는 5년 이하의 징역 또는 5천만 원 이하의 벌금에 처하는 형사상의 구제를 받고, 상표권 침해금지청구권 및 손해배상금을 청구할 수 있는 민사상의 권리가 생긴다.

5) 영업비밀 보호제도

영업비밀(trade secret)은 통상 노하우(know-how)로 알려져 있으며 법의 정의는 '공연히 알려져 있지 아니하고 독립된 경제적 가치를 가지는 것으로서, 상당한 노력에 의하여 비밀로 유지된 생산방법·판매방법 기타 영업활동에 유용한 기술상 또는 영업상의 정보'를 말한다. 영업비밀은 특허권 등 산업재산권과 달리 권리자가 자기의 책임으로 비밀을 유지한 정보를 말하므로 자기 스스로 비밀을 해지한 경우에는 보호를 받을 수 없다.

영업비밀을 침해하면 권리자는 침해행위에 대한 금지청구권, 침해에 대한 손해배상청구권, 영업비밀 보유자의 신용회복청구권의 민사상의 구제장치와 영업비밀을 침해한 자는 일정한 경우 형사상의 벌도 받을 수 있다.

6) 저작권제도

저작권제도는 저작자의 권리와 이에 인접하는 권리를 보호하고 저작물의 공정한 이용을 도모하기 위한 제도이다. 저작물이란 문학, 예술, 학술에 속하는 창작물을 말하며 이 저작물은 법의 보호를 받는다. 저작자는 복제권을 가지며 건설 관련 부분은 건축물, 건축 모형, 설계도를 포함하는 건축 저작물이 이에 해당하니 건축을 위한 모형 제작, 설계도서에 따라 시공하는 것을 복제로 본다. 저작자의 생존기간과 사망 후 50년 간 보호한다. 우리 나라는 1996년 8월 저작권보호에 관한 베른협약에 가입하였으므로 다른 나라 저작권자의 권리도 소급하여 보호해 주어야 한다.

저작권에 대한 특별법으로 컴퓨터 프로그램 보호법이 제정되어 있어 프로그램에 대한 저작권을 인정하여 보호하고 있다.

7) 창업자를 위한 특허 전략

(1) 제품 출시하기 전에 권리 신청해야 한다.

대개 특허에 대한 지식이 없는 경우, 새로운 제품을 개발하여 시장에서 반응이 어떨지 몰라 먼저 출시하여 시장반응을 타진해 보고 반응이 좋으면 특허권을 확보해야지 하는 기업인이 많다. 그러나 이런 경우 대부분은 특허를 받을 수 없기 때문에 낭패를 보기 쉽다. 특허 출원 이전에 제품 출시가 되었으므로 신규성이 없어지므로 특허나 실용신안으로 등록할 수 없게 된다. 새로운 제품을 개발하여 사업을 하려는 사람은 이점을 확실하게 이해해야 한다.

또, 외국에는 있는데 우리 나라에 없는 제품을 개발하여 특허 출원하는 경우에는 새로운 기능이나 성능 향상이 없이 단순 복제의 경우라면 신규성이 없기 때문에 특허를 받을 수 없다는 점도 지적해 두고자 한다. 하지만 성능개선이나 기능을 추가하여 실용신안으로 등록할 수 있는지도 생각해 보면 좋을 것이다. 특허나 실용신안으로 보호 받을 수 없을 때는 디자인이나 상표 등을 통하여 보호 받는 방안을 고려할 수 있다.

이미 오래 전부터 시장에 나와 유통되고 있는 제품을 개량 개발하여 출시하려는 경우 과연 특허를 받을 수 있을 것인가 고민하는 경우가 많다. 특허성이 있으면 출원을 하고 없다면 포기함으로써 비용을 아끼려는 생각인데, 우선은 출원해 볼 필요가 있다.

(2) 특허는 방어 측면에서 출원할 필요도 있다.

타인이 자신의 제품을 용이하게 모방할 수 없다고 생각되더라도 특허나 실용신안을 출원해 두면 우선권을 가지므로 모방을 방지할 수 있다. 그러므로 특허를 출원해두면 권리 보호에서 유리하다.

(3) 상표와 상호는 다르다.

상표는 자기 제품의 이름이다. 상호와 상표를 혼동하는 사람이 많다. 상호는 영업을 하는 자가 영업상 사용하는 이름이다. 따라서 상호는 반드시 문자이다. 상표는 내 상품을 타인의 상품과 구별하기 위하여 사용하는 '기호, 문자, 도형 등'이다. 따라서 상표는 문자뿐만 아니라 로고, 입체물 등 다양하다.

중소기업의 경우, 상호를 상표로 사용하는 경향이 많으므로 혼동하는 경우가 있으나 분명히 서로 다르다. 자기의 상호를 상표로 사용하는 경우에는 자기 이름을 다른 사람에게 빼앗기지 않기 위하여 상표로서 등록해 둘 필요가 있다.

5-7 복습

요약

1. 매슬로우는 인간의 욕구 단계 이론에서 인간의 욕구를 (1) 생리적 욕구, (2) 안전 욕구, (3) 소속감과 애정 욕구, (4) 존경 욕구, (5) 자기 실현 욕구로 구분하였다.
2. 소비자의 욕구는 (1) 가격에 대한 욕구, (2) 기능에 대한 욕구, (3)품질에 대한 욕구,(4) 동질화의 대한 욕구,(5) 차별화의 욕구,(6)디자인, 맛, 멋에 대한 욕구,(7) 서비스에 대한 욕구 등으로 구분할 수 있다.
3. 소비자의 니즈를 중심으로 하여 사업 아이디어를 개발하는 활동으로는 (1) 사회 변동을 분석, (2) 인구추이의 분석, (3) 경제적 추이의 분석, (4)새로운 제도와 법률의 영향 조사, (5) 소비자와 접촉, (6)개발 계획 조사, (7) 기존 산업의 필요성 조사 등이 있다.
4. 사업화 할 수 있는 제품과 서비스를 발견하는 활동으로는 (1) 주위의 사업 관찰, (2)성공한 사람에게 문의, (3)해외의 동향 조사, (4)새로운 기술의 영향 연구, (5) 전시회 참관, (6) 지방에서 구할 수 있는 기능과 제품, (7)간행물의 활용 등이다.
5. 자신을 중심으로 한 사업 아이디어 탐색 활동으로는 (1) 자신이 잘 하거나 즐기는 일과 연결시켜 보기, (2) 자신이 잘 아는 제품이나 공정과 연결하기, (3) 자신이 하고 싶어 하는 일과 연결하기 (4) 주위의 인적 자원을 활용하기 등이다.
6. 프렌차이즈 가맹점 창업은 창업이 용이하고 경영 지원을 받는다는 장점이 있다. 그러나 가맹점 본부의 횡포나 속임수가 없는지에 유의해야 한다.
7. 홈 비즈니스는 저비용이고, 창업이 용이하다. 하지만 충분한 소득을 올릴 수 있을 만큼 성장시키는 데 어려움이 있다.
8. 전자 상거래 또는 e 비즈니스는 많이 활성화되어 있으나 앞으로도 많이 발전할 분야이므로 관심을 가지고 학습해야 한다.
9. 사업 아이디어 예비 선별에서 고려해야 할 요인은 (1) 원가 상승 요인, (2) 자본의 규모, (3) 정부의 규제, (4) 국가의 시책과 목표, (5) 진입 장벽, (6) 마케팅 방해 유인의 유무, (7) 타 산업 및 기업과 공존 가능성 등이다.
10. 시적 재산권을 보호하는 제도로는 특허제도, 실용신안제도, 디자인제도, 상표제도, 영업비밀보호제도, 저작권제도 등이 있다.

11. 창업자은 상품이나 서비스를 출시하기 전에 지적 재산권을 확보하도록 하여야 한다.

주요 용어

니드(Need)
우리말로는 욕구, 욕망, 필요성 등을 의미한다.

매슬로우(A. H. Maslow)
인간의 욕구를 5 단계로 나누는 이론을 주창한 미국의 심리학자.

프랜차이즈 본부(Franchisor)
사업 모델을 개발하고, 경영에 필요한 물적, 기술적, 경영 상의 자원을 제공하는 사람 또는 기업

프랜차이즈 가맹점(Franchisee)
프랜차이즈 본부 기업과 일정한 계약에 따라 창업과 경영에 필요한 지원을 받아서 운영되는 기업

지적 재산권(Intellectual Property Right)
지적 산출물에 대한 권리로서 특허권, 실용신안권, 디자인권, 상표권, 저작권을 포함한다.

복습 문제

1. 소비자의 니드를 탐색하는 데 적용할 착안점은 무엇인가?
2. 창업 아이템이 될 만한 제품과 아이디어를 찾는 착안점은 무엇인가?
3. 소비자의 욕구에는 어떤 것들이 있는가?
4. 자신을 중심으로 한 사업 아이디어를 탐색하는 데 적용할 착안점은 무엇인가?
5. 사업 아이디어를 선별하는 기법을 설명하라.

6. 특허 제도에 대해서 간단히 설명하라.
7. 실용신안 제도에 대해서 간단히 설명하라.
8. 디자인 제도에 대해서 간단히 설명하라.
9. 상표 제도에 대해서 간단히 설명하라.
10. 저작권 제도에 대해서 간단히 설명하라.

↘→↗→ 연구 및 실습 과제

1. 주위(자가, 친척, 친구의 가족, 통학 및 출근 길, 신문 등)에서 관찰되는 사업 중에서 유망하다고 생각되는 아이템을 3 가지 이상 적어라.
2. 소비자의 니드를 만족할 수 있는 새로운 사업 아이디어 2 가지를 적어라. 그리고 이들이 왜 유망하겠는가를 15 줄 이내로 적어라.
3. 전자 상거래, 홈 비즈니스 창업 아이디어를 1 가지 씩 적고 유망한 이유를 간단히 서술하라.

↘→↗→ 참고 웹사이트

www.sbdc.or.kr
www.smba.go.kr
www.sbc.or.kr
www.entrepreneur.com
www.allbusiness.com
www.mysmallbiz.com
www.business-idea.com
www.coolbusinessideas.com
www.zeromillion.com
www.google.com
www.naver.com

제 6 장
사업성 분석과 사업 계획

개 관

제 6장에서는 사업성 분석에 필요한 기초 이론과 분석 기법을 학습한다. 사업성 분석의 3 요소를 학습하고, 사업성 분석의 구조를 이해한다. 또, 사업성 분석을 실시하는 순서와 그 내용을 다룬다.

학습목표

1. 사업성 분석의 구성 요소를 안다.
2. 사업성 분석의 유용성을 이해한다.
3. 사업성 분석의 기본 과제를 이해한다.
4. 사업성 분석의 구조를 이해한다.
5. 사업성 분석의 실행 절차를 이해한다.
6. 시장 분석의 내용을 이해한다.
7. 기술 분석의 내용을 이해힌다.
8. 재무 분석의 내용을 이해한다.

주요용어

사업성 분석, 시장 분석, 기술 분석, 재무 분석, 사업성 분석의 구조, 사업성 분석의 절차

> **사 례** **BBQ의 창업자 윤홍근**
>
> BBQ의 창업자 윤홍근 회장은 1955년 전라남도 순천에서 출생하였으며 조선대학교 무역학과를 졸업하였다.
>
> 윤회장은 1995년에 (주)제너시스를 창업하여 우리 나라 프랜차이즈 산업의 도약의 계기를 만들었다. 1995년 5월에 1호점을 연 치킨 전문점 BBQ는 99년 10월에 업계 최초로 1,000호를 돌파하였다. 제너시스는 2003년 말 현재 BBQ 1,550개, 참숯 닭불구이 전문점 '닭익는 마을' 120개, 우동 돈가스 전문전 'U9'(유나인) 15개점을 운영하는 국내 최대 프랜차이즈 기업으로 성장하였다. BBQ는 4년 동안 휴일을 제외하고 하루에 한 개꼴로 가맹점이 개설된 것이다.
>
> 1994년 미원 마니커 영업부장으로 닭고기와 인연을 맺었다. 틈만 나면 닭고기의 장점을 설파하는 제너시스 윤홍근 회장은 '닭고기의 전도사'로 불린다. 닭고기의 시장전망은 밝다고 한다. 한국인의 1인당 닭고기 소비량은 10.3Kg으로 일본의 14Kg, 미국의 41Kg에 비하여 적은 편이다. 닭고기의 국내 소비는 해마다 늘고 있다.
>
> 윤홍근 회장이 1995년에 치킨 프랜차이즈 분야에 처음 뛰어 들었을 때 많은 사람들이 국내 시장은 이미 포화되었다고 생각하고 있었다. KFC와 같은 외국계 업체와 국내의 치킨 프랜차이즈도 수십 개에 달하고 있었다. 하지만 윤회장은 치킨 시장은 오히려 '공백시장'이라고 보고 틈새를 찾았다. 기존의 일반 치킨점은 대부분 치킨을 안주로 취급하는 경향이 있었고 KFC나 파파이스는 치킨 전문점이라기보다는 패스트푸드점이라고 판단했다. 이와 같은 그의 틈새 전략은 적중하였다.
>
> BBQ는 '세상에서 가장 믿을 수 있는 품질(Best Believable Quality)'를 뜻한다. 이러한 사업 모토에 따라 세상에서 가장 맛있는 치킨을 만드는 데 심혈을 기울였다. BBQ는 수백 개의 주사바늘을 이용해 닭고기 속살까지 양념이 배도록 하는 인젝션 공업을 개발해 다른 치킨 브랜드와 차별화를 시도하였다. 재료도 냉동육을 사용하지 않고 신선육을 사용하여 원가는 높지만 맛에서 차이가 나도록 하였다. 마케팅 전략에도 신경을 써서 개점 행사 때 고적대와 도우미를 초청하였고 개점 1주일 동안은 본사 직원이 상주하며 지도를 한다.
>
> IMF 외환 위기는 윤회장에게 사업을 확장할 수 있는 기회를 열어 주었다. 대부분의 기업이 긴축경영을 할 때 그는 반대로 광고를 늘리고 판촉을 강화하였다. 물론 원가는 절감하도록 하였다. 때마침 IMF 외환 위기로 쏟아져 나오는 실업자들에게 BBQ는 해볼 만한 창업 아이템으로 먹혀들었다. BBQ가맹점은 98년에 200개가

늘었고 99년에는 1,000호점이 탄생하였다. 세계 최대의 프랜차이즈 브랜드인 맥도날드가 10년에 걸쳐 이룬 성과를 4년 반만에 해낸 것이다.

윤회장은 2000년에 경기도 광주에 'BBQ 치킨 대학'을 열었다. 그는 프랜차이즈 사업은 교육 사업이라고 생각하여 가맹자들과 직원들을 교육시키기 위하여 개설한 것이다. 윤회장은 BBQ의 해외 진출에 필요한 인재를 이 곳에서 양성할 계획이다. 2002년 7월에 중국시장에 진출하였다. 2010년까지 중국 시장에 BBQ 가맹점을 1만개 개점하는 것이 목표다.

윤회장은 2003년 3월 상공의 날에 우리 나라 프랜차이즈 업계 최초로 동탑산업훈장을 받았다. 윤회장을 "고객과 직원을 대접하는 기업을 만들어 가겠다"는 것이 경영 철학의 큰 줄기다.

한 단계 더 생각하기

✓ 윤홍근 회장은 그의 창업 사업에 대한 사업성 분석을 어떻게 실시하였을까?
✓ 윤홍근 회장은 그의 프랜차이즈 BBQ의 가맹점에 대한 사업성 분석을 어떻게 실시할까?
✓ 윤홍근 회장은 그의 사업을 위해 사업 계획서를 스스로 작성하였을까?

6-1 사업성 분석의 개념과 필요성

6-1.1 사업성 분석의 개념

아무 사업이나 창업하여 열심히 경영한다고 해서 모두 성공하지 못한다는 것은 주지의 사실이다. 제2장 기업의 성패에서 살펴본 바와 같이 창업기업의 실패율은 결코 낮지 않다. 그러므로 사업은 시작하기 전에 반드시 성공 가능성을 미리 검토해 봐야 한다. 이와 같이 사업의 성공 가능성을 분석하는 활동을 사업성 분석이라고 한다.

사업성 분석이란 경제성 분석(economic analysis)이라는 말과 거의 같은 표현이다. 사업성 분석이란 고려하고 있는 사업 아이디어를 실현하는 기업을 설립하면 경제성이 있겠는가를 분석하는 활동이라고 정의할 수 있다.

사업성 분석의 세부적인 분석활동은 다음과 같은 3 요소로 구성되어 있다.

(1) 시장 분석(market analysis) : 고려하는 제품과 서비스의 시장 수요, 진입 가능성 등 시장성을 분석한다.
(2) 기술 분석(technical analysis) : 제품의 생산과 관련된 요소를 조사하고 필요한 원자재, 설비 등을 조사하고 원가를 추정한다.
(3) 재무 분석(financial analysis) : 시장 분석과 기술 분석의 결과를 바탕으로 하여 사업에 소요자금을 추정하고 수익성을 평가한다.

사업성 분석과 유사한 표현으로 타당성 분석 또는 타당성 조사(이에 해당하는 영어 표현은 feasibility study 또는 feasibility analysis) 등이 있다. 사업성 분석과 경제성 분석이라는 표현은 프로젝트의 상업적 수익성을 조사하는 경우를 지칭하는 데 주로 사용된다. 따라서 창업 프로젝트의 수익성 분석은 창업 프로젝트의 사업성 분석 또는 경제성 분석이라고 할 수 있다.

한편, 타당성 분석은 저들 두 표현과는 달리, 프로젝트의 상업적 수익성뿐만 아니라, 공익성에 대한 분석까지를 포함하는 경우에 쓰인다. 예를 들면, 고속철도 건설의 타당성 조사에서는 상업적 손익뿐만 아니라 공익적인 측면의 득실까지도 고려해야 하는데, 이와 같은 경우에 고속철도 건설 프로젝트의 사업성 분석이라고 지칭하기보다는 고속철도 건설 프로젝트의 타당성 조사 또는 타당성 분석이라고 하는 것이 보통이다. 그러나 타당성 분석은 사업성 분석에 대신하여 사용되기도 하여, 예를 들면, 창업 사업의 타당성 분석과 같은 표현들이 사용되기도 한다.

　모든 사업은 시행하기 전에 어떤 형태로든지 사업 수행의 결과로 발생될 손해와 이익의 가능성에 대하여 분석해야 한다. 이와 같은 분석의 방법과 형태는 일정하지 아니하다. 어떤 경우에는 분석자의 경험에 의거한 주관적인 판단의 형태를 취할 수도 있으며, 다른 경우에는 전문가가 주도하여 분석을 실시하기도 한다.

　사실, 창업 기업의 실패는 창업자뿐만 아니라 주위의 사람들에게도 물질적 정신적으로 많은 고통을 초래하게 되는 경우가 많으므로, 사업을 시행하기 전에 사업의 성패 가능성에 대하여 체계적이고 면밀한 사업성 분석을 해 보는 것은 필수적이다. 사업성 분석의 결과가 사업의 성패를 확실히 예측할 수는 없다. 그러나 가능한 한 가장 과학적인 사업성 분석을 통하여 고려하는 사업의 성공 가능성과 성공에 필요한 보완점을 검토하려는 노력은 필수적이다.

6-1.2 사업성 분석의 유용성

　사업성 분석의 유용성은 다음과 같이 요약할 수 있다.
　(1) 사업의 형성 요소를 파악
　　　체계적인 사업성 분석은 고려하는 사업의 형성 요소를 정확하게 파악하게 하는 데 도움을 준다. 하나의 기업을 설립하기 위해서는 수백 내지는 수천 가지의 물적 요소와 활동이 필요하다. 체계적인 사업성 분석은 이들 요소들을 파악하는 과정을 포함하므로 사업성 분석은 이들 필요 요소와 활동을 파악하게 한다.
　(2) 사업 계획에 도움
　　　창업 과정을 살펴보면 사업 아이디어에 대하여 먼저 사업성 분석을 실시하고, 그 결과가 긍정적이라고 판단되면 사업 계획을 수립하게 된다. 사업성 분석을 통하여 가장 유리한 조건을 탐색하게 되므로 사업성 분석은 설립되는 사업이 어떠한 조건 하에서 가장 유리하게 운영될 수 있겠는가를 파악하는 데 도움을 준다. 이러한 정보는 사업 계획 수립에 도움을 준다.

(3) 경영 능력을 향상

체계적인 사업성 분석에 참여하게 되면, 창업자는 기업의 경영 능력을 향상시킬 수 있다. 사업성 분석 과정을 통하여 기업의 경영상의 여러 문제점을 사전에 검토하고 이해하게 되어 경영상의 오류를 예방할 수 있어 경영 능력을 향상시킬 수 있다.

6-2 사업성 분석의 기본 과제

사업성 분석은 사업의 종류와 필요성에 따라 조사하는 내용과 형식이 다를 수 있다. 그러나 사업성 분석에서 조사하려는 내용은 기본적으로 다음과 같이 4가지로 요약할 수 있다.

1) 얼마나 팔리겠는가?

모든 기업은 그것이 생산하는 생산품이 팔림으로써 사업이 시작되는 것이다. 그러므로 사업성 분석의 시발점은 생산품이 얼마나 팔리겠는가에 대한 추정이다. 판매를 추정하기 위해서는 시장 및 마케팅과 관련된 여러 가지 조사를 수행해야 한다.

2) 기술적으로 타당한가?

사업성 분석에서는 의도하는 생산품의 생산이 기술적으로 실현 가능한지를 조사하여야 한다. 대부분의 사업에서 기술적 실현 가능성은 심각한 문제가 되지 않는다. 그러나 발명, 첨단 기술 사업 등에서는 기술적 타당성이 중대한 문제가 될 수 있다. 예를 들면, 이론적으로는 생산이 가능하지만, 대량 생산체계를 갖추는 데는 너무 많은 시간 또는 자금이 소요되는 경우는 사업으로는 적합하지 못한 경우이다.

3) 소요자금은 얼마인가?

창업 및 경영에서 가장 큰 어려움 중의 하나는 자금 부족이다. 성공할 것으로 보이는 사업이 자금 부족으로 인하여 중도에 도산하고 마는 경우가 많다. 자금 부족을 예방하는 데 가장 중요한 정보는 소요자금에 대한 추정치이다. 소요자금의 과소 추정은 자금 부족을 초래하게 될 것이며, 과다 추정은 사업성을 실제보다 낮게 평가하게 하는 원인이 된다. 투자자들에게 있어서 소요자금의 크기는 투자 의사 결정에 영향을 미치는 중요한 변수이다.

4) 수익성은 어떠한가?

사업성 분석의 최종적인 결과물 중의 하나는 수익성에 대한 평가이다. 그래서 사업성 평가와 수익성 평가는 동의어로 사용되기도 한다. 사업성 분석의 최종적인 결과는 고려하고 있는 프로젝트에 투자를 할 것인가 말 것인가를 결정하는 일이다. 그래서 사업성 분석에서는 대안이 되는 프로젝트들과 비교하여 수익성이 어떠한지를 추정하고 비교해야 한다.

6-3 사업성 분석의 구조와 환경 : 제조업을 중심으로

여기에서는 사업성 분석의 구체적인 활동 내용에 포함되는 시장 분석, 기술 분석, 재무 분석의 내용과 이들 간의 관계를 설명하고자 한다. 이들 분석 활동들 간의 관계를 그림으로 표현하면, 그림 6.1과 같다. 그림 6.1에 나타난 요소들을 설명하면 다음과 같다.

1) 시장 분석

시장 분석에서 얻으려고 하는 핵심 정보는 매출액 추정치이다. 또, 매출액과 함께 반드시 추정해야 하는 것은 판매비용이다. 매출액은 현금흐름으로 볼 때, 수입(收入), 즉 기업으로 들어오는 돈을 나타낸다. 그래서 그림 6.1에서 매출액 추정 앞에 (+)W를 붙였다. 한편, 판매비는 현금의 지출을 의미하므로 그림 6.1에서 그 앞에 (-)W를 붙였다. 매출액을 추정하는 과정에서 판매 계획을 수립해야 하며, 판매 계획 수립과 함께 판매비를 추정해야 한다.

2) 기술 분석

기술 분석에서는 얻고자 하는 정보는 시장 분석에서 목표로 설정한 매출 수량을 만족시키기 위한 생산 활동의 기술적 실현 가능성과 제품 원가의 추정치이다. 제품의 원가는 현금흐름의 측면에서 보면 기업으로부터 외부로 지출되는 성격을 가지고 있으므로 그림 6.1에서 제조 원가 추정 앞에 (-)W를 붙였다. 기술 분석에서 기술적 타당성과 제조 원가를 추정하기 위해서는 생산품의 생산과 관련된 공정, 설비, 원자재, 인력 등에 대하여 조사해야 한다.

3) 재무 분석과 일반관리계획

재무 분석을 실시하기 위해서는 일반관리계획을 수립하고 일반관리비용을 추정해야 한다. 일반관리비용은 현금흐름으로 볼 때, 현금이 기업의 내부에서 외부로 유출되는 성격을 가지고 있으므로 그림 6.1에서 (-)W를 일반관리비용 앞에 붙여 표시하였다. 재무 분석에서는 사업에 필요한 자금의 규모와 사업의 수익성을 추정하고 미래의 영업상태 등을 추정해야 한다. 이와 같은 활동은 주로 추정재무제표의 작성을 중심으로 이루어진다. 이같은 추정재무제표(pro forma financial statements)를 작성하기 위해서는 기업의 재무 상태에 영향을 미치는, 지급이자와 같은 영업 외의 수입과 지출에 대하여도 추정하여야 한다.

이와 같은 사업성 분석의 정확도는, 미래의 불확실성 요인들 때문에, 예측하기 어렵다. 그림 6.1에서 사업성 분석의 개별적인 분석 활동들은 불확실성 요인에 의하여 포위되어 있는 형국을 나타내고 있는데, 이것은 사업성 분석의 개별적인 분석 활동의 정확도는 사업이 실제로 실행될 미래의 불확실성 요인에 의하여 영향을 받는다는 점을 보이기 위한 것이다.

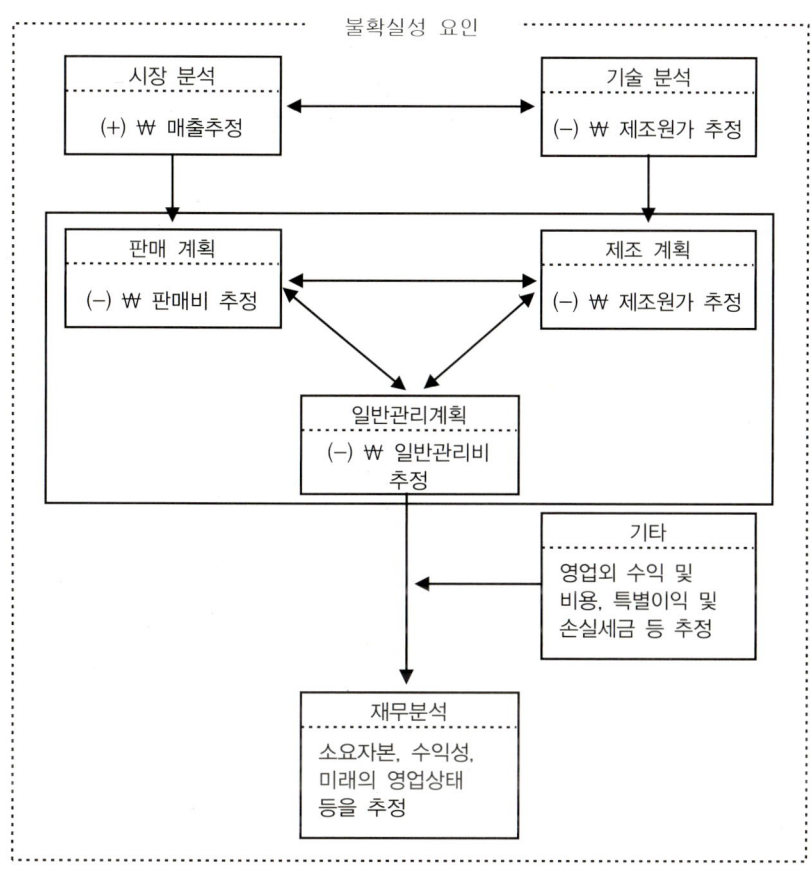

자료출처: 박춘엽(1991), 중소기업 창업과 사업성 분석

그림 6.1 사업성 분석의 구조와 환경(제조업의 경우)

6-4 사업성 분석의 절차

앞 절에서는 사업성 분석이 어떤 요소들로 구성되는가를 설명하였다. 여기에서는 사업성 분석이 진행되는 과정에 대하여 설명하고자 한다. 사업성 분석의 절차는 아이디어의 탐색과 선별, 시장 분석, 기술 분석, 재무 분석으로 나눌 수 있다. 이것을 그림으로 표시하면 그림 6.2와 같다. 그림 6.2는 기본적으로 제조업을 염두에 둔 분석 절차이다. 하지만 이것은 유통업이나 서비스업에도 적용될 수 있을 것이다.

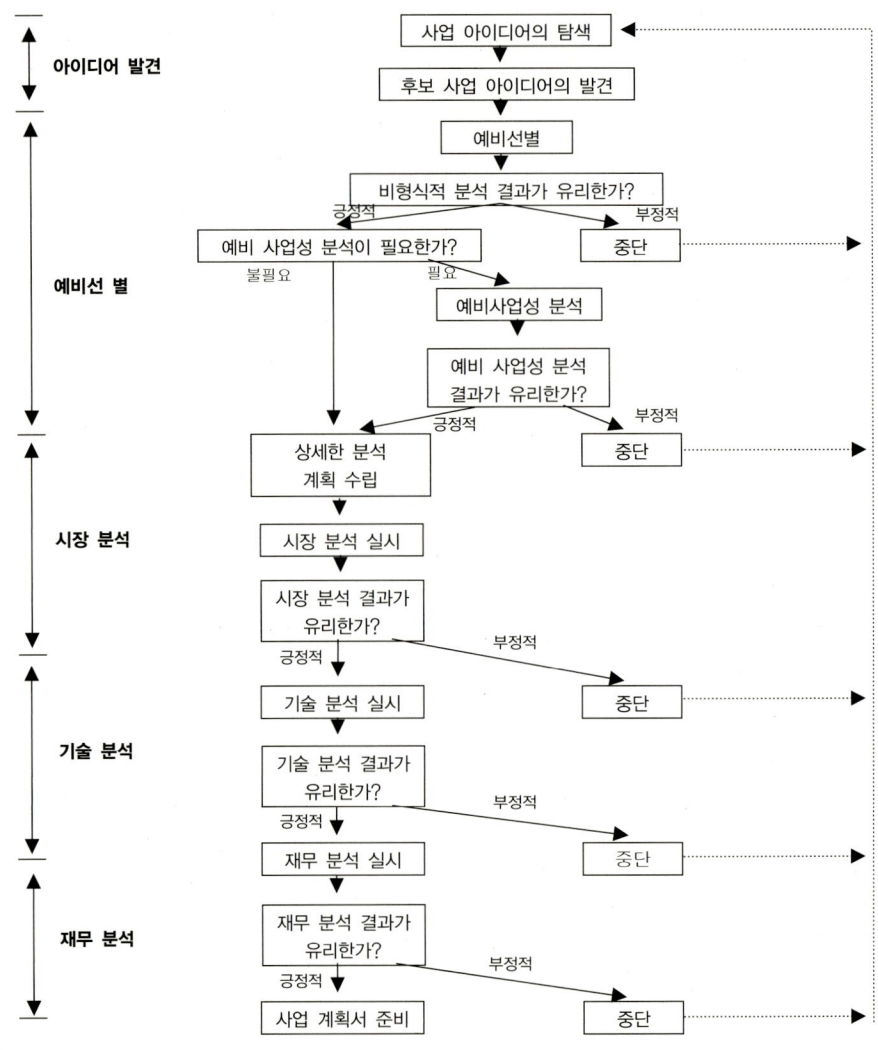

그림 6.2 사업성 분석 절차(제조업 중심)

1) 시장 분석

앞 절에서 지적한 바와 같이 시장 분석에서 얻으려고 하는 핵심 정보는 매출액과 판매비의 추정치이다. 그 외에도 사업의 시작과 운영과 관련된 시장에 관한 정보를 수집하고 분석하여야 한다. 시장 분석에 포함되어야 할 사항은 다음과 같다.

(1) 시장의 특성

시장의 지리적 위치, 수송 방법, 현재 운임, 유통 조직, 대금 결제 방법 등 일반적인 거래 관행

(2) 수요 분석

주된 소비자, 소비량, 소비 총액, 선호하는 제품의 종류 등

(3) 공급 분석

국내 및 국외의 주요 공급자, 경쟁자 및 그들의 판매 가격, 품질, 판매 전략 등

(4) 매출 추정

이상의 조사를 근거로 하여 생산품에 대한 총 수요량, 금액 및 시장점유율 등을 예측한다. 필요에 따라 생산품별, 지역별, 시기별 수요량과 금액을 추정한다.

(5) 판매비 추정

목표 매출을 달성하기 위한 인건비, 광고선전비 등 판매비를 추정한다.

2) 기술 분석

기술 분석에서는 시장 분석의 결과에 의거하여 설정한 매출수량을 만족시키기 위한 생산 활동의 기술적 실현 가능성과 제품 원가의 추정치이다. 이러한 정보를 얻기 위해 조사해야 하는 내용은 다음과 같다.

(1) 제품의 특성 : 제품의 용도, 물리적, 화학적 특성
(2) 제조공정 : 채택하고자 하는 공정, 채택 이유, 세부적인 공정흐름 분석
(3) 기계와 장비 : 구입하고자 하는 규격, 성능, 신뢰성, 제조자, 가격, 대금지불 방식, 애프터서비스, 예비 부품 조달, 인도 방식과 일정 등
(4) 원자재 : 종류, 가격, 수량, 공급자, 공급자 위치, 공급 방법, 물리화학적 특성 등
(5) 건물 : 필요한 건물의 크기 및 특성, 건축비 등
(6) 대지 및 위치 : 필요한 대지의 크기, 가격, 위치 등
(7) 동력과 용수 : 전기, 가스, 공업용수 수요량과 조달 방법, 비용 등
(8) 폐기물 : 폐기물의 종류, 수량, 처리 방식, 관련 비용, 규제 등
(9) 일정 : 건설에 필요한 기간
(10) 인력 : 직접 간접 노동력, 기술 수준, 임금 등
(11) 원가 및 설비 투자 비용 추정 : 제품의 제조원가 추정 및 설비투자액 추정

3) 재무 분석과 일반관리 계획

재무 분석을 실시하기 위해서는 먼저 판매 계획, 생산 계획 및 일반관리계획을 수립해야 한다. 재무 분석에서 수행되어야 할 조사와 분석은 다음과 같다.

(1) 총소요자금 추정 : 창업사업의 사업성 분석과 사업 계획에 있어서 총소요자금 추정은 매우 중요하다. 사업 실패의 주요 원인 중의 하나는 자금 부족인데, 자금 부족을 초래하는 원인 중의 하나가 소요자금 추정의 부정확이기 때문이다.

(2) 자금 조달 계획 : 총소요자금이 추정되면, 자금 조달 계획을 수립하여야 한다. 자금 조달 방법에 따라 지불될 이자의 크기 등이 결정되며, 이에 따라 사업의 수익성도 영향을 받게 된다.

(3) 추정재무제표 작성 : 추정재무제표를 작성해야 한다. 특히, 추정손익 계산서, 추정대차대조표 등은 보통 3-5년의 미래에 대하여 작성한다. 추정재무제표를 작성하기 위해서는 추정 제조원가, 판매비 추정치, 일반 관리비 추정치, 지급이자 추정치 등이 필요하다.

(4) 수익성지표 계산 : 사업의 내부수익률(internal rate of return), 프로젝트의 현가 등 사업의 전체적인 수익성을 나타내는 지표를 구하여 사업의 수익성을 평가하여야 한다. 이와 같은 수익성을 계산하기 위해서는 관심 대상이 되는 기간에 대한 현금 흐름표를 작성하여야 한다.

(5) 미래의 경영상태 지표 계산 : 미래의 경영 상태를 나타내는 지표들, 예를 들면 유동성비율(유동비율, 당좌비율 등), 수익성비율(총자본이익률, 자기자본이익률 등) 등을 구하여 미래의 경영 상태를 검토하여야 한다.

(6) 민감도 분석 : 미래의 상황에 따라서 사업성 분성이 어떻게 변하겠는가를 조사하는 분석이다. 보통 낙관적 추정치, 비관적 추정치, 중간 추정치를 구해서 상황에 따른 사업 결과의 민감도를 검토한다.

4) 사업성 분석의 실행

사업성 분석을 실제로 수행하자면, 많은 자료를 수집해야 할 뿐만 아니라 자료를 확보하기 어려운 상황에 대하여 많은 가정을 해야 하는 어려움이 있다. 많은 가정을 하다 보면, 이와 같은 가정 위에 쌓아올린 결과치가 얼마나 현실에 가까운 것이 되겠는가 하는 불안감도 생긴다. 그러나 최선을 다한다는 자세로 임함으로써 불안감을 극복해야 할 것이다.

6-5 사업계획

사업 계획은 기업을 설립하기 위해서 수행해야 할 업무의 종류와 내용, 조달해야 하는 인적 및 물적 자원, 추진 일정 계획을 말한다. 사업 계획을 기록한 서류를 사업 계획서라고 한다. 사업 계획은 실제로 수행할 내용이므로 자세하고 빈틈 없이 작성되어야 한다.

6-5.1 사업 계획의 용도

(1) 사업 계획은 사업의 성공 가능성을 점검하는 자료가 된다.
  사업 계획은 후부 사업 아이디어가 사업성이 있다고 (적어도 어느 정도는) 판단될 때 작성하게 된다. 사업 계획을 작성하는 과정에서 사업의 성공 가능성을 좀더 구체적으로 점검하게 된다. 따라서 사업 계획은 사업의 성공 가능성을 점검하는 자료가 된다.

(2) 사업 계획은 관계자들과의 의사 소통 자료가 된다.
  창업을 하기 위해서는 동업자, 임직원, 투자자 등과 사업에 대하여 논의해야 한다. 이런 과정에서 사업 계획은 관계자들과 사업에 관한 논의를 효율적으로 할 수 있도록 하는 자료가 된다.

(3) 사업 계획은 초기의 업무 추진 계획이다.
  사업 추진 초기에는 사업 계획에 많은 것을 의존하게 된다. 따라서 면밀하게 작성하도록 한다.

(4) 투자자에게는 핵심적인 투자 의사 결정을 위한 기초 자료이다.
  투자자가 투자 의사 결정에서 가장 중요시 하는 자료는 사업 계획이다. 따라서 사업 계획 작성자는 진실성 있는 내용을 설득력 있게 전개해야 한다.

6-5.2 사업 계획 작성시 유의 사항

1) 사업 계획이 갖추어야 할 기본적인 요건은 다음과 같다.

  (1) 신뢰성 : 사업 계획은 믿음을 줄 수 있도록 진실되게 작성해야 한다. 자료

의 출처, 추정의 근거, 참고 자료의 명시, 믿을 만한 후견인의 포함 등이 신뢰성을 높이는 데 도움을 줄 것이다.

(2) 능력 : 사업 계획서는 창업자 및 경영진은 창업을 성공시킬 수 있는 사람들이라는 점이 나타나도록 하여야 한다. 과거의 경험, 학력, 발명, 수상 실적 등을 밝히면 도움이 될 것이다.

(3) 독창성 : 사업 계획은 제시하는 사업이 기존의 사업과 어떻게 다른가를 명확하게 설명하고 강조하여야 한다.

2) 세부적인 유의 사항

(1) 사업과 그 전망에 대하여 알기 쉬운 용어로 간단하게 설명한다. 자세한 내용은 면접 때 밝힌다.

(2) 경영진에 공석을 두지 말라. 투자자들은 '누구'에 대하여 관심을 가진다.

(3) 사업을 과도하게 다양화하지 않는다. 처음부터 다양한 사업으로 성공하기는 어렵다. 핵심 사업이 어떻게 성공할 것인가를 명확하게 설명하는 것이 중요하다.

(4) 근거가 불충분한 자료를 사용하지 않는다. 근거가 불충분한 자료는 다른 내용까지 신뢰도를 손상시킬 수 있다.

(5) 잠재적인 문제점을 밝히고 해결 대안을 제시한다. 문제점을 숨기다가 밝혀지면 신뢰가 없어진다.

(6) 사업 계획 작성시 창업자가 적극적으로 개입한다. 타인에게 통째로 위임하여 사업 계획을 작성하는 것은 위험하다.

6-5.3 사업 계획의 내용

사업 계획에 포함될 내용은 대략 다음과 같다. 업종, 사업의 규모, 사업 계획의 용도 등에 따라 일부는 생략 또는 추가할 수 있다. 편의 상 번호는 로마 숫자를 사용했다. 상황에 따라 적절히 변형하기 바란다. 다음에 소개하는 내용을 현재로서는 충분히 이해하지 못할 수도 있다. 하지만, 앞으로 학습해 나감에 따라 이해가 향상될 것이다.

표지 : 회사의 명칭, 작성 연월일, 대외 비 수준

　실행 요약문(Executive Summary) : 사업에 관한 전반적인 내용을 3 쪽 내외의 길이로 서술한다. 포함될 내용은 제품, 경영 전략, 소요 자금, 예상 수익률, 경영진 등이다. 투자자 또는 사업 계획서 심사자의 관심을 끌 수 있는 내용을 포함한다고 생각하면 좋다.

I. 사업의 개요

1-1 회사의 이념과 목표

　회사의 이념(Mission Statement) : 회사의 이념이란 통상적으로 회사가 중장기적으로 달성하고자 하는 목표를 말한다. 예를 들면, 삼성의 경우 사업 초기에는 사업보국(事業報國)(사업을 통해서 나라를 이롭게 한다는 뜻으로, 기업 경영을 통해 사회 전반적인 부와 이익을 창출한다는 이념이다)을 회사의 이념으로 정한 때가 있었다.

　비전(Vision) : 회사가 3-5 년의 범위 내에서 달성하고자 하는 목표를 적는다.

　목표(Objectives) : 회사가 단기적으로 달성하고자 하는 목표를 말한다. 예를 들면, "올해의 목표는 매출 10억 원을 달성" 같은 것이다. 통상적으로 숫자로 표시하면 효과적이라고 한다. 1-3 년 간의 목표를 포함하면 좋다.

1-2 제품(서비스)

　제품과 사업의 특성 등(시장 동향, 기술동향, 국내외 동향, 개인적 배경 등 제한 없음.) 다른 사람이 읽어보고 사업의 특성을 이해하고 투자 등에 관심을 가질 수 있도록 하는 내용을 쓴다.

1-3 사업 환경

　사업과 관련된 환경요소에 대해서 기술한다. 구체적으로는 사업과 관련된 국내외의 경제적 환경, 기술적 환경, 사회 문화적 환경, 정치적 환경으로 나누어 기술한다.

1-4 경영진

　사업에서 가장 중요한 요소는 경영진다. 이들에 대한 이름, 예상 직책, 나이, 학력, 경력, 특징 등을 기술하면 좋다. 남에게 보인 경우가 아니라면 경영진에 대한 부분을 생략할 수도 있다.

II. 시장조사와 마케팅 전략

2-1 시장 조사

　(1) 사업의 동향 : 생산자는 누구인가? 소비자는 누구인가? 생산과 소비의 트렌드 등
　(2) 경쟁관계에 있는 사업, 제품, 점포 등

(3) 유통구조 : 특히, 제조업의 경우 생산된 제품이 소비자에게 도달하는 과정을 기술한다.
(4) 소비자 행동 : 소비자의 선호도, 트렌드 등을 기술한다.
(5) 수요예측 : 수요예측을 '정확하게' 한다는 것은 어렵지만 그래도 꼭 수요 예측을 해 보면 사업에 대한 이해가 넓고 깊어 질 수 있다.

2-2 마케팅 전략

2-2.1 STP전략 : 시장의 분할(segmentation), 표적 시장 선정(targeting), 포지셔닝 (positioning, 자사 제품의 차별적 위치를 결정하기)

2-2.2 가격 전략

2-2.3 유통 전략

2-2.4 촉진 전략

광고, 홍보, 인적판매, 판매촉진 전략을 기술한다.

III. 생산 계획

3-1 제조 공정(서비스 공정), 필요기술,

3-2 설비

3-3 건물 : 소요 공간, 대지 등

3-4 인력계획

3-5 소요자금 추정

IV. 재무계획

4-1 소요자금 추정과 조달계획

4-2 추정 손익계산서(3년 분)

4-3 추정 대차대조표(3년 분)

4-4 현금 흐름 표(3년 분)(엑셀을 이용하면 쉽게 할 수 있음.)

4-5 수익성에 대한 종합 판단

V. 위험분석

사업초기, 중기에 나타날 수 있는 문제점도 포함, 위험과 대응 방안

VI. 사업 추진 일정계획

VII. 부록

6-6 복습

요약

1. 사업성 분석의 3 요소는 (1) 시장 분석 (2) 기술 분석 (3) 재무 분석이다.
2. 사업성 분석의 기본 과제는 수요 예측, 생산 가능성 조사, 소요 자금 추정, 수익성 추정이다.
3. 사업성 분석은 보통 (1) 시장 분석 (2) 기술 분석 (3) 재무 분석의 순서로 실시한다.
4. 사업 계획의 주요 내용은 (1) 제품 및 서비스 소개 (2) 마케팅 계획 (3) 생산 계획 (4) 재무계획 (5) 추진 일정 등이다.
5. 사업 계획에는 실패에 대한 대응 방안, 실패 방지 방안 등이 포함되어야 한다.

주요 용어

사업성 분석(Feasibility Analysis)
고려하는 사업이 이익 실현이라는 목표를 달성할 수 있겠는가를 조사하는 활동.

시장 분석(Market Analysis)
제품과 서비스에 대한 수요를 추정하고 마케팅 전략을 수립하기 위하여 시장에 대한 조사를 실시하여 시장의 특성을 파악하는 분석 활동. 시장 분석의 사료를 기반으로 하여 마케팅 계획을 수립한다.

기술 분석(Technical Analysis)
제품을 생산하는 데 필요한 기술의 가용성, 원재료, 인력, 공간, 기계 등을 조사하고 원가를 추정하는 활동.

재무 분석(Financial Analysis)
계획 사업에 대한 추정재무제표를 작성하여 사업의 경제성을 평가하는 활동.

사업성 분석의 구조

사업성 분석의 요소와 관계를 보이는 틀. 사업성 분성의 주요 구성 요소는 시장 분석, 기술 분석, 재무 분석이다.

사업성 분석의 절차

사업성 분석을 실시하는 순서. 예비 사업성 분석, 시장 분석, 기술 분석, 재무 분석 등의 순서로 실시한다.

복습 문제

1. 사업성 분석의 구성 요소 3가지는 무엇인가?
2. 사업성 분석의 유용성을 말하라.
3. 사업성 분석의 기본 과제를 말하라.
4. 사업성 분석의 구조를 설명하라.
5. 사업성 분석의 실행 절차를 설명하라.
6. 시장 분석의 내용을 설명하라.
7. 기술 분석의 내용을 설명하라.
8. 재무 분석의 내용을 설명하라.
9. 사업 계획의 주요 내용을 설명하라.

연구 및 실습 과제

1. 제 5장에서 개발한 사업 아이디어 중에서 하나를 선택하거나 또는 그것이 만족스럽지 못하면 새로운 사업 아이디어를 개발하여 제6장에서 학습한 사업성 분석의 절차에 따라 사업성 분석을 실시하고자 한다. 아직은 사업성 분석의 세부적인 전문적인 내용을 학습하지 않았으므로 시장 분석, 기술 분석, 재무 분석(개략적인 소요 자금 추정)을 실시하라. 길이는 A4 용지 2쪽 이내로 하라.
2. 연구 과제 1에서 다루지 않은 다른 사업 아이디어에 대해서도 A4 용지 1쪽 길이의 사업성 분석을 실시하라.

3. 연구 과제 1 및 2에서 실시한 약식 사업성 분석의 내용을 발표하고 토론하라.

↘→↗→ 참고 웹사이트

www.sbdc.or.kr
www.smba.go.kr
www.sbc.or.kr
www.entrepreneur.com
www.allbusiness.com
www.mysmallbiz.com
www.business-idea.com
www.coolbusinessideas.com
www.zeromillion.com

PART 3

시장 조사와 입지 분석

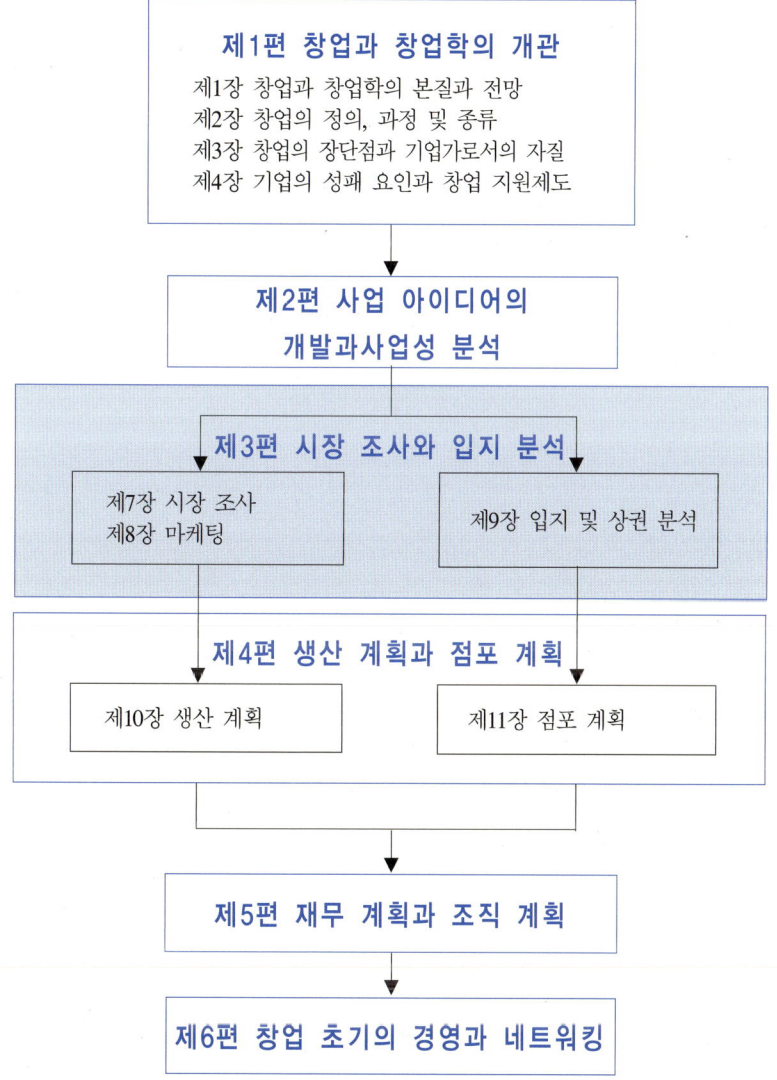

제 7 장

시장 조사

개관

제 7장에서는 창업을 위한 시장 조사 기법에 대하여 학습한다. 시장 조사를 이해하기 위해서 필요한 기초적인 개념으로 시장 세분화, 표적 시장, 포지셔닝 등을 설명한다. 시장 조사의 본격적인 내용에서는 시장 조사의 조사 대상, 시장 조사의 순서, 자료수집방법, 자료정보원 등에 대하여 공부한다. SWOT 분석도 설명한다.

학습목표

1. 시장 세분화를 이해한다.
2. 표적 시장을 이해한다.
3. 포지셔닝을 이해한다.
4. 시장 조사의 순서를 안다.
5. 시장 조사에서 조사할 문제를 설정할 수 있다.
6. 상황 분석을 이해한다.
7. 정식 시장 조사의 순서를 안다.
8. 2차 자료와 1차 자료를 수집하는 방법을 안다.
9. 정보의 소재지를 안다.
10. SWOT 분석을 수행할 수 있다.

주요용어

시장 세분화, 표적시장, 포지셔닝, 시장 조사 순서, 상황분석, 정식 시장 조사, 2차 자료, 1차 자료, 정보의 원천, SWOT 분석

사 례   CNN 창업자 테드 터너

　CNN(Cable News Network)의 창업자 테드 터너(Ted Turner)는 미국의 경제인 중에서 가장 많이 인구에 회자하는 인물 중의 하나일 것이다. 새로운 사업을 향한 그의 그칠 줄 모르는 욕망과 추진력으로 인해 그의 주변에서는 논쟁과 구설수 또한 끊이지 않고 있다.

　테드 터너가 1970년 조그만 지방 방송국을 매입한 후, 1980년 케이블 방송업체인 CNN을 설립했을 때까지도 사람들의 관심을 끌지 못했다. 아무도 시간의 가치를 높게 평가하지 않았던 것이다. 미국 조지아주 허름한 스튜디오에서 200명의 직원으로 지역방송을 내보낼 때도 CNN은 조그만 케이블 방송국에 불과했다.

　방송업계에서도 "누가 24시간 뉴스를 보겠느냐"고 코웃음을 쳤다. 물론 시장을 주도하던 CBS나 ABC, NBC도 CNN을 경쟁상대로 여기지 않았다. 오히려 당시 CNN에 관심을 기울인 사람은 쿠바의 피델 카스트로 의장이었다고 한다. 카스트로는 테드 터너에게 직접 전화를 걸어 면담을 요청하고, "전 세계가 CNN 뉴스를 공유해야 한다"고 제안했다. 그것이 바로 1985년 외국 시청자를 위해 CNN 인터내셔널을 설립하게 된 동기라고 한다.

　지난 1975년 30년대 중반의 젊은 사업가 테드 터너는 세계 방송계에 혁명을 일으키는 모험을 감행했다. 오늘의 CNN은 위성을 통해 전 세계에서 매일 24시간 뉴스를 방송하는 세계적 TV 네트워크로 성장했다. '제 시간'에 뉴스를 실어 보내는 거대한 기업으로 등장했다.

　CNN은 맥도널드 햄버거, 월트 디즈니와 함께 미국의 3대 상징으로 성장했다. 뉴스를 시간 속에 상품화해 성공한 것이다. 누가 시간의 가치를 그렇게 평가할 수 있었을까. CNN이 성공하자, 경쟁자도 많아졌다. 거들떠도 보지 않던 '24시간 뉴스' 방송이 세계적으로 치열한 경쟁을 벌이고 있다.

　CNN도 처음부터 순조롭게 출발한 것은 아니었다. 어려움이 여러 차례 있었다. 하지만 테드 터너는 조금도 굴하지 않고 투자를 계속했다. 이렇게 버티는 과정에서 1980년대 말에서 1990년 초 세계를 뒤흔든 중국 천안문사태, 걸프전, 소련의 해체 등 대형사건이 잇따라 터지고 이를 신속히 보도한 CNN은 마침내 독보적인 입지를 굳히게 되었던 것이다.

　처음에 CNN은 기존의 방송사들 특히 뉴욕, 워싱턴에 있는 중심 매체와 경쟁하기가 힘들었다. CNN의 주 수입원은 광고 판촉과 시청료 징수(각 시청자당 $0.15)의 두 가지 방법에 의존했다. 위성을 통한 24시간 즉각적인 방송이 "1980년 6월 라스베가스의 MGM 화재사건과 Helen산맥의 화산 폭발" 등을 보도하는 것이 계기가 되어 시청률이 상승하기 시작한 것이었다.

또, CNN은 뉴스뿐만 아니라 재정, 의학, 과학의 정보에 대해서도 초점을 맞추었다. CNN은 타 방송사와 달리 워싱턴이나 뉴욕 대신에 애틀란타에 중앙방송국을 두었다.

1981년 12월 31일 두 개의 주요 방송사인 Westinghouse와 ABC가 위성방송사인 SNC와 함께 CNN과 가격 경쟁을 벌여 없애려고 하였다. 이를 계기로 터너는 두 방송사와 맞붙게 되었다. 터너는 CNN과 똑같은 분량을 방송하는 CNN II를 조직할 생각을 하고 있었다. 1982년 6월 21일 SNC가 위성을 쏘아 올렸을 때 싸움은 본격적으로 시작되었다. 터너는 위성으로 CNN II를 받기 위해서 모든 CNN의 상업적 판권을 Waner Amex에게 주어야만 했다.

1983년에 CNN II와 SNC의 전쟁이 마지막 국면으로 접어들게 되었다. ABC, Westinghouse사가 마침내 6000만 달러의 손해를 보게 되었다. 터너는 ABC와 Westinghouse에게 2500만 달러를 주고 그들의 서비스와 시청자를 포기하게 하였다. 그래서 ABC 주식은 가파르게 떨어졌고 반대로 터너 방송사 주식은 40% 급등했다. ABC와 Westinghouse는 실패하고 SNC를 처분해서 마침내 이 두 방송사와의 험난하고 거친 싸움은 끝났다.

테드 터너는 1985년에는 CBS를 인수하려다 실패했고, 1993-94년에는 NBC를 인수하려다 다시 실패했다. 그는 이들 공중파 방송을 인수해 케이블방송과 공중파를 모두 지배하는 명실공히 방송의 황제가 되려 했던 것이다. 이처럼 자신의 거대한 방송왕국을 꿈꾸던 그가 갑자기 자신의 모든 케이블 방송을 타임-워너에 합병시키고 자신은 2인자로 물러나 많은 사람들을 놀라게 했다. 이 합병과정에서 그는 무려 22억 달러를 챙기게 됐으며, 비록 2인자이지만 타임-워너의 최대 주주로 엄청난 영향력을 발휘하게 되었다.

터너의 재산은 걸프전 동안 빠르게 증가했다. 다른 방송국들이 각각의 호텔에서 생중계를 할 동안 CNN의 기자들은 이라크 외곽의 사진과 전선에서의 생중계를 할 수 있었다. 이런 뛰어난 취재 덕분에 많은 시청자를 보유할 수 있었다. 점점 더 많은 사람들이 CNN을 시청하고 있어서 CBS 보다 더 많은 이익을 얻을 수 있었다. CNN은 89국가에서 시청되고 있고 연간 8500만 달러 이상의 운영수익을 내고 있다.

테드 터너는 한때 대통령이 될 꿈을 꾸기도 했다. 그러나 나중에 그는 자신이 어느 당을 대표해야 하는지 모르겠다고 고백했을 정도로 그의 정치적 철학은 분명하지 않았다.

한 번 더 생각하기

✓ 시장 조사 시 어떤 사항들을 조사 하였는가?
✓ 어떤 방법을 사용 하였는가?
✓ CNN 방송을 청취하고 창업자 테드 터너의 창의력을 생각해 보자.

7-1 시장 조사의 기초지식

시장 조사에 필요한 기초적인 개념과 용어를 소개하고자 한다.

1) 시장 조사의 중요성

시장 조사는 구상하고 있는 창업 아이템의 시장 진입 가능성 여부를 판단하기 위한 것이다. 그러므로 그 창업을 결정하기 전에 반드시 시장 조사를 실시하여야 한다. 또, 시장 조사에서 수집한 정보는 마케팅 계획을 수립하는 데 사용한다. 시장 조사는 창업의 알파요 마케팅은 창업의 오메가라고 할 수 있다.

(1) 시장 조사는 알파(시발점) : 창업을 결심하기 전에 먼저 제품과 서비스가 시장에서 성공적으로 팔릴 수 있겠는가를 조사해야 한다. 이와 같은 조사가 시장 조사이다. 그러므로 시장 조사는 창업의 시발점이다.

(2) 마케팅은 오메가(최종적인 노력) : 마케팅은 기업이 이윤을 내면서 생산한 제품과 서비스를 최종 목표인 고객에게 전달하는 활동이므로 사업의 오메가라고 할 수 있을 것이다.

2) STP의 제1단계 : 시장 세분화

STP란, Segmentation Targeting Positioning의 약자로 4P와 같이 마케팅 전략에서 매우 중요하다. 즉, 시장 조사를 하면 가기 다른 욕구를 가진 소비자들로 구성된 서로 다른 세분시장들(S)이 들어난다. 기업은 자신들이 경쟁자 보다 탁월하게 충족시킬 수 있는 세분시장을 설정(T)한다. 그리고 각 표적 시장별로 상품을 포지셔닝(P)하여 자사 상품이 경쟁상품과 어떻게 다른가 하는 것을 알린다.

여기서 시장 세분화(market segmentation)란, 시장을 작은 부분으로 나눈다는 뜻이다. 나눈다는 뜻은 지리적 나눈다는 것뿐만 아니라 고객의 특성에 따라 시장을 구분한다는 것이다. 예를 들면, 지리적 특성에 따라 수도권 시장과 비수도권 시장으로 세분화 할 수도 있다. 또, 시장은 연령대에 따라 청소년 시장과 성인 시장으로 나눌 수도 있다. 이와 같이 시장의 특성 변수, 예를 들면 소득, 성별, 직업 등에 따라 세분화하는 것을 시장 세분화라고 한다. 시장을 세분화하는 이유는 시장을 특성별로 나누어 소비자들에게 효율적으로 마케팅하기 위한 것으로 취급하는 제품과 서비스에 대한 잠재적인 고객의 밀도가 높은 그룹을 발견하여 적은 비용으로 효과를 최대화하기 위한 것이다. 시장 세분화에 적용되는 요인을 소개하면 다음과 같다.

(1) 고객 특성과 관련된 시장 세분화 요인
① 라이프 스타일
② 사회적 계층
③ 성별
④ 나이
⑤ 소득
⑥ 사업 기구
⑦ 기업의 규모
⑧ 연간 매출액

(2) 지리적 세분화 요인
① 국제 시장
② 전국 시장
③ 지역 시장
④ 거주 지역 시장

(3) 시장 세분화 제품 요인
① 제품의 사용처
② 혜택의 종류
③ 가격 민감도
④ 주경쟁자
⑤ 제품의 용도
⑥ 브랜드 충성도

3) STP의 제2단계 : 표적 시장 선정

표적 시장(target market)이란 세분화된 작은 시장 중에서 기업의 목표에 가장 적합한 특성을 가진 시장으로서 기업에게 수익을 보장해 주고, 기업의 노력으로 판매 증가가 가능할 것으로 판단되는 공략의 대상으로 삼는 시장을 말한다. 상이한 세분 시장들을 평가하기 위해서 기업은 두 가지 요인, 즉 세분된 시장의 전반적인 매력성과 기업의 목표 및 역량을 살펴보아야 할 것이다.

예를 들면, 멕시코 음식을 제공하는 식당을 개설하기 위해 시장 조사를 실시하고 시장을 세분화한 결과로 얻어지는 여러 세분화 시장 중에서 '30대 직장인들로서 미국을 여행한 경험이 있는 남성'들을 표적시장으로 설정할 수 있다.

표 7.1 시장 세분화와 표적 시장의 예

	20대	30대	40대	50대 이상
주부				
직장 여성		표적 시장		

4) STP의 제3단계 : 포지셔닝

포지셔닝(positioning)이란 표적화한 시장고객의 필요와 욕구에 맞추어 상품의 특징을 개발하고, 시장에서 자사 상품이 일정한 위치를 차지하도록 소비자들의 마음속 또는 기억 속에 상품과 서비스를 인식시키는 과정이다. 즉, 표적 시장에 자리를 차지할 수 있도록 그 기업의 상품과 이미지를 설계하는 것이다. 제품 포지셔닝에서는 다음과 같은 특성을 중심으로 포지셔닝을 할 수 있다.

① 속성에 의한 포지셔닝
② 이미지 포지셔닝
③ 사용 목적에 의한 포지셔닝
④ 제품 사용자에 의한 포지셔닝
⑤ 경쟁 제품에 의한 포지셔닝
⑥ 가격에 의한 포지셔닝

예를 들면, 앞에서 언급한 멕시코 음식점이 "가격이 비싸지 않지만 이국적 분위기가 나는 곳"이라는 특성으로 소비자의 기억 속에 기억될 수 있다면 이것이 바로 포지셔닝이 되는 것이다.

5) 창업자에 있어서 시장 조사의 어려움

시장 조사의 기법은 고도로 전문화되어 있다. 대학원에서 한 학기를 배워도 다 배우지 못할 정도로 그 내용이 많고 복잡하다. 하지만 아무리 좋은 시장 조사 방법이 있다고 하여도 시간과 비용이 한정되어 있는 창업자에게는 모든 방법을 다 적용할 수는 없다. 또, 고도의 시장 조사 기법을 적용한다 하여도 창업자가 알고자 하는 모든 정보를 얻기는 어렵다는 점을 이해하여야 한다.

6) 틈새 시장

틈새 시장(niche market)은 세분화된 시장 조각 사이의 틈새에서 서비스가 제대로 되지 않고 있는 시장을 말한다. 창업자는 기존의 시장에서 기존의 기업과 정면의 승부를 걸기보다는 틈새 시장을 공략하겠다는 자세로 시장 조사를 하여야 한다. 틈새 시장은 규모가 작다거나 수익성이 작기 때문에 무시하기 쉬운 그런 시장인 경우가 많다. 탐색 방법을 살펴보고자 한다.

(1) 틈새 시장의 발굴시 착안점
　① 타깃을 정확하게 정한다. 너무 광범위하게 하면 실패하기 쉽다.
　② 주변사람들과 접촉하면서 연구한다.
　③ 남들이 싫어하는 3D 분야에서 일을 찾는다.
　④ 영감은 갑자기 떠오르기 때문에 생각나면 무엇이든지 적어 놓는다.
　⑤ 기존 제품의 범주 안에서 틈새 시장을 찾는다.
　⑥ 보유하고 있는 본인의 기술을 이용한다.
　⑦ 유행을 따라가지 말라-이러한 시장은 곧 사라지고 만다.

(2) 틈새 시장의 공략 방법
　① 특정 목표를 겨냥하라
　　　어느 연령층이나, 어느 지역에서나, 어느 계절에나 사용 가능한 상품, 즉, 평균적인 상품은 리스크가 적고 무난하다고 생각하기 쉽다. 그러나 요즘과 같이 대중시장이 무너지고 있는 시대에 이러한 평준화된 시장은 실패하기 쉽다. 지금은 예전처럼 물건이나 서비스가 부족한 경우가 거의 없다. 그렇기 때문에 특정 목표를 겨냥하여 절대적 고객수를 늘려갈 필요가 있다.

② 고객을 찾아가 그 고객의 이야기에 귀를 기울인다.
③ 자료를 수집하여 새로운 정보를 축적하여 활용한다.

7) 시장 조사의 용도

(1) 유망 아이템의 탐색 : 어떤 사업이 또는 어떤 아이템이 성공할 수 있겠는가를 조사 평가한다.
(2) 사업의 성공 가능성 조사 : 의도하는 사업이 성공할 수 있겠는가를 조사 평가한다.
(3) 효과적인 마케팅 방법의 탐색 : 의도하는 사업이 성공할 수 있는 방법이 무엇인가를 탐색한다.
(4) 표적 시장의 설정 : 세분화하여 집중적으로 마케팅 활동을 전개할 표적 시장을 설정한다.

7-2 시장 조사의 순서

시장 조사가 진행되는 순서는 (1) 문제의 파악, (2) 상황 분석, (3) 비공식 시장 조사, (4) 정식 시장 조사, (5) 결론 도출의 단계로 구분할 수 있다. 이를 그림으로 표현하면 그림 7.1과 같다. 이들 각 단계에 대하여 간단히 설명하면 다음과 같다.

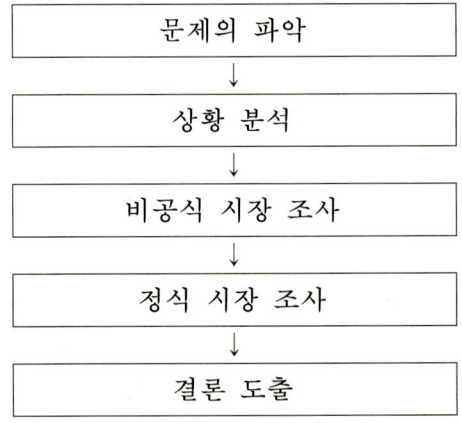

그림 7.1 시장 조사의 단계

1) 문제의 파악

시장 조사를 위해서는 먼저 조사하려는 문제를 파악해야 한다. 시장 조사에서 조사해야 할 문제는 보통 다음과 같은 것들이 포함된다.

(1) 제품 : 내가 판매하려고 하는 것은 정확하게 무엇인가? (판매하고자 하는 제품과 서비스는 본질적으로 어떤 특성을 가진 것인가?).

(2) 구매 이유 : 나의 제품이나 서비스가 잘 팔리게 될 이유는 무엇인가?

(3) 제품의 필요성 : 취급하려는 제품이나 서비스는 사람들이 필요로 하는 것인가? 소비자들에게는 어떤 이익이 돌아가는가?

(4) 차별성 : 만약 제품이나 서비스가 사람들이 원하는 것이라면 그들이 왜 다른 곳에서 사지 않겠는가? (편리성 때문에? 시간과 돈 때문에? 집안 장식을 위하여? 품질? 희귀성?)

(5) 고객 : 나의 진짜 고객은 누구인가? (남성, 여성, 젊은 사람, 중년, 노년, 직장인, 주부, 부유층, 중산층, 저소득층, 기술자, 사무원?)

(6) 지역 : 나의 고객들이 사는 곳은 어디인가? (서울, 지방, 강남, 강북, 아파트, 개인 주택?)

(7) 고객 연결 : 나의 고객들과 연결하는 방법은 무엇인가? 전문으로 보는 정기 간행물은? 그들이 속한 조직은? 그들의 전화번호 또는 주소록은? 이들과 접할 수 있는 기존의 조직과 방법은 무엇인가?

(8) 경쟁 제품 : 취급하려는 것과 동일한 제품과 서비스가 다른 곳에도 있는가? 어느 상점에 또는 어느 전자상거래에서 취급하고 있는가?

(9) 경쟁 제품 가격 : 취급하려는 것과 동일한 제품과 서비스가 다른 곳에 있다면 가격은 얼마인가? 도매가격은? 소매가격은? 가격 경쟁력은 있는가?

(10) 시장 규모 : 취급하려는 제품이나 서비스에 대한 수요는 어느 정도인가? 왜 수요가 강한가? 또는 왜 약한가? 경기를 타는가? 수요의 증가 또는 감소 가능성은 어느 정도인가?

(11) 성장성 : 시장은 급속히 또는 서서히 성장할 것인가? 나의 제품이나 서비스가 다른 제품이나 현상과 관련하여 급속히 성장, 감소할 가능성은 없는가?

(12) 경쟁력 요인 : 시장 진입에 영향을 주는 요인은 가격인가? 품질인가? 신속성인가? 그렇다면 나의 경쟁력은 어느 정도인가?

(13) 경쟁 범위 : 어떤 경쟁을 해야 하는가? 지역내 경쟁? 전국적 경쟁?

(14) 차별성 : 나의 제품이나 서비스는 새로운가? 차별화되는가? 성능이 우수한 가? 수명이 긴가? 품질이 월등한가?

(15) 광고 홍보 : 나의 경쟁자가 홍보하고 광고하는 방법은 무엇인가? 나의 경쟁자들이 하지 않는 방법 중에 내가 할 수 있는 것은 무엇인가?

(16) 틈새 시장 : 경쟁자가 간과하고 있는 시장은 어디인가? 그 시장을 내가 공략할 수 있는가?

(17) 대체품 : 경쟁이 없다면 그 이유는 무엇인가? 다른 방법으로 수요가 만족되고 있는 것은 아닌가?

2) 상황 분석

상황 조사의 목적은 조사 대상과 관련된 여러 가지 기초적인 정보를 수집하고 분석하여 좀더 심도 있게 조사해야 할 중요한 문제가 있는가, 있다면 무엇인가를 살펴보는 조사이다. 만약 상황 분석의 결과, 좀더 심도 있게 조사해야 할 문제가 있다고 판단되면 어떻게 조사해야 할 것인가를 탐색해야 한다. 상황 분석만으로도 제기한 문제점에 대해서 해답을 얻을 수 있다면 시장 조사는 여기에서 끝난다. 상황 분석의 결과는 다음과 같은 결론이 있을 수 있다. 상황 분석에서 조사해야 할 내용은 다음과 같은 것들이다.

(1) 일반적 조사 사항

① 경기 변동

② 정부의 정책

③ 국제 관계

④ 경제 구조

(2) 특별한 조사 사항

⑤ 제품 관련 사항

⑥ 업계의 동향

⑦ 경쟁

⑧ 시장

⑨ 유통

⑩ 판매 조직

⑪ 광고와 판촉

⑫ 기술 동향

(3) 상황 분석 사례 : 예를 들어, 외국의 건강 식품을 수입하여 판매하려고 한다. 이 때 상황 분석을 통하여 시장 조사의 목적에서 제기한 문제들에 대하여 조사하였다. 매우 조직적인 방법을 동원하지 않고 수소문해서 조사한 결과에 의하면 비슷하지만 성능이 조금 떨어진 제품이 판매되고 있는 것을 발견하였다. 또한, 가격이 매우 높아 폭리를 취하고 있는 것을 발견하였다. 진입을 고려하고 있는 사업자는 삼촌이 외국 현지에서 그보다 더 좋은 건강 식품을 취급하고 있다는 것도 알게 되었다. 이 조사 결과 신규 사업자는 더 이상의 시장 조사를 하지 않아도 이 건강 식품 시장에 진입할 수 있다는 것을 알게 되었다. 결과적으로 이 시장 조사는 상황 분석만으로도 만족스러운 결과를 얻었다. 만약, 좀더 심도 있는 조사가 필요하다면 다음 단계의 조사가 수행되어야 할 것이다.

상황 분석에서 사용하는 조사 방법으로는 다음과 같은 것들이 있다.

① 사이버 공간에서 구할 수 있는 자료

② 전문가의 조언

③ 발간된 통계 자료

④ 단행본, 신문, 논문

3) 비공식 시장 조사

시장 조사 활동 중에 비공식 시장 조사(informal analysis)라는 것이 있다. 이는 약식 조사를 말하는데 통계적 방법 등 전문적인 기법을 이용하여 수행하는 정식 시장 조사(formal market analysis)에 비하여 간략한 방법을 이용한 조사를 말한다. 비공식적 시장 조사를 수행하는 절차는 다음과 같다.

(1) 필요한 자료를 파악한다. 예를 들면,
　① 지역내 주민들의 소득, 연령 분포, 교육 정도 등을 파악한다.
　② 여가 활동의 종류, 비용, 시간 등을 파악한다.
(2) 정보 수집 계획을 수립한다. 예를 들면,
　① 간단한 설문 조사 : 조사 내용, 대상, 규모, 시기, 방법, 비용 등을 조사한다.
　② 2차 자료 수집 : 조사 내용, 대상, 규모, 시기, 방법, 비용 등을 조사한다.
(3) 정보 제공자 파악
　필요한 정보를 제공할 수 있는 사람이 누구인가를 파악한다. 예를 들면,
　① 지역내 주민, 학생, 주부, 회사원인가
　② 전문가인가
　③ 기구 : 도서관, 기업, 서적, 사이버 공간인가를 파악한다.

4) 정식 시장 조사 실시

정식 시장 조사란, 설정된 시장 조사의 목적을 달성하기 위하여 체계적인 방법으로 실시하는 시장 조사를 말한다. 정식 시장 조사가 실시되는 과정은 (1) 시장 조사의 목표 설정, (2) 2차 자료의 수집과 분석, (3) 1차 자료의 수집과 분석, (4) 결론 도출 및 보고서 작성으로 구분할 수 있다. 이 순서를 그림으로 표현하면 그림 7.2와 같다. 정식 시장 조사에 대해서는 다음 절에서 좀더 자세히 설명하고자 한다.

5) 결론의 도출

자료를 수집하여 분석한 후에는 결론을 도출시켜 시장 조사 보고서를 작성한다. 결론의 도출에 포함되어야 할 내용은 다음과 같다.
　(1) 시장 세분화
　(2) 표적 시장의 설정
　(3) 시장 포지셔닝
　(4) 광고 및 홍보 방법
　(5) 고객과 접촉 방법

7-3 정식 시장 조사

정식 시장 조사 절차는 그림 7.2와 같이 표현할 수 있다. 이를 위하여 좀더 체계적으로 설명하고자 한다.

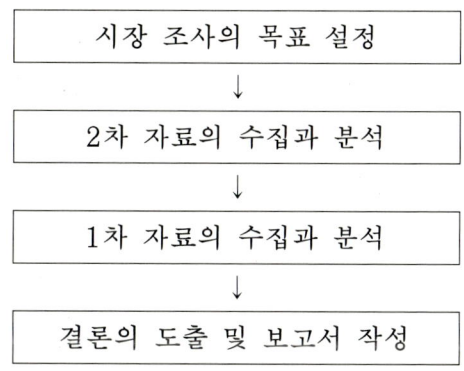

그림 7.2 정식 시장 조사의 절차

1) 시장 조사의 목표 설정

정식 시장 조사에서의 목표로 하는 것들은 시장 조사의 문제로 제시되었던 것들과 같다고 할 수 있다. 다음과 같은 것들이 포함된다.

(1) 제품 : 내가 판매하려고 하는 것은 정확하게 무엇인가?

(2) 구매 이유 : 나의 제품이나 서비스가 잘 팔리게 될 이유는 무엇인가?

(3) 제품의 필요성 : 취급하려는 제품이나 서비스는 사람들이 필요로 하는 것인가? 소비자들에게는 어떤 이익이 돌아가는가?

(4) 차별성 : 만약 제품이나 서비스가 사람들이 원하는 것이라면 그들이 왜 다른 곳에서 사지 않겠는가? (편리성 때문에? 시간과 돈 때문에? 집안 장식을 위하여? 품질? 희귀성?)

(5) 고객 : 나의 진짜 고객은 누구인가? (남성, 여성, 젊은 사람, 중년, 노년, 직장인, 주부, 부유층, 중산층, 저소득층, 기술자, 사무원?)

(6) 지역 : 나의 고객들이 사는 곳은 어디인가? (서울, 지방, 강남, 강북, 아파트, 개인 주택?)

(7) 고객 연결 : 나의 고객들과 연결하는 방법은 무엇인가? 전문으로 보는 정기 간행물은? 그들이 속한 조직은? 그들의 전화번호 또는 주소록은? 이들과 접할 수 있는 기존의 조직과 방법은 무엇인가?

(8) 경쟁 제품 : 취급하려는 것과 동일한 제품과 서비스가 다른 곳에도 있는가? 어느 상점에 또는 어느 전자상거래에서 취급하고 있는가?

(9) 경쟁 제품 가격 : 취급하려는 것과 동일한 제품과 서비스가 다른 곳에 있다면 가격은 얼마인가? 도매가격은? 소매가격은? 가격 경쟁력은 있는가?

(10) 시장 규모 : 취급하려는 제품이나 서비스에 대한 수요는 어느 정도인가? 왜 수요가 강한가? 또는 왜 약한가? 경기를 타는가? 수요의 증가 또는 감소 가능성은 어느 정도인가?

(11) 성장성 : 시장은 급속히 또는 서서히 성장할 것인가? 나의 제품이나 서비스가 다른 제품이나 현상과 관련하여 급속히 성장, 감소할 가능성은 없는가?

(12) 경쟁력 요인 : 시장 진입에 영향을 주는 요인은 가격인가? 품질인가? 신속성인가? 그렇다면 나의 경쟁력은 어느 정도인가?

(13) 경쟁 범위 : 어떤 경쟁을 해야 하는가? 지역내 경쟁? 전국적 경쟁?

(14) 차별성 : 나의 제품이나 서비스는 새로운가? 차별화되는가? 성능이 우수한가? 수명이 긴가? 품질이 월등한가?

(15) 광고 홍보 : 나의 경쟁자가 홍보하고 광고하는 방법은 무엇인가? 나의 경쟁자들이 하지 않는 방법 중에 내가 할 수 있는 것은 무엇인가?

(16) 틈새 시장 : 경쟁자가 간과하고 있는 시장은 어디인가? 그 시장을 내가 공략할 수 있는가?

(17) 대체품 : 경쟁이 없다면 그 이유는 무엇인가? 다른 방법으로 수요가 만족되고 있는 것은 아닌가?

2) 2차 자료와 1차 자료의 수집과 분석

(1) 2차 자료(secondary data) : 2차 자료란 특정한 목적을 위하여 이미 수집 정리된 자료를 말한다. 예를 들면, 각종 통계 자료집에 나타난 자료, 정부의 간행물 또는 연구 논문에 발표된 자료, 협회 등 전문 기관에서 발표하는 자료 등이다. 2차 자료는 이미 다른 목적으로 정리된 자료이기는 하지만, 이

미 수집된 자료이므로 비교적 저렴한 비용으로 구하여 사용할 수 있다는 장점이 있다. 그러므로 1차 자료를 수집 분석하기 전에 2차 자료로 필요로 하는 정보를 얻을 수 있는지를 먼저 타진해 보는 것이 순서이다.
(2) 1차 자료(primary data) : 1차 자료란 시장 조사자가 자신의 목표를 위하여 수집하는 자료를 지칭한다. 예를 들면, 설문 조사, 실험 등을 통하여 얻게 되는 자료이다. 1차 자료는 달성하고자 하는 목적에 적합도가 높겠지만, 수집하는 데 시간이 많이 걸리고, 상대적으로 많은 비용이 들고, 분석에 많은 노력이 든다.

4) 결론의 도출 및 보고서 작성

자료를 분석하고 결론을 도출한 후 보고서 작성을 한다. 객관적이고 간결하게 작성해야 하며, 그 보고서의 기본적인 요소는 다음과 같다.
(1) 표제 : 제목, 일자, 조사자 또는 기관명 등을 기록한다.
(2) 목차 : 목차만 봐도 내용이 추측 가능하도록 알기 쉽게 기록한다.
(3) 요약 : 요약만을 읽어도 보고서 내용을 알 수 있도록 내용을 간결하고 알기 쉽게 한두 페이지로 정리한다.
(4) 본문 : 이것은 보고서의 중심 내용으로, 먼저 보고서 내용을 이해하는 데 필요한 조사 목적 등 조사 배경을 명백히 설명한다(서론). 그리고 조사가 어떠한 식으로 이루어졌는가를 알 수 있도록 조사의 기술적인 배경을 충분히 설명하고(방법), 연구 결과를 기술한 후에 조사에 있어서의 한계점을 적는다. 어떠한 연구라도 미비한 점은 있기 마련이므로 조사의 취약점, 한계점을 솔직하게 명시하는 것이 중요하다.
(5) 결론 : 조사한 결과 얻은 것을 간결하게 적는다.
(6) 부록 : 반드시 필요한 것은 아니나, 참고가 되는 자료를 수록하게 되는데, 법적인 것이나 통계 자료들과 같이 전문적인 것들을 기록하게 된다.

7-4 시장 정보의 원천

1) 인터넷

   (1) 검색 엔진을 이용한 검색
   (2) 분야별 포털 사이트
   (3) 관련 기관들의 사이트

2) 간행물

   (1) 신문(일간지, 경제 신문, 주간지, 전문기관 신문)
   (2) 산업별 정기간행물
   (3) 카탈로그
   (4) 협회의 뉴스레터

3) 정부간행물

   (1) 중앙정부 부처별 자료
   (2) 통계청 자료
   (3) 지방자치단체 간행물
   (4) 정부 출연 연구기관 등의 간행물

4) 고객

   (1) 고객의 불만
   (2) 만족도
   (3) 새로운 욕구

5) 기존의 경쟁사

   (1) 매출액 및 수량
   (2) 가격
   (3) 품질

(4) 배달
(5) 애프터서비스 등
(6) 경쟁사의 홍보, 광고, 제품 설명서, 영업 방침 등을 소개하는 자료
(7) 경쟁사의 제품과 서비스를 직접 구매하거나 사용하여 비교
(8) 경쟁사의 직원 채용을 고려한다. 이러한 직원 채용 방식이 법률에 저촉되지는 않는지에 대하여 검토한 후에 행동해야 할 것이다.

6) 자료의 소재지

(1) 인터넷 : 검색 엔진을 이용하면, 국내외의 많은 자료들을 효율적으로 구할 수 있다.
(2) 공공 자료원 : 정부기관, 공공도서관 등이다. 공공 자료원은 적은 비용으로 얻을 수 있는 자료이다. 그러면서도 가장 풍부하면서도 질적으로 우수한 자료를 제공한다. 정부 부처, 지방자치단체, 국회, 각종 공공도서관, 통계청, 중소기업청, 소상공인 지원센터, 소비자보호원 등이다.
(3) 상업적 자료원 : 상업적 자료원이란 영리적 기구들이다. 예를 들면, 업종별 협회, 은행, 연구소 같은 것들이다. 이러한 자료는 접근이 제한되어 있고, 요금을 지불해야 하는 경우도 있다. 때로는 대외비로 분류되어 있어서 원하는 자료가 있지만 구할 수 없는 경우도 있다.
(4) 교육 기관 : 대학의 도서관 등은 2차 자료를 얻을 수 있는 중요한 자료원이다.
(5) 사이버 공간 : 사이버 공간은 2차 자료를 얻을 수 있는 공적 사적 자료원으로 저렴하고 신속하게 자료를 얻을 수 있는 매우 중요한 수단이다. 또한, 인터넷을 통한 설문 조사는 1차 자료를 얻을 수 있는 중요한 방법 중의 하나이다.

7-5 1차 자료의 수집 방법

1) 인터넷을 이용하는 조사

인터넷을 이용하면 신속하고 저렴한 조사를 할 수 있다. 하지만 모집단을 설정하기 위해서는 전문가의 도움을 받는 것이 좋다.

2) 전화 조사

전화 조사는 시장에 관한 자료를 가장 신속하게 수집할 수 있는 방법이며, 비용면에서 보면 면접 방법과 우편 조사 방법의 중간에 해당한다. 전화 조사의 또 다른 이점은 다른 방법으로는 접촉할 수 없는 응답자와 접촉할 수 있다는 점이다. 소비자 연구에 있어서 판매 기준이 전화의 소유를 기준으로 하는 경우가 아니면 전화 조사 방법으로 인하여 초래되는 시장 조사 결과의 편의(bias, 한 쪽으로 기울어짐)는 심각한 문제가 될 수 있다. 한편, 고객이 기업일 때는 기업이 대부분 전화를 가지고 있으므로 큰 문제가 되지 않는다. 앞에서 열거한 면접에 관련된 여러 가지 기법들은 전화 조사의 경우에도 적용할 수 있다. 전화 조사는 면접이나 우편 조사와 병행하여 사용하는 수가 많다.

최근에는 휴대 전화를 이용한 조사가 널리 활용되고 있다. 조사 시간도 단축되고, 비용도 저렴할 수 있다. 그러나 모집단 전화 번호를 구하기 위해서는 전문 회사의 도움을 받을 수 있다.

3) 면접

여러 가지 면접 기법이 있는데 여기서는 제품의 시장을 발견하고 그 크기를 측정하는 데 쓰이는 기법만 간단히 소개한다. 면접에는 표준화 면접, 준표준화 면접 및 비표준화 면접 등 세 가지 유형이 있다.

   (1) 표준화 면접 : 이 방법은 미리 준비된 질문지에 따라 내용과 순서를 지키면서 진행되는 면접이며, 이 때 면접자는 추가 설명이나 촌평(comment)을 해서는 안 된다. 따라서 표준화 면접을 할 때에는 특정한 정보를 파악할 수 있으며, 또 그 결과를 비교할 수 있다. 그러나 융통성의 결여로 유용한 정보의 손실이 발생할 수 있다. 표준화 면접은 비용이 비교적 적게 드는데, 응답자의 수준이 일정치 않은 경우에 적합하다.

   (2) 준표준화 면접 : 이것은 타당성 분석시 시장 분석을 하는 경우에 가장 적합한 방법이다. 면접자가 질문을 미리 작성하기는 하지만 질문의 순서와 시기는 면접자가 적당히 조절한다. 또한, 미흡한 응답에 대해서는 추가 질문을 할 수도 있다.

(3) 비표준화 면접 : 하나의 주제에 대해 면접자와 피면접자가 광범위한 대담을 하는 면접 방법이다. 이와 같은 방법은 타당성 분석의 초기 단계에서 시장에 대한 감을 잡는 데 유용하다. 어느 형태의 면접을 하든지 간에 유의할 점은 간단할 것, 요점을 충분히 다루도록 잘 기획할 것, 적절한 응답자를 선택할 것 등이다.

면접 방법의 장점은 자료를 수집하는 데 융통성이 있으며, 면접 시간의 조절이 가능하고, 응답률이 높으며, 내용이 복잡한 경우에는 시각적 보조 자료를 활용할 수 있다는 점이다. 단점으로는 응답자와 접촉하고, 여행하고, 면접하는 데 시간과 비용이 많이 소요된다는 점이다. 또, 면접 기술 습득을 위한 훈련, 면접자의 관리, 면접 일정 작성 등이 문제점이 된다.

4) 우편 조사

특정한 제한된 응답이 필요한 경우에는 우편 설문이 가장 효과적이다. 우편 조사의 장점은 비용이 적게 들고 편리하다는 점이다. 다른 장점으로는 넓은 지역을 조사할 수 있고, 응답자가 필요한 자료를 수집할 수 있는 시간이 충분히 있으며, 면접보다 빠른 시간에 자료 수집을 할 수 있다는 점이다.

7-6 SWOT 분석과 SWOT 매트릭스

7-6.1 SWOT 분석

SWOT 분석이란 기업의 외적 요인과 내부 조건을 분석하고 기업에 가장 적절한 전략을 도출하는 데 사용되는 기법이다. 먼저, 기업의 내부적인 강점(Strengths, S)과 약점(Weakness, W)을 파악하고, 외적 요인으로 인한 기회(Opportunities, O)와 위협(Threats, T)을 파악한다.

소점포 창업 SWOT 분석의 예

강점(S)	약점(W)
기회(O)	위협(T)

그림 7.3 SWOT 분석의 틀

예를 들면, 소자본 창업에 관한 SWOT 분석을 위한 요인은 다음과 같다.
 (1) 소자본 창업자의 강점 분석(Strengths)
  ① 소규모 업체로서 환경 변화에 적응력 강함
  ② 소자본이므로 위험이 적다
  ③ 개인의 노력을 사업에 반영(서비스, 상품 구색 등)
  ④ 업종 제한이 적다
 (2) 소자본 창업자의 약점 분석(Weakness)
  ① 브랜드력 취약
  ② 차별화의 한계
  ③ 자금 동원 능력 미약
  ④ 규모의 경제 취약
  ⑤ 이익의 한계
  ⑥ 사업경험 부족
 (3) 소자본 창업 환경의 기회 요인(Opportunities)
  ① 소비자 욕구의 다양성
  ② 인터넷의 발달
  ③ 정부의 소상공인 지원 : 저리 융자, 창업 상담
  ④ 지자체의 지원

(4) 소자본 창업 환경의 위협 요인(Threats)
   ① 경쟁의 격화
   ② 경기 하락
   ③ 임금 상승
   ④ 임차료 상승
   ⑤ 소비심리 위축
   ⑥ 업종 전반 매출 부진

이상과 같은 소자본 창업에 대한 SWOT 분석 결과를 정리하면 표 7.2과 같다.

표 7.2 SWOT 분석

강점(S)	약점(W)
① 소규모 업체로서 환경 변화에 적응력 강함 ② 소자본이므로 위험이 적다 ③ 개인의 노력을 사업에 반영(서비스, 상품 구색 등) ④ 업종 제한이 적다	① 브랜드력 취약 ② 차별화의 한계 ③ 자금 동원 능력 미약 ④ 규모의 경제 취약 ⑤ 이익이 한계 ⑥ 사업경험 부족
기회(O)	위협(T)
① 소비자 욕구의 다양성 ② 인터넷의 발달 ③ 정부의 소상공인 지원 : 저리 융자, 창업 상담 ④ 지자체의 지원	① 경쟁의 격화 ② 경기 하락 ③ 임금 상승 ④ 임차료 상승 ⑤ 소비심리 위축 ⑥ 업종 전반 매출 부진

7-6.2 SWOT 매트릭스를 이용한 전략 개발

1) SWOT 매트릭스

표 7.3 소자본 창업의 SWOT 매트릭스

내부 요인 외부요인	강점 요인 (S) 1. 소규모 업체로서 환경 변화에 적응력 강함 2. 소자본이므로 위험이 적다 3. 개인의 노력을 사업에 반영 (서비스, 상품 구색 등) 4. 업종 제한이 적다	약점 요인 (W) 1. 브랜드력 취약 2. 차별화의 한계 3. 자금 동원 능력 미약 4. 규모의 경제 취약 5. 이익의 한계 6. 사업경험 부족
기회 요인 (O) 1. 소비자 욕구의 다양성 2. 인터넷의 발달 3. 정부의 소상공인 지원 　-저리 융자 　-창업 상담 4. 지자체의 지원	S-O 전략	W-O 전략
위협 요인 (T) 1. 경쟁의 격화 2. 경기 하락 3. 임금 상승 4. 임차료 상승 5. 소비심리 위축 6. 업종전반 매출부진	S-T전략	W-T 전략

자료 출처 : 박영숙(2003).

2) SWOT 분석에 의한 성공 전략

표 7.3에 보인 SWOT 매트릭스 결과를 이용하여 성공 전략을 도출하면 다음과 같다.

　(1) 강점을 이용한 기회 활용(S-O전략)
　　① 서비스로 소비자 욕구의 다양한 욕구 만족
　　② 인터넷을 이용하여 인터넷 쇼핑 몰 창업
　　③ 정부의 소상공인 자금을 이용하는 창업

④ 소상공인 지원센터의 무료 창업 상담을 이용
⑤ 지자체의 소상공인 지원을 활용
(2) 약점을 보완하여 기회를 살리는 전략(W-O전략)
① 정부 지원정책 등 외부기관의 도움을 적극 활용
② 브랜드력이 있는 대형 업체와의 경쟁 회피
③ 정부의 지원 자금 활용
④ 종업원을 줄인다.
⑤ 창업 및 경영 지원 상담 서비스 적극 활용
(3) 강점을 가지고 위험 회피, 위험 최소화 전략(S-T전략)
① 전문적인 경험을 살려 다양한 상품 구성
② 다양한 서비스
③ 시장 세분화로 타겟 마케팅
④ 소형으로 하여 임차료 극복
⑤ 사업의 특화
(4) 위협을 피하고 약점을 최소화하는 전략(W-T전략)
① 경쟁 점에서 취급하지 않는 틈새전략 도입
② 동업종 유경험자 및 전문 상담사 의견 반영
③ 저가 공세
④ 점포 규모 축소

SWOT 분석 결과에 의거하여 도출한 사업 성공 전략을 표로 정리하면 표 7.4와 같다.

표 7.4 소자본 창업의 SWOT 매트릭스를 이용한 성공 전략

내부 요인 외부요인	강점 요인 (S) 1. 소규모 업체로서 환경 변화에 적응력 강함 2. 소자본이므로 위험이 적다 3. 개인의 노력을 사업에 반영 (서비스, 상품 구색 등) 4. 업종 제한이 적다	약점 요인 (W) 1. 브랜드력 취약 2. 차별화의 한계 3. 자금 동원 능력 미약 4. 규모의 경제 취약 5. 이익이 한계 6. 사업경험 부족
기회 요인 (O) 1. 소비자 욕구의 다양성 2. 인터넷의 발달 3. 정부의 소상공인 지원 　-저리 융자 　-창업 상담 4. 지자체의 지원	S-O 전략 1) 서비스로 소비자 욕구의 다양한 욕구 만족 2) 인터넷을 이용하여 인터넷 쇼핑 몰 창업 3) 정부의 소상공인 자금을 이용하는 창업 4) 소상공인 지원센터의 무료창업 상담 이용 5) 지자체의 소상공인 지원을 활용	W-O 전략 1) 전문적인 경험을 살려 다양한 상품 구성 2) 다양한 서비스 3) 시장 세분화로 타겟 마케팅 4) 소형으로 하여 임차료 극복 5) 사업의 특화
위협 요인 (T) 1. 경쟁의 격화 2. 경기 하락 3. 임금 상승 4. 임차료 상승 5. 소비심리 위축 6. 업종전반 매출부진	S-T 전략 1) 정부 지원정책 등 외부기관의 도움을 적극 활용 2) 브랜드력이 있는 대형업체와의 경쟁 회피 3) 정부의 지원 자금 활용 4) 종업원을 줄인다. 5) 창업 및 경영 지원 상담 서비스 적극 활용	W-T 전략 1) 경쟁점에서 취급하지 않는 틈새전략 도입 2) 동업종 유경험자 및 전문 상담사 의견 반영 3) 저가 공세 4) 점포 규모 축소

자료출처 : 박영숙(2003).

7-7 복습

요약

1. 시장 조사는 사업성 분석에서 가장 중요한 활동이다.
2. 시장 세분화(segmentation)란 시장을 그 특성에 따라 작은 부분으로 나눈다는 뜻이다. 시장 세분화는 고객 특성에 따른 세분화, 지리적 세분화, 제품적 특성에 따른 세분화 등이 있다.
3. 시장 조사의 순서는 문제의 파악, 상황 분석, 비공식적 시장 조사, 정식 시장 조사, 결론 도출로 나눌 수 있다.
4. 시장 조사와 관련된 자료는 1차 자료와 2차 자료로 나눌 수 있다. 먼저 2차 자료를 구하여 시장 조사를 시도하고, 만족스럽지 못하면 1차 자료를 수집하여 분석한다.
5. SWOT 분석은 기업의 환경과 관련하여 기회 요인과 위협 요인을 파악하고, 기업의 내부적 요인으로 강점과 약점을 파악하는 활동이다.

주요 용어

시장 세분화(Market Analysis)
제품과 서비스에 대한 수요를 추정하고 마케팅 전략을 수립하기 위하여 시장에 대한 조사를 실시하고 분석하는 활동.

표적 시장 선정(Targeting)
세분화된 시장 중에서 공략의 표적으로 하는 세분된 시장을 선정하기.

1차 자료(Primary Data)
조사자가 모집단에 대해서 직접 수집하는 자료.

2차 자료(Secondary Data)
다른 목적으로 이미 수집된 자료.

SWOT 분석(SWOT Analysis)
기업의 환경과 관련하여 기회 요인과 위협 요인을 파악하고, 기업의 내부적 요인으로 강점과 약점을 파악하는 활동이다.

복습 문제

1. 시장 세분화란 무엇인가?
2. 표적 시장이란 무엇인가?
3. 포지셔닝이란 무엇인가?
4. 시장 조사의 순서를 설명하라.
5. 시장 조사에서 조사할 문제에는 어떤 것들이 있는가?
6. 상황 분석에 대해서 설명하라.
7. 정식 시장 조사의 순서를 설명하라.
8. 2차 자료와 1차 자료를 수집하는 방법을 설명하라.
9. 정보의 소재지를 말하고 그 특성을 설명하라.
10. 당신이 선정한 창업 아이템에 대하여 SWOT 분석을 실시하라.

연구 및 실습 과제

선택한 사업 아이디어 중에서 하나를 선택하거나 새로운 사업 아이디어를 개발하여 시장조사를 실시하라.
1. 먼저 2차 자료를 이용하여 A4 용지 2 쪽 길이로 보고서를 작성하라.
2. 1차 자료를 수집하여 시장 조사를 실시하고 보고서를 작성하라.

참고 웹사이트

www.sbdc.or.kr
www.smba.go.kr
www.sbc.or.kr
www.nso.go.kr
www.entrepreneur.com
www.allbusiness.com
www.mysmallbiz.com
www.business-idea.com
www.coolbusinessideas.com
www.zeromillion.com

제 8 장

마 케 팅

개관

제 8장에서는 마케팅 계획을 수립하는 기법을 학습한다. 먼저, 기초적인 마케팅 개념과 마케팅 유형을 학습하고 마케팅 계획에 포함되어야 하는 내용을 공부한다. 마케팅 믹스의 개별 요소 중에서 가격, 유통채널, 촉진에 대해서 다룬다. 광고에 대해서도 학습한다.

학습목표

1. 마케팅 컨셉트를 설명할 수 있다.
2. STP전략을 설명할 수 있다.
3. 촉진에 대하여 설명할 수 있다.
4. 마케팅 계획에 포함될 내용을 설명할 수 있다.
5. 마케팅의 유형을 말할 수 있다.
6. 틈새 시장에 대해서 설명할 수 있다.
7. 가격 결정 방법을 설명할 수 있다.
8. 유통채널 선정시 고려사항을 안다.
9. 창업 기업에 적합한 광고방법을 말할 수 있다.
10. DM에 대하여 설명할 수 있다.

주요용어

마케팅 컨셉트, STP전략, 촉진, 마케팅 계획, 마케팅의 유형, 틈새시장, 가격 결정, 유통채널, 광고의 종류, DM

사 례   베네통의 창업자 루시아노 베네통

루시아노 베네통(Luciano Benetton)은 1935년 이탈리아 북부 베네토주의 폰차노 마을에서 평범한 가정의 첫째 아들로 태어났다. 부모님과 누이동생 그리고 두 명의 남동생이 있는 평범한 가정의 큰 아들이었을 뿐 별다른 점은 없었다. 많은 성공한 사업가가 그렇듯이 그의 일에 대한 도전은 가난이 닥치면서 시작되었다.

그는 1949년 14세의 어린 나이에 가난을 극복하고자 중단한 학업으로 인하여 학교에서 계속 교육을 받을 수는 없었다. 학교에서는 성적이 우수하여 상급학교에 장학생으로 진학할 수 있는 기회도 있었지만 가난을 이기고자 바로 일을 하기로 하였다.

그는 가게에서 일을 하며 카운터에서 진행되는 각종의 절차, 재고 관리, 손익 계산 등 소매업의 기초를 배웠다. 그는 가게에 찾아오는 손님을 항상 연구 관찰하였으며 손님들의 취향을 파악하는 데 관심을 끊지 않았다. 그와 그의 누이 동생은 비록 학교에서의 정상적인 교육은 받지 않았으나 일을 하며 사업에 필요한 지식들은 남들보다 먼저 습득하게 되었다. 그의 동생은 계속 학교에서 교육을 받을 수 있었고 후에 동생 질베르토는 사업에 많은 조언을 해주기도 하였다.

학교에서 배운 교육이 별로 없었으므로 그는 항상 주변에 유능한 친구들을 사귀어 둠으로 그는 사업 경영에 많은 도움을 얻어 왔으며 그로 인해 유능한 인재를 많이 얻기도 하였다. 그는 자신의 교육 배경이 짧지만 항상 참신한 아이디어와 끈질긴 관찰력, 부지런함으로 성공을 할 수 있었기에 직원을 고용하는 데 있어서도 교육적 수준이 높고 학위가 있는 사람들보다는 젊고 창조적인 사람들, 인간성이 좋고 신뢰할 수 있는 사람 위주로 뽑아왔다.

그가 양복점에서 일을 하며 크게 느낀 2가지 점이 사업 동기가 되었다. 한 가지는 젊은이들이 기존의 관습적인 디자인보다는 발랄하고 편안한 옷을 더욱 선호하고 있다는 점이었다. 다른 한 가지는 옷을 사러 오는 손님들이 직접 옷을 보고 만져 보며 자신이 원하는 스타일과 가격, 색깔 등을 지닌 것을 구입하는 것이 아니라 대충 옷에 대한 설명을 주인에게 하면 주인이 그에 해당하는 몇 가지 옷을 보여 주면 그 중에서 선택한다는 점이었다. 당시는 카운터를 사이로 주인과 손님 사이가 막혀 있어 손님이 직접 옷들을 보거나 만져볼 수는 없었다.

그는 직접 젊은이들이 원하는 스타일의 옷을 만들어 팔아 보고자 생각을 하였다. 마침 젊은 세대가 캐주얼 웨어를 찾고 있음을 알고 스웨터를 선택하였다. 색채는 누구에게나 영원한 매력이라는 점에 착안하여 참신한 색깔의 쉐터를 제작하였다.

편물기계를 구입하여 그의 가족들과 스웨터를 직접 만들어 판매하여 성공을 거두기 시작했으며 아이디어를 더욱 개발하여 새로운 상품과 부족한 점 등을 계속 보완하여 오늘날의 세계적인 의류기업이 된 것이다.

유나이티드 컬러스 오브 베네통(United Colors of Benetton)의 성공 요인은 다음과 같이 설명할 수 있다.

뛰어난 관찰력 : 카운터로 막혀 있는 진열장은 방해가 된다는 것을 관찰하고 카운터를 개방하여 손님이 직접 옷을 보고 만져도 볼 수 있게 하여 자유롭게 자신이 원하는 옷을 구입할 수 있게 개선하여 성공의 계기를 만들었다. 또한 그의 색에 대한 관심 또한 젊은이들의 유행에 민감한 반응을 잘 반영하여 항상 유행에 따라주는 옷을 생산하는 데 노력을 게을리 하지 않았다는 것이다.

혁신적인 '후염색' 기술 : 스웨터를 완성한 후에 염색할 수 있으면 여러 가지 대단한 장점이 생길 수 있다는 것을 알고 그렇게 할 수 있는 방법을 개발하였다. 후염색을 할 수 있으면 납기를 단축할 수 있고 유행에 빠르게 대처하여 소비자의 희망에 재빠르게 부응할 수 있기 때문이었다.

가족과 주변인들의 도움 : 온 가족이 하나로 뭉쳐 이 사업을 처음부터 시작한 것은 현재까지도 베네통이 패밀리 비즈니스의 형태를 가지고 있는 원인이기도 하다. 또한 사업이 계속 커질수록 상점을 내준 사람들은 대부분 가까운 친척이나 친구들이었다.

독특하고 독창적인 이미지 광고 : 베네통의 광고는 독특하다. 다른 의류 브랜드의 일반적인 광고와는 크게 차이가 있다. 이는 베네통을 소비자들에게 오래 기억하게 하였다. 흑인 여인의 젖을 빠는 백인 갓난아기, 여러가지 색깔의 콘돔을 늘어놓은 사진, 흑인, 백인, 아시아인들이 한데 어우러져 있는 모습, 얼룩말 위에 올라탄 앵무새의 모습, 신부와 키스 하는 수녀의 모습 등의 광고에서 다양한 원색적인 대비를 표현함으로 색채에 대한 산뜻한 감각을 강조한다. 이런 광고는 인종 차별주의에 반대하는 모습, 민주주의, 자연 보호, 사회적 문제점 지적 등을 시각화하였다. 베네통은 제작과 판매에서 뿐만 아니라 광고에도 참신한 아이디어를 동원하여 소비자들의 관심을 불러 모으는 데 성공한 것이다.

한 번 더 생각하기

✓ 베네통의 마케팅 전략의 특징은 무엇인가?
✓ 베네통의 광고 전략은 매우 파격적으로 유명하다. 이에 대해 어떻게 생각하는가?
✓ 이탈리아에서는 가족 경영이 왜 발달하였는가?
✓ 이탈리아의 유명 브랜드의 특징은 무엇인가?

8-1 마케팅의 기초

1) 마케팅

중소기업 경영에서 마케팅(marketing)의 중요성은 인식하지만 적절히 실행하지 못하는 경우가 많다. 마케팅이란 '제품과 서비스가 생산자에게서 소비자에게 전달되는 과정에 관련된 기업 활동을 계획하고 실행하는 과정'이다. 마케팅에 포함되는 기업 활동을 구체적으로 일컬으면 소비자의 욕구(needs) 파악, 제품의 선정과 개발 및 구매, 가격 결정, 저장과 운송 등을 포함하는 유통, 광고 홍보 판매 촉진 등을 포함하는 촉진 활동, 마케팅 연구 등이다.

2) 마케팅 관리

마케팅 관리(marketing management)란 '기업의 목표를 달성하기 위하여 시장 및 기업 활동과 관련된 자료를 수집 분석하고, 이를 바탕으로 하여 제품, 가격, 유통 및 촉진 등에 관한 계획을 수립하고 그것을 실행하고 그 결과를 평가하고 통제하는 활동'이라고 할 수 있다. 이와 같은 마케팅 관리 활동에 있어서 제품, 가격, 유통 및 촉진은 마케팅 관리자가 기업의 목표를 달성하기 위하여 사용하는 마케팅 수단(marketing tools)이다. 마케팅 믹스(marketing mix)란 이들 4 가지 마케팅 수단 곧 제품, 가격, 유통 촉진을 지칭하는 말이다(그림 8.1).

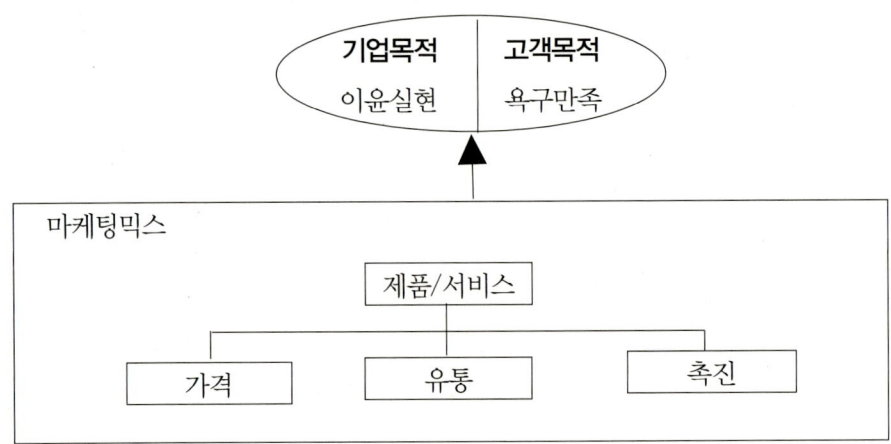

그림8.1 마케팅 믹스

3) 마케팅 컨셉트

마케팅 컨셉트(marketing concept)라는 말은 쉬운 같으면서도 명확히 이해가 되지 않는 말이다. 이 말은 마케팅 활동이 그 목적을 성공적으로 달성하기 위해서 사용해야 하는 기본적인 접근 방향을 의미한다. 마케팅에서는 3 가지 기본적인 접근 방향을 제시하고 있는데 일컬으면, 고객 지향(consumer orientation) (또는 소비자 중심주의), 목표 지향적 접근(goal orientation), 시스템적 접근(systems orientation)이다. 이들에 대하여 설명하면 다음과 같다.

(1) 소비자 중심주의

소비자 중심주의란, 마케팅 활동은 소비자를 중심으로 전개되어야 한다는 말이다. 현대와 같이 사업가들이 고객을 의식하는 때에는(좀 과장되게 표현하면, 눈치를 보면서 경영하는 시대에는) 이와 같은 말이 너무 당연한 것으로 들리겠지만 과거의 경영 활동이 생산자 중심이었던 것과 비교하면 새로운 개념이다. 그래서 마케팅 활동은 소비자의 기본적 욕구를 이해하고 만족시키는 것을 목표로 전개되어야 한다는 뜻이다.

(2) 목표 지향적 접근

목표 지향적 접근이란, 마케팅 활동이란 결과적으로 기업의 목표인 이윤 실현을 달성할 수 있도록 전개되어야 한다는 뜻이다. 예를 들면, 기업의 목표 수익률, 시장 점유율, 매출액 목표 등 기업이 설정한 목표를 달성할 수 있도록 전개되어야 한다는 말이다.

비근한 예를 들어 설명하겠다. 어느 음식점에서 기업이 이윤을 많이 내기 위해서는 저가의 원재료를 쓰는 것이 유리할 수 있다. 하지만 고객 또는 소비자를 만족시키기 위해서는 고가의 원재료를 써야 할 수도 있다. 그래서 이런 경우에 고가의 원재료을 선호하는 고객의 목표와 저가의 원재료를 써야하는 기업의 목표는 서로 충돌하게 된다. 그럼에도 불구하고 두 개의 충돌하는 목표를 모두 만족시키기 위해서는 시스템적 접근이 필요하다.

(3) 시스템적 접근

시스템적 접근이란 마케팅 활동이 소비자의 만족과 기업의 목표인 이익 창출이 달성할 수 있도록 관련된 모든 활동이 체계적으로(시스템적으로) 통합되어 전개되어야 한다는 뜻이다. 달리 말하자면, 소비자 만족을 효과적으로 달성하기 위해서는 마케팅 활동뿐만 아니라 연구 개발, 생산, 품질 관리, 애프터서비스 등 모든 활동이 고객 만족을 위해 통합적으로 수행되어야 한다는 뜻이다.

4) 마케팅 믹스

마케팅의 핵심 요소로 제품(product), 가격(price), 유통(placement), 촉진(promotion)이 있는데 이들 4P를 마케팅 믹스라고 한다. 마케팅을 성공적으로 수행하기 위해서는 이 4가지 요소를 잘 관리해야 한다. 촉진에는 광고, 인적 판매, 판매 촉진, 홍보가 포함된다.

5) STP 전략

STP는 마케팅노력을 집중하기 위한 방안으로서 시장 조사에서 실시한 환경 분석 자료를 바탕으로 어떤 고객을 대상으로 어떤 상품을 어떤 방법으로 판매할 것인가를 계획하는 것이며 시장 세분화, 시장 표적화, 표적 시장 선정 절차를 거치게 된다. 이제 단일상품으로 여러 계층의 수많은 소비자들의 욕구를 충족시켰던 과거의 매스 마케팅의 시대는 지나가고 소비자들의 욕구를 정확히 파악하고 그들의 욕구에 부합되는 적절한 상품을 개발, 판매하는 기업만이 살아남는 새로운 마케팅 시대로 접어들었음을 기업경영자는 인식하고 이에 대처해야 한다(제7장 참조).

6) 마케팅의 유형

창업 기업은 대부분 기존의 기업들과 경쟁관계에 있으며 한정된 마케팅 활동을 하게 된다. 창업 기업이 유념할 만한 마케팅 유형에는 다음과 같은 것들이 있다.

(1) 틈새 시장 마케팅

틈새 시장(niche market)이란 시장 중에서 아직 서비스가 제대로 되지 않고 있는 부분을 말하나, 사회가 급격히 변화하고 다양해짐에 따라 틈새 시장은 반드시 존재하게 된다. 이러한 틈새 시장은, 경우에 따라서는 너무 작아서 시장으로서 형성되지 않은 것일 수도 있으나, 산업의 흐름에 따라 규모가 변하게 된다. 창업 기업은 언제나 틈새 시장에 관심을 가져야 한다.

(2) 다이렉트 마케팅(Direct Marketing)

다이렉트 마케팅이란 기업과 소비자가 바로 접촉하여 이루어지는 마케팅을 말한다. 서비스가 소비자로 바로 연결되므로 유통 비용을 최소화할 수 있을 뿐만 아니라 소비자와 다이렉트 커뮤니케이션이 가능하기 때문에 소비자의 요구를 적절하게 수용할 수 있다. 예를 들면, 단순한 정보나 컨텐츠 제공의 경우, 유통 경로를 거치지 않고 사이버 공간에서 거래가 종료될 수 있다.

(3) 네트워킹(Networking) 마케팅

컴퓨터 등의 통신망을 이용하는 네트워크 마케팅과 인적 네트워크를 이용하는 네트워크 마케팅을 생각해 볼 수 있다. 전자는 전자상거래를 이용하는 것이다.

(4) 공생(共生) 마케팅

상부상조할 수 있는 관계에 있는 기업이나 제품과 공동으로 마케팅 활동을 하는 것을 말한다. 불황을 타개하기 위한 새로운 판매 전략으로 다른 업종 간의 공동 판촉이 급속도로 확산되고 있다. 공동 판촉(공생 마케팅)은 공동으로 판매와 광고, 홍보 활동을 전개하여 비용이 절감되고 큰 효과를 얻을 수 있어 유사업종은 물론이고 고객층이 같은 다른 업종 간에도 빈번하게 이루어지고 있다. 공동 판촉은 고객과 해당기업 모두에게 이익을 극대화하는 마케팅 전략이다.

(5) 시(時) 테크 마케팅

일정한 시간을 정해 놓고 그 정해진 시간 내에 상품이나 서비스가 고객에게 전달되지 않으면 할인해 주거나 무료로 해주는 것이다. 이 마케팅의 경우, 비교적 손님이 적은 점심시간에 식사시간을 단축하려는 직장인들을 유치하기 위한 판촉 전략이다. 고객에게는 빠른 시간에 서비스를 제공하고 종업원들은 더 열심히 일을 하게 할 수 있다.

(6) 포인트 업 마케팅

포인트 업 마케팅은 대기업의 주도 아래 각 점포가 참여하거나, 각 지역의 소규모 기업이 한정된 고객만을 상대로 직접 포인트, 마일리지 카드 등을 만들어 자신만의 고객 확보 관리하는 것이다. 홈 비즈니스 사업자들도 지불금액에 대한 포인트 누적과 경품 제공 등으로 고객을 만족시키게 된다는 점을 인지할 필요가 있다.

(7) 패밀리 마케팅

잠재 고객보다 기존 고객을 우대하는 판촉 기법으로, 즉, 제품만 구입한 고객만을 대상으로 하는 사은 행사, 해외 여행, 파티, 참가권 등 혜택을 제공하는 판촉 활동이다. 패밀리 마케팅은 같은 차를 타면 모두가 한 가족이라는 의미로 고객들에게 특별히 선택되었다는 의식을 심어주고 잠재고객에게는 구입 동기를 유발하는 효과적인 판촉 방법이다.

8-2 마케팅 계획

마케팅 계획은 마케팅에 필요한 정보를 수집하고 수집한 정보를 바탕으로 수행하고자 하는 실행 계획이다.

(1) 사업의 설명

사업의 내용을 30 단어 이내로 서술한다.

(2) 제품과 서비스의 주요 특징 : 제품이나 서비스가 주는 혜택

구매자는 제품을 구매하는 행위를 통하여 제품이 주는 혜택을 구매하는 것이다. 예를 들면, 건강 식품을 구입하는 것은 예상되는 건강 증진에 대한 대가를 지불하는 것이지 식품 자체를 구입하는 것이 아니다.

(3) 표적 시장

표적 고객의 나이, 성별, 소득, 생활 방식, 거주 지역, 직업 등 시장 조사에서 얻은 잠재적인 고객에 대한 정보를 적는다. 이러한 자료에 근거하여 지역 내 고객의 수, 시장의 규모, 성장성, 예상 매출액 등을 추정한다.

(4) 포지셔닝

마켓 포지셔닝(market positioning)이란, 우리말 표현으로 시장 정위화라고도 하는데, 제품과 서비스를 시장에서 또는 고객의 마음(기억) 속에서 어떤 위치에 정립시켜 놓을 것인가를 결정하는 것을 말한다. 달리 표현하면 고객들의 의식 속에 자신의 제품과 서비스의 위치를 설정하는 일을 말한다.

(5) 경쟁 계획

경쟁자들의 시장 점유율, 장점과 단점, 그들의 예상 전략, 자신의 경쟁 전략을 기술한다.

(6) 마케팅 방법

제품과 서비스를 마케팅하는 방법을 기술한다. 대상은 개인과 기업 중 어느 쪽인가? 구매자들과 직접 만날 것인가? 아니면 간접 판매 방식을 취할 것인가? 소매 또는 도매, 통신 판매, 판매원을 통한 판매, 전시회 참가 계획, 인터넷 활용 여부 등에서 마케팅 방법을 정한다.

(7) 광고와 홍보

매체(신문, 잡지, 전단지)의 선택, 전시회에 참가 여부, 웹사이트, 발송 주소록에 포함 여부 등에서 홍보 기회는 어떻게 활용할 것인가를 계획한다.

(8) 판매 정책

신용 판매 정책, 할인 정책, 반품 정책, 배달 우송 비용 등을 모색한다.

(9) 가격 정책

업계의 가격과 유사한가? 현재 경기 동향을 고려하였는가? 경쟁자의 가격과 비교하면 어떤가? 높다면 고객이 만족할 만한 혜택을 설명할 수 있는가? 낮다면 이윤은 충분한가?

8-3 가격

1) 가격 결정 시 조사 사항

가격은 마케팅의 제품, 유통, 촉진과 함께 마케팅의 4대 요소 중의 하나로 인식되고 있는 사실이 의미하는 바와 같이 마케팅에 있어서 중요한 요소 중의 하나이다. 가격은 매우 민감하며 그것을 책정하는 데 적용할 수 있는 간단한 법칙이 있는 것은 아니다. 유사한 상품과 서비스도 제공 방식과 부가가치 등에 따라 가격이 변하고 따라서 수익성도 변할 수 있다. 가격이 너무 높으면 경쟁력이 낮고, 가격이 너무 낮으면 제품과 서비스에 대한 신용이 떨어지는 경우도 있으므로, 가격 책정에는 신중을 기해야 한다.

가격을 책정하기 위하여 다음과 같은 사항들을 조사할 필요가 있다.

(1) 당신의 제품이나 서비스가 구체적으로 얼마의 가치가 있는가?

가치라는 것은 소비자의 주관에 의하여 결정되는 경우가 많다. 가치는 소비자의 필요성에 따라 달라진다. 홈 비즈니스 사업자가 자신의 제품과 서비스에 대한 가치를 구체적으로 추정할수록 가격을 결정하기 쉽고 그것을 얻기도 쉽다.
(2) 본 제품이나 서비스를 다른 곳에서 구할 수 있는가?
(3) 지금 얼마를 지불하고 있는가?
(4) 본 제품이 고객에게 돈을 절약할 수 있게 해 줄 것인가?

2) 가격 결정 방법

제품 가격을 결정하는 데는 여러 가지 요소가 영향을 주고 있으나, 그 요소를 크게 내부적인 것과 외부적인 것으로 나눌 수 있다. 내부적인 요소로는 비용, 이익, 판매 방법 등이 있으며, 외부적인 요소로는 수요, 경쟁, 시장 관습, 법규 등을 들 수 있다. 내부적인 요소에 대해서는 기업이 전략적인 의지를 반영하기 쉬우나, 외부적인 요소에 있어서는 기업이 어떻게 대응해 나갈 것인가가 중요하다.

(1) 이익을 얻을 수 있는 가격을 책정하라(원가지향 가격 결정).

지나치게 낮은 가격을 책정하면 팔수록 손해를 볼 수 있다. 그래서 원가에 대해서 이익을 붙여 가격을 책정하는 다음과 같은 공식을 이용할 수 있다.

가격 = 직접원가 + 간접비 + 이익

직접 원가 : 제품과 원재료의 구매가격, 월급을 시간으로 나눈 금액, 교통비, 복사비, 우편비, 설비비 등.
간접비 : 사무실 소모품 및 감가상각비, 마케팅 비용, 전화비, 웹사이트 관리비, 냉난방비, 차량 유지비 등.

이익 = 가격 - 직접 원가 - 간접비이다.

이익은 보통 직접 원가와 간접비 합에 최소한 25%이상으로 하는 것이 좋다고 한다.

(2) 사람들이 실제로 지불하는 가격을 알아라(시장지향 가격 결정).

완전히 새로운 제품이나 서비스는 없다. 그러므로 동일한 또는 유사한 상품에 대하여 사람들이 실제로 얼마를 지불하고 있는가는 가격 책정에 중요한 기준이 된다. 왜냐 하면, 사람들은 대체로 기존 가격들을 이미 알고 있기 때문이다. 따라서 소비자들은 엉뚱하게 비싼 값을 지불하려고 하지 않을 것이다. 홈 비즈니스 사업자들은 지나치게 저가로 나갈 수 있는데 이는 잘못이다. 시장 가격을 중심으로 가격을 책정하는 방안을 생각하는 것이 좋다.

(3) 박리다매로 할 것인가 아니면 이익을 많게 하고 적게 팔 것인가(경쟁지향 가격 결정)?

보통 '박리다매' 방식을 통하여 많은 돈을 버는 전략이 많이 인용된다. 싸게 하면 많이 팔릴 것이고 많이 팔면 결과적으로 많은 돈을 벌게 되는 방식이다. 하지만 소비자가 많지 않거나 싸게 한다고 해서 소비자의 수가 증가하지 않을 경우에는 하나의 거래에 많은 이익을 붙여야 한다. 예를 들면, 미국에서 대학원 진학에 필요한 서류를 작성해 주는 서비스에 대하여 60만 원을 받는다고 한다. 이는 저가를 적용한다고 해서 소비자가 크게 늘지 않는 사업이라고 판단되므로 소수에게 고가의 전략을 적용하는 것이다.

(4) 각각의 대안을 고객들에게 적용해 본다.
(5) 가장 좋은 반응을 보이는 방법을 선택한다.
(6) 가격 책정 방법은 변할 수 있다고 생각한다. 만족스러운 결과를 얻을 때까지 검토 조정해 간다.
(7) 소득과 비용을 매번 점검한다.
(8) 본인과 관련 있는 제품이나 서비스의 시장 가격을 모두 조사하고 그 평균치를 당신의 가격으로 정한다.

3) 가격 결정

(1) 제품의 경우

제품의 가격은 고객의 반응에 따라 조정되어야 하나, 소매가격은 다음과 같이 책정할 수 있다.

소매가격 = 원자재 원가 + 간접비 + 최소 이익 + 소매 이익

(2) 서비스의 경우

서비스 가격은 시간당, 건당, 두당, 일당 중 어느 방식으로 할 것인가를 결정하여야 한다. 어느 경우이든지 간에 적용할 수 있는 4 가지 방법을 소개하면 다음과 같다.

① 동일 유사 업계에서 얼마씩 하는가, 또는, 얼마를 지불하는가를 조사한다. 유사업계의 가격 평균치를 적용해 본다.
② 당신이 남의 회사에서 일하는 경우에 받게 될 금액을 추정해 보라. 당신이 부과하는 가격은 피고용자로서 받을 금액의 2 배 내지 3 배정도로 해야 간접비, 비용, 이익을 포함하게 될 것이다.
③ 당신이 1 년 동안에 벌고자 하는 금액을 책정하라. 그리고 그것을 약 2000 시간으로 나누면 시간당 임금이 될 것이다. 이 시간당 임금에 2 배 내지 3 배 정도를 해야 고객을 위해 직접 일하지 않는 시간까지를 포함한 수입을 얻게 될 것이다.
④ 다른 사람이 부과하는 가격의 최저 선에서 시작하여 고객의 저항을 받을 때까지 상승시킨다.

4) 가격 전략

(1) 구매가 어려울수록 높은 가격을 책정한다.
(2) 가치를 많이 부가한 것일수록 가격을 높게 책정한다.
(3) 소비자의 심리를 이용하여 가격을 설정한다.
　　소비자가 가격에 민감하게 반응하는 상품은 서수가격을 이용하여 저렴한 느낌을 줌으로서 구매의욕을 높인다. 예를 들면, 상품가격이 5,000 원이면 4,890 원으로 한다든지, 1만 원이면 9,790 원으로 가격을 설정하는 것이다.
(4) 한정 판매의 속성을 잘 이용한다.
(5) 상품에 따라서는 가격을 높이 책정한다.
　　예를 들면, 신체에 직접 접촉하는 속옷이나 화장품 등이 너무 싸면 소비자가 상품에 대해 안심하지 못해 구매를 꺼리는 경우가 있으므로 가격을 다소 높게 측정한다.
(6) 특별가격(할인가격) 기간을 설정하여 실시한다.

8-4 유통

1) 유통경로의 종류

소비재를 위한 유통경로는 그림 8.2와 같이 여러 가지가 있다.

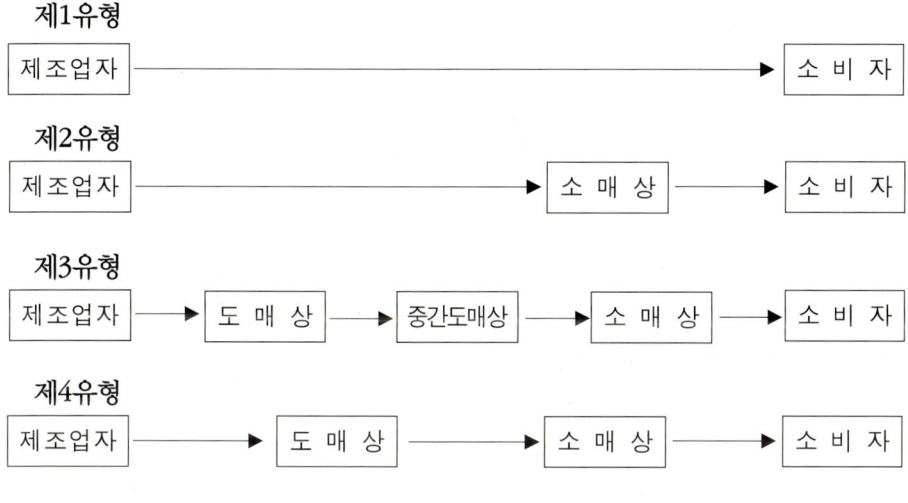

그림 8.2 여러 가지 유통경로

제1유형은 제조업자와 소비자 사이에 중간상인이 없는 직접마케팅경로이다. 한국야쿠르트 등의 가정 방문판매가 그 예이다. 제2유형은 제조업자와 소비자 사이에 소매상이 개입되는 형태이다. 자전제품, 가구, 구두 등이 이런 유통경로를 따르는 경우가 많다. 제3유형은 제조업자와 소비자 사이에 도매상과 소매상이 있는 경우이다. 의약품, 식품 등이 이런 유통 과정을 따르는 경우가 많다. 제4유형을 따르는 상품으로는 농수산물 등이 있다.

2) 유통 채널 선정시 고려사항

유통 채널은 기업의 매출과 이익에 많은 영향을 주는 요소이므로 최대의 기업 이윤을 위해서는 유통경로 선정시에 심사숙고하여야 한다. 기본적인 고려 사항은 제품에 대한 통제력과 유통비용이다. 고려 사항을 좀더 구체적으로 열거하면 다음과 같다.

(1) 중요도의 정도에 따라 순차적으로 배열된 지리적 시장과 고객의 유형
(2) 제품이 많은 판매되는 점포의 수, 다수 또는 소수 점포, 또는 독점적 유통망
(3) 제품의 유통을 위해 투입하고자 하는 마케팅 노력의 정도
(4) 각각의 판매처에 투입하고자 하는 노력의 정도
(5) 제품에 대한 피드백을 받을 필요 여부
(6) 재판매자들에게 동기를 부여하기 위한 장려 제도

중소제조업자들이 처하게 되는 문제 중의 하나는 제품을 공장에서 중간상에게 출하할 것인가 아니면 지역마다 창고를 운영할 것인가이다. 직접 창고를 운영하게 되면 기업이 제품에 대한 통제권을 가지고 있으므로 고객들에게 좀더 빠른 서비스를 해 줄 수 있겠지만 재고비용 등으로 인하여 좀더 많은 비용이 소요될 것이다. 그러나 여러 창고들을 운영하는 경우에 운송이 용이하면 재고비용을 감소시킬 수 있다. 최종적으로 복수의 유통 채널을 이용하는 경우에는 갈등이 생겨 효율적인 유통에 부정적인 영향을 미칠 수 있다는 점을 지적해 둔다.

3) 판매 방식

홈 비즈니스 및 무점포 사업의 활용 도구는 크게 통신판매와 네트워크 마케팅, 그리고 무인상점, 노점상으로 구분한다. 통신판매는 인터넷 쇼핑몰과 TV 홈쇼핑, 카탈로그 통신판매가 해당되며, 네트워크 마케팅에는 다단계 판매, 방문판매, 전화권유판매(텔레마케팅)가 있다.

무인상점은 최근 다양하게 확산되는 무인자판기가 있다. 노점상은 차량이나 리어카 등 이동기구를 이용하거나, 가두 판매, 좌판 등을 이용하여 공원, 도로 등 야외에서 점포 없이 상거래를 하는 사업을 말한다.

(1) 통신판매

통신에 의해 주문을 받고 우송으로 주문 상품을 인도하는 판매 방법을 말한다. 상품의 광고와 홍보는 인터넷, 신문·잡지·라디오·텔레비전·카탈로그·정가표 등을 이용하고 수금은 우편환, 신용카드, 전자화폐, 이동전화 결제 등을 이용한다.

① 인터넷 쇼핑몰

　　인터넷 쇼핑몰 또는 사이버몰이라고도 한다. 전자상거래라고도 할 수 있다. 인터넷 쇼핑몰은 운영자가 상품의 모습과 정보를 컴퓨터 화면으로 볼 수 있도록 진열해 놓으면, 소비자들은 상점 사이트를 방문하여 상품을 찾아 주문하고 대금을 지불하면, 주문한 상품이 고객에게 배달된다. 운영자 입장에서는 실제 매장을 갖추는 데 비하여 비용이 적게 들고, 시간·공간적 제약이 없으며 건물 임대료 등 운영비도 크게 줄어들어 상품 가격을 낮추어 팔 수 있다는 장점이 있다. 인터넷을 이용하여 가정에서 정보나 컨텐츠를 제공하는 IP/CP 도 인터넷을 통해 정보를 판매하는 범주에 포함되어 인터넷 쇼핑몰에 포함시킨다.

② 카탈로그 판매

　　상품목록, 또는 영업안내, 소책자를 소비자에게 전달하고, 이 카탈로그에 있는 내용을 전화나 팩스, 인터넷 등 통신도구를 이용해서 주문하도록 하는 방식이다. 카탈로그의 배포가 세일즈맨의 파견에 비해 경비가 절감되고, 목적지에 정확하게 전달되기 때문에 효과가 높다.

③ TV홈쇼핑

　　방송과 유통이 결합된 케이블 TV를 이용한 쇼핑사업으로 생산자와 소비자를 직접 연결하고 일시에 다수의 소비자에게 상품을 대량 판매할 수 있어서 가격 파괴를 선도하는 사업 형태이기도 하다. 하지만 방송비가 많이 들기 때문에 소규모인 홈 비즈니스에서는 활용하기 어렵다.

(2) 네트워크 마케팅

① 다단계 판매

　　다계층 판매방식, 또는 피라미드 판매(pyramid selling)라고도 한다. 이 방식에서는 본부 회사와 독립된 가입자(판매원)가 연쇄적으로 다른 판매원을 판매조직에 가입시켜 차례로 조직 내의 상위 그룹으로 승진함으로써 조직을 확대해 나간다. 새로운 가입자가 내는 가입금의 일부 또는 전부, 또는 가입자의 상품 매입으로 인한 도매 이익을 권유에 성공한 기가입자(旣加入者)에게 배분한다. 상품의 판매와 새로운 판매원의 획득으로 이익이 얻어지는 것을 미끼로 판매원을 모집하여 권리금을 받고, 모집된 판매원도 그러한 방식을 되풀이하여 판매원을 늘리고 판매량도 늘리려는 시장 개발 방법이다.

② 방문판매

판매자가 구매자를 직접 방문해서 행하는 판매를 말한다. 고가의 상품이 적용대상이 되는데 화장품·약품·서적·자동차·보험·증권 등의 상품이 방문판매의 품목에 포함된다. 방문판매의 일종으로 차량판매 방식이 있다. 용달차나 트럭, 밴 등 물건을 운반할 수 있는 차량을 개조하여 아파트 단지나 건설공사장, 시장 등에서 판매 행위를 하는 무점포 사업의 일종으로 차량을 이용한 야채 공급상, 아침식사를 위한 스낵 판매, 비디오, 서적 등의 길거리 판매, 고속도로 휴게소에서 공구나 기념품 등의 판매 등 차량판매의 유형이 늘어나고 있다.

③ 전화권유 판매

전화 등의 매체를 이용하여 소비자마다의 구매이력 데이터베이스에 근거하여 세심한 세일즈를 행하는 판매 방법이다. 텔레마케팅에서는 PC의 고객명부와 연동하면서 자동 발신하거나 걸려온 호출을 교환수에게 균등하게 분배하는 ACD(Automatic Call Distribution)기능을 이용하기도 한다. 또한, 소비자가 무료로 전화를 걸 수 있도록 프리다이얼(자동착신 요금서비스)을 도입하는 기업이 늘고 있다.

(3) 무인상점(무인자판기)

무인자판기 등의 무인상점이 출현하고 있다. 기존의 담배나 음료수 자판기에 이어 다양한 건강식품, 껌, 이동전화기 배터리 충전, 초고속 음악 테이프 자판기, CD자판기, 보이스 인형 자판기, 음주측정기 등 독특한 자판기의 종류만 해도 200여 가지가 넘는다. 최근에는 대금 지불을 이동전화 단말기로 할 수 있는 자판기가 출현하여 자판기 사업이 활성화되는 데 많은 도움을 줄 것으로 기대하고 있다.

8-5 촉진

1) 촉진의 개념

촉진(promotion)이란 기업이나 제품에 대해 소비자로부터 우호적인 반응을 얻기 위해 수행되는 활동이다. 촉진 활동의 좀더 구체적인 내용으로는 소비자가 기업이나 제품에 대해서 알게 하기 위하여 관련된 정보를 제공하고, 좋은 이미지를 갖도록 하고, 최종적으로 구매를 하게 하는 활동이다. 이와 같이 촉진 활동은 소비자에게 정보를 제공하여 제품에 대하여 알리고, 그것을 구매하게 설득하는 활동이므로 마케팅 커뮤니케이션(marketing communication)이라고도 한다.

2) 촉진 수단

촉진 수단으로는 광고(advertising), 인적 판매(personal selling), 홍보(public relations), 판매 촉진(sales promotion)이 포함된다. 광고란 제품, 서비스 및 아이디어에 대하여 비인적 매체(nonpersonal media)를 통하여 소비자에게 알리고 구매를 자극하는 촉진 활동을 말한다. 인적 판매는 판매자가 잠재적 소비자를 직접 만나서 정보를 전달하여 마케팅을 촉진하는 활동이다. 인적 판매는 인적 접촉을 통하여 판매자와 소비자가 커뮤니케이션을 한다는 점이 광고와 구별되는 차이점의 한 가지이다. 홍보는 소비자가 속해 있는 지역 사회나 단체 등과 우호적인 관계를 개발하여 기업과 제품의 마케팅과 판매를 촉진하는 것이다. 판매 촉진은 광고, 인적 판매, 홍보를 제외한 모든 촉진 활동을 말한다(그림 8.3 참조).

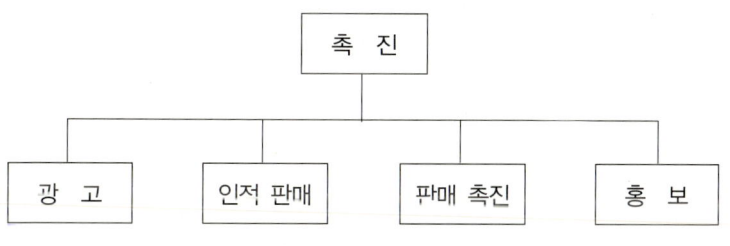

그림 8.3 촉진의 수단

8-6 판매 촉진

판매 촉진과 구매심리

상품과 서비스가 완성되면 이에 대한 품질과 성능, 가격 등을 제대로 알리는 등 판매 촉진을 해야 한다. 이러한 판매 촉진은 어떻게 판매할 것인가를 실현하기 위해 판매자인 홈 비즈니스 사업자가 구매자인 시장 또는 소비자에게 적절하고 정확한 정보를 전달하는 활동이다. 또한, 마케팅 활동은 판매채널을 개발하는 것이 중요하고 어떻게 판매할 것인가도 고려해야 한다.

판매 촉진은 고객인 소비자의 구매심리 프로세스와 프로모션 믹스를 결합함으로써 보다 효과적일 수 있다. 소비자의 구매심리 프로세스는 소비자가 상품 또는 서비스를 인지하고 구입을 결정하는 심리적 상황의 변화를 나타낸 것으로 AIDMA 법칙으로 불리 우고 있다.

AIDMA법칙
- Attention : 상품을 주목 또는 인지하는 단계
- Interest : 상품에 대해 흥미를 가지는 단계
- Desire : 상품에 대해 욕구를 가지는 단계
- Memory : 상품을 기억하고 비교하는 단계
- Action : 상품 구매를 결정하는 단계

판매 촉진 활동은 4단계로 나눌 수 있다.
  (1) 판촉 활동의 목표 설정 : 판매 수량, 판매 금액, 판매 이익, 판매 대상 등을 기준으로 한다.
  (2) 판촉 수단의 결정 : 목표와 예산의 범위 내에서 표 8.1에 있는 수단을 활용한다.
  (3) 구체적 계획 수립 : 목표와 수단을 가지고 실행 계획을 세운다.
  (4) 평가 : 목표 달성 여부를 평가하고 개선안을 찾는다. 예산이 효율적으로 사용되었는가 등도 조사한다.

표 8.1 판매 촉진 수단 및 유형

소비자에 대한 판촉 수단	유통업자에 대한 판촉 수단
견본품 제공 가격 할인 가격 할인 쿠폰 제공 리베이트 프리미엄 사은품 경품 제공	수량할인 유통업자의 판촉 지원 경품 트레이드 쇼(trade show) 참가

8-7 광고

1) 광고의 특징과 역할

광고는, 인터넷 광고, 신문광고, TV광고, 라디오방송, 잡지광고, DM발송, 전단지 배포, 교통광고, 옥외광고 등과 같은 여러 가지 매체를 사용하며, 사용하는 매체에 따라 비용이 다르며 탄력적이다. 그리고 단시간에 동질의 정보가 보내진다는 것이 특징이다. 여기서는 홈 비즈니스에 이용할 수 있는 광고 종류와 기업이 성장했을 경우 사용 가능한 광고 종류만을 간단히 소개한다.

광고의 역할로는, 소비자가 구매를 결정하기 전에 충분히 상품에 대한 정보를 전달하여 판매효율의 향상을 꾀하며, 잠재 소비자를 자극하여 새로운 수요를 창출한다. 또한, 상품을 브랜드화하여 경쟁력을 높인다.

2) 광고의 종류

(1) 인터넷 광고

인터넷 광고란 인터넷을 활용하는 광고를 말한다. 인터넷 광고는 TV광고, 신문 광고, 라디오 광고보다 적은 비용으로 광고를 할 수 있다. 또, 손쉽게 수정이 가능하고, 차별화된 광고가 가능하다. 나아가서 광고주와 소비자가 상호 작용을 할 수 있을 뿐 아니라 광고의 빈도나 효과 측정이 용이하다. 인터넷 광고는 이와 같은 이점과 인터넷 인구가 증가함에 따라 시장이 급성장하고 있다.

(2) DM(direct mail, 이하 DM이라 함)

DM광고는 홈 비즈니스 사업자가 예상고객에게 직접 인쇄물을 우송하는 광고 방식이다. 따라서 다른 매체에 비해 쉽게 호소할 수 있으며, 설득력이 강하다. 그러나 우편요금이나 예상고객 리스트 작성에 시간과 비용이 든다는 단점이 있으며, 고객 리스트 관리가 곤란한 점에도 유의해야 한다.

(3) 전단지

전단지 광고는 전단지를 신문과 함께 배포, 가두배포, 아파트 게시판이나 전신주 등에 부착하는 방식이다. 또, 예상고객의 자택 우편함에 넣는 방법 등이 있다. 신문에 삽입하는 방법은 비용이 저렴하고 대상 고객에게 거부감 없이 쉽게 도달하는 특징이 있다. 다른 배포 방법도 비교적 배포 비용이 저렴하며 빠르다. 그러나 배포 지역이 한정된다는 단점이 있다.

(4) 구전 광고

사람의 입을 통한 방법만큼 효과가 크며 직접적인 것은 없다. 그러므로 기존 고객일 경우에는 신속한 서비스와 불만에 대한 문제 해결을 함으로써 지속적인 유대관계를 유지하고 관리하는 것이 중요하다.

(5) 스페셜티(specialty) 광고

스페셜티 광고는 개업이나 회사의 기념일 등에 고객이 사용할 수 있는 상품에 광고주의 이름 또는 로고를 인쇄하여 고객으로부터 대금을 받지 않고 배포하는 광고이다. 스페셜티 광고는 전파매체와 같이 1회에 그치는 것이 아니고 아이템에 따라 광고 효과가 다르게 나타난다. 현재 스페셜티 광고에 사용되는 아이템은 달력, 컵, 쇼핑백, 열쇠고리, 성냥, 볼펜, 메모수첩 등이 있는데 총 3만 종에 이르고 있다.

고객들은 스페셜티 광고 아이템을 받았을 때 곧바로 광고주와 연결하여 생각한다. 그러므로 광고 상품에 회사의 이름과 주소가 표시되어 있다 하더라도 주소나 이름 이외의 창조적인 방법을 찾아서 광고를 하는 것이 유리하다. 즉, 광고 아이템은 광고주의 이미지와 일치해야만 한다는 것이다.

(6) 인명부 광고

인명부 광고(directory advertising)는 소비자가 필요로 하는 사업을 하고 있는 사업주를 찾고자 할 때 사용하는 책자를 말한다. 또한 신규 거래처를 확보하기를 원하는 사업자가 하는 광고도 인명부 광고이다. 인명부 광고의 가장 대표적인 것은 전화번호부 책자인데 이것이 가장 대표적인 인명부 광고이다.

(7) 신문 광고

신문의 경우, 폭넓은 독자층을 가지고 있으므로 동시에 많은 독자들에게 광고 내용을 전달할 수 있다. 또한 보존성, 반복성, 신뢰성이 있기 때문에 설득력이 있고 독자 1인당 코스트가 저렴한 것도 특징이라고 본다. 활용에는 일반 신문, 지방 신문, 업계 신문, 스포츠 신문 등이 있다.

(8) 뉴스레터

뉴스레터는 정기적으로 제작하는 신문 형태의 정보이다. 뉴스레터에서 유의할 것은 일방적인 광고 성격의 뉴스만 실으면 읽는 사람이 싫증을 느끼게 된다는 것이다. 잠재 고객들이 관심을 가질 만한 뉴스거리들을 발굴하여 정기적으로 잠재 고객들에게 보내져야 효과가 있을 것이다.

(9) 잡지 광고

잡지는 종류에 따라 특정의 명확한 독자층을 타깃으로 출판되기 때문에 타깃을 맞추기가 용이하며, 신문 광고에 비해 종이의 질이나 인쇄효과가 좋고 칼라페이지를 이용할 수 있다. 그러나 인쇄나 배포에 시간이 걸리기 때문에 시간이 급한 광고는 사용하지 못하는 등의 단점이 있다.

(10) 교통 광고

교통 광고란, 버스, 전철, 택시, 기차 등의 교통 매체를 이용하여 하는 광고이다. 예를 들면, 버스나 전철 내부에 붙여진 광고, 택시의 꼭대기에 있는 광고, 지하철역 벽에 있는 광고 등이다. 이러한 교통 광고는 대중교통 수단을 이용하는 사람들에게 광고 메시지를 전달하는 수단으로 많이 이용된다.

(11) 옥외 광고

옥외 광고란, 포스터, 입간판(立看板), 광고탑, 네온사인 등을 이용하여 사람과 차량 통행이 많은 곳에 설치하여 많은 시간동안 접하게 하여 반복적인 광고 효과를 내는 것으로 광고 방법 중 가장 오래된 것이다.

(12) 기부 광고

기부 광고란 기부금을 내고 그 대가로 광고를 해주는 것이다. 기부의 대상으로는 학교 축제 등의 행사, 비영리 단체, 학회 행사 등이다. 기부 광고는 광고 효과보다도 인간관계를 바탕으로 하여 이루어지는 것이므로 광고 효과에 너무 기대하지 않는 것이 좋다.

8-8 DM

1) DM 광고의 특징

텔레비전, 신문, 라디오 등의 매체와 신문지 속에 끼워 넣는 전단지 등과 같은 광고는 대부분이 불특정 다수인 잠재 고객을 대상으로 하고 있는 데 비해, DM(direct mail, 직접 우편)은 특정인을 지명하여 1대1로 광고를 할 수 있어 상대편에게 쉽게 호소할 수 있고, 설득력도 다른 매체에 비해 강하다. 또한, 고객 대상의 폭이 넓으며 자유롭게 선택 할 수 있으며, 경쟁 관계에 있는 타사에 선전 광고를 노출시키지 않고 광고할 수 있다. 무엇보다도 광고 내용이 크기에 제한을 받기 쉬운 다른 광고 형태에 비해 DM의 경우에는 크게 제한을 받지 않기 때문에 대상 고객에게 광고를 충분히 전달할 수 있으며, 입학, 졸업, 결혼, 환갑, 생일 등 적절한 시기에 맞추어 남녀노소 구분 없이 광고를 할 수 있다.

우편 요금 등의 인상으로 타격을 받는 경우도 있으나, DM의 경우 광고로서의 효용가치가 높기 때문에 많이 이용된다. 즉, DM이 고정 고객을 확보하는 데 가장 알맞은 광고 매체라고 할 수 있으며 다른 광고 매체에 비해 홈 비즈니스 사업자가 하기 쉬운 것이라 할 수 있다.

2) DM의 종류

(1) 편지

편지는 DM 광고의 가장 인기 있는 형태이다. 편지는 창조적인 방법으로 고객의 주의를 끌어야 하며, 편지에 있는 모든 문장은 지속적인 판매 효과가 있도록 해야 하므로 편지를 간결하게 작성하는 것만이 반드시 좋은 것은 아니다. 보다 충분한 정보를 제공해야 할 경우에는 긴 편지를 작성하는 것이 효과적이다. 또한, 편지는 간단하게 인쇄하거나 손으로 쓸 수도 있는데 광고주가 상황에 따라 알맞은 방법으로 사용하는 것이 좋다.
(2) 우편엽서

우편엽서도 자사의 사업을 위해서 사용되어질 수 있다. 만약 우편엽서에 개인적인 서신 이용이 포함된다면 가장 좋은 방법이다. 특히, 우편엽서는 잡지의 경우, 정기구독을 유도할 때 많이 사용되고 있다. 이 때 우편엽서 요금은 자사에서 부담하게 되는데 반응이 있는 고객들에 한해서만 요금을 지불하게 되므로 기업의 입장에서는 큰 손실이 없다고 할 수 있다.

(3) 소책자(booklets)

소책자는 그 길이에 따라 매우 다양하다. 소책자의 대부분은 상세한 상품소개를 하는 데 사용된다. 많은 상품을 소개할 때는 소책자가 유리하다.

(4) 서큘러(circulars)

서큘러는 DM광고에서 편지를 제외하고 가장 적은 비용이 든다. 서큘러는 신문용지처럼 낮은 질의 종이에 인쇄하여 판매 상품을 소개한다.

(5) 브로드사이드(broadside)

단면에 컬러로 인쇄하여 한 장으로 전 판매상품을 소개하여 접어서 이용하는 브로드사이드의 가장 큰 장점은 크기이다. 접혔을 때의 크기와 폈을 때의 크기가 현저히 다르기 때문에, 완전 컬러 브로드사이드의 광고는 매우 효과적이다. 일러스트레이션이나 풍부한 색채를 사용할 수 있고, 상세한 설명문도 삽입할 수 있기 때문에 직접우송광고에서 많이 이용된다. 브로드 시트(broad sheet)라고도 한다.

(6) 브로슈어(brochure)

브로슈어는 한 장의 종이에 양면으로 판매상품을 소개하는 것이다. 이것은 전형적으로 양면에 컬러로 인쇄되나, 소책자처럼 정교하지 않고, 서큘러처럼 크지 않다. 그러나 브로슈어는 양면을 모두 사용할 수 있어 DM광고에서 가장 많이 이용되는 종류이다.

(7) 카탈로그(catalogs)

카탈로그 역시 판매상품을 소개하기 위해 제작되는 DM의 한 종류이나, 판매상품에 대해서 참조로 할 수 있게 계획되거나 완성된 판매도구처럼 계획되기 때문에 다른 DM광고보다 가격이 비싸다. 또한, 브랜드 상품이나 특정

상품에 대한 DM일 경우, 비용이 들기 때문에 판매가 가능하지 않은 고객들에게 배포되어서는 안 된다.

3) DM의 기획과 제작

(1) 기획 목적의 설정

우선 홈 비즈니스 사업자가 DM 광고를 하려는 목적이 무엇인가를 확실하게 파악한 다음에 DM을 기획한다. 이 광고는 고정적인 고객을 만들기에 가장 적합한 방법이며, 고객의 내점을 촉구하는 것은 물론이며, 그것이 직접 매출을 촉진하는 요소로 작용하기도 한다. 그렇기 때문에 DM를 어떤 목적으로, 어떤 시기에, 어떤 방법으로 하는가가 매우 중요하다.

예를 들면, 기존 고객을 유지하기 위해서 연말에 연하장을 보내거나, 행사 모임에의 초대, 상품의 판매 촉진을 위해 자사 제품을 소개, 상품 판매 후의 감사의 표현 등 다양하다. 이러한 식으로 DM의 기획 목적을 명확히 세분화할 필요가 있다.

(2) 기획 과정

DM을 설정 후에는 기획하고 결정해 나가기 위해서는 ① DM의 대상 고객 리스트와 선정 부수를 검토하고, ② 광고에 드는 예산을 세우고, ③ 상품 소개, 판매 방법 등의 광고 내용을 결정한다. 그리고 ④ 대상 지역과 배포하는 시간을 정하고, ⑤ 이에 관련된 문제 등을 고려한다.

(3) DM의 구성

DM의 경우는 편지 형식으로 봉투를 봉해서 발송하는 경우와 엽서 형식으로 구성되어 있다. 편지 형식은 봉투 안에 인사말, 광고 내용의 인쇄물, 상품 견본을 봉해서 발송하는 경우가 많다. 이 때 인사말은 계절에 맞추어 간단하고 단정하게 하며, 이름은 고무인을 찍지 말고 자필로 반듯하게 쓰는 것이 친밀감을 준다.

광고 내용의 인쇄물 또한 정교하고 읽기 쉽게, 그리고 약어나 전문 용어를 사용하지 말고 누구나 쉽게 이해할 수 있는 말을 사용하며, 색상은 너무 눈에 띄게 하여 불쾌감을 주는 것은 삼가는 것이 좋다. 광고 내용과 성별, 연령 등에 따라 인쇄물을 정하되, 너무 많이 비용이 드는 것은 피한다. 또한,

자사의 이미지와 연결될 수 있는 아이디어를 돋보이게 하는 할인 우대권, 기념물 교환권 등과 같이 때로는 흥미를 돋우는 아이디어 상품을 동봉하는 것도 좋은 방법이다. DM의 봉투는 개봉해 보고 싶은 흥미를 느낄 수 있는 것을 선택하며, 자사의 이미지와 맞게 제작하는 것이 좋다.

엽서의 경우, 편지 형식과 다르게 광고 내용의 크기가 제한되므로 인사말과 광고 내용을 적절하게 조절한다. 엽서는 적은 공간에 필요한 광고만을 하는 것이므로 오히려 번잡하지 않고, 비용도 적게 들어 효과가 높을 수도 있다.

(4) DM의 기획, 제작 시 주의사항

봉투와 엽서는 되도록 규격에 맞는 것을 사용하고 색채는 자사의 이미지, 또는 자사의 판매 상품과 적합한 색상을 고른다. 예를 들면, 눈에 띄기 쉬운 적색은 바겐 세일 및 개점 등의 특별한 행사의 DM 발송 시에 사용하고, 청색은 여름 상품, 금색은 귀금속 상품, 진한 향토색은 도자기나 전통과자 등에 사용하는 등 DM의 인쇄물에 맞게 선택한다. DM의 기획에서 제작까지의 과정에서 있어서 주의해야 될 사항은 다음과 같다.

① DM의 내용이 대상 고객에게 유효 적절한가?
② 충분한 정성과 시간을 들였는가?
③ 자사의 이미지를 잘 형성하고 있는가?
④ 대상 고객이 관심을 가질 만한 내용인가?
⑤ 대상 고객에게 도움을 줄 만한 내용이 있는가?
⑥ 언어는 알기 쉽고 적절한가?
⑦ 대상 고객에게 신임을 얻을 수 있는가?
⑧ DM의 내용과 시기가 유효적절한가?
⑨ 우편물의 취급 규칙에 맞는가?
⑩ DM의 효과를 예정하고 있는가 등을 고려하여 기획, 제작한다.

(5) DM의 리스트 작성

① 고객 내사 시 작성

가장 쉽게 고객의 리스트를 얻을 수 있는 것이 자사의 제품을 판매하는 과정에서 얻어지는 것이다. 고객이 내사했을 때 고객 카드를 직접 적게 하거나 사원 또는 사장이 부탁하여 고객 카드를 적게 하는 방법도 있다.

이 때 고객이 신상 기입을 꺼려할 때는 인사의 글이나, 행사 등의 안내 시에만 사용한다는 식의 정중한 설명이 필요하다.

② 제품 구입 시 작성

자사 제품을 구입 시 애프터서비스를 위한 것일 경우, 고객도 쉽게 고객 리스트를 작성해 준다.

③ 고객 소개에 의해 작성

가장 손쉽고 효과적인 방법은 기존 고객을 잘 관리하여 고객이 고객을 소개하는 경우이다.

(6) 리스트의 분류와 관리

리스트를 만드는 것도 중요하지만, 효과적으로 활용하기 위해서는 리스트를 고객 리스트와 예상 고객 리스트로 알기 쉽게 분류하여 잘 관리하는 것이 중요하다. 고객 리스트는 성별, 연령별, 소득 계층별, 상품별, 지역별 등의 방법에 따라 분류하여 고객의 신상에 변동이 있을 경우에는 바로 정정하여 놓아야 한다. 그렇지 않으면 이전 주소로 DM이 발송되는 등 불필요한 경비가 소요될 수도 있다.

DM 발송 후 되돌아온 것일 경우에는 그 리스트는 처분해야 하지만, DM를 발송해도 별 효과가 없다고 무조건 리스트를 삭제하지 말고 잠재 고객으로 생각하고 보관해 두는 것이 좋다.

4) DM의 배포 방법

(1) 우편물을 이용하여 배포한다. 이 경우, 대량의 DM 발송 시 비용이 많이 들기 때문에 다소 경제적인 부담이 있으나, 특정인에게 우편물로서 전달되기 때문에 90% 이상이 읽혀지므로 광고 효과가 매우 크다.

(2) 아파트 등 주거 밀집 지역에 아르바이트 사원 등을 동원하여 대상 고객 우편함에 직접 투입한다.

(3) 대상 고객의 가정을 방문하여 배포한다.

(4) 전시회 등 행사장에서 배포한다.

8-9 고객 서비스

1) 신속한 대응

고객에 대한 서비스 중에 가장 중요한 것은 신속하게 대응하는 것이다. 홈 비즈니스의 경우, 이러한 신속한 대응이 경쟁력이 되므로 작업 과정을 철저히 관리하여 대응할 필요가 있다.

2) 고품질의 서비스

스피드를 중시한 나머지 서비스의 질이 떨어지게 되는 경우가 있다. 이는 고객이 멀어지게 되는 주된 원인이 되기도 하므로 고객에게 있어서 진정한 서비스는 무엇인가를 고려하여 평준화된 서비스가 아니라 고객에게 필요한 질 높은 서비스를 제공할 필요가 있다.

3) 애프터 서비스

'20대80의 법칙'이라고 하는 마케팅 법칙이 있다. 이것은 20%의 단골 고객이 전체 매출의 80%를 올려준다는 것이다. 기존 고객을 관리 유지하는 것은 고객을 설득하는 데 드는 시간과 경비를 동시에 줄일 수 있기 때문에 적은 비용으로 높은 효과를 낼 수 있다. 그렇기 때문에 고객으로부터 도움의 요청이 있기 전에 자신이 제공한 상품이나 서비스에 대해 고객이 만족하고 있는지 어떤지를 체크하는 등 고객 관리를 철저히 한다.

8-10 복습

↘→↗→ 요약

1. 마케팅이란 '제품과 서비스가 생산자에게서 소비자에게 전달되는 과정에 관련된 기입 활동을 계획하고 실행하는 과정'이다.
2. 마케팅 컨셉트(marketing concept)는 고객 지향(consumer orientation) (또

는 소비자 중심주의), 목표 지향적 접근(goal orientation), 시스템적 접근(systems orientation)을 내포한다. 이것은 기업의 이윤실현이라는 목표를 달성하기 위한 접근의 원칙이다.
3. 마케팅의 유형에는 틈새시장 마케팅, 다이렉트 마케팅, 네트워크 마케팅, 공생 마케팅, 시테크 마케팅, 포인트업 마케팅, 패밀리 마케팅, 인터넷 마케팅 등이 있다.
4. 마케팅 전략개발과정은 시장 세분화, 표적시장의 선정, 포지셔닝, 마케팅 믹스의 개발 등으로 구분할 수 있다.
5. 마케팅 믹스를 구성하는 네 가지 요소는 4P 즉, 제품(product), 유통경로(place), 가격(price), 촉진(promotion)이다.
6. 촉진(promotion)이란 기업이나 제품에 대해 소비자로부터 우호적인 반응을 얻기 위해 수행되는 활동이다. 촉진활동을 위한 수단으로는 광고, 인적 판매, 홍보, 판매촉진 등이 포함된다.
7. 판매촉진(sales promotion)은 광고, 인적 판매, 홍보를 제외한 모든 촉진활동을 말한다.
8. 창업 기업은 틈새 시장을 공략하는 데 관심을 많이 가져야 한다.
9. 광고의 종류에는 (1) 인터넷 광고, (2) DM(direct mail), (3) 전단지, (4) 구전 광고, (5) 스페셜티(specialty) 광고, (6) 인명부 광고, (7) 신문 광고, (8) 뉴스레터, (9) 잡지 광고, (10) 교통 광고, (11) 옥외 광고, (12) 기부 광고 등이 있다.
10. DM의 종류에는 (1) 편지, (2) 우편엽서, (3) 소책자(booklets), (4) 서큘러(circulars), (5) 브로드사이드(broadside), (6) 브로슈어(brochure), (7) 카탈로그(catalogs) 등이 있다.

주요 용어

마케팅 컨셉(Marketing Concept)
고객 지향적, 목표 지향적, 시스템 접근이다.

마케팅 믹스(Marketing Mix)
4P 즉, 제품(product), 유통경로(place), 가격(price), 촉진(promotion)이다.

촉진(promotion)
광고, 인적 판매, 홍보, 판매촉진으로 구성된다.

판매 촉진(sales promotion)
광고, 인적 판매, 홍보를 제외한 모든 촉진활동을 말한다.

복습 문제

1. 마케팅 컨셉트를 설명하라.
2. STP전략이란 무엇인가?
3. 촉진에 대하여 설명하라.
4. 마케팅 계획에 포함될 내용을 말하라.
5. 마케팅의 유형에는 어떤 것들이 있는가?
6. 틈새 시장을 찾는 방법에 대해서 설명하라.
7. 가격 결정 방법을 설명하라.
8. 창업 기업을 위한 유통 채널 선정시 고려 사항을 말하라.
9. 창업 기업에 적합한 광고 방법을 말하라.
10. 창업 기업에서 DM을 활용하는 방법을 말하라.

연구 및 실습 과제

1. 자신이 선정한 창업 아이디어에 대하여 마케팅 계획을 수립하라.
2. 마케팅 계획은 현실과 잘 맞지 않는 경우가 많은데 이러한 문제를 해결하기 위해서는 어떤 노력이 필요하겠는가를 말하라.

참고 웹사이트

www.sbdc.or.kr
www.smba.go.kr
www.sbc.or.kr
www.entrepreneur.com
www.allbusiness.com
www.mysmallbiz.com
www.business-idea.com
www.coolbusinessideas.com
www.zeromillion.com

제 9 장

입지 및 상권 분석

개 관

　제 9장에서는 창업을 위한 입지 선정에 필요한 내용을 학습한다. 특히, 점포 창업을 위한 입지 분석에 필요한 기본 개념과 소비자행동에 대해서 설명한다. 세부적으로는 입지 선정 절차, 통행량 분석, 점포 임차와 관련된 법률적 점검 사항들을 학습한다.

학습목표

1. 입지의 중요성을 설명할 수 있다.
2. 입지와 관련된 소비자 행동을 설명할 수 있다.
3. 입지 선정 시 고려 요인을 설명할 수 있다.
4. 통행량 분석을 실시할 수 있다.
5. 입지 선정 절차를 안다.
6. 점포 임차 시 점검 사항을 안다.
7. 쇼핑몰 입점 시 점검 사항을 안다.
8. 입지 선정에 필요한 정보의 소재를 안다.
9. 상권 분석을 할 수 있다.

주요용어

상권, 1차 상권, 2차 상권, 상권 분석, 소비자 행동, 입지 선정 절차, 쇼핑몰입점

사 례 영혼의 승부사 안철수[1]

안철수 교수는 의사, 교수를 거쳐 기업인이 되었다가 다시 교수로 돌아간 경력의 소유자다. 그는 의사를 아버지로 해서 1962년에 부산에서 태어났다. 2남 1녀 중 장남이었다. 의사인 아버지 안영모 씨는 나이가 많을 때까지 의원을 운영했다. 어릴 때 안철수는 말수가 적고 숫기도 없었다고 한다. 지능은 매우 높은 것으로 나타났지만 초등학교와 중학교에서는 특별히 좋은 성적을 기록하지 못하였다. 그러나 고등학교 때부터는 성적이 크게 향상되었다.

1980년에 서울대학교 의과대학에 진학하였고 1988년에 대학원에 진학하였다. 대학원 진학 첫 학기에 그는 '컴퓨터 바이러스'라는 표현을 처음으로 접했다고 한다. 그는 의사(당시 이미 의과대학을 졸업했으므로 의사라고 부르는 것이 마땅하다고 생각함)이었으므로 바이러스가 사람에게 질병을 일으키는 것처럼 컴퓨터 바이러스도 '컴퓨터를 병들게 하는 것'이구나 하는 연상 때문에 관심이 더 컸는지도 모른다.

그의 말로는 컴퓨터 바이러스는 컴퓨터의 '사용자 몰래 실행되는 복사 프로그램'이라고 한다. 그래서 그는 가지고 있던 디스켓 50장을 조사해봤더니 그 중에서 3장이 컴퓨터 바이러스에 감염되어 있는 것을 발견하였다. 그는 그때부터 바이러스를 치료하는 컴퓨터 프로그램을 개발하기 시작하였다. 당시에는 박사과정 학생이었으므로 정규 학업에 매진해야 하는 처지이었고 바이러스 백신 개발은 새벽 3시부터 6시까지 별도의 시간에 해야 했다. 그를 이와 같은 '새벽 작업'을 1988년 6월부터 시작하여 박사과정 공부를 하던 3년 동아 계속하였다. 안철수 교수는 군에 입대하기 전인 1989년부터 1년 반쯤 단국대학교 의과대학 전임강사와 의예과 학과장을 지냈다. 의과대학 교수로 재직하면서 2년 동안, 그 후 해군 군의관으로 근무하며 3년 동안, 모두 7년 동안 컴퓨터 바이러스 백신 개발 노력은 계속되었다.

안철수 교수는 1995년 3월에 안철수컴퓨터바이러스연구소(간단한 명칭으로는 안철수연구소)라는 긴 이름을 가진 기업을 창업하고 사업가로서의 생활을 시작하였다. 창업 후 3~4년 동안은 자금이 부족하여 직원들의 급여를 주기 어려웠다. 이때는 자신의 급여를 사업에 사용했다. 월말에 줄 돈을 마련하느라고 은행에 '어음할인'을 하러 가기도 했다. 이때 은행 창구 직원들의 호감을 사기 위해서 간단한 먹을거리를 사서 들고 가기도 했다고 한다.

---

[1] 참고 문헌 : 안철수(2001), CEO 안철수 영혼이 있는 승부, 김영사.
안철수(2005), C 내 인생의 터닝 포인트, 스테디북.

그는 1995년에 미국의 펜실베니아대학교 대학원으로 유학을 떠나 1997년에 Executive Master of Technology Management (한국어로는 기술경영학 석사)를 취득했다. 그 동안에도 그는 바이러스연구소의 대표로 업무를 수행했는데, 그 곳은 한국과 밤낮이 거의 정 반대로 되어있어서 아침 이른 시간에는 서울에 있는 연구소의 업무 보고를 e-메일로 받고(서울은 저녁 퇴근 시간이 되어 일과를 정리할 시간이므로), 낮 시간에는 미국에서 정상적인 연구 활동을 하였다. 그는 이때 미국과 한국을 오가며 일하다 급성간염으로 쓰러져서 3 개월 간 입원한 바 있다. 이 사건은 재일한국계 사업가 손정의도 과로로 급성간념으로 쓰러졌던 것과 매우 유사한 사건이다.

안철수 사장에게 기회가 찾아온 것은 1999년 '체르노빌 바이러스'가 기승을 부리던 때부터였다. 또, 컴퓨터 업계에는 21세기가 시작되는 서기 2000년에는 1900년대로 맞추어진 컴퓨터는 큰 오류를 일으킬 수 있다는 공포가 나돌았다. 소외 Y2K 사건이었다. 이와 같은 시대적 전환점은 독자적인 기술력을 갖추고 있던 안철수연구소에는 절호의 기회였다. 이때부터 컴퓨터 사용자들은 바이러스 백신에 대한 관심도가 높아졌고 회사는 창업 4 년 만에 흑자로 전환됐다. 2001년에 회사는 코스닥에 상장됐.

회사가 어느 정도 안정 궤도에 올랐다고 판단한 안철수 사장은 2005년 회사의 대표이사직을 사임하고 부인과 함께 미국 유학을 떠났다. 안철수 사장은 미국의 펜실베이니아대 와튼스쿨에서 경영학을 공부하기로 했고, 부인은 워싱턴주립대에서 법학을 전공하기로 했다. 안철수 사장은 2008년 귀국 하여 KAIST 교수가 되었다. 또, 그는 2011년엔 모교인 서울대 교수가 되었다.

안철수 교수는 말한다. 비즈니스는 긴 호흡과 영혼의 승부이다. 삶과 비즈니스는 긴 호흡을 필요로 한다고. 사업에서 성공하기 위해서는 남보다 두세 배 더 투자하라. 싸우지 않고도 이길 수 있다. 다시 한 번 강조한다. 비즈니스는 영혼의 승부라고.

한 번 더 생각하기
✓ 안철수 교수는 컴퓨터 바이러스 백신 개발이 큰 사업거리가 될 것이라고 처음부터 예측했을까?
✓ 안철수 교수가 말하는 '비즈니스는 긴 호흡을 필요로 한다'라는 말은 무슨 뜻일까?
✓ 영혼을 승부를 걸만한 비즈니스 아이디어(사업 거리)를 발견하려면 어떻게 해야 할까?

안철수(2012), 안철수 경영의 원칙, 서울대학교출판문화원.
양보원(2012. 09. 20 : 02:00) "뭔가 만지면 꼭 분해하던 아이 … 컴퓨터 백신 디딤돌 삼아 '정치 백신' 도전," 중앙일보(입력).

9-1 기본적 개념

1) 입지의 중요성

맥도널드 햄버거 체인의 설립자 레이 크록(Ray Kroc)은 사업 성공에 가장 중요한 3 가지 요소는
1. 입지
2. 입지
3. 입지

라고 하였다고 한다. 소매점 사업가들에게 입지는 특별히 중요하다.

소매점 사업에서 입지가 중요한 이유를 정리하면 다음과 같다.
(1) 많은 소매점 사업에서 입지는 내점객의 수에 영향을 미치는 가장 중요한 변수이다.
(2) 입지는 한번 결정하면 바꾸기가 쉽지 않다. 바꾸는 데에 많은 자금이 소요되고 관련된 사업상의 손실이 크다.
(3) 입지는 소매점 사업에서 가장 비중이 큰 투자이다. 제조업의 경우에도 입지에 소요되는 자금의 비중은 상당히 크다.

그러므로 신규 점포 사업을 하려는 경우에는 좋은 입지를 선정하는 데에 최선을 다 하여야 할 것이다. 좋은 입지를 구하기 위해서는 시간과 노력의 투입뿐만 아니라 분석하고 평가할 수 있는 능력을 가져야 한다. 이러한 점을 인식하고도 충분한 시간과 노력과 함께 지식을 활용하지 못하여 좋은 입지를 구하지 못하고 결과적으로 사업에 실패하게 된다면 아쉬운 일일 것이다.

2) 입지와 지점의 차이

사업장이 위치하게 될 장소를 설명하는 데 있어서 영문 원어 서적에서는 입지 (location)와 지점(site)을 구별하여 사용하는 경우가 있다. 이와 같은 구분은 입지를 설명하는 데 도움이 되므로 여기에서도 구별하여 사용하기로 한다. 입지는 기업 (점포 또는 공장과 같은 사업체)의 시장을 포함하는 지역(region)이나 도시 또는 동

이나 읍과 같은 것을 의미한다. 한편, 지점(site)은 점포가 위치하게 될 거리의 특정 건물을 의미한다. 입지가 좋아도 지점이 좋지 못하면 기대하는 성과를 얻지 못하는 경우가 많다. 예를 들면, 서울의 명동과 같은 지역일지라도 통행량이 적은 한적한 뒷골목 건물에 점포가 위치하게 되면 이 점포는 명동이 가지는 이점을 모두 향유하지는 못할 것이다.

3) 입지 분석과 시장 조사와의 관계

입지 분석은 시장 조사와 상관이 없어 보이는 활동으로 보일 수 있지만, 양자가 모두 고객의 특성 및 구매 행동 등에 관한 조사라는 공통점이 있다. 이런 공통성 때문에 시장 조사, 마케팅 계획과 입지 분석을 제3편에 묶어 놓은 것이다. 시장 조사는 시장에 관한 조사라는 점에서 모든 형태의 사업에 대해서 적용할 수 있는 것이고, 입지 분석은 백화점, 병원, 소규모 점포처럼 점포의 중요성이 상대적으로 큰 사업에서 적용하는 특수한 분석이라고 할 수 있다.

4) 상권의 개념

상권(trading area)은 소매업에서 점포나 상업 지역을 이용하는 고객들이 분포되어 있는 공간적 범위를 말한다. 예를 들면, 주거지역에 있는 음식점의 상권은 인근의 주거지역이 될 것이다. 한편, 대형 백화점의 상권은 그 백화점이 속해 있는 도시 전체기 된다.

5) 총상권과 상세권

(1) 총상권(general trading area)

특정 사업 집단의 세력이 미치는 범위로서 다수의 상업 시설이 고객을 흡인하는 공간적 범위를 말한다. 예를 들면, (서울의) 명동의 총상권이라 하면 명동 지역에 있는 여러 업종의 다양한 사업체들(각종 소매 점포, 금융기관 등) 전체가 고객을 끌어 늘이는 지역적 범위를 말한다. 명동에는 서울의 모든 지역에서 고객이 오고 있으므로 명동의 총상권은 서울 지역 전체라고 할 수 있다.

(2) 상세권(company operating area)

체인 스토어의 경우에 개별 점포의 상권이 아니고 체인 스토어의 여러 점포가 세력을 미치는 지역을 말한다. 예를 들면, 어느 체인 점포가 특정 지역(예를 들면, 경인지역)에만 분포되어 있다면 이 체인점의 상세권은 경인지역이 된다.

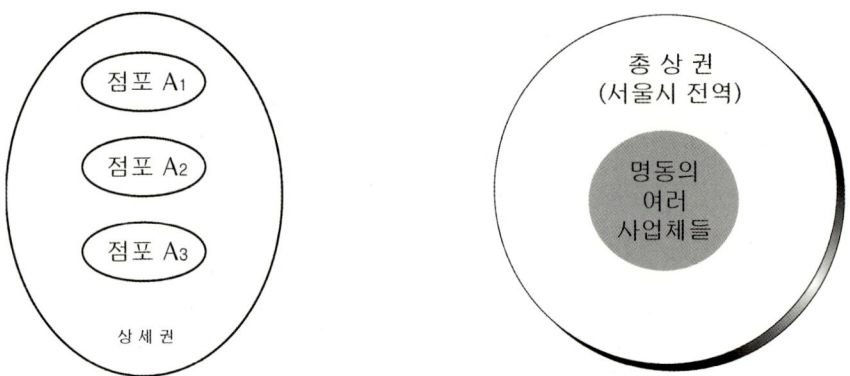

그림 9.1 총상권과 상세권

3) 1차, 2차, 3차 상권

(1) 1차 상권 : 어느 점포가 접근성 편의성 등에 있어서 주요 경쟁자에 비하여 우월하게 봉사할 수 있는 소비자들이 분포되어 있는 지역을 말한다. 1차 상권 내의 소비자는 보통 전체 매출의 3분의 2 정도를 차지한다.

(2) 2차 상권 : 2차 상권은 1차 상권 이외의 지역으로 어느 점포가 접근성 편의성 등에 있어서 경쟁자에 비하여 어느 정도 강력한 인력을 미칠 수 있는 지역을 말한다. 2차 상권은 전체 매출액의 15 내지 20 퍼센트 정도를 차지하는 지역으로 본다.

(3) 3차 상권 : 3차 상권은 보통 지리적 범위의 관점에서 정의하지 아니하고, 접근성 이외의 이유로 점포에 오는 고객들이 분포된 범위를 말한다. 특별한 촉진 행사 때 오는 고객, 할인권을 이용하기 위하여 오는 고객 등이 분포되어 있는 지역을 말한다. 3차 상권은 전체 매출액의 5 내지 20 퍼센트 정도를 차지하는 지역으로 본다.

그림 9.2 1차, 2차, 3차 상권

6) 상권의 일반적 특성

(1) 상권의 범위는 점포 규모에 비례한다.
(2) 교통이 편리하면 상권의 범위가 확대된다.
(3) 번화가에 입지하면 상권의 범위가 확대된다.
(3) 선매품, 전문품 취급점포의 상권은 편의품 취급점보다 더 크다.
(4) 점포 지명도가 높을수록 상권은 넓어진다.

7) 상권 분석

상권 분석은 상권의 여러 가지 특성, 예를 들면 인구 통계학적 조사, 산업 구조 또는 분포, 경쟁 상태 등을 조사하는 것을 말한다.

9-2 입지와 지점 선정 절차

입지 및 지점 선정 절차를 그림 9.3에 도시(圖示)하였다. 이들 절차의 각 단계에 대하여 간단히 설명하면 다음과 같다.

1) 후보 입지의 선정

점포 또는 공장의 입지는 앞에서도 말한 바와 같이 점포 또는 공장이 위치하게 될 일정한 범위의 지역을 의미한다. 입지 분석의 첫 단계는 후보 입지의 선정인데, 후보 입지는 다음과 같은 이유 중 하나 또는 여럿이 선정의 기준이 될 수 있다.

(1) 사업에 적합

선택한 업종에 적합하다고 판단되기 때문에 선정될 수 있다. 예를 들어, 서점을 개설하고자 하는 경우라면 학교 근처를 후보지로 선택할 수 있다.

(2) 개인적인 인연

자신이 살고 있는 지역, 자주 가 볼 기회가 있어서 잘 알고 있는 곳, 설치하면 친척이나 친구 등으로부터 특별한 도움을 받을 수 있는 곳 등이다.

(3) 경제 동향

경제의 발전 동향, 지역 개발 동향 등을 기준으로 하여 후보지를 선정할 수 있다.

(4) 체계적인 조사 결과

체계적인 입지 조사를 통하여 후보 입지를 선전한다.

(5) 타인으로부터 추천

전문가, 친구 등으로부터 추천을 받는 곳 등이다.

2) 후보 입지의 평가

후보 입지가 선정되면 후보지에 대하여 인구, 경쟁, 산업, 물리적 환경 등을 조사하여 입지의 후보 사업에의 적합도를 평가한다. 적합한 입지를 발견하지 못하면 새로운 후보 입지를 물색한다.

3) 후보 점포의 선정

검토한 지역이 사업에 적합한 곳이라고 판단되면 구체적인 점포에 대한 자료를 수집하고, 분석하여 후보 점포를 선정한다.

4) 후보 점포 평가

후보로 선정된 점포에 대하여 임차료, 규모, 방향 등을 고려하여 최종적인 판단을 한다. 적합하다고 판단되지 아니하면 새로운 후보 점포에 대하여 평가한다.

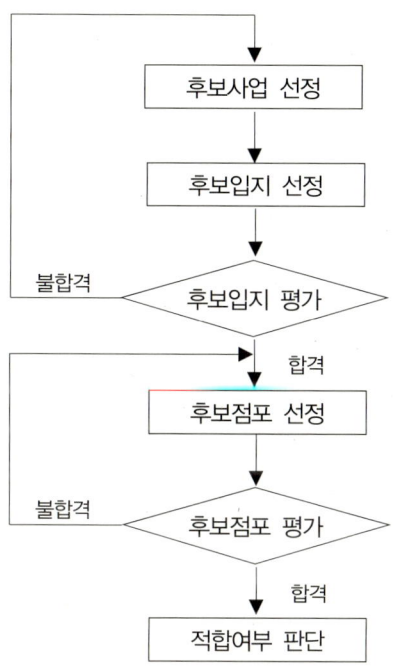

그림 9.3 입지 및 점포 선정 절차

9-3 상점 선택 및 입지 선정 시 고려요인

1) 상점 선택 시 고려요인

소비자들이 구매처로 상점가 및 점포의 선택 시 고려하는 요인은 많다. 예를 들면, 가격, 품질, 구색, 거리, 교통, 친절 정도 등이다. 이와 같은 요인들을 좀 더 자세히 정리하면 표 9.1(상점가, 상점 및 상품 선택 시 고려 요인)과 표 9.2(점포 선택 요인)와 같다. 입지 선정 시 소비자의 이와 같은 행동요인을 이해하고 적용해야 한다.

표 9.1 상점가, 상점 및 상품 선택 시 고려 요인

구 분	고 려 요 인
1. 경제성	① 가격 ② 품질 ③ 애프터서비스 ④ 신용구매 가능성
2. 선택성	① 상품의 종류와 양 ② 동종 업종이 다수인가 ③ 업종의 다양성
3. 편의성	① 교통 ② 주차 ③ 거리 ④ 복수의 업무 처리 가능성 ⑤ 일괄구매 가능성 ⑥ 통근 통학 중에 이용 가능
4. 안전성	① 교통안전 ② 재해로부터 안전 ③ 폭력으로부터 안전
5. 습관성	① 전에부터 이용 ② 점주와 안면 ③ 다른 곳이 없다
6. 쾌적성	① 청결 ② 차분하게 구매 가능 ③ 서비스가 좋다 ④ 해방감을 맛볼 수 있다 ⑤ 분위기가 좋다 ⑥ 친절 ⑦ 녹지가 많다 ⑧ 사람들의 분위기가 좋다 ⑨ 무언가 모르나 끌리는 점이 있다 ⑩ 거리의 경관이 좋다
7. 정보성	① 센스(감각)가 있다 ② 믿을 수 있다 ③ 선전과 광고 ④ 유행정보를 얻는다 ⑤ 인간적인 접촉이 가능하다 ⑥ 문화적 분위기 ⑦ 장식이 보기 좋다 ⑧ 상점가 고유의 분위기가 있다 ⑨ 유명 상표 상품이 있다
8. 여가성	① 상점가나 거리가 즐겁다 ② 여가 시설이 충분하다 ③ 문화 교양 취미 시설이 있다 ④ 음식점이 풍부하다 ⑤ 여가를 즐기면서 구매할 수 있다

표 9.2 점포 선택 요인

상점특성구분	특 성 내 용
1. 상품 특성	유행, 품질, 구색, 상표명, 자기점포 상품, 명확한 표시, 재고
2. 서비스 특성	반품, 교환, 신용, 배달, 선물 상담, 전화주문, 영업시간, 신용판매
3. 점포 특성	청결, 편리한 배치, 식당, 장식, 상품진열, 체크아웃의 용이성, 주차시설, 점내 이동성
4. 종업원 특성	수, 정중함, 친절, 지식, 도움이 됨
5. 구매자 특성	친구, 사회계층, 라이프스타일

2) 입지 선정시 고려 요인

(1) 전체적인 지역 구조 이해

① 도시의 전체 구조에 있어서 후보 입지가 어떤 곳에 위치하고 있는가를 검토한다. 예를 들면, 도심 또는 부도심인가, 주거지역인가, 단독주택 지역인가, 아파트 지역인가, 사무실 지역인가, 상업지역인가를 생각하고 그 특성을 고려한다.

② 상가지역의 위치로 볼 때, 어떤 순위인가? 그 지역의 1차 중심상가인가, 2차 중심 상가인가, 주거지역의 근린 상가인가 등이다.

(2) 인구 통계학적 특성

조사 지역의 인구 동태를 살피는 것은 매우 중요하다. 감소, 증가, 또는 안정적인가를 조사해야 할 뿐만 아니라, 그 지역 내의 욕구와 취급하려고 하는 상품과 일치하는지도 조사해야 한다. 지역인들의 라이프스타일도 조사되어야 한다. 예를 들면, 고급 아파트 지역에서 어린이 용품점은 적절하지 못하다. 왜냐 하면, 고급 아파트 지역에는 재산을 어느 정도 축적한 나이가 든 사람들이 많이 살고 있을 것이므로 아이들이 많지 않기 때문이다. 인구와 관련하여 조사할 내용은 전체 주민 수, 나이, 성별, 결혼 여부, 자녀의 수, 직업, 소득, 주거 형태, 자가용 소유 여부, 종교, 출신 지역, 학력 등이다.

(3) 유통 구조 및 경쟁 구조

고려하는 지역의 유통 및 경쟁 구조를 이해해야 한다.

그 지역을 봉사하는 중심 상업 지역은 어디에 있으며 커버하는 지역적 범위는 어디까지인가?

- 취급하는 상품의 종류, 품질, 가격은 어느 수준인가?
- 백화점, 대형 쇼핑 센터, 수퍼마켓은 어디에 있는가?
- 지역 주민이 주로 어디에서 쇼핑을 하는가? 그 이유는 무엇인가?
- 앞으로 변화할 가능성은 있는가?
- 품목별, 식품, 의류, 가정 용품에 따라 어떤 분포를 보이는가?
- 취급하고자 하는 동종의 상품을 취급하는 점포는 어디에 위치하고 있는가?
- 상품의 종류, 품질, 가격, 교통편 등에서 어떤 경쟁력을 가지고 있는가?

기존의 점포가 효율적으로 운영되는 경쟁력 있는 점포인지 아닌지를 판단하는 것은 간단한 일이 아니다. 기존 점포의 경쟁력은 신규 점포의 경영 전략에 따라 다르게 평가될 수 있다. 예를 들면, 가격이 평균 정도이고 지역 사회의 주민들과 친밀한 관계를 가지고 있는 소규모 점포는 언뜻 보기에는 신규 점포의 참여가 어려운 여건으로 판단될 수 있다. 하지만 이런 곳에도 상품의 구색이 잘 갖추어진 대규모의 할인점이 설립되면 기존의 질서는 파괴

될 수 있다. 달리 말하자면, 경쟁력의 평가는 상대적인 것이며, 경영자들의 창의력과 주변 여건에 따라 다르게 평가될 수 있다는 점이다.

(4) 교통 사회 문화 시설

지역의 교통 수단, 주차 설비 상태 등도 입지를 평가할 때에 중요한 고려 사항이다. 지역의 사회 문화적 공공시설도 입지 평가 항목의 대상이 된다. 시군구청, 읍면동 사무소, 버스 터미널, 학교, 극장, 공원 등도 중요한 고려 사항이 될 수 있다.

(5) 산업

고려 대상 지역의 산업도 입지를 선정할 때에 조사되어야 한다. 지역인들의 소득이 증대되고, 인구가 증가할 수 있는 산업 구조를 가지고 있는가 그렇지 못한가를 검토하고 입지 선정을 결정해야 한다. 예를 들면, 농업이 주요 산업으로서 소득과 인구가 모두 감소하는 지역이라면, 소매점 창업 지역으로는 적절하지 못하다.

이상적인 지역으로는 확고한 산업이 있고, 다양한 산업 분야가 있고, 지역민의 소득이 증대되고 있으며, 계절성이 크지 않은 곳이라고 할 수 있다. 하지만 이상적인 소매 사업 지역으로서의 한계점이 있더라고 그것을 극복할 수 있는 방안이 있는지도 검토해 봐야 할 것이다.

9-4 지점의 평가 및 후보 물건 조사

1) 지점의 평가

(1) 통행량 분석(traffic analysis)

지점의 앞, 뒤 및 측면을 통과하는 차량 대수, 차량의 종류, 통행 목적 등을 조사한다. 또, 보행자의 수, 통과 목적, 나이, 직업, 소비 수준 등을 조사한다(표 9.3 참조).

표 9.3 유동인구 조사표

조사일시 :　　　년　월　일, (오전, 후)　시　분부터　시　분까지
조사자 성명 :
특별한 사항 :

연령대 \ 성별	남 성					여 성					합계	백분율
	직장인	학생	기타	합계	백분율	직장인	학생	기타	합계	백분율		
10대												
20대												
30대												
40대												
50대												
60대 이상												
총 계												
백분율												

* 나이, 직업 등을 구별하기 어려우면 적당히 조정하여 활용한다.

조사를 과학적으로 실시하기 위해서는 랜덤 샘플링을 해야 한다. 그러나 현실적으로는 고정 시간대에 실시하는 것도 대안이라고 본다. 하루 중 실시 회수는 세 번 정도가 좋을 것이다. 시간대로는 점심식사 시간대인 정오부터 오후 1시까지, 주부들의 이동이 활발히 일어나는 오후 4-5시 사이, 직장인들의 퇴근과 저녁식사가 주로 이루어시는 저녁 7-8시 사이이다. 이 시간대의 유동인구를 측정하면 핵심 수요층이 누구인지, 누구를 대상으로 한 사업을 해야 할지 윤곽이 잡힐 것이다.

주변의 점포에는 어떤 것들이 있는가? 그들은 상호 보완적인가 경쟁적인가? 경쟁점포라면 상품의 종류, 가격, 품질, 서비스 등에 있어서 어느 수준인가? 경쟁점의 마케팅 전략은 무엇인가? 다점포 건물일 경우에는 건물 전체의 업종 구성이 어떤가를 점검한다.

(2) 교통 편의

쇼핑객들이 사용하는 교통편은 무엇인가? 버스, 전철, 자가용 승용차, 특별 쇼핑센터의 전용 버스, 도보 중 어느 것인가? 정류장, 요금은 어떤가?

(3) 주차 설비

주차 시설은 어떤가? 요금, 공간, 편리성 등은 어떤가?

(4) 음지와 양지

지구의 북반구에서는 남향집은 4철 햇볕이 잘 들고, 북향집은 햇볕이 잘 들지 않는다. 점포는 햇볕이 직접 드는 방향보다는 직접 볕이 잘 들지 않아 인공 조명을 할 수 있는 쪽이 좋다고 한다.

(5) 퇴근길 방향

대부분의 점포는 출근길 쪽보다는 퇴근길 쪽이 유리한 것으로 알려져 있다.

(6) 지점의 역사와 미래

특정 점포의 명성도 중요한 고려 사항이다. 기존의 점포에 대한 명성의 대가로 지불하는 보상이 속칭 권리금이라는 것이다. 한편, 평판이 좋지 않은 점포에 같은 상품의 점포를 개설하는 것은 어리석은 일이다. 이런 경우에는 업종 또는 취급 상품을 바꾸는 것이 좋다.

2) 후보 물건 조사

(1) 점포의 물리적 특성

① 면적 : 전용 면적

② 점포의 형태 : 전면의 폭, 점포의 깊이

③ 문 : 출입구, 창문

④ 냉난방 조건 : 중앙 냉난방, 에어컨 설치, 가스 공급 여부

⑤ 천정 : 천정의 높이, 재질 등

⑥ 조명 : 현재의 조명, 변화 가능한 조명 방식 등

⑦ 층별 위치

⑧ 전기 용량

⑨ 외부 간판 설치 여건

⑩ 주차장

(2) 상업적, 법률적 요건

① 임차료 : 보증금, 월세, 지불 방식, 계약 기간

② 토지 및 건물 등기부 등본

③ 건축물 관리 대장
④ 도시 계획 확인원
⑤ 건축 준공 검사(신축 건물인 경우)

9-5 쇼핑 센터의 출점 시 검토 사항

새로 개발되는 쇼핑센터에서 점포를 임대하고자 하는 경우에 고려해야 하는 사항은 다음과 같다.
(1) 개발자는 누구이며 부동산 개발에 대한 경험의 정도, 자금의 출처, 자본력, 명성, 신뢰도 등을 검토한다.
(2) 개발 계획자는 누구이며, 보고서는 충실히 작성되었는가를 검토한다. 예를 들며, 개발되는 쇼핑 센터의 장점, 단점, 주변 환경 여건의 동향 등을 자세히 분석하고 있는지를 검토한다.
   ① 지역 상태
      가구수, 인구, 소득 상태, 직업 분포, 산업 분포, 관공서의 소재 여부, 소매 점포수와 매출액 동향, 도시 재개발 계획 등
   ② 소비자 분석 : 구매 관습, 가계비의 지출 동향
   ③ 경쟁점포 분석 : 상점가의 시장의 상태, 경쟁점의 수, 규모, 분포, 매출 추정액, 취급 상품, 가격, 구매 경로, 판매 촉진책, 경영자의 경영 능력, 상점들의 공동 활동 등
   ④ 교통 및 도로 사정 : 도로의 크기, 버스 노선 및 수량, 지하철 노선, 역 및 정거장과의 거리, 주요 교통 수단(자가용차, 대중 교통 등)
   ⑤ 앞으로의 주변 환경의 변화 가능성 및 동향
(3) 경제 분석 실시자의 컨설턴트로서의 경험의 정도.
(4) 쇼핑 센터 설계 회사의 설계 능력.
(5) 그 회사가 이전에 쇼핑 센터를 설계한 적이 있는지의 여부와 설계한 쇼핑 센터는 순조로운 성과를 올리고 있는지를 알아야 한다.
(6) 개발자가 이외에 쇼핑 센터를 개발한 일이 있는가, 있다면 그 운영 관리능력과 상품화 및 판매 촉진에 대한 경험이 있는지를 알아야 한다.

(7) 출점 희망자는 어느 정도인가를 파악.
(8) 임대 계약서의 완벽 여부.
(9) 쇼핑 센터의 총면적은 예상 판매액에 대응할 만한 면적인가를 파악하고 공간이 너무 넓으면 활기가 없는 것처럼 보이며 너무 적으면 그 센터의 주변에 경쟁을 유발시키게 되므로 그 일대에서는 경쟁할 수 있는 업체가 들어서지 못할 정도로 커야 한다.
(10) 쇼핑 센터에 적합한 부지인가를 파악.
(11) 쇼핑 센터는 멀리서도 잘 보이는가를 확인.
(12) 접근과 출입이 자유로운가를 파악.
(13) 임대료와 기타 경비는 경영을 하는 과정에서 큰 부담이 없을 것인가를 분석해야 한다.

9-6 제조업을 위한 입지 선정

제조업의 공장의 위치를 선정할 때의 고려 사항은 소점포 입지를 선정할 때의 고려 사항과 크게 다르다. 제조업과 소매점 같은 입지 중심 사업은 그 특징이 여러 가지로 다르기 때문이다. 점포와 공장의 차이점을 예를 들어 한 가지 살펴보면, 점포에는 여러 고객이 '한 곳'(점포)로 오는 편이지만, 제조업의 경우에는 '한 곳'(공장)에서 생산된 제품이 소비자 가까이에 있는 '여러 곳'(도소매 점포)으로 이동된다.

제조업(공장)의 입지 선정에서 고려해야 할 사항은 다음과 같다.
(1) 필요한 노동력의 확보 가능성
(2) 원자재의 확보 및 수송의 용이성
(3) 동력(전력, 가스 등)의 확보 용이성
(4) 산업용수의 질과 수량
(5) 교통
(6) 산업 폐기물 처리 비용
(7) 문화적 환경
(8) 지방자치단체의 지원

(9) 교육 문화 시설(종업원들의 문화생활 및 교육과 관련)
(10) 규제의 정도

공장 입지 조건을 만족하는 장소를 개별적으로 준비하는 데는 여러 가지 어려움이 많다. 그래서 여러 가지 조건을 만족시키는 곳을 찾기 위해서는 국가와 지방자치단체가 개발한 공업단지나 농공단지를 먼저 검토하는 것이 좋을 것이다. 또, 중소기업 지원 전문기관의 도움을 받는 것이 좋다.

9-7 입지 선정에 필요한 정보 및 소재

(1) 인터넷
요즈음은 인터넷에서 원하는 지역과 지점에 대한 상세한 정보를 얻을 수 있다. 특히 지도와 관련된 정보도 매우 잘 제공되고 있다.

(2) 지도
지도는 입지 분석에 필수적인 자료이다. 전문적인 지도 판매소에 가면 용도에 적합한 각종 지도를 구할 수 있다. 또, 시, 군, 구청이나 읍, 면, 동 사무소에 가면 무료로 이용할 수 있는 지도가 있다. 해당 지역의 소상공인 지원센터에 가도 도움을 받을 수 있다.

(3) 소상공인 지원센터
해당 지역의 소상공인 지원센터에 가면 입지 선정과 상권 분석에 관한 여러 가지 도움을 받을 수 있다.

(4) 전문 서적
우리나라에는 지역별 상권 분석에 관한 여러 가지 도서가 간행되어 왔다. 소상공인 지원센터, 서점, 도서관 등에 가면 이용할 수 있다.

(5) 신문
신문들도 지역별 상권을 분석하여 발표하는 경우가 많다. 지금은 전자 신문을 이용할 수 있으므로 신문사에 직접 가지 않고서도 신문의 자료들을 이용할 수 있다.

(6) 정기간행물

부동산 관련 잡지, 생활정보지(예를 들면, 벼룩시장 같은 것) 등을 보면 여러 지역에 관한 사업 입지 정보가 게재되어 있다.

(7) 지방 및 국가 행정 기관

시, 군, 구청이나 읍, 면, 동 사무소는 지역의 경제 동향, 개발 계획 등에 관한 자료를 얻을 수 있는 중요한 장소이다. 또, 등기 사무소도 입지 선정과 관련하여 방문할 필요가 있는 곳 중의 하나이다.

(8) 부동산 중개소

부동산 중개소는 지역의 입지에 대한 생생한 정보를 보유하고 있는 곳이다.

9-8 입지 분석 사례

1) 조사 개요 및 목적

조사일시	2003년 10월
조사방법	현장조사
대상지점	관악구 신도림동 (구체적인 번지는 생략)

창업 희망자의 현황
(1) 희망 업종 : 경양식을 겸한 호프점 (2) 규모 : 1층, 20평 (3) 자금 : 자기 자금 3억 원 보유, 타인자금 1억원 차입 가능 (4) 창업 예정시기 : 2004년 4월 (5) 창업 경험 : 음식점 경영 경험 있음 기타 : 지방에서 살다가 상경함. 서울 사정에 아직 어두움.
조사목적
창업 희망자는 40대의 부부가 창업하기 위하여 입지에 적합한 업종 선정하고자 함.

2) 위치도 및 상권설정

(1) 위치도

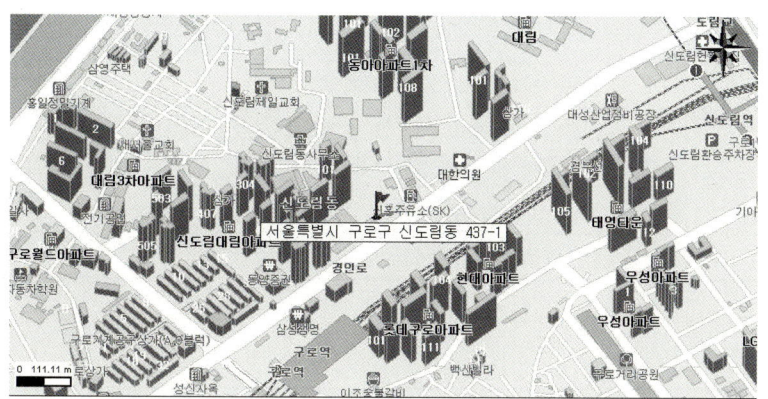

(지도 출처 : 네이버 지도 검색)

(2) 상권

> 위치 : 신도림역과 구로역 사이에 위치
> 주민 및 주거지 : 아파트 밀집 지역
> 1차 상권 : 구로역과 신도림역 사이 대로를 중심으로 양쪽의 주택들과 아파트 단지내의 아파트 밀집지역을 1차 상권으로 본다. 대로 건너쪽은 실제 흡인대상으로 약할 것 같다 (통설로 4차선 이상이면 다른 상권으로 봐야 된다는 말도 있다).

3) 상권 및 생활권 특성

요 인	특 성
도로 구조	구로역과 신도림역 사이의 대로변에 위치하고 있다. 왕복 8차선이다.
접근성	교통이 편리하다. 하지만 큰 길 건너편에서는 육교를 건너야 한다는 점이 지적된다.
대중교통 환경	전철 1, 2호선 및 대중 교통이 양호하다.
통행량	통행량은 많지 않다.
주요 시설	전철역을 제외하면 주요 공공시설은 없다. 생활편의점이 중심을 이룬다. 국민은행이 있다.
주변 상황	주택가로서 소비자 중심이다.
주차시설	건물 뒤쪽에 주차할 수 있다.
종합	대로변이지만 중요 공공시설이 없어서 인구 흡인력이 약하다. 낮시간에 주택가 주민과 학생이 주요 유동인구이다. 외견상 양호해 보이나 큰 매출을 기대하기는 어려울 것으로 평가된다.

4) 상권 분석

(1) 상권 특성

요 인	특 성
주거 상권	건물 배후에 아파트 단지가 있다.
유동 상권	유동인구가 출퇴근자, 학생, 주부 등으로 사업, 유흥 등을 목적으로 하는 유동인구가 적다.
업무 상권	업무 시설은 거의 없다.
주요 접객 시설	접객업을 하는 경쟁점이 없다.

(2) 유동인구 분석

요 인	특 성
전체 통행량	평일에 25,000 명 정도
시간대별 그룹별	출퇴근 시간, 등하교 시간, 주부들의 주간 이동
연령별 성별 구성비	직장인, 학생, 부주
차량 통행량	왕복 8차선이므로 하루 종일 차량 통행량이 많다.
종 합	현재로서는 크게 번성하는 점포는 없으나 통행량을 이용한 업종을 탐색할 가치가 있다고 본다.

5) 점포 컨셉트 및 후보 업종

(1) 업종 선정 방향

① 입지 특성

신도림역과 구로역의 중간 지점에 위치하고 있다. 상권의 범위는 신도림역 과 구로역 사이의 대로를 중심으로 양쪽의 주택, 아파트 단지가 1차 상권이다.

② 업종 분포 특성

아파트 주민을 타깃으로 하는 업종, 생활편의형 업종을 중심으로 다양한 업종이 분포되어 있다.

③ 유동인구 특성

주택지역, 아파트 진입로이므로 주거 인구가 대부분이다. 업무 시설이 없어 유동인구는 많지 않다.

④ 점포 컨셉트 및 업종 선정 방향

앞에서 살펴본 ① 입지 특성, ② 업종 분포 특성, ③ 유동인구 특성에서 지적한 바와 같이 상업지역이 아니어서 해당 상가의 통행인은 외부 유입 인구가 거의 없으며 거주자 비율이 높다. 따라서 상주 인구를 표적으로 하는 업종, 생활 편의 형 업종을 하는 것이 좋겠다. 같은 건물에 있는 기존의 업종과 중복되지 않는 업종을 선택해야 할 것이다. 투자와 비용과 수익성을 고려하여 신중한 선택을 해야 한다.

(2) 후보 업종

창업 희망자는 식당 운영 경험이 있다고 하지만 생각하고 있는 경양식점은 후보 지역의 특성상 적합하지 않은 것으로 판단된다. 후보 건물에 있는 병원, 학원, 사우나, 골프 연습장, 약국, 미용실, 제과점과 겹치지 않은 업종을 고려해야 함.

① 한식 프랜차이즈

부대찌게, 삼겹살, 김치국수 전문점 등의 프랜차이즈를 고려해 볼 만하다.

② 호프 전문점

상권 내에 경쟁점포가 없다. 상주 인구의 만남의 장소로 이용할 수 있는 점포가 없는 실정이다.

(3) 영업 전략 제안

주민들의 입소문이 날 수 있도록 처음부터 최고의 서비스를 해야 손익분기점에 빨리 도달할 수 있다.

9-9 복습

요약

1. 점포 기반형 사업에서 점포의 입지는 매우 중요하다.
2. 입지 선정 절차는 후보 입지 선정, 후보 입지 평가, 후보 점포 선정, 후보 점포 평가, 적합성 판단의 과정으로 진행된다.
3. 지점 선정시 고려할 인접 환경 요인은 통행량, 교통편의, 주차 설비, 음지 양

지, 퇴근길 방향 등이다.
4. 점포 선정시 고려해야 할 특성은 물리적 특성과 상업적 법률적 요건으로 구분할 수 있다.
5. 점포 후보 물건 조사 시 점포의 물리적 특성과 관련된 고려 사항은 면적, 점포의 형태, 출입문, 창문, 냉난방 조건, 천정, 조명, 층별 위치, 전기 용량, 외부 간판 설치 여건, 주차장 등이다.
6. 점포 후보 물건 조사 시 점포의 상업적, 법률적 특성은 임차료, 토지 건물의 등기부 등본, 건축물 관리 대장, 도시 계획 확인원, 건축 준공 검사 등이다.

주요 용어

상권(Trading Area)
상권은 소매업에서 점포나 상업 지역을 이용하는 고객들이 분포되어 있는 공간적 범위를 말한다.

1차 상권
어느 점포가 접근성 편의성 등에 있어서 주요 경쟁자에 비하여 우월하게 봉사할 수 있는 소비자들이 분포되어 있는 지역을 말한다. 1차 상권 내의 소비자는 보통 전체 매출의 3분의 2 정도를 차지한다.

2차 상권
2차 상권은 1차 상권 이외의 지역으로 어느 점포가 접근성 편의성 등에 있어서 경쟁자에 비하여 어느 정도 강력한 인력을 미칠 수 있는 지역을 말한다. 2차 상권은 전체 매출액의 15 내지 20 퍼센트 정도를 차지하는 지역으로 본다.

상권 분석
상권 분석은 상권의 여러 가지 특성, 예를 들면 인구 통계학적 조사, 산업 구조 또는 분포, 경쟁 상태 등을 조사하는 것을 말한다.

입지선정 절차
입지 선정 절차는 후보 입지 선정, 후보 입지 평가, 후보 점포 선정, 후보 점포 평가, 적합성 판단의 과정으로 진행된다.

복습 문제

1. 입지의 중요성을 설명할 수 있는가?
2. 입지와 관련된 소비자 행동을 설명할 수 있는가?
3. 입지 선정 시 고려 요인을 설명할 수 있는가?
4. 통행량 분석을 실시할 수 있는가?
5. 입지 선정 절차를 설명할 수 있는가?
6. 점포 임차 시 점검 사항을 말하라.
7. 쇼핑몰 입점 시 점검 사항을 말하라.
8. 입지 선정에 필요한 정보의 소재는 어디인가?
9. 특정 후보 점포가 주어졌을 경우 상권 분석을 할 수 있는가?

연구 및 실습 과제

1. 자주 방문하는 점포의 입지의 장단점을 말하여 보라.
2. 자신의 사업에 대한 입지 전략을 말하여 보라.

참고 웹사이트

www.sbdc.or.kr
www.smba.go.kr
www.sbc.or.kr
www.entrepreneur.com

www.allbusiness.com
www.mysmallbiz.com
www.business-idea.com
www.coolbusinessideas.com
www.zeromillion.com

PART 4

생산 계획과 점포 계획

제1편 창업과 창업학의 개관
제1장 창업과 창업학의 본질과 전망
제2장 창업의 정의, 과정 및 종류
제3장 창업의 장단점과 기업가로서의 자질
제4장 기업의 성패 요인과 창업 지원제도

제2편 사업 아이디어의 개발과 사업성 분석

제3편 시장 조사와 입지 분석
제7장 시장 조사
제8장 마케팅

제9장 입지 및 상권 분석

제4편 생산 계획과 점포 계획
제10장 생산 계획   제11장 점포 계획

제5편 재무 계획과 조직 계획

제6편 창업 초기의 경영과 네트워킹

제 10 장

생산 계획

개 관

제 10장에서는 제품의 생산 계획에 필요한 분석과 추정 기법을 다룬다. 세부적인 내용으로는 재고 및 생산 계획, 소요 기계 및 장비의 파악, 소요 노동력 추정, 소요 자금 추정 등이다.

학습목표

1. 재고 및 생산 계획을 할 수 있다.
2. 주어진 제품과 서비스에 대한 공정 분석을 할 수 있다.
3. 제품의 생산에 소요되는 기계 및 장비의 파악할 수 있다.
4. 소요 노동력을 추정할 수 있다.
5. 소요 공간을 추정할 수 있다.
6. 소요 자금을 추정할 수 있다.

주요용어

공정 분석, 재고 및 생산 계획, 소요 기계 및 장비, 소요 노동력 추정, 소요 공간 추정, 소요 자금 추정

사 례　유도실업의 창업자 신학대학 출신 유영희

　유영희 회장은 1980년 서울시 동교동에서 1평 남짓한 유도무역상사로 출발, 2008년부터 현재까지 금형 소재인 핫런너 부문 세계 시장 1위이다. 2012년에는 2,800 명의 직원으로 6,100억 원의 매출을 올렸고, 2013년에는 7,300억 원이 목표다. 미국과 일본, 영국, 브라질 등 세계 26 곳에 지사를 두는 등 국외 진출도 활발하다.

　사출은 녹인 프라스틱을 금형에 넣어 제품을 만드는 공정이다. 유도실업은 1981년에 금형의 핵심 소재 부품인 핫러너(hot runner) 시스템을 개발하였다. 핫러너 시스템은 녹인 플라스틱을 일정 온도를 유지시키면서 통로(러너)를 통해 자동차 범퍼나 텔레비전 등의 모형틀(금형) 안에 흘려보내는 금형의 소재 부품이다.

　해외 전문 잡지에서 처음 핫러너(hot runner) 기술을 접한 유영희 회장은 창업 후에 보조직원 한 명 두고 혼자 공부를 하며 기술개발에 나섰다. 신부가 되고자 가톨릭 신학대학을 졸업한 그가 기초 공학 서적부터 읽고 실험하고 시행착오를 거쳐 자동설계 등 '사이버공장' 갖춰 세계 시장에 본격 진출 한 것은 창업 후 20 여년이 지난 뒤였다.

　유 회장의 핵심 경영 전략은 기술 개발이다. 모든 간부들이 연구개발에 매달리면서 유도실업은 현재 150여개의 특허권을 보유하고 있다. 심사 중인 특허도 33개에 이른다. 유도실업의 또 다른 자랑은 '사이버 팩토리'(cyber factory)다. 주문이 들어오면 자체 개발한 소프트웨어가 자동설계를 하고, 이어 공장의 무인가동 시스템이 설계도면을 받아 365 일 24 시간 제품을 만들어 낸다.

　기술에 대한 자신감은 기업의 성장으로 이어진다. 유 회장은 1997년 경제위기가 유도실업에는 오히려 도약의 발판이 됐다고 말한다. 환율이 솟구쳤을 때 많은 수출기업들은 제품 값을 내렸지만 유도실업은 끝까지 가격을 고수했다. 유 회장은 "경제위기 다음 해에 직원들에게 300% 이상의 성과급을 줬다"며 "가격을 지키기 위해 끊임없이 연구하고 품질을 높이는 것이 회사 경쟁력의 원천"이라고 강조했다.

　유 회장은 유도실업의 두 번째 경쟁력으로 '사람 중시 경영'을 꼽는다. 직원들이 "혼을 녹이는 열정"으로 제품을 만들어야 고객들도 제품을 인정해준다는 생각에서다. 쇳덩어리를 깎는 일의 특성 탓에 쇳가루가 날리고 기름이 튈까봐, 6,000 평 공장 내부에 환풍 시설과 냉난방 시설을 완벽하게 갖췄다. 뒷산의 산책로에는 연못과 벤치 등 휴식 공간뿐 아니라 작은 골프연습장도 만들었고, 회사 부지 30,000 평 중 이곳저곳엔 직원 가족을 위한 주말농장과 완벽한 천연 잔디 운동장이 있다.

> 유 회장은 이미 기존 사업을 제 2세에게 맡기고, 자신은 자연 속에서 어떻게 인류가 쉽고 가장 경제적으로 자연의 혜택을 누리게 할 수 있을까라는 영역에 집중하고 땀을 흘리고 있다.
>
> "하느님의 축복과 여러 분들의 도움과 받아 돈도 벌었고 기술도 갖게 됐습니다. 이제는 사람에게 돈 벌어주는 기계를 만드는 일이 아니라 사람이 가장 자연 친화적으로 살아 갈 수 있는 데 도움이 되도록 하는 일에 열심히 노력 하겠습니다." 라고 말한다.

한 단계 더 생각하기

✓ 유영희 회장은 사업 아이디어를 어떻게 구하였을까?
✓ 유영희 회장은 시대의 변화에 따라 어떤 새로운 전략을 적용했는가?
✓ 유영희 회장의 '사람 중시 경영'이 성과를 거두기 위해서 어떠한 숨은 노력이 있었을까?

10-1 생산 계획의 목적과 필요 정보

생산 계획에서는 제품의 생산에 필요한 물적, 기술적 요소를 파악하고, 원가를 추정하는 활동을 포함한다.

생산 계획에서 조사하려는 내용은 다음과 같다.

① 의도하는 사업에 필요한 기술에 대한 조사
② 공정 분석
③ 재고 및 생산 계획
④ 소요 기계 및 장비의 파악
⑤ 소요 노동력 추정
⑥ 소요 자금 추정 : 고정 투자 금액, 운전 자금
⑦ 제조 원가 추정

10-2 필요 정보

1) 제품에 관한 정보

(1) 제품의 디자인 및 생산에 필요한 시방서
(2) 요구되는 품질 수준
(3) 유지 및 보수에 관한 정보

2) 시장에 관한 정보

(1) 판매 예측치
(2) 가격 정보
(3) 유통 관련 정보
(4) 고객의 소재지 및 특성에 관한 정보

3) 자재에 관한 정보

(1) 규격

(2) 조달 가능성
(3) 원자재 공급자 및 소재지
(4) 인도 지연 시간

4) 자금에 관한 정보

(1) 조달 가능한 자금의 규모
(2) 자금의 출처

10-3 생산 계획의 단계

(1) 제품과 생산기술 조사
(2) 공정 분석
(3) 재고 및 생산 계획
(4) 생산 설비의 결정
(5) 노동력과 필요 공간의 추정
(6) 설비 배치와 건물 계획
(7) 투자 금액의 추정
(8) 제조 원가의 추정

10-3.1 제품과 생산기술 조사

이하에서 세부적인 조사 내용에 대한 설명은 사례를 보이는 것으로 가름한다. 이 사례는 제조업의 사업 계획을 작성하는 경우에 무엇을 어떻게 해야 하는가를 보여줄 것이다.

(1) 제품의 특성 분석
    제품의 명칭, 용도, 물리적 화학적 특성
(2) 생산의 확보 가능성
    제품을 생산하는 기술은 어디에서 어떻게 확보할 수 있는가를 조사

(3) 가능한 기술적 대안의 사회적 적합성

    공해, 산업재해 등 사회적 문제 발생가능성을 조사

(4) 소요 자금의 적합성

    생산 시스템을 설치하는 데 과도한 자금이 소요되는 것은 아닌지 조사

[사례 : 제품과 생산기술 조사]

제품 : 특수 용접봉

본 사업의 목적은 특수 용접봉의 제조 및 판매이다. 당사가 제조하려는 특수 용접봉은 외부에 피복된 "FLUX"라는 부품이 수십 가지의 금속재료의 혼합으로 되어 있어 현재 전량 수입중이며 따라서 국내에서 기술을 획득하기 위해서는 특허 기술을 가진 회사와의 합작 형태로만이 확보할 수 있는 기술이다. 그 이유로는 이 기술의 국내 개발에 소요되는 막대한 기술개발비의 부담과 몇 년의 개발기간이 소요될지를 금속 소재 산업의 특성상 예측하기가 어렵기 때문이다. 더욱 큰 문제인 금속의 배합비율 문제는 그 비율이 0.01%만 차이가 나도 용접봉의 효율을 발휘하기가 어렵기 때문에 국내의 개발보다 특허기술을 가진 업체와의 기술제휴가 더 좋다고 판단된다.

따라서 본 사업은 미국의 특허기술 보유 회사인 UNITED SPARTAN과의 기술 공여 계약을 통한 국내 합작회사의 설립을 추진하고자 한다.

※ 본 사업의 특허 확보 및 기술 제휴관계

구 분	특수 용접봉	비 고
합작 및 자본 제휴사	United Spartan 社(미국)	
특허 보유 여부	용접봉의 피복(FLUX)의 특허 보유	
타사와의 기술 비교	국내 생산 업체는 전무(전량 수입 의존)	

본 사업은 따라서 전량 수입중인 특수 용접봉의 급증하는 국내의 수요에 대체함은 물론 생산 기술의 확보 후 외국에도 수출을 할 예정이다. 본 사업은 국내외로부터 10만 불 상당의 기자재가 필요하지만 이미 기 확보 후 현재 시험 생산 중이므로 특별한 외화의 낭비가 없으며 공장이 가동에 들어가게 되면 경북 영천의 지역사회에 어떠한 공해를 유발하지 않고 70 명 정도의 고용효과를 가져올 것이다.

10-3.2 공정 분석

생산 공정(production process)이란 원재료를 완제품으로 만들기 위해 필요한 일련의 조작, 변형, 이동 및 검사를 포함한다. 공정 분석(process analysis)이란 원재료가 완제품이 되기 위해 필요한 조작, 변형, 이동 검사 등을 밝히고, 그들을 적절한 묶음으로 나누는 것을 말한다.

공정 분석은 다음과 같은 점에서 매우 중요하다.
(1) 원재료에서 완제품이 제조되는 과정을 밝힌다.
(2) 생산에 필요한 장비를 파악하는 데 필요하다.
(3) 생산에 필요한 인력을 파악하는 데 필요하다.
(4) 생산에 필요한 공간을 파악하는 데 필요하다.

[사례 : 생산 공정 분석]

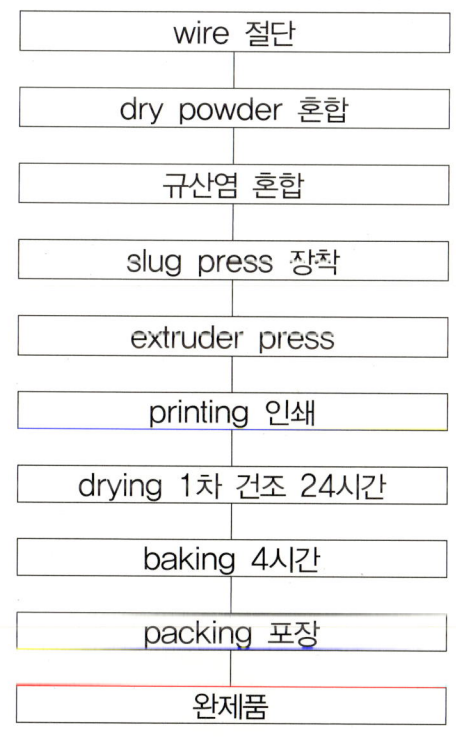

특수 용접봉 생산 공정도

1. Dry Powder
Pre-Mixer기에서 중량을 잰 뒤 콘테이너로 옮겨진다. 콘테이너는 Mix Area로 옮겨진 뒤 Mix된 후 콘테이너가 제거되며 규산염 전달 Cover를 Wet Mixer 위에 연결한다.

2. 규산염
2가지 유형의 규산염이 3 인치 파이프를 통해 3000 갤런으로 나누어진 저장 탱크로부터 94 갤런의 혼합 탱크로 옮겨진다. 규산염은 정해진 시간동안 혼합된다. 이 때 점성검사가 이루어지며 적정 시간 동안 혼합된 원료는 Extrusion Line으로 옮겨진다.

3. Extrusion
Wet Mixer로부터 Extrusion Press의 적정한 실린더의 크기에 맞게 Slug를 형성하기 위해 Slug Press에 채워진다. Slug들을 Extrusion Press에 채운다.
절단기에 의해 절단된 Core Wire가 삽입된다.
완성된 전극봉이 솔 콘테이너 끝에 도착하면 이들은 Wey 전극봉을 막기 위한 건조대 위에 올려진다. 전극봉은 말리기 위해 24시간 동안 Felt Tray에 놓여진다. 말린 뒤 Baking을 위해 준비한다.

4. Baking-열기에 의한 건조
봉의 Skid Load가 Batch Oven에 가해지고 봉을 완전히 건조시키기 위한 필요한 시간 동안 미리 정해진 온도로 건조된다.

5. 포장
봉들이 건조된 뒤 통(Can)들에 넣어져 일정한 중량으로 측정된다. 콘베이어를 따라가며 통 6개씩 공기가 새지 않는지를 검사하기 위해 검사기계를 통과한다.

6. 저장소 및 선적
가득 채워진 skid는 포장 장소로부터 선적을 대기하기 위해 저장소로 옮겨진다. 또는 선적되기 위해 선적 부서로 곧바로 옮겨진다.

10-3.3 재고 및 생산 계획

(1) 재고 정책 및 수준 결정
(2) 생산량 추정
(3) 생산 일정 계획
(4) 자재 조달 계획

[사례 : 생산 계획]

특수 용접봉의 경우 향후 4년간의 생산 계획은 다음과 같다.

제품별 구분		2xx1년	2xx2년	2xx3년	2xx4년
특수 용접봉	생산량(ton)	62	400	650	1,225
	판매량(ton)	62	380	622	1,200
	매출액(백만 원)	620	3,800	6,220	12,000

10-3.4 생산 설비의 결정

(1) 생산 기계 및 장비의 선정
(2) 자재 운반 방법과 장비의 선정

[사례 : 주요 생산 설비]

시설명	규격	단가 (백만원)	수량 (개)	금액 (백만원)	예상구입처	비 고
slug press	cs 401	35.78	1	35.78	Oerlikon (Sweden)	
extrusion press	wep 101	120.90	1	120.90		
brushing m/c	-	43.00	1	43.00		
converyer m/c	ob4/002	12.00	1	12.00		
printing units	vbg 100	10.410	1	10.410		
합 계				222.09		

10-3.5 노동력과 필요 공간의 추정

(1) 소요 노동력 추정
(2) 생산 조직의 설계
(3) 생산 공간의 추정
(4) 사무실과 휴식 공간 추정

[사례 : 소요 인력과 생산 조직]

※ <u>소요 인력으로 인한 인력 필요 현황</u>

구 분		인 원 수(명)	업 무
관리 부문	임원	2	총괄 업무
	사무직	8	소관 부문 (회계, 기획, 예산 등)
	기타	3	경비 및 경리여직원
	소계	13	
생산 부문	관리직	5	공장관리 및 설비관리
	생산직	52	숙련 기능공 및 보조요원
	소계	57	
합 계		70	

[사례 : 소요 공간과 레이아웃]

※ 현재 가지고 있는 공간과 배치는 다음과 같다.

용도	면적(단위 : m²)
공장	1500
사무실	270
검사 및 저장소	1050

10-3.6 설비 배치와 건물 계획

(1) 생산 시스템의 예비 레이아웃(layout) 작성
(2) 필요한 건물 결정
(3) 위치 선정
(4) 건물의 필요성 조사
(5) 건물 부지 선정

[사례 : 건축 계획]

건축 설비 증설 계획	시설명		수 량(개)	소요자금(백만 원)
2xx1년	기계시설	EXTRUSION	1	150
		OVEN	1	
	건물 창고 900 ㎡		1	130
	기숙사 및 식당 690 ㎡		1	180
	소계			460
2xx2년	기계시설	MIXER	1	400
		EXTRUSION	1	
	건물, 공장 및 창고 1500 ㎡		1	350
	소계			750
합계				1,230

현재 시설로는 계획 1차 년도의 수량을 달성하는 데는 문제가 없지만 이후의 생산 목표를 맞추기 위해서는 건물과 시설을 확충할 필요가 있다. 따라서 다음과 같은 시설 확충 계획을 수립한다.

10-3.7 투자금액의 추정

(1) 고정 투자 금액의 추정
(2) 운전자금의 추정

[사례 : 투자금액 추정]

총 소요자금 추정

구 분	내 용	수 량	금 액(백만 원)	비 고
공 장	대 지	39,000 m²	기확보	
	건 물	900 m²	250	
	기계시설		500	
	부대시설		85	
	기 타		65	
	소 계		900	
운 영 자 금			400	
총 계			1,300	

10-3,8 제조원가의 추정

[사례 : 제조원가 추정]

추정 제조원가 명세

(단위: 천원)

항목 \ 연도	2xx1	2xx2	2xx3	2xx4
원 재료비	935,958	3,245,338	5,654,532	19,386,264
노 무 비	147,000	272,600	313,400	348,800
경 비	311,986	1,081,779	1,384,844	3,202,760
1, 복리 후생비	61,491	204,972	284,684	417,886
2. 전력비	51,976	173,255	240,632	385,742
3. 수도, 광열비	30,951	137,103	190,421	257,160
4. 감가상각비	11,422	38,076	92,884	276,097
5. 공과금	7,174	23,915	73,215	80,095
7. 보험료	21,259	70,866	98,426	260,374
8. 수선비	28,196	93,985	130,536	321,451
9. 외주 가공비	39,910	133,035	241,207	228,581
10. 기 타	58,234	201,993	525,479	959,049
당기 제조 원가	1,394,944	4,599,379	7,852,776	13,159,840

10-4 복습

요약

1. 생산 계획에서 필요로 하는 정보는 (1) 제품에 관한 정보, (2) 시장에 관한 정보, (3) 자재에 관한 정보, (4) 자금에 관한 정보이다.
2. 생산 계획의 단계는 (1) 제품과 생산기술 조사, (2) 공정 분석, (3) 재고 및 생산 계획, (4) 생산 설비의 결정, (5) 노동력과 필요 공간의 추정, (6) 설비 배치와 건물 계획, (7) 투자 금액의 추정, (8) 제조 원가의 추정이다.
3. 생산 계획에 필요한 정보는 (1) 제품에 관한 정보, (2) 시장에 관한 정보, (3) 자재에 관한 정보, (4) 자금에 관한 정보 등이다.
4. 소요 자금은 고정 자금과 운전 자금으로 나누어서 추정한다.

주요 용어

공정 분석(Process Analysis)
원재료에서 완제품이 제조되는 과정을 단계 별로 나누고 각 단계별 업무를 파악하는 일.

재고 및 생산 계획
제품을 언제 얼마나 생산할 것인가를 결정하는 것이 통상적인 생산 계획의 의미이다. 생산 수량을 결정하기 위해서는 재고를 얼마로 할 것인가를 미리 결정해야 한다. 그래서 재고 및 생산 계획이라고 연결지어 놓은 것이다.

소요 노동력 추정
생산을 위해 필요한 노동력의 숙련도와 수를 추정하는 것을 의미.

소요 자금 추정
고정 자금과 운전 자금으로 나누어서 추정한다.

복습 문제

1. 재고 및 생산 계획을 할 수 있는가?
2. 주어진 제품과 서비스에 대한 공정 분석을 할 수 있는가?
3. 제품의 생산에 소요되는 기계 및 장비의 파악할 수 있는가?
4. 소요 노동력을 추정할 수 있는가?
5. 소요 공간을 추정할 수 있는가?
6. 소요 자금 추정하는 방법을 아는가?

연구 및 실습 과제

1. 학습자의 수행 과제가 제조업인 경우에는 그 과제에 대한 생산 계획을 수립하라.
2. 음식점에서 음식을 마련하는 것도 제조 과정으로 볼 수 있다. 칼국수집의 칼국수 조리과정을 생산 계획의 틀에 맞추어 계획을 수립해보라.
3. 학습자가 선정한 사업 아이템의 창업을 위한 소요자금을 추정하라.

참고 웹사이트

www.sbdc.or.kr
www.smba.go.kr
www.sbc.or.kr
www.entrepreneur.com
www.allbusiness.com
www.mysmallbiz.com
www.business-idea.com
www.coolbusinessideas.com
www.zeromillion.com

제 11 장

점포 계획

개 관

제 11장의 목표는 점포를 확보하고, 필요한 시설을 갖추는 데 고려해야 할 사항을 학습하고 필요한 자금을 추정하는 기법을 공부하는 것이다.

학습 목표

1. 점포 계획에서 고려해야 할 사항을 안다.
2. 상품의 종류와 재고 수준 결정 시 고려 사항을 안다.
3. 필요한 공간의 넓이 결정 시 고려 사항을 안다.
4. 외부 장식에 관한 고려 사항을 안다.
5. 내부 장식에 관한 고려 사항을 안다.
6. 소요 인력에 관한 고려 사항을 안다.
7. 내부 레이아웃에 관한 고려사항을 안다.
8. 소요 자금 추정 기법을 안다.

주요용어

상품의 종류, 재고 수준, 필요한 공간, 외부 장식, 내부 장식, 소요 인력, 내부 레이아웃, 소요 자금 추정

사 례 소점포 악세사리점 창업

창업자 K씨는 고등학교를 졸업하고 백화점에 사무직으로 2년간 근무한 경험이 있고 6세와 4세의 자녀를 둔 28세의 주부이다. 남편이 IMF 외환위기 사태로 회사가 어렵게 되어 실직하게 되어 무작정 창업기회를 찾기 시작하였다. 수소문 끝에 소상공인 지원센터가 있다는 것을 알게 되었고 상담을 통하여 창업의 타당성을 타진하였다. 상담 결과는 사회 경험이 너무 짧은 그녀가 창업을 감행하는 것은 위험하다는 진단을 받았다.

더구나 자금도 부족하였고, 특별히 관심 있게 보아둔 업종도 없는 상황이었다. 처음에는 창업을 만류하는 입장이던 상담사가 K씨의 적극적인 성격에 감동되어 창업 지원을 시작하였다.

먼저 업종 선정에서 자금이 부족하여 외식업이나 캐쥬얼 의류점은 무리라고 생각되었다. 캐릭터 사업도 생각해 보았으나 그녀의 적성에 맞지 않는 것 같아서 숙고 끝에 악세사리 소매업을 추진해 보기로 하였다.

후보 업종에 대한 지식을 쌓기 위해 남대문시장과 동대문시장을 여러 차례 방문하여 광명시 소화동 부근에 적합한 악세서리의 종류, 구입처, 구입방법, 구매 단위, 구매 시점, 대금 지불 방법 등을 익혔다. 조사 결과 인기 있는 브랜드는 이슈, 아므니에, 헤어데이 등이었다. 또, 애교핀, 머리핀, 집게핀, 바나나핀, 큐빅, 프로치, 머리띠, 스카프, 지갑, 목걸이 등이 거래 상품이 된다는 것을 알게 되었다.

순수도매상에게서, 새벽시간에 구입하는 것이 조금이나마 값이 싸다는 것을 알게 되었다. 구매가격은 판매가격의 50% 정도에 구입할 수 있었다.

문제는 1000만원 정도의 자금으로 점포를 확보하는 일이었다. 초등학교 학생, 중고등학교 학생 3000명 정도의 통학 길목에 악세사리 점포가 하나도 없다는 '놀라운 사실'을 발견하였다. 통학 길목에 점포를 확보하였다.

모두 2000만원이 투자되었다. 용도는 임차보증금 400만원, 인테리어 300만원, 초도 상품 구입비 1000만원, 광고 및 홍보비 100만원, 기타 200만원이었다. 사업성 분석을 실시한 결과 월매출 400만원이 손익분기점으로 나왔다. 첫달에는 다소 어려움이 있었으나 2, 3, 4번째 3달 평균 매출액은 600만원이 되었다. 경영자인 K씨의 월급여를 150만원으로 하였을 때 월 순이익은 80만원이 되었다. 그러므로 K씨의 월 수입은 230만원인 것이다. 연간 총수입은 2760만원이 된다.

이 사업은 성공한 것으로 보인다. 경험이 적어도 면밀한 분석을 바탕으로 발품을 팔면 성공할 수 있다는 교훈을 주는 사례라고 본다. 업종에 적합한 입지 선정이 성공의 요인 중의 하나로 평가된다.

한 단계 더 생각하기

- ✓ 악세사리점 창업자 K씨는 어떻게 점포 계획을 하였을까?
- ✓ 악세사리점 창업자 K씨는 어떻게 소요자금을 추정하였을까?
- ✓ 악세사리점의 점포 디자인에서 특별히 고려하여야 할 점은 무엇일까?

11-1 점포 계획

점포 계획이란 고객에게 제품과 서비스를 판매하는 데 필요한 물리적인 공간과 설비에 대한 계획이다. 점포 계획에서 결정하거나, 결정된 내용에 따라 추정해야 하는 정보는 다음과 같다.

(1) 상품의 종류와 재고 수준 결정
(2) 필요한 공간의 넓이
(3) 외부 장식
(4) 내부 장식
(5) 소요 인력
(6) 내부 레이아웃(interior layout)
(7) 소요 자금 추정

1) 상품의 종류와 재고 수준

입지 분석 단계에서 수행된 입지 선정과 상권 분석의 결과에 따라 표적 고객의 특성을 규명하고, 그에 의거하여 취급할 상품의 종류와 수량을 추정한다. 취급할 상품의 재고 수준을 결정할 때에는 자본금의 규모, 점포의 크기 등도 고려하여야 한다. 이 단계에서는 취급하려고 하는 상품을 구입할 수 있는 곳(도매상, 또는 생산자)과 구입 방법, 대금 결제 방식 등에 대해서도 조사한다.

2) 외부 장식

상점의 외양을 잘 갖추는 것은 고객을 효과적으로 유인하기 위한 것이다. 상점의 외양은 고객들에게 상점의 개방성, 활기, 안정, 일관성이 있다는 인상을 줄 수 있어야 한다. 또, 외양은 목표 고객에 대하여 상점의 특별한 이미지를 전달해야 한다. 상점의 외양에서 고려해야 할 사항은 간판, 입구, 진열 창(display window), 주차장 등이다.

① 간판

상점의 간판은 고객으로 하여금 상점을 발견하고 확인하게 하는 기능뿐만 아니라 상점에 대한 이미지를 전달하는 기능을 한다. 간판은 이러한 기능이 만족되도록 작성하여야 한다. 예를 들어, 화구점의 간판을 네온사인으로 하였다면 그것은 화구점에서 취급하는 상품의 성격에 비하여 너무 현란한 것이라고 해야 할 것이다. 간판은 잠재적인 고객들이 상점과 접촉하게 되는 시발점이라는 것을 명심하여야 한다. 요즈음에는 대부분의 상점들이 간판에 신경을 많이 쓰고 있지만 아직도 간판을 너무 소홀히 하고 있는 곳들이 있다. 간판을 디자인하고 실제로 제작할 때는 전문가의 도움을 받는 것이 좋다.

② 입구

기본적으로 입구는 고객이 쉽게 출입할 수 있도록 되어야 한다. 입구는 고객이 출입하는 데 심리적 물리적 부담이 가지 않도록 하여야 한다. 입구를 설계하는 데 있어서 고려해야 할 사항은 다음과 같다.

- 출입구의 수
- 출입구의 위치와 방향
- 출입구의 크기
- 여닫는 방식(전후 미닫이, 좌우 미닫이, 회전문, 자동문)
- 비상구

③ 진열 창(display window)

진열 창은 진열된 상품이 고객의 주의를 끌고 고객이 그 상품들에 관심을 가질 수 있도록 하여야 한다. 진열 창은 그 상점의 대표적인 상품, 또는 고객을 유인하기 위한 전략적인 상품을 진열하여 상점의 이미지를 전달하여야 한다. 또, 고객을 유인하기 위한 전략적인 상품, 예를 들면 세일 품목, 희귀 상품, 세일 안내문, 계절 상품, 신제품 등을 진열할 수 있다. 진열 창의 내용은 계절, 명절 등의 기회가 있을 때에 바꾸어 주어야 한다.

④ 주차장

우리 나라의 소규모 소매점에 있어서는 대부분 주차장이 필수적이지는 않지만 상점 계획의 단계에서 일단 고려해야 할 사항이다. 도시의 외곽에 개설되는 상점은 앞으로 자가용 시대에 대한 준비도 고려할 필요가 있다. 주차장은 독자적으로 확보하기가 어려울때는 공용으로 사용하는 방안도 검토한다.

3) 내부 장식

상점 내에 들어오면 첫째로 불안해지거나 상점에 대한 불신의 감정이 생기지 않도록 분위기가 조성되어야 한다. 상점의 내부 계획과 관련하여 고려할 사항은 조명, 색깔, 바닥, 벽, 집기와 장비, 내부 진열, 분위기 보조 장치 등이다.

① 조명

조명은 물건이 잘 보이게 하고, 스포트라이트로 진열된 물건을 강조하는 기능을 하기도 한다. 상점의 조명과 관련하여 다음과 같은 사항을 점검해야 한다.

- 조명은 고객이 상품에 집중하도록 되어 있는가?
- 색깔은 잘 조화되어 있는가?
- 상품들이 적절히 강조되고 있는가?
- 고용원들이 일하는 데는 불편이 없을 정도로 충분히 밝은가?
- 조명이 상점 분위기와 어울리는가? (어두운 조명은 고급스러운 분위기를 조성하고, 할인 매장에서는 강한 빛을 사용한다.)
- 조명 에너지의 낭비는 없는가?

② 색깔

색깔은 조명과 함께 상점의 무드와 이미지를 창조하여 고객의 관심을 고조시킬 수 있다. 예를 들어, 여성의 내의를 취급하는 곳이라면 수면하는 분위기를 만들기 위해 벽 색깔로는 은은한 색이 어울리고, 청바지 전문점이면 젊은 사람들의 구미에 맞도록 밝고 강한 색이 좋을 것이다. 색깔은 상품의 진열과도 관계된다. 예를 들어, 진열장이나 카운터는 흰색이나 회색 같은 중성색으로 하여 상품으로부터의 관심이 이탈되지 않도록 하는 것이 좋다. 또, 검정색은 보석과 같은 고급 상품의 진열에 자주 이용되고, 순수함의 상징인 백색은 화장품과 관련하여 자주 쓰인다.

③ 바닥

바닥의 재질은 상품의 분위기 조성과 관계 있다. 고급 상품을 취급하는 곳이라면 카펫을 까는 것이 좋겠고, 운동구점이나 구두점은 윤택한 나무 바닥이 좋다.

④ 벽

벽도 바닥처럼 의도하는 바에 따라 재질, 색깔을 선택하여야 한다. 벽은 시멘트에 페인트를 바를 수도 있고, 벽지로 바를 수도 있다. 벽지도 단순한 것에서부터 화려한 것까지 여러 종류가 있다.

⑤ 집기와 장비

집기(fixture)라 하면 상품의 판매, 진열, 저장, 보호 등에 이용되는 내구재를 말하는데 다음과 같은 것들이 포함된다.

- 진열장
- 캐비넷
- 상자
- 선반
- 카운터
- 테이블

장비(equipment)는 판매에 직접 간접으로 보조하는 내구재를 말하는데 다음과 같은 것들이 포함된다.

- 금전등록기
- 엘리베이터 또는 에스컬레이터
- 점내 운반 장비(바구니, 점내에서 사용하는 손수레 등)
- 배달 장비(자전거, 오토바이, 차량 등)

⑥ 내부 진열

내부 진열에 대해서는 점포의 계획 단계에서 기본적인 윤곽을 검토하여야 필요한 집기와 장비 등을 준비하는 데 기본 자료가 됨을 지적하여 둔다.

⑦ 분위기 창출 보조용품

분위기란 소매 사업자가 특정한 시장을 목표로 하여 조성한 물리적 환경과 구매 분위기에 따라 만들어지는 심리적 효과를 말한다. 분위기란 구매자의 감각 반응에 대한 총체적 효과의 결과이다. 소매업자가 소비자의 후각, 촉각, 청각, 시각에 호소할 때, 이것을 총체적 감각 판매(total sensory selling)라고 한다. 이와 같은 총체적 감각 판매는 오늘날과 같이 경쟁이 치열한 사회에서는 점포의 계획과 관리 단계에서 중요하게 다루어야 할 부분이다. 고려해야 할 사항을 간단히 살펴보면 다음과 같다.

- 시각 : 소매업자는 고객이 점내의 여러 곳을 두루 보게 된다는 사실을 인식하고 이 점을 이용하겠다는 자세를 가져야 한다.
- 청각 : 청각을 이용하여 고객의 관심을 유도하는 대표적인 방법은 음악을 이용하는 것이다. 경험에 의하면 음악은 매상을 올리는 데 효과가 있는 것으로 알려져 있다. 음악은 상점에서 다루는 상품 및 고객의 취향에도 맞아야 한다. 음악 이외의 소리로도 고객의 주의를 끌 수 있다. 예를 들어, 장난감 가게라면 장난감이 소리를 내게 할 수도 있을 것이다.
- 후각 : 좋은 냄새가 구매를 촉진시키는 경우는 많다. 예를 들면, 도너츠, 향수, 꽃 등이 있다. 또, 자동차 같은 제품도 전시관에 사람들이 좋아하는 향을 뿌려 둔다고 한다.
- 촉각 : 고객이 상품을 만지거나 집어 들면 물건을 거의 팔 수 있는 단계가 된 것이다. 그러므로 판매원은 고객이 물건과 접촉하도록 유도하여야 한다. 예를 들어, 테니스 라켓이라면 한 번 쥐어 보도록 하고, 손목시계라면 한번 차보도록 유도한다. 따라서 매장에는 고객이 상품을 만져보거나, 입어 보거나, 신어 보는 일이 손쉽게 이루어질 수 있도록 하여야 한다.
- 미각 : 식품들은 고객이 맛을 볼 수 있도록 하면 좋다. 무료 시식이나 시음이 어려우면 소량 판매 같은 것도 생각해 볼 수있을 것이다.

4) 소요 인력

인력 계획에 있어서 고려할 사항은 (1) 소요 인원수 (2) 기능 (3) 성별 (4) 나이 (5) 급여 등이다. 소매점의 인력 계획에 있어서 특별히 유의할 점은 어떤 기능을 가진 사람이 필요한가를 파악하는 것이다. 예를 들어, 스포츠 용품점이라면 판매원은 스포츠에 어느 정도의 지식과 관심이 있어야 할 것이다. 또, 정찰제인가 또는 흥정을 하는가에 따라 필요한 대인 기술의 정도가 다르다. 만약, 전문적인 판매 기능을 갖춘 사람이 필요한 경우라면 판매사 자격증 보유자나 동업종에서 판매 경력이 있는 사람을 고용할 수 있을 것이다. 그리고 종업원을 고용하지 않고 사업주가 직접 판매할 때에 만약 판매 기술이 필요하다고 생각되면 도움을 줄 수 있는 서적을 통하여 또는 단기간의 교육을 통하여 기술을 습득할 수도 있다. 셀프 서비스가 이루어지는 상점이라면 판매원의 능력에 특별한 배려를 하지 않아도 될 것이다.

5) 내부 레이아웃

상점에서 취급할 상품의 종류와 재고 수준, 상점 내부 장식과 외부 장식 등에 대한 계획이 구상되면 점포의 예비 레이아웃을 작성하여 볼 필요가 있다. 내부 레이아웃은 구상한 점포 계획이 실제로 실현 가능한가를 확인하고 상점에 가장 부합하는 공간 활용 계획을 세우기 위한 것이기도 하다. 내부 레이아웃에서 고려할 사항들은 통로, 진열, 집기와 장비, 수금 카운터, 필요하다면 점내 휴식 공간 등이다.

11.2 소요 자금 추정

입지 분석 단계와 점포 계획 단계에서 얻은 정보에 의거하여 다음에 열거한 사항들에 대한 소요 자금을 개략적으로나마 추정할 수 있다. 여기에서 추정된 내용은 모든 소요 자본 요소를 파악하지는 못하기 때문에 완전한 것은 아니지만, 일단 다음과 같은 사항들에 대한 추정을 해 봐야 한다. 소요 자본은 크게 나누면, 고정 자본, 운전 자본, 초기 비용(개업 준비비, 창업비)으로 나눌 수 있다.

(1) 고정 자본
   ① 점포 확보 (매입, 임차, 신축)
   ② 점포 준비 : 외부 장식, 간판, 입구, 외부 진열장, 주차장, 내부 장식, 조명, 도색, 바닥, 벽, 집기, 내부 진열장, 분위기 창출 보조용품 (음향 시설, 그림 등)

(2) 운전 자본
   ① 임대료
   ② 재고비
   ③ 인건비 : 판매원, 배달원, 수금원
   ④ 판매비 : 광고비, 접대비
   ⑤ 공과금 : 전기요금, 수도요금, 전화료, 청소비, 방범비

⑥ 예비비(현금)
(3) 초기 비용(개업 준비비, 창업비)
① 점포 소개비
② 전문가 자문료
③ 점원 선발 및 교육비
④ 개점 행사비
⑤ 기타

표 11.1 점포사업의 소요자금 추정표

(단위 : 만원)

자금 구분	세부 내역	금액
고정 자금	토지 구입비(또는 임차 보증금)	
	건물 구입비(또는 임차 보증금)	
	설비(각종 기계 등)	
	컴퓨터	
	프린터	
	전화기	
	팩스	
	금전등록기	
	진열장	
	인테리어비	
	캐비넷	
	차량구입비	
	방범시설	
	가맹비	
	간판	
	고정 자금 합계(A)	
운전 자금	인건비(1개월)	
	원재료비(1주일 분)	
	초기 재고(진열물건 + 창고재고)	
	점포 임차료 월세(1개월 분)	
	수도료(1개월 분)	
	전기료(1개월 분)	
	광고 홍보비(1개월 분)	
	통신비(1개월 분)	
	세금 공과금	
	복리 후생비	
	예비비(현금)	
	운전 자금 합계(B)	
개업 준비비	점포 소개비	
	개업 준비 활동비(교통비 등)	
	개업 파티 준비비	
	개업 준비비 합계(C)	
총소요 자금	D = A+B*k+C 여기에서 k는 보통 2-3 정도, 길게는 6정도	

11-3 복습

↘→↗→ 요약

1. 점포 계획에서 해야 할 과업은 다음과 같다.
   (1) 상품의 종류와 재고 수준 결정
   (2) 예비 내부 레이아웃(layout)
   (3) 집기와 장비 결정
   (4) 필요한 공간의 넓이 추정
   (5) 내부 장식 계획
   (6) 외부 장식 계획
   (7) 소요 인력 계획
   (8) 최종 내부 레이아웃
   (9) 시공 계획
   (10) 소요 자금 추정

2. 점포 계획에 필요한 정보는 다음과 같다.
   (1) 수요의 크기, 시기별
   (2) 소비자의 특성
   (3) 상품의 종류와 특성(규격, 취급 방법 등)
   (4) 점포의 위치, 공간의 모양 등
   (5) 집기와 장비의 규격, 가격 등
   (6) 내부 장식의 종류, 재료, 비용 등
   (7) 외부 장식의 종류, 재료, 비용 등
   (8) 인건비
   (9) 시공 소요 기간 및 비용

3. 소요 자금은 고정 자금과 운전 자금으로 나누어서 추정하고 이들 값을 합한다.

주요 용어

재고 수준
사업을 영위하기 위해서는 일정 수준의 원재료 및 완제품이 있어야 한다. 이와 같이 기업이 보유하는 원재료나 완제품의 수량을 재고 수준이라고 한다.

필요한 공간
사업을 영위하는 데 필요한 공간의 규모를 말한다. 너무 크면 낭비가 생기고, 너무 작으면 사업을 원활하게 운영하지 못하게 된다.

소요 인력
인력은 기술의 숙련도와 인원으로 파악하여야 한다. 달리 말하자면, "어느 정도 기술의 인력이 몇 명이 필요하다"와 같이.

소요 자금 추정
고정 자금과 운전 자금으로 나누어서 추정한다.

복습 문제

1. 점포 계획에서 고려해야 할 사항은 무엇인가?
2. 상품의 종류와 재고 수준 결정시 고려 사항을 말하라.
3. 필요한 공간의 넓이 결정시 고려 사항은 무엇인가?
4. 외부 장식에 관한 고려 사항을 설명하라.
5. 내부 장식에 관한 고려 사항을 설명하라.
6. 소요 인력에 관한 고려 사항을 설명하라.
7. 내부 레이아웃에 관한 고려 사항을 설명하라.
8. 점포 사업의 소요 자금 추정 기법을 설명하라.

연구 및 실습 과제

1. 학습자가 선정한 점포 창업을 위한 점포 계획을 수립하라.
2. 학습자가 선정한 점포 창업을 위한 소요자금을 추정하라.

참고 웹사이트

www.sbdc.or.kr
www.smba.go.kr
www.sbc.or.kr
www.entrepreneur.com
www.allbusiness.com
www.mysmallbiz.com
www.business-idea.com
www.coolbusinessideas.com
www.zeromillion.com

PART 5

재무 계획과 조직 계획

제1편 창업과 창업학의 개관
제1장 창업과 창업학의 본질과 전망
제2장 창업의 정의, 과정 및 종류
제3장 창업의 장단점과 기업가로서의 자질
제4장 기업의 성패 요인과 창업 지원제도

↓

제2편 사업 아이디어의 개발과사업성 분석

↓

제3편 시장 조사와 입지 분석

| 제7장 시장 조사 | 제9장 입지 및 상권 분석 |
| 제8장 마케팅 | |

제4편 생산 계획과 점포 계획

| 제10장 생산 계획 | 제11장 점포 계획 |

↓

제5편 재무 계획과 조직 계획

↓

제6편 창업 초기의 경영과 네트워킹

제 12 장

재무 계획

개관

이 장에서는 창업 예정 기업의 재무 계획을 수립하는 데 필요한 기법을 학습한다. 이와 관련하여 재무제표, 소요자금 추정, 자금 조달 방법, 자금조달원, 수익성 평가 방법 등을 다룬다.

학습목표

1. 재무 계획의 필요성과 목적을 이해한다.
2. 대차대조표와 손익계산서를 이해한다.
3. 제조업의 소요자금 추정 기법을 안다.
4. 점포사업의 소요자금 추정 기법을 안다.
5. 여러 가지 자금 조달 방식을 설명할 수 있다.
6. 여러 가지 자금조달원을 설명할 수 있다.
7. 벤처 캐피탈의 투자 방식, 벤처 캐피탈회사 등에 대하여 설명할 수 있다.

주요용어

재무 계획, 대차대조표, 손익계산서, 소요자금 추정, 자금 조달 방식, 자금조달원, 벤처 캐피탈, 전환사채, 약정투자

사 례 마쓰시타(주) 창업자 마쓰시타 고노스케

마쓰시타(松下) 고노스케는 1894년(명치27년) 일본의 와카야마현에서 가난한 농부의 맏아들로 태어났다. 정규교육이라고는 관서상공학교 야간부에 4년간 다닌 것이 전부며, 9세부터 17세까지 8년 동안은 오사카시의 작은 자전거 상회에서 심부름을 해주며 사업을 배웠다. 17세 때 자전거 상회를 그만둔 뒤에는 7년간 전기회사에 입사, 실내 전기공사 일을 했으며 22세 때 자본금 1백엔으로 전기 소키트를 직접 만드는 영세한 공장을 차렸고 4년 뒤 마쓰시다 전기산업의 사장으로 취임하였다.

2차대전 후 이 회사는 가전 메이커로 크게 발전하여, 마쓰시타 왕국을 구축했다. 그는 제1선에서 물러난 뒤에도 국토청 고문으로서 국토 대개조를 제안하기도 하고, PHP(peace and happiness through prosperity)연구소를 창설, 일본의 장래를 위해 적극적으로 발언했다.

마쓰시타 고노스케는 63년 간 오직 한 업종으로만 기업을 이끌어 오늘날 세계적인 '내쇼날'상표를 탄생시켰으며, 방계 회사로 전기 전자에 관한 전문업체를 9개, 종업원 20만 명을 거느리게 되었다.

마쓰시타 회장의 경영 이념은 좋은 제품을 값싸게 만들어서 모든 사람들에게 제공하여 그들이 긴요하게 쓸 수 있도록 하는 것이었다. 이러한 사업 정신은 그가 창업 당시, 어느 더운 여름날 오사카 거리에서 거지 한 사람이 수도꼭지에서 나오는 물을 맛있게 먹는 것을 보고 느꼈다는 일화도 있다.

기업가는 자기의 제품을 물과 같이 흔하고도 귀하게 만들어서 모든 사람이 쓸 수 있도록 해야 한다는 것이 그의 굳은 신념이었다고 한다. 이러한 경영 이념 하에서 마쓰시타 회장은 1932년에 인류 사회에서 빈곤을 없애겠다는 목적 하에 마쓰시타(주)의 250년 장기 전략을 구상하였다. 그리하여 1932년 제1차 25년 장기전략을 시작으로 10개의 25년 간의 빈곤 추방 전략 경영에 착수하였다. 그 당시 일본의 한 기업인이 라디오의 전기회선과 관련된 중요한 특허를 가지고 라디오 산업에서의 독점을 시도하는 것을 보고, 마쓰시타 회장은 그 기업인과 끈질긴 협상 끝에 그의 특허를 거대한 가격에 구입하여 이를 모든 사업가에게 공개함으로써 누구나 더 좋은 라디오를 값싸게 만들 수 있도록 하였다. 마쓰시타 회장의 이러한 행동은 사업을 통해 빈곤을 추방하여 인류 사회 발전에 이바지하려는 그의 강한 의지를 보이는 좋은 예라고 하겠다.

다음으로 마쓰시타 회장의 성공 철학은 다음과 같이 요약할 수 있다.

1. 마음이 새로우면 모든 것이 새롭다.

청춘이란 '마음의 젊음'이다. 신념과 희망에 품고 용기에 차서 매일매일 새로운 활동을 계속하는 한, 청춘은 영원히 그의 것이다.

2. 자신을 격려하며 전진하라.

마쓰시타 고노스케는 젊은 사원에게 자주 말을 했다. '신념을 가지시오. 사명감을 가지고 일을 하시오'. 신념이나 사명감을 철벽과 같이 항상 지속한다는 것은 힘든 일이다. 인간은 누구나 그런 약점을 가지고 있다. 그것이 인간이다. 그런 약한 자신을 인식하고 항상 자기 스스로를 격려하라. 마음을 다시 고쳐먹고 전진하라. 이것이 중요한 것이다. 신념이나 사명감은 그렇게 함으로써 지속된다.

3. 넘어져도 그냥은 일어나지 말라.

사생결단의 마음을 가지고 일을 하라. 물론 목숨을 걸고 승부하는 사람도 실패할 수 있다. 그러나 넘어져도 절대로 그냥은 일어나지 않을 것이다. 넘어졌을 때 보이는 그 무언가를 가지고 일어난다. 주접스럽게 보일지도 모른다. 그러나 진지한 것이다. 당신은 실패하는 것을 두려워하지 말라. 진지하면 설사 실패하더라고 그것에서 무엇인가 얻어낼 수 있다. 넘어져도 그냥은 일어나지 않는 정신이 있으면 실패도 또한 즐거운 것이다.

4. 새로운 전환은 사람을 쭉쭉 자라게 한다.

옛 사람들은 '군자는 하루에 삼전(三轉)한다'고 가르쳤다. 하루에 세 번씩이나 생각이 바뀐다는 것은 그만큼 새로운 것을 발견하고 삶을 생기 있게 하므로 그야 말고 '군자'라 할 수 있다. 이는 타성에 젖어 하루 일전(一轉)도 없어서는 안 된다는 뜻일 게다. 1보, 2보 선신하는 사람의 모습은 얼마나 좋은가. 그래야 사람이 쭉쭉 자라날 수 있다.

5. 계산은 밝지만 뜻은 원대하게 가져라.

사람이 살아가는 동안 마주치는 일에는 작은 일과 큰 일이 있다. 어느 것이 작은 일이고 어느 것이 큰일인가를 구별하는 지혜가 필요하다. 또한 크고 작은 일에 따라 대처하는 처세 방법을 달리 해야 한다. 큰일을 결정함에 있어서는 이해 손익을 초월한 높은 견지에서 뜻을 펴야 되리라 생각한다.

6. 자기의 적성을 찾아라.

사기를 안다는 것은 말저럼 그리 쉬운 것은 아니다. 나 자신은 무슨 일이든 한 가지 일을 할 경우에 어떤 조그마한 일이라도 이 일이 과연 나에게 적합한가 어떤가, 또

> 이 일을 끝까지 해낼 수 있는 힘이 있는가 하는 것을 진지하게 자문자답해 왔다. 예를 들면 기분 상으로는 하고 싶으나 냉정히 판단하여 해도 좋은 일인가, 해서는 안 될 것인가, 그에 대한 적성이 있는가 어떤가를 생각한다. 다행이 좋은 대답이 나오면 한다. 그러나 할 마음은 많지만 힘은 없을 경우 굳이 시행하면 뭔가 무리가 생겨 파탄이 나게 된다. 이는 남에게 폐를 끼친다. 그러면 반성하고 그 일에 대해 단념한다. 이런 자세로 오늘날까지 내가 큰 실수 없이 지내올 수 있었다고 생각한다.

한 단계 더 생각하기
✓ 마쓰시타 회장의 성공 철학을 다시 한 번 되새겨 보자.
✓ 그가 가장 중요시 여긴 것을 무엇일까?
✓ 그의 경영 이념에 대해 어떻게 생각하는가?

12-1 재무 계획의 필요성과 목적

1) 필요성

사업을 하는 목적은 이윤을 획득하기 위한 것이다. 그렇다면 고려하는 사업에 대하여 이윤이 발생할 것인가를 따져 봐야 한다. 이와 같이 사업에 대하여 이윤이 발생할 것인가를 따져 보는 활동이 재무 계획(financial planning)이다.

앞에서 시장 조사, 마케팅 계획, 입지 분석, 생산 계획, 점포 계획을 한 것도 모두 재무 계획에서 집약되어 사업의 수익성을 따져 보고 필요에 따라 조정하게 되며 종합 사업 계획으로 완성된다.

2) 재무 계획의 목적

창업을 위한 재무 계획에는 다음과 같은 일들을 포함한다.
  (1) 소요자금 추정 : 사업에 필요한 자금의 규모를 추정한다.
  (2) 자금 조달 계획 : 필요한 자금을 언제 어디서 어떤 방식으로 조달할 것인가를 계획한다.
  (3) 자금 사용 계획 : 무슨 일을 위해 얼마의 자금을 사용할 것인가를 계획한다. 투자 계획, 운전자금 활용 계획 등을 포함한다.
  (4) 미래 수익의 추정 : 미래에 발생할 수익을 추정한다.
  (5) 미래의 경영 상태 추징 : 미래의 경영 상태를 추징한다.
  (6) 자금 상환 계획 : 빌린 돈이 있는 경우에는 언제 얼마를 어떤 방식으로 상환할 것인가를 계획한다.

12-2 기초적 개념

아무리 소규모 사업자라 할지라도 효율적으로 사업을 경영하기 위해서는 재무와 관련된 최소한의 전문적인 용어와 지식이 필요하다. 회계원리에서 학습하는 기초적인 용어와 개념을 소개한다.

12-2.1 재무제표

　재무제표는 기업의 경영 성과와 재무 상태를 나타내기 위해 기업회계기준에 따라 작성한 회계보고서를 말한다. 우리 나라의 기업회계기준은 대차대조표(balance sheet), 손익계산서(profit and loss statement, 또는 income statement), 이익잉여금처분계산서(statement of retained earnings) 또는 결손금처리계산서, 현금흐름표(cash flow)를 기업이 작성하여야 할 재무제표로 규정하고 있다. 이들 재무제표 가운데서 대차대조표와 손익계산서에 대하여 알아본다.

1) 대차대조표

　대차대조표(balance sheet, B/S)는 일정 시점에 있어서 기업의 재무 상태를 나타내는 표이다. 대차대조표 차변에는 기업 보유 자산의 구성 내용을 기록하며, 대변에는 부채와 자본의 내용을 기록한다. 대차대조표에는 자산의 운용 실태와 이를 위한 자본 조달의 형태가 나타나 있어 기업의 이해관계자들은 대차대조표로 기업의 재무구조와 자본 구조에 관한 정보를 얻을 수 있다. 자본 및 부채는 자금의 출처(source)를 나타내고, 자산 항목은 자금의 용도(use)를 나타낸다. 설립하고자 하는 기업에 대하여 추정하여 작성한 대차대조표를 추정대차대조표(pro forma balance sheet)라고 한다. 재무제표는 일정 시점의 재무 상태를 나타낸 것이므로 작성 시점에 따라 내용이 달라질 수 있다. 표 12.1은 대차대조표의 예이다.

표 12.1 대차대조표의 사례(요약 계정식)

200y년 12월 31일 현재

(단위 : 원)

과 목	제X(당)기	과 목	제X(당)기
자 산		부 채	
		Ⅰ.유동부채	5000
Ⅰ.유동자산	10000	Ⅱ.고정부채	6000
(1)당좌자산	2000		
(2)재고자산	8000	부채총계	11000
Ⅱ.고정자산	10000	자 본	
(1)투자자산	3000	Ⅰ.자 본 금	10000
(2)유형자산	7000	Ⅱ.자본잉여금	0
(3)무형자산		Ⅲ.이익잉여금	0
		(또는 결손금)	
		자본총계	10000
자산총계	21000	부채와 자본총계	21000

2) 손익계산서

손익계산서(Income Statement, I/S 또는 Profit and Loss Statement, P/L S)는 일정 기간의 기업 경영성과를 수익과 비용으로 대응시켜 작성한 회계보고서를 말한다. 손익계산서를 이용하여 기업의 경영 성과를 측정할 수 있고 수익과 비용에 관한 정보를 얻을 수 있다. 기업이 어떠한 방식의 회계 처리 방법을 채택하는가에 따라 손익 규모가 달라질 수 있는데 그 이유는 기업이 채택하는 재고자산 평가 방법 및 감가상각법이 서로 다르기 때문이다. 표 12.2는 손익계산서의 예이다.

표 12.2 손익계산서의 사례

200y년 1월 1일부터 200y년 12월 31일까지

(단위 : 만원)

과 목	제 X (당)기
Ⅰ. 매 출 액	100000
Ⅱ. 매 출 원 가	60000
Ⅲ. 매 출 총 이 익(손실)	40000
Ⅳ. 판 매 비 와 관 리 비	20000
Ⅴ. 영 업 이 익(손실)	20000
Ⅵ. 영 업 외 수 익	0
Ⅶ. 영 업 외 비 용	700
Ⅷ. 경 상 이 익(손실)	13000
Ⅸ. 특 별 이 익	0
Ⅹ. 특 별 손 실	0
Ⅺ. 법인세 차감전 순이익	13000
Ⅻ. 법 인 세 비 용	3900
ⅩⅢ. 당 기 순 이 익(순손실)	9100

12-2.2 용어의 정의

1) 자본

기업의 자본(capital)이란 기업의 자산 총액(total asset)이다. 이것은 투자 총액으로서 기업주가 투자한 자기자본(equity)과 차입금(borrowed fund)의 합과 같다. 표 12.1에서 자본은 2억 1,000만 원이다.

2) 고정 자본

총자본 중에서 고정 자산(fixed assets) 예를 들면, 토지, 건물, 기계, 장비 등에 투입된 부분을 고정 자본이라고 한다. 표 12.1에서 고정 자본은 1억 원이다.

3) 운전 자본

운전 자본(working capital)이란 기업을 매일매일 운영하는 데 소요되는 자금을 말한다. 예를 들면, 각종 재고(재고에 투입된 자금), 급여, 임차료, 세금, 보유 현금 등이다. 이와 같은 자금은 회전된다고 볼 수 있으므로 회전 자본이라고도 부른다. 또, 운전 자본(회전 자본, circulating capital)은 운전 자금이라고도 부른다. 표 12.1에서 운전 자금은 유동자산금액과 같은 1억 원이다.

4) 자기 자본

자기 자본(equity capital)이란 기업의 소유자에 의하여 투자된 또는 투입된 자본을 말한다. 자기 자본은 소유자의 초기 투자뿐만 아니라 추가 투자와 이윤의 재투자 등도 포함된다. 표 12.1에서 자기 자본은 1억 원이다.

5) 타인 자본

기업이 차입한 부채(debt)와 같다. 표 12.1에서 1억 1,000만 원이다. 실제에 있어서 대차대조표 상에서 부채(liabilities)항에 포함된 것을 타인 자본(debt capital)이라고 한다. 표 12.1에서 타인 자본은 1억 1,000만 원이다.

6) 자본 구조

자본 구조(capital structure)란 기업의 자본 구성을 지칭하는 말이다. 이것은 자기 자본에 대한 타인 자본의 크기, 고정 자산에 대한 운전 자금의 크기 등을 의미한다. 자본 구조를 나타내는 지표로서 부채 비율이 있는데, 이는

$$\text{부채 비율} = \frac{\text{부채}}{\text{자기 자본}} \times 100 = \frac{110{,}000{,}000}{100{,}000{,}000} \times 100 = 110\%$$

로 표 12.1의 사례에서 110%이다.

7) 투자, 융자, 차입

재무에 경험이 적은 예비 창업자들 중에는 투자와 융자를 혼동하는 사람이 있는 듯하여 설명하고자 한다. 사업에 자금이 투입되었을 때 자금의 공급자가 사업에 투

입된 자금의 대가로 사업의 소유권을 가지면 투입된 자금은 '투자'된 것이다. 예를 들어, 창업 투자 회사가 창업 기업에 자금을 제공하고 그 대가로 주식을 취득하여 투자한 기업에 대한 소유권을 갖게 되면 제공된 자금은 투자된 것이다. 한편, 상환할 것을 약속하고 돈을 빌려 오는 것을 융자 또는 차입이라고 한다. 예를 들면, 은행으로부터 상환을 약속하고 돈을 빌려 오는 것은 융자이다. 또, 친구로부터도 사업 자금을 차입할 수 있다.

8) 자기 자본의 조달

앞에서 설명한 바와 같이 자기 자본은 기업의 소유권을 가지는 사람들이 기업에 투입한 돈이다. 기업에 자기 자본을 조달하는 방안으로는, 창업자의 자기 자본, 이윤의 재투자, 기업의 소유자들의 추가 투자, 외부인으로 하여금 투자하게 하는 방안 등이 있다.

신용이 적은 창업 초기의 중소기업에 있어서는 자본을 증가하는 방안이 자기 자본의 증액일 수밖에 없는 경우가 있다. 왜냐 하면 창업 초기의 기업으로서 아직 위험이 많다고 생각되는 경우에는 은행 및 다른 금융 기관들이 담보 없는 여신을 제공하려 하지 않기 때문이다.

필요한 자금을 내부에서 자체적으로 조달할 수 없으면 투자자를 유치하여 자금을 조달할 수 있다. 이 때는 기업의 기존 소유자들의 기업 소유 지분의 비율이 감소된다. 그러나 이런 방안은 외부로부터 차입해 온 자금을 약속대로 상환하지 못하여 기업이 송두리째 채권자에게 넘어가는 것보다는 나을 것이다.

9) 타인 자본의 조달

타인 자본의 원천으로는 개인, 기업, 은행, 비은행 금융기관, 정부 및 정부 업무 대행 기관 등이 있다. 타인 자본은 일정 기간이 경과한 후에는 이자와 함께 환불하여야 하며, 환불을 보증하는 장치가 있는 것이 보통이며, 환불 능력이 없을 때는 상응하는 조처가 있게 된다. 돈을 빌리는 조건은 담보의 유무에 따라 2 가지로 나누어 볼 수 있는데 한 가지는 담보 조건 차입이고, 다른 한 가지는 무담보 차입이다. 금융기관에서는 대출에 대하여 보통 담보를 요구하여 왔으나 최근에는 담보를 요구하지 않는 신용 대출도 증가하고 있다.

12-3 소요자금의 추정

1) 소요자금 추정의 중요성

사업에 있어서 적절한 자금은 매우 중요하다. 자금이 부족할 경우는 좋은 아이템을 가지고도 실패를 하게 되며, 반면에 과다한 자금을 보유한 경우는 너무 방만해져 치밀한 경영보다는 자금만으로 경영을 하다가 결국 실패로 연결되는 경우가 있다. 그러므로 소요자금을 정확하게 추정하여 유효적절하게 조달하는 등의 노력이 필요하다.

2) 소요자금의 종류

홈 비즈니스에 필요한 자금으로는 고정자금과 운전자금으로 구분할 수 있다. 고정자금은 한번 투입되면 회전하지 않는 자금으로서 제조업의 경우라면 토지 매입, 공장 건설, 생산 설비 등에 투입되는 자금을 말하며 시설자금이라고도 한다. 소점포의 경우라면 점포 임차 보증금, 프랜차이즈 가맹비, 집기 등 비품 구입비 등에 투입되는 자금을 말한다.

한편, 운전자금은 사업을 매일매일 운영하는 데 사용되는 자금으로써 재료비, 종업원이 있는 경우는 인건비, 판매비 및 일반관리비 등이 포함된다. 이 외에도 예기치 않은 경우에 대비한 예비비로 구분할 수 있다.

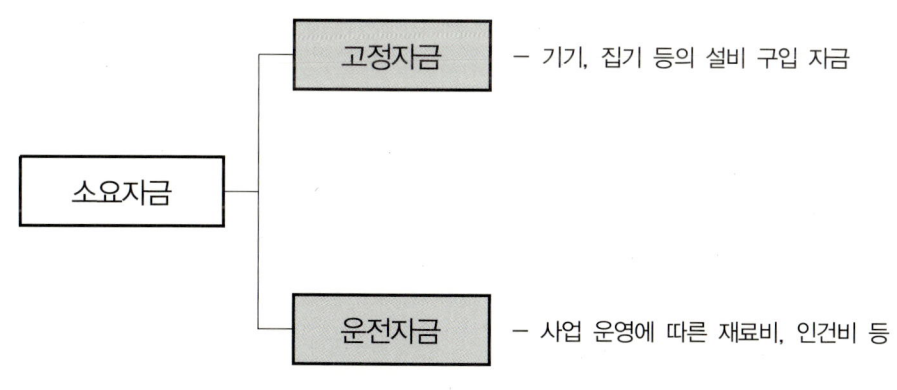

그림 12.1 소요자금의 종류

3) 소요자금 추정

(1) 고정자금 추정

생산 공장의 경우 표 12.3과 같은 표를 이용하여 고정자금을 추정한다.

(2) 운전 자금 추정

생산 공장의 경우 표 12.4과 같은 방식으로 이용하여 운전 자금을 추정한다.

(3) 소점포의 소요자금 추정

소점포의 경우 표 12.5와 같은 표를 이용하여 소요자금을 추정한다.

표 12.3 고정자금 계획표 : 생산 공장

(단위 : 만원)

구 분			금 액	비 고
1. 고정자금	토지 및 건물	토지		
		건물		
	설비 기구	생산설비		관련시설, 공기구,
		공구 및 기구		
		운반장비(차량, 지게차 등)		
		공해방지시설		
	사무집기 비품	책상		
		의자		
		캐비넷		
		컴퓨터		
		프린터		
		팩스		
		전화		
	차량운반구			(견적서 기준)
	부대공사			통신시설 설치비
	기술사용료			(계약서 기준)
	회사 설립 비용			주식발행비, 등록세 등 세금
	계			

표 12.4 운전자금 추정표* : 생산공장

(단위 : 만원)

구 분			금 액	비 고
2. 운전자금	제조분야	인건비		
		재료비		
		경비		
	판매 및 일반관리비	관리비		전력비, 수도광열비
		광고선전비		사업초기 판매 활동 비용
		운반비		포장, 하역비 포함
		교통비		차량유지비 포함
		세금과공과		각종 공과금
		보험료		회사 자산에 대한 보험료
		복리후생비		종업원 의료보험, 식대, 국민연금 등
		소모품비		공기구, 집기 비품
		기타		연구개발비, 접대비 등
계				

* 1회전 운전자금

표 12.5 소요자금 계획표 : 점포 사업

(단위 : 만원)

자금 구분	세부 내역	금액
고정 자금	토지 구입비 (또는 임차 보증금)	
	건물 구입비(또는 임차 보증금)	
	설비(각종 기계 등)	
	컴퓨터	
	프린터	
	전화기	
	팩스	
	금전등록기	

*뒷면 계속

(단위 : 만원)

자금 구분	세부 내역	금액
고정 자금	진열창	
	인테리어비	
	캐비넷	
	차량구입비	
	방범시설	
	가맹비	
	간판	
	고정 자금 합계(A)	
운전 자금	인건비(1개월)	
	원재료비(1 주일 분)	
	초기재고(진열물건 + 창고재고)	
	점포 임차료 월세(1 개월 분)	
	수도료(1개월 분)	
	전기료(1개월 분)	
	광고 홍보비(1개월 분)	
	통신비(1개월 분)	
	세금 공과금	
	복리 후생비	
	예비비(현금)	
	운전 자금 합계(B)	
개업 준비비	점포 소개비	
	개업 준비 활동비(교통비 등)	
	개업 파티 준비비	
	개업 준비비 합계(C)	
총소요 자금	D = A+B*k+C 여기에서 k는 보통 2-3 정도, 길게는 6정도	

12-4 자금을 조달하는 방법

 자금을 조달하는 방법은 기본적으로 2가지로 나누어 자기 자본을 조달하는 방법과 차입을 통하여 타인 자본을 조달하는 방법이 있다. 그 외에도 직접 자금을 투입하지 않더라고 자금 수요를 감소시키는 효과를 주는 방법들이 있다.

1) 매입 채무

매입 채무(trade credit)란 기업이 구입한 제품, 원료, 장비, 용역 등에 대하여 대금을 지불하지 않음으로서 발생하는 부채를 말한다. 산업이 발달하고 신용 거래가 확대됨에 따라 매입 채무는 널리 이용되는 타인 자본의 한 형태이다. 한 조사에 따르면 우리 나라 기업들은 매입 채무를 많이 이용하고 있는데 원료나 제품에 대한 매입 채무는 단기성인 것이 많다. 매입 채무를 이용할 때는 가격, 공급선의 변경 등에 있어서 자율성을 잃지 않도록 유의하여야 한다.

2) 리스

리스(lease)란 일정한 자산(주로 시설재)을 구입하여 이용자에게 빌려 주고 사용료를 받는 제도를 말한다. 이를 구체적으로 설명하면 그림 12.1에 보인 바와 같다. 리스를 이용하면 고가의 장비를 직접 구매하지 아니하고서도 그것을 사용할 수 있게 된다.

사업 자금의 측면에서 본다면 리스는 사업 자금을 직접 조달하는 것은 아니지만 사업 자금의 수요를 줄임으로써 소요 자금을 조달한 것과 같은 효과를 준다는 측면에서 창업자 또는 기업가가 알아 두면 유익한 제도이다. 리스는 이와 같은 효과 외에도 여러 가지 유익한 점이 있다. 우리 나라에도 많은 리스 회사가 설립되어 있다.

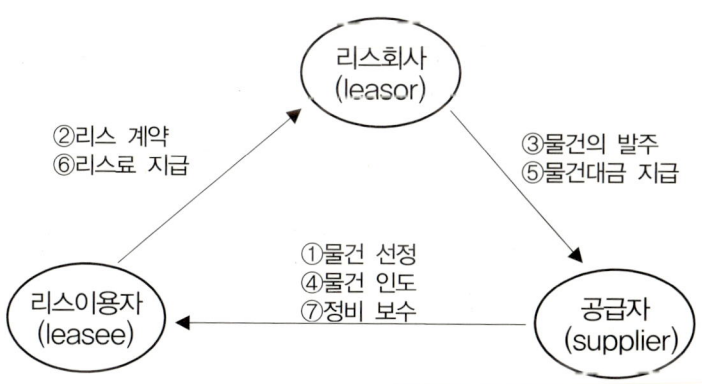

그림 12.1 리스의 구조

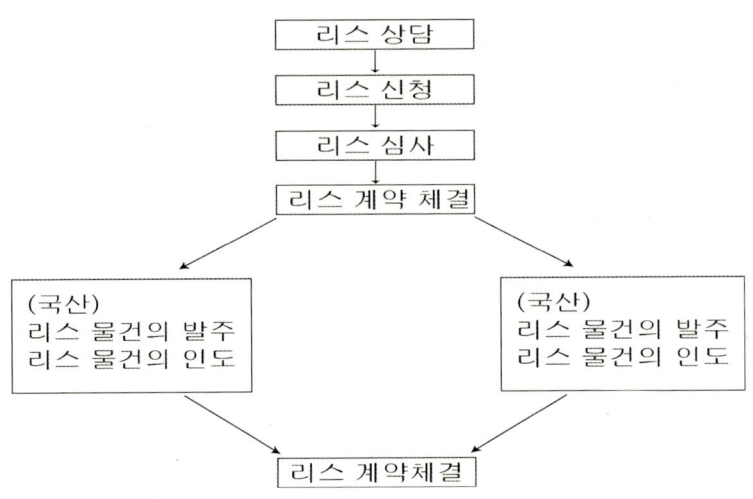

그림 12.2 리스 절차

3) 신용 보증

　신용 보증(credit guaranttee)이란 문자 그대로 신용을 보증해 주는 것이나. 자금을 차입하고자 하지만 신용이 부족하여 금융기관으로부터 신용 대출을 받지 못하는 기업이나 사람을 위하여 '융자한 돈을 갚지 못하는 경우에는 대신 갚을 것을 보증해주는 것'을 신용 보증이다. 이러한 역할을 하는 기관을 신용보증기관이라고 한다. 우리 나라의 신용보증기관으로는 신용보증기금, 기술신용보증기금, 지역신용보증기금이 있다.

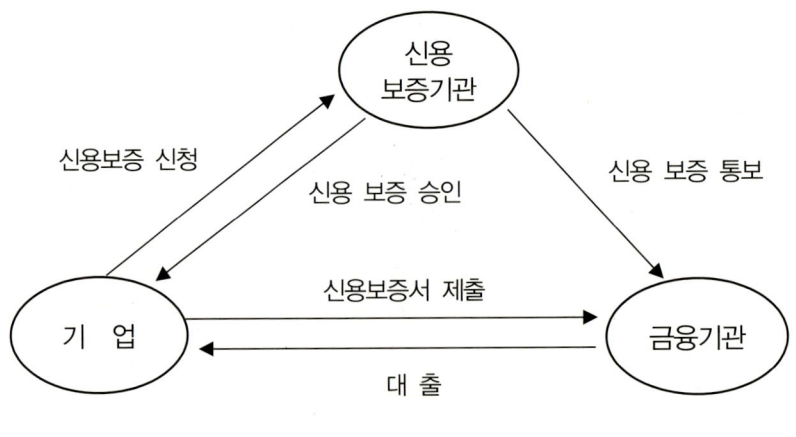

그림 12.3 신용보증제도

신용 보증은 신용보증기관이 자금을 직접 융자하거나 투자해 주지는 않지만 타인 자본을 동원할 수 있도록 보조해 주는 제도이다. 담보력이 부족한 창업자 또는 중소기업자에게는 큰 도움이 될 수 있는 제도이다. 신용 보증 절차를 그림 12.3에 보였다.

4) 은행의 지급 보증

은행의 지급 보증 제도란 은행이 거래처의 요청에 따라 거래처가 제3자에게 부담하고 있는 채무나 장래 발생하게 될지도 모르는 채무에 대하여 그 지급을 보증하는 제도이다. 거래처는 지급 보증의 대가로 보증료를 받는다. 지급 보증도 자금을 조달하는 직접적인 방법은 아니지만 자금 조달된 것과 같은 효과를 주는 보조 방법이다.

5) 팩토링

팩토링(factoring)이란 은행 등 금융기관이 기업의 외상 매출금, 받을 어음 등 매출 채권을 매입함으로써 자금을 공급하는 제도이다. 기업은 이 제도를 이용함으로써 고객에 대한 신용 조사, 대금 회수 및 채권 관리 등의 부담이 경감되는 이점이 있다. 팩토링의 대상이 되는 채권은 사업자 등록증을 소지하고 있는 업체가 상거래에 수반하여 취득한 은행도 어음이나 비어음 외상 매출 채권으로서, 보통 매입일로부터 6개월 이내에 만기가 도래하는 채권이다.

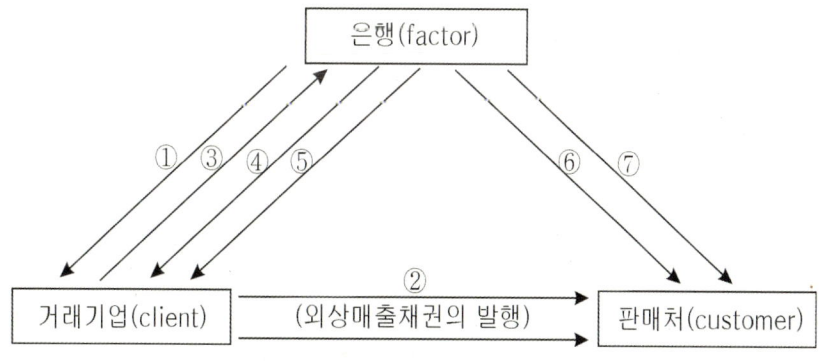

주: ①팩터링 계약 체결, ②물품판매, ③외상매출채권의 지급 또는 대출, ④매출채권대전의 지급 또는 대출, ⑤부대서비스 제공, ⑥대금의 청구, ⑦대금의 회수

그림 12.3 팩토링 절차

6) 보증 보험

보증 보험이란 담보 제공 능력이 부족하여 대출 수혜, 입찰 참가, 사채 발행 등이 곤란한 자에게 보증 보험 회사에서 보증료를 받고 보증을 해 주는 제도이다. 이를 통해 채무자(보험 계약자)는 동 보증에 따른 대출 등의 혜택을 받을 수 있다. 한편, 금융기관 등 채권자(피보험자)는 동 보증 보험 증권을 담보로 취득하기 때문에 대출 등에 위험 부담을 해소할 수 있게 된다.

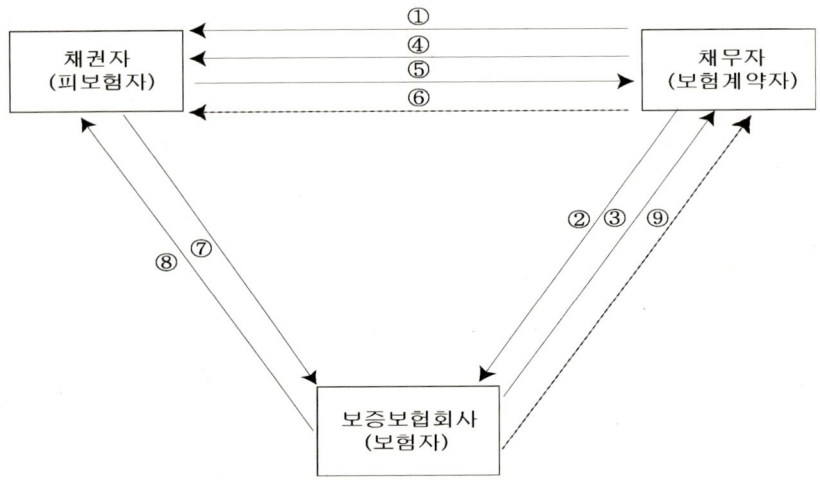

주: ①주 계약 성립, ②보험 청약, ③보험증권의 발급, ④보험증권의 제출, ⑤금전 지급, ⑥채무 불이행의 경우, ⑦보험청구권, ⑧보험금 지급, ⑨구상권 행사

그림 12.4 보증 보험 절차

(1) 보험계약자

보험자의 계약 상대방으로서 보험자와 보험 계약을 체결하고 보험료를 지불할 의무를 지는 자

(2) 피보험자

보험 사고 발생 시 손해를 보상받는 자로서 보험금 수령권자

(3) 보험자

보험 계약 체결의 당사자로서 보험 사고가 발생한 경우 보험금을 지급하여야 할 의무를 지니는 자

7) 은행으로부터의 융자

은행은 가장 기본적인 자금원이다. 은행으로부터 돈을 빌리는 방법은 담보의 유무에 따라 담보 대출과 신용 대출로 나눌 수 있다. 은행의 융자 제도는 은행에 따라 다르고 그 절차와 구비 서류도 다르다. 은행으로부터의 융자 절차는 그림 6.7과 같이 표현할 수 있다. 그러나 그 절차는 거래 은행과 융자의 종류, 금액에 따라 다소 다를 수 있음을 지적해 둔다.

12-5 사업 자금의 원천

사업 자금의 원천은 대단히 다양하여 일반성 있게 간단히 정리하기란 쉽지 않은 듯하다. 사업 자금원을 구분하는 기준의 예를 들면, 자금의 원천이 개인인가, 단체 또는 회사인가, 투자자인가 또는 융자만 가능한지, 또는 투자와 융자 모두 가능한지 등일 것이다. 표 12.6은 창업 자금의 원천을 정리한 것이다. 이들에 대해서 설명하고자 한다.

표 12.6 사업 자금의 원천

개인	가족, 친척, 친구, 과거 의 고용주, 미래의 원자재 납품업자 미래의 상품의 고객, 고용 예정자, 친분이 있는 기업가나 투자가
공적 컨설팅 기관	수상공인 지원센터
특수 은행	중소기업은행, 국민은행, 외환은행, 한국산업은행, 한국수출입은행
일반 은행	시중은행, 지방은행, 외국은행 지점
창업투자회사	창업 투자 회사, 창업 투자 조합
중소기업 진흥공단	중소기업 진흥공단
신기술사업 금융회사	신기술사업 금융회사
에인절 캐피탈	에인절
신용보증기관	신용보증기금, 기술신용보증기금
리스회사	리스회사
투자기관	투자금융회사, 종합금융회사, 투자신탁회사, 증권금융회사

보험회사	생명보험 회사, 손해보험 회사
저축기관	신용금고 신용협동기구·····신용협동조합, 상호금융, 새마을금고 체신예금
증권회사	증권회사
기업	원자재 납품 회사, 상품의 판매 회사

1) 개인

금융 제도가 현재와 같이 발전되기 전에는 사업 자금의 조달 원천은 대부분 개인이었다. 특히, 친척, 친구 등은 대표적인 자금 지원자들이었다. 이들은 자금을 직접 대여해 주거나 채무 보증을 하는 형태로 자금 조달에 도움을 준다. 한편, 사업이 실패하였을 때, 이들은 큰 고통을 당하기도 한다. 현재와 같이 금융 제도가 발달된 시점에도 친척과 친구는 손쉬운 자금원이기도 하다. 그러나 실패하였을 때를 고려하여 절제와 보완 조처를 강구할 필요가 있다. 또, 과거의 고용주는 창업자를 이해하고 사업의 관련성 때문에 자금을 지원해 줄 수 있다. 그 외의 가능한 자금 지원자들로는 미래의 원자재 납품업자, 상품의 고객 또는 판매자, 고용 예정자, 친분이 있는 사업가나 투자자 등이 있다.

2) 소상공인 지원센터

소상공인 지원센터는 직접적으로 자금을 지원하는 기능을 가지고 있지는 않지만 소상공인에게 자금을 알선하는 기능을 가지고 있으므로 자금 조달과정에서 한번쯤은 꼭 체크할 만한 곳이다.

 (1) 지원 대상
- 소상공업의 창업
- 기존 기업을 인수
- 사업체의 이전 및 확장
- 업종 업태의 변경
- 사업장 시설 구입 또는 설비 구입

지원 대상에서 제외되는 업종과 대상(사람) : ① 사치성 소비나 투기를 조장

하는 업종(도박장, 술집, 댄스홀, 골동품점 등) ② 금융기관의 불량거래자 또는 불량거래처로 규제중인 자

    (2) 지원 조건
        ① 대출 한도 : 소요자금의 50% 범위 내에서 최고 5,000만 원까지
        ② 대출 금리 : 변동 가능
        ③ 상환 기간 : 4 년(거치 기간 6 개월 포함)
        ④ 상환 방법 : 월별 균등 상환
        ⑤ 원칙적으로 담보 대출
    (3) 신청 절차
        ① 전국의 소상공인 지원센터
        ② 기간 : 연중 수시, 지역별 배정 자금이 소진될 때까지

3) 특수 은행

특수 은행 중에서도 기업은행, 국민은행과 한국산업은행은 중소기업자 및 중소기업 창업자가 특별히 관심을 가지고 가까이 할 만 한 곳이다. 이들은 설립 목적 자체가 중소기업의 지원을 위한 것이다. 이들 세 은행은 중소기업자를 위한 각종 융자 제도를 가지고 있으며 정부가 설립한 각종 기금의 대출 사업도 하고 있다. 또, 이들 세 은행은 기업 경영 지원 활동도 하고 있다.

4) 일반 은행

일반 은행의 각종 융자 제도는 창업자가 이용할 수 있는 주요한 자금의 원천이다. 지방 은행은 소속 지방의 경제 발전을 위하여 창업자들에게 특별한 서비스를 제공하는 경우가 많다. 또, 외국 은행 지점들 중에는 고객 유치를 위하여 유리한 융자 제도를 가지고 있다.

5) 창업투자회사와 창업투자조합

    (1) 창업투자회사
        중소기업 창업투자회사(이하 창업투자회사)는 1985년에 제정된 중소기업

창업 지원법에 의거하여 설립되는 회사로서 사업성은 있으나 자금력과 담보력이 미약한 창업자에 대하여 투자할 수 있도록한 제도이다. 창업투자회사는 주로 무담보의 주식전환사채 및 신주인수권부사채 인수 등의 방법으로 지원한다. 이러한 지원을 통해 기업에 이윤 발생시 지분에 따라 배분받게 되나 궁극적으로는 기업 공개를 통한 자본 수익 취득을 목적으로 하는 벤처캐피탈 형식의 지원방식을 취한다.

창업투자회사의 업무(중소기업 창업지원법 제11조 제1항)
- 창업자에 대한 투자
- 중소기업 창업투자조합의 자금 관리
- 창업과 관련된 상담·정보 제공 및 창업자에 대한 사업의 알선
- 창업자로부터 위탁받은 사업의 경영 및 기술 향상을 위한 용역사업
- 해외기술의 알선·보급 및 이를 촉진하기 위한 해외투자
- 투자한 창업자에 대한 보증 및 자금의 알선
- 창업자의 사업 타당성 검토를 위한 조사용역사업
- 창업보육센터의 설립·운영
- 기타 부수 업무

창업투자회사의 선택
① 지리적으로 인접한 회사가 유리하다. 특별히 인연이 있는 창업 투자 회사가 없다면 가까운 곳에 있는 창업 투자 회사를 선택하는 것이 좋다.
② 관심 분야가 일치하는 회사를 선택한다. 업종별 분야, 투자 규모 등에 대하여 관심이 일치하는 회사가 있다면 그것을 선택한다.
③ 그 외의 고려 사항 : 자금력, 신뢰도, 계약 조건, 수익성, 자금 이외의 지원 능력 등을 고려한다.

(2) 창업투자조합

창업투자조합은 창업자에 대하여 투자하고 그 성과를 배분할 목적으로 결성된 조합을 말한다(중소기업 창업지원법 제2조 제6항). 우리 나라의 창업투자조합은 창업투자회사와 신기술금융회사가 조합을 결성하여 그 출자금의

일정비율 이상을 비상장 중소기업에 투자하고, 일부는 금융기관의 금융상품에 투자함으로써 얻은 투자 수익을 조합원에게 배분하는 제도라고 할 수 있다. 창업투자조합은 창업자가 접촉할 대상이라기보다는 투자조합이 창업자에게 자금을 공급하는 자금원이다.

4) 중소기업 진흥공단

중소기업 진흥공단은 창업 조성 자금을 통하여 신기술, 신제품의 기업화와 창의력 있는 기업가의 창업을 지원한다. 자금의 종류에는 시설 자금과 운전 자금이 있는데, 이자율 거치 기간 등에서 유리한 자금이다.

중소기업 진흥공단의 국민벤처펀드 1호 : 공공벤처 캐피탈이 유망한 창업 초기기업에 투자함으로써 벤처 기업의 창업을 촉진하고 민간창업투자회사들의 투자 활성화를 유도하기 위한 벤처 기업 직접 투자방식의 지원을 한다.

5) 신기술사업 금융회사

신기술사업 금융회사는 신기술사업 금융지원법에 의하여 설립되는 기관으로 현재 4개사가 있다. 이들의 목적은 다음과 같다.
- 신기술사업자에 대한 투자
- 신기술사업자에 대한 융자
- 신기술사업사의 기술 개발 및 사업화에 필요한 시설의 대여(리스)
- 신기술사업자의 기술 개발 제품 등의 거래에서 발생하는 외상 매출에 대한 채무의 양수(팩토링)

신기술사업 금융회사의 업무
- 신제품·신공정 개발 또는 제품 개선을 위한 연구 개발 사업
- 연구 개발 성과의 기업화·제품화 사업
- 기술 도입 또는 도입 기술의 소화·개량 작업을 하는 중소기업에 대하여 투·융자, 리스업무
- 경영 기술 지도 등

6) 에인절 캐피탈(angel capital)

에인절(angel, 천사)이라는 말은 창업자를 자금, 기술, 경영노우하우 등으로 도와주는 사람을 의미한다. 에인절은 여러 기준에 따라 다양하게 구분할 수 있는데 리드 에인절(lead angel)은 투자경험이 풍부하고 기술을 평가할 수 있는 능력을 가지고 있는 사람으로서 자금 제공만이 아니고 비상근 임원으로서 기업을 지원하는 역할을 한다. 보조 에인절(support angel)은 변호사, 회계사, 컨설턴트 등 기업의 외부에서 기업가를 지원하는 에인절을 말한다.

이들 에인절들이 조성한 자금을 에인절 캐피탈이라고 한다. 벤처 캐피탈 회사들이 주로 창업 후 제품의 판매 단계에서 투자가 많이 이루어지는데 반해 에인절 캐피탈은 아이디어는 있는데 제품 생산을 위한 자금력이 부족한 창업 초기 단계에서 자금 공급을 하는 것이 특징이다. 창업투자회사 외에 일반법인·개인 등도 창업투자회사와의 계약에 의해 창업투자회사의 업무 위탁을 할 수 있도록 규정하였다(벤처 기업 육성에 관한 특별조치법, 제12조).

7) 신용 보증 기관

신용 보증 기관으로는 신용 보증 기금과 기술 신용 보증 기금이 있다. 후자는 전자와의 경쟁 원리를 도입하기 위하여 설립되었기 때문에 이들은 업무 영역, 사후 관리 등에 있어서 비슷하다. 이들은 모두 이미 설립되어 가동 중인 기업을 대상으로 업무를 수행한다.

8) 리스 회사

리스 회사는 자금을 직접 지원하는 기관은 아니지만 고가 장비의 대여를 통하여 자금 지원과 유사한 효과를 준다.

9) 보험 회사

보험 회사의 본연의 업무는 생명, 신체, 재산 등에 대한 위험 손실에 대한 보험을 제공하는 것이지만, 기업에 대한 대출 업무도 수행하고 있다. 중소기업이 보험에 가입했을 경우에는 보험 회사로부터 대출을 받을 수 있다. 보험 회사로부터의 대출은 은행 금융기관으로부터의 대출에 비해 금리, 담보 등에 있어서 다소 불리하지만 절차가 비교적 간단하고, 비교적 장기 자금을 쓸 수 있다는 장점이 있다.

10) 저축 기관

상호 신용 금고는 영세 상인과 서민에 대한 금융 업무 취급을 목적으로 설립된 금융기관이다. 자금을 공급하는 방식으로는 신용 부금 급부, 어음 할인, 부금 대출, 소액 신용 대출 등이다. 신용협동조합, 상호금융, 새마을 금고 등으로부터도 신용 및 담보 대출을 받을 수 있다.

11) 증권 회사

증권 회사는 유가증권의 발행과 유통에 관한 업무를 수행하여 기업과 일반 투자자의 매개자로서 기업의 자금 조달과 일반 투자자의 증권 투자를 돕는다. 중소기업이 증권 회사를 통하여 자금을 조달하는 방법은 기업 공개, 주식 장외 시장 등록, 회사채 발행 등이다.

12) 기업

창업하려는 기업과 사업상 관련이 있는 기업은 중요한 사업 자금원이 될 수 있다. 예를 들어, 부품 하청 업체인 경우는 모기업에서 설비 대여, 거래선 알선, 보증, 자금 지원 등을 제공할 수도 있다.

12-6 벤처 캐피탈

앞에서 벤처 캐피탈에 대하여 부분적으로 소개하였으나 여기에서 집약하여 정리한다.

1) 벤처 캐피탈의 정의

벤처 캐피탈(venture capital)이란 고수익(high return)을 노리고 위험이 큰(high risk) 기업에 투자하는 자본이라고 말할 수 있다. 달리 표현하면, 벤처 기업(venture business)에 투자하는 자본이라고 할 수 있다.

벤처 캐피탈을 운용하는 기업을 벤처 캐피탈 회사라고 한다. 우리 나라에 있는 벤처 캐피탈 회사는 중소기업 창업지원법에 의거하여 설립되는 창업투자회사와 신기술사업 금융지원법에 의거하여 설립되는 신기술금융회사가 있다.

2) 투자 방법

벤처 캐피탈이 투자하는 방법으로는 주식 투자, 전환사채, 신주인수권부 사채, 약정 투자 방식이 있다.

(1) 주식 투자

투자하고 그 대가로 주식을 인수하는 방식이다. 인수받는 주식은 다음과 같은 것들이 있다.

① 보통주식

정관에 특별히 규정이 없이 회사가 한 가지 종류의 주식만을 발행하고 있을 때에 는 회사가 발행한 주식은 모두 보통주식이라고 할 수 있다. 이 경우 보통이란 표현은 특별한 의미가 없다.

② 우선주식

우선주식이란 이익 배당, 이자의 배당, 잔여재산 분배에 관하여 전부 또는 그 일부에 대하여 다른 주식보다 우선적 지위가 인정되는 주식이다.

③ 후배주식

후배주식이란 보통주식에 대하여 소정의 배당을 시행한 다음에 나머지 이익이 있는 경우에 한하여 배당을 받는 주식을 말한다. 이익 배당에 있어서 보통주 배당 후에 배당 받는 주식이라는 뜻이다.

④ 혼합주식

혼합주식이란 이익 배당과 잔여재산 분배에 있어서 전자에 대하여 우선적 취급을 하면 후자에 대하여는 열위에 있게 되고, 반대로 후자에 대하여 우선적 취급을 받으면 전자에 대하여는 열위적 취급을 받는 주식을 말한다. 즉 우선주와 후배주의 성격이 결합된 주식이라고 말할 수 있다.

⑤ 상환주식

이를 발행할 때부터 예외적으로 장래의 이익에 의한 소각이 예정되어 있는 배당우선주식을 말한다.

⑥ 전환주식

전환주식이란 주주가 인수한 주식을 다른 종류의 주식으로 전환을 청구할 수 있는 권리가 부여된 주식을 말한다.

⑦ 의결권 없는 주식

의결권 없는 주식이란 이익 배당에 관하여 우선적 내용이 있는 주식에 대하여 의결권을 부여하지 않는 것을 말한다. 의결권 없는 주식은 이익 배당 우선주에 한하여 발행할 수 있다.

(2) 전환사채

전환사채란 일정한 요건에 따라 사채권자가 보유한 사채를 사채 발행회사의 주식으로 전환할 수 있는 권리를 인정한 사채를 말한다. 그러므로 사채권자는 전환권을 행사하면 주주가 된다.

① 주주에 대한 발행

전환사채의 인수권을 주주에게 부여하는 경우는 정관의 규정에 있거나 정관에 의하여 주주총회에서 결정하기로 한 경우가 아니면, 원칙적으로 이사회가 전환사채의 발행을 결정하고 그 발행사항을 정하여야 한다.

② 주주 이외의 자에 대한 발행

회사가 주주 이외의 자에 대하여 전환사채를 발행하는 경우에는 그 발행할 수 있는 전환사채의 금액, 전환의 조건, 전환으로 인하여 발행할 주식의 내용과 전환을 청구할 수 있는 기간에 관하여 규정이 정관에 없으며, 주주총회의 특별결의로써 이를 정하여야 한다.

(3) 신주인수권부 사채

신주인수권부 사채란 사채권자에게 사채의 발행 이후 회사가 신주를 발행하는 경우에 미리 확정한 가액에 따라 신주를 인수할 수 있는 권리를 부여한 사채를 말한다. 즉 이 사채는 전환사채와 달리 사채의 주식으로의 전환권이 아닌 별도의 신주인수권을 인정하는 것이다.

이 사채는 사채권자가 일정한 이자를 받고 또한 신주인수권이 존속하는 동안 주가가 미리 확정된 발행가액을 상회하는 경우에 신주 인수권을 행사할 수 있다는 이점이 있다. 신주 발행의 경우에 인수 자금이 없는 때에는 사채를 양도하거나, 사채는 보유하고 신주인수권을 양도할 수 있다.

(4) 약정투자

창업투자회사와 투자기업 간의 약정에 의하여 투자조건을 결정하는 방법으로는 일정 기간 동안 매출액, 투자원금 또는 이익금 등에 대한 일정비율의 투자금 사용료를 받으며, 일정 기간 경과 후 계획사업의 성공 시에는 주식 전환 등의 방식으로 투자하고, 실패 시에는 투자원금의 일부만을 상환토록 하는 투자 방법이 있다. 약정투자는 주식에 비하여 최소상환금 설정으로 투자 위험 감소가 가능하고, 전환사채와 비슷하거나 취급 절차가 간편하고 비용이 절감되며, 투자안 별로 투자 조건을 탄력적으로 정할 수 있는 장점이 있다.

3) 신기술사업금융회사의 지원방법

(1) 자본투자

신청 기업의 발행주식을 인수하는 직접투자와 지분관련 회사채의 매입을 통한 간접투자로 나눌 수 있다. 지분관련 회사채는 전환사채나 신주인수권부사채를 말하는데 자본투자라고 할 수 있다.

(2) 조건부 융자

기술 개발에 필요한 자금을 지원하고 원리금 상환에 대신하여 계획사업 실행의 결과로 발생하는 매출액에 비례하여 일정 기간 로열티를 징수하는 방식으로서, 사업 실패 시에는 원금 상환을 일부 감면하고 있다. 조건부 융자는 투자와 자금 대여의 중간적 성격을 갖는데, 그 로열티는 계획사업의 성격, 위험도 및 사업 기간 등을 감안하여 회수 기간과 방법을 신청 기업과 협의하여 결정한다.

(3) 일반융자

대부분 물적 담보나 지급보증을 수반하여 일반 금융기관보다는 약간 유리하게 자금을 대여하거나 채권을 인수·매입하는 방식으로, 신기술사업금융회사의 가장 큰 비중을 차지하는 지원방식이다. 창업투자회사의 융자는 자본투자가 이루어진 회사에 한하여 추가 지원 형식으로 가능한데 비하여 신기술금융회사는 융자 지원만이 가능하다.

(4) 리스

리스(lease)는 임대인이 리스료의 정기적인 지급을 조건으로 임차인에게 시설 및 설비자산의 이용권을 공여하는 계약이다.

(5) 팩토링

팩토링(factoring)은 팩터가 고객의 매출채권을 구입함으로써 기업에게 금융을 제공하는 방법이다. 팩토링은 매출채권 담보 대출과는 달리 원칙적으로 차입자에 대한 소구권이 없이 매출채권을 매입하는 것이므로 팩터는 회수 불능 위험을 부담한다.

(6) 한국종합기술금융회사

한국종합기술금융회사는 기술 개발의 촉진, 신기술의 기업화 및 성장에 필요한 투자뿐만 아니라 국가, 단체 및 기업이 위임하는 기술개발사업을 지원하며, 자금 지원 총액의 90% 이상을 중소기업에 운용하도록 하고 있다. 한국종합기술금융회사는 조건부 융자 업무를 제외하고는 투자 및 융자 등 신기술사업금융회사와 동일한 업무를 행하고 있다.

4) 창업투자회사

(1) 현황

중소기업 창업투자회사는 "중소기업 창업지원법"에 의하여 중소기업을 창업한 자가 성장·발전할 수 있도록 지원하기 위하여, 투자 및 융사, 창업 상담 및 정보 제공 등의 업무를 수행하는 기업이다. 설립 시 납입자본금은 300억 원 이상이며 설립한 후 산업자원부에 등록하도록 되어 있다. 창업투자회사들의 주요 출자자는 대기업, 은행, 증권회사, 지역상공인, 벤처 기업 등이다. 자금지원업무는 사업개시일로부터 14 년 이내(개인 기업은 10 년 이내)의 중소기업을 주요 대상으로 일부 업종을 제외한 모든 비상장 중소기업에 주식 인수, 전환사채, 신주인수권부 사채, 기업 인수 투자 및 자금 대여 등의 방법으로 수행하고 있다.

5) 투자조합제도

앞에서 설명한 바와 같이 투자조합이란 창업투자회사나 신기술사업금융회사가 조합원들의 출자금의 일정비율 이상을 비상장 중소기업에 투자하여 발생한 투자수익을 조합원들에게 분배하기 위하여 결성한 조합이다. 투자 후 경영, 기술상의 자문도 제공하여 투자 기업의 성장을 촉진하면 조합의 존속기간 내에 배당소득을 얻고, 주식의 상장, 장외시장 등록, 제3자에 양도 등의 방법으로 투자증권을 처분한 자본이익 등 투자수익을 조합원들에게 배분한다. 투자조합은 중소기업 창업지원법에 의거하여 운영된다.

투자조합의 역할은 다음과 같다.
① 장기적인 벤처 캐피탈
투자조합의 출자금은 장기적인 벤처 캐피탈 기능을 가지므로 장기적인 벤처 캐피탈 역할을 한다.
② 양질의 벤처 캐피탈 조달
재무 구조를 악화시키지 않고도 필요시 조합을 설립하여 많은 투자자로부터 양질의 자금을 조달할 수 있는 방법이므로 양질의 벤처 캐피탈이라고 할 수 있다.
③ 수익 증대
벤처 캐피탈회사는 투자조합을 통하여 수익을 증대시킬 수 있다. 투자조합의 수입은 조합원들로부터 출자된 자금으로 기업에 투자하여 얻는 투자수익이고, 또 하나는 여유자금을 금융기관 등에 운용하여 얻게 되는 운용수익이다.

12-7 수익성 분석

1) 수익성 평가 기준

투자에 대한 의사 결정 기준으로는 다음과 같은 방법이 많이 사용되고 있다.
(1) 회수 기간법(payback period method)
(2) 순현가법 (net present value method)

(3) 내부 수익률법 (internal rate of return method)
(4) 자기자본 수익률
(5) 투자 수익률

2) 회수 기간법

회수 기간법(payback period method)이란 투자된 금액을 회수하는 데 걸리는 기간을 기준으로 하여 사업의 우수성을 평가하는 방법이다. 회수 기간법에 의한 의사 결정에서는 투자 대상에서 산출된 회수 기간이 기업에서 설정한 회수 기간보다 짧으면, 그 투자 대상은 투자 가치가 있다고 판단한다. 여러 개의 투자 대상 중에서 하나를 택할 경우에는 회수 기간이 가장 짧은 것을 최적의 것으로 평가한다. 기간의 단위로는 보통 년(年)을 사용한다.

회수 기간법의 단점으로는 다음과 같은 점들이 지적된다.
(1) 회수 기간법은 투자 대상 사업의 수익성이 아니라 자금 회수와 관련된 시간 적인 특성을 검토한다는 점이다.
(2) 회수 기간 이후의 현금 흐름을 무시한다는 점이다.

회수 기간법의 유용성은 다음과 같다.
(1) 방법이 매우 간단하여 이해하기 쉽다.
(2) 회수 기간법은 자금 회수와 관련된 위험에 대한 정보를 제공하고 있다. 회 수 기간이 길면 자금을 회수하지 못하게 될 위험이 증가하는 경우에는 회수 기간이 짧을수록 좋은 투자 대안이다.
(3) 회수 기간법은 투자로 인한 기업의 유동성을 간접적으로 나타낸다.

3) 순현가법

순현가법(net present value method, NPV method)은 NPV법이라고도 한다. 이 방법은 투자로 인하여 발생할 미래의 모든 현금 흐름을 적절한 할인율로 할인하여 현가를 구하고 그것을 기준으로 하여 사업의 경제성을 평가하는 기법이다. 이 때 할 인율로 사용되는 것은 필수 이익률(required rate of return, RRR)이라 하며, 기대 수익률(expected rate of return) 또는 자본 비용(cost of capital)이라고도 한다.

현금 유입의 현가에서 현금 유출의 현가를 뺀 것을 순현가라고 하는데, 이 순현가로써 투자 대상들의 경제성을 분석하게 된다. 순현가는 다음과 같이 정의된다.

$$NPV = \sum_{t=0}^{n} \frac{CI_t}{(1+k)^t} - \sum_{t=0}^{n} \frac{CO_t}{(1+k)^t}$$

CI_t : t 시점에서의 기대 현금 유입
CO_t : t 시점에서의 기대 현금 유출
k 할인율(자본 비용, 필수 수익률)

의사 결정 기준 : 순현가법을 투자의 의사 결정 방법으로 사용할 때는 순현가가 0보다 큰 투자안은 투자할 가치가 있는 것으로 평가한다. 이것은 현금 유입의 경제적인 가치(즉, 현금 유입의 현가)가 투자비용 현가보다 크다는 뜻으로, 이러한 투자를 수행할 때에는 기업의 가치가 증대함을 의미한다.

4) 내부 수익률법

내부 수익률법(internal rate of return, IRR)은 투자를 하여 미래에 예상되는 현금유입의 현가와 예상되는 현금 유출의 현가를 동일하게 하는 할인율을 구하여, 그 값과 기대 수익률을 비교하여 투자 가치를 평가하는 방법이다. 현금 유입의 현가와 현금 유출의 현가를 같게 하는 할인율을 내부 수익률이라고 한다. 즉, 다음 식을 만족시키는 r을 내부 수익률이라고 한다.

$$\sum_{t=0}^{n} \frac{CO_t}{(1+r)^t} = \sum_{t=0}^{n} \frac{CI_t}{(1+r)^t}$$

CO_t : t 시점에서의 현금 유출
CI_t : t 시점에서의 현금 유입

의사 결정 기준 : 내부 수익률을 사용하여 투자 결정을 내릴 때에는 투자로 인한 내부 수익률과 기업에서 바라고 있는 필수 수익률(required rate of return)을 비교

하여 내부 수익률이 이보다 높은 투자안에 대해서는 투자 가치가 있다고 평가한다. 이 때의 필수 수익률은 순현가 계산에 사용되는 할인율이다. 여러 투자안 중에서 필수 수익률을 초과하는 것들 중에서 내부 수익률이 가장 큰 투자안을 채택한다.

5) 자기자본 수익률

$$\text{자기자본 수익률} = \frac{\text{당기 순이익}}{\text{투자된 자기자본}}$$

자기자본 수익률이 창업자가 설정한 최소수익률이상이면 사업을 채택하고 그렇지 못하면 사업을 기각한다. 최소수익률은 기업이나 개인에 따라 다를 수 있다. 고수익의 투자 대안에 대한 투자 기회가 많은 기업이나 사람은 최소수익률이 높을 것이고, 수익률이 낮은 투자 대안만 존재하는 경우에는 최소수익률이 낮다. 예를 들면, 투자할 수 없는 경우에 은행의 보통예금에 예치해 두는 것이 최소수익률인 경우에는 바로 이 수익률이 창업투자 대안에 적용하는 최소수익률이 될 수 있는 것이다.

6) 투자 수익률

$$\text{투자 수익률 (\%)} = \frac{\text{당기 순이익}}{\text{투자 총액}} \times 100 \, (\%)$$

투자 수익률이 창업자가 설정한 최소 수익률 이상이면 사업을 채택하고 그렇지 못하면 사업을 기각한다.

12-8 복습

↘→↗→ 요약

1. 재무 계획에서 해야 일은 (1) 소요자금 추정, (2) 자금 조달 계획 (3) 자금 사용 계획, (4) 미래 수익의 추정, (5) 미래의 경영 상태 추정, (6) 자금 상환 계획 등이다.

2. 창업 자금조달 방식으로는 (1) 매입 채무 (2) 리스 (3) 신용 보증 (4) 은행의 지급 보증 (5) 팩토링 (6) 보증 보험 (7) 은행으로부터의 융자 등이 있다.
3. 사업자금원으로는 (1) 개인, (2) 소상공인 지원센터, (3) 특수 은행, (4) 일반 은행 (5) 창업투자회사와 창업투자조합, (6) 중소기업 진흥공단, (7) 신기술사업 금융회사 (8) 에인절 캐피탈(angel capital), (9) 신용 보증 기관, (10) 리스 회사 (11) 종합 금융 회사, (12) 단기 금융 회사, (13) 보험 회사, (14) 저축 기관 (15) 증권 회사 (16) 기업 등이 있다.
4. 벤처 캐피탈의 투자 방법으로는 주식투자, 전환사채, 신주인수권부 사채, 약정투자 등이 있다.

주요 용어

자금조달 방식

창업자금조달 방식으로는 (1) 매입 채무 (2) 리스 (3) 신용 보증 (4) 은행의 지급 보증 (5) 팩토링 (6) 보증 보험 (7) 은행으로부터의 융자 등이 있다.

자금 조달 원천

사업자금원으로는 (1) 개인, (2) 소상공인 지원센터, (3) 특수 은행, (4) 일반 은행 (5) 창업투자회사와 창업투자조합, (6) 중소기업 진흥공단, (7) 신기술사업 금융회사 (8) 에인절 캐피탈(angel capital), (9) 신용 보증 기관, (10) 리스 회사 (11) 보험 회사, (12) 저축 기관 (13) 증권 회사 (14) 기업 등이 있다.

벤처캐피탈

벤처캐피탈은 위험은 높지만 고수익이 기대되는 사업에 투자하는 자본이다.

전환사채

전환사채란 일정한 요건에 따라 사채권자가 보유한 사채를 사채발행회사의 주식으로 전환할 수 있는 권리를 인정한 사채를 말한다. 그러므로 사채권자는 전환권을 행사하면 주주가 된다.

약정투자

창업투자회사와 투자기업 간의 약정에 의하여 투자조건을 결정하는 방법으로는 일정 기간 동안 매출액, 투자원금 또는 이익금 등에 대한 일정비율의 투자금 사용료를 받으며, 일정 기간 경과 후 계획사업의 성공 시에는 주식 전환 등의 방식으로 투자하고, 실패 시에는 투자원금의 일부만을 상환토록 하는 투자 방법이 있다.

복습 문제

1. 재무 계획의 필요성과 목적을 설명하라.
2. 대차대조표와 손익계산서를 설명하라.
   추정대차대조표와 추정손익계산서는 무엇인가?
3. 제조업의 소요자금 추정 기법을 설명하라.
4. 점포사업의 소요자금 추정 기법을 설명하라,
5. 여러 가지 자금 조달방식을 설명하라.
6. 여러 가지 자금 조달 원천을 설명하라.
7. 벤처 캐피탈에 대하여 설명하라.

연구 및 실습 과제

1. 우리 나라의 벤처 캐피달 제도에 대해서 조사해 보라. 벤처 캐피탈 기업은 몇 개가 어디에 분포되어 있는지 조사해 보라. 벤처 캐피탈에서 종사하는 전문가들은 어떠한 과정을 거쳤는가도 관심을 가지고 조사해 보라.
2. 실패한 창업가가 다시 도전하도록 해야 한다는 주장이 있다. 이런 '패자 부활전'을 위해서는 어떤 자금 지원제도가 있으면 좋을가 생각해 보라.
3. 학습자의 창업을 위해서는 자금 조달을 어떻게 할 것인가를 말해 보라.

참고 웹사이트

www.sbdc.or.kr
www.smba.go.kr
www.sbc.or.kr
www.entrepreneur.com
www.allbusiness.com
www.mysmallbiz.com
www.business-idea.com
www.coolbusinessideas.com
www.zeromillion.com

제 13 장

조직 계획

개 관

조직 계획에서는 창업 기업을 조직화하는 데 필요한 과제들을 학습한다. 세부적인 내용으로는 기업에 필요한 인재의 선발, 조직의 기능별 형태, 기업의 법률적 형태, 기업의 설립 절차, 창업 팀 등에 대해서 공부한다.

개 관

1. 최고 경영자의 기업의 인적자원으로서의 중요성을 인식한다.
2. 직접 지휘 형태와 간접 지휘 형태를 이해한다.
3. 생산 중심형 조직과 마케팅 중심형 조직의 차이를 안다.
4. 창업 팀의 형성과 인원 선발과정을 이해한다.
5. 경영 파트너의 대상이 될 수 있는 사람을 안다.
6. 직원 채용 기준을 이해한다.
7. 개인기업의 장단점을 안다.
8. 주식회사의 장단점을 안다.
9. 1인 주식회사에 대해서 안다.
10. 사업자 등록을 작성할 수 있다.

주요용어

직접 지휘 형태, 간접 지휘 형태, 생산 중심형 조직, 마케팅 중심형 조직, 창업 팀의 형성, 경영 파트너의 대상, 직원 채용 기준, 개인기업의 장단점, 주식회사의 장단점, 1인 주식회사, 사업자 등록

사 례   코오롱그룹의 이동찬

　이동찬 회장은 조선시대 오현의 한 분으로 추앙받고 있는 회제 이언적선생의 16대 손으로, 1922년 4월 1일 경상북도 영일군 신광면에서 태어났다. 그는 어렸을 때 아버지가 빚만 남긴 채 도일하여 어머니, 누이동생과 함께 어려운 어린 시절을 보냈다.

　기계공립보통학교를 수석으로 졸업한 이동찬은 1937년 일본으로 건너가 부친이 경영하는 '아사히공예사'에서 부친의 사업을 도우면서 주경야독하여 1942년 이쿠노고코구(生野興國)상업학교 야간부를 졸업했으며, 1943년 와세다대학 전문부 정치경제학과에 입학하였다.

　이회장은 1947년 경북기업이라는 직물회사를 설립하면서 기업인 활동을 시작하였다. 헐벗은 국민들에게 따뜻한 옷을 만들어 입게 하는 것도 애국이라는 신념을 갖고 처음으로 시작한 사업인 경북기업이 터전을 굳혀갈 무렵, 6·25 발발로 어려움을 겪게 되지만 잘 극복하고 직물 사업을 본 궤도에 올려놓았다.

　1954년에는 현재의 코오롱그룹의 모태가 되는 개명상사를 설립하여 한일무역을 시작하고, 1957년 부친과 함께 국내 최초의 나일론 사 생산기업이 된 한국나이롱을 창립함으로써 우리나라 경제사에 중요한 한 획을 그었다.

　그 후 1968년 코오롱상사, 한국염공, 1969년 한국폴리에스텔 등을 설립하고, 1970년 한국나이롱의 사장에 취임, 원숙한 경영인으로서의 길을 걷는다. 1977년 이원만 창업주의 뒤를 이어 제2대 그룹회장에 오르게 된 이동찬 회장은 명실상부한 코오롱그룹의 총수로서 그룹을 키워 나갔다.

　이 회장이 기업가로서 뿐만 아니라, 공인으로서 본격적인 사회활동을 하는 것은 1974년 한국경영자총협회 부회장이 되면서부터이다. 1975년 한국농구협회 부회장, 전국경제인연합회 이사 등으로 각종 단체에서 활약하던 이 명예회장은 1980년 대한농구협회 회장에 취임한데 이어, 대한올림픽위원회 위원으로서 스포츠를 통한 외교에도 일익을 담당했으며, 또한, 대한골프협회 회장을 맡아 골프 대중화 사업에도 힘썼다.

　특히, 한국 마라톤의 열성적인 후원자로 널리 알려져 있는 이 명예회장은 기록 우수선수에 대한 연구 장려금 지급, 마라톤 선수의 저변 확대와 인재의 조기 발굴 육성을 위한 고교생 마라톤대회 주최 등을 추진해 왔으며, 코오롱 마라톤팀을 운영하여 한국 마라톤의 대표적인 선수들을 육성했다. 이러한 적극적인 후원은 황영조 선수의 1992년 바르셀로나 올림픽의 마라톤 제패, 1996년 이봉주 선수의 애틀란타 올림픽 은메달이라는 쾌거를 이루어 냄으로써 온 국민을 열광케 했다.

1982년 한국경영자총협회회장을 맡아 15년 동안 봉사하였고 1983년에는 한국섬유산업연합회 회장으로도 봉사하였다. 산간벽지 학교에 학습기자재 보내기운동, 길음사회복지관 건립 기증 등의 사회봉사활동을 꾸준히 펼쳐온 이 명예회장은 충북 괴산에 청소년 수련 마을인 보람원을 개원하였다.

이동찬 회장의 기업 경영 철학은 다음과 같다.

경영관

1. 기업은 개인의 것이 아니라 사회의 것이다.
 1) 경영자는 사회 재산의 관리자일 뿐이다.
 2) 기업 윤리의 기본 덕목은 사회 봉사 정신이다.
 3) 후손에게 풍요로운 미래를 물려주는 것은 기업인의 행복한 사명이다.
2. 기업은 영원한 것이다.
 1) 과분한 의욕과 자기 과신은 위험하다. 무리하지 않는, 분수에 맞는 경영으로 기업을 영속시켜야 한다.
 2) 기업의 도산은 사회에 대한 배신행위이다.
3. 등산식 경영 : 이상은 높게 갖되 눈은 아래로 향하고, 겸허한 자세로 한 발씩 정복해 나가는 경영
4. 마라톤식 경영 : 목표를 향하여 쉼없이 달리되 일정한 페이스를 유지해 나가는 경영

노사관

1. 노사불이(勞使不二)론 : 노사(勞使)는 공동운명체 - 노(勞)와 사(使)의 관계는 대립관계가 아닌 공존공영을 위한 협조관계라는 주장이다.
2. 노사(勞使)관계가 아닌 노사(勞社)관계가 되어야 한다.
 1) 노사관계는 대립의 관계가 아닌 회사의 발전을 위한 협력의 관계이므로 노동자와 사용자라는 용어는 옳지 않다.
 2) 근로자들의 노동자(조합원) 위치에서 직장인(사원) 위치로의 인식 변화가 필요하다.

인재관

1. 전문인이어야 한다.

1) 지금은 Generalist보다는 Specialist가 필요한 시대이다.
2) "모든 과목에서 70점 이상을 받은 사람보다는 비록 평점은 60점이 지만 한두 과목에서 90점 이상의 두드러진 적성을 가진 사람이 오히려 회사에 필요합니다."
3. 사장은 만능이어야 한다 : 지, 용, 덕을 겸비해야 한다.
4. "지금은 기업이 사회의 다른 분야로부터 인재를 스카웃 해오는 시대가 아니라 기업 내에서 양성된 인재들이 사회 각 분야로 진출, 활약하는 시대라고 생각한다. 기업의 인재 교육에는 기업 목적뿐만 아니라 사회 봉사라는 한층 더 높은 차원이 고려되어야 한다."

한 단계 더 생각하기

✓ 코오롱 그룹이 발전하게 된 배경은 무엇인가?
✓ 이동찬 회장의 사회적 공헌에 대해서 생각해 보자.
✓ 코오롱의 노사 관계에 대해 다시 한 번 검토해 보자.

13-1 경영자의 중요성

경영진(management team)은 사업의 성공 가능성을 평가하는 과정에서 가장 중요한 평가 기준 중의 하나이다. 우수한 창업 팀이 기업의 성공 가능성을 높일 수 있다는 것은 투자가, 은행가, 기업가 모두가 공감하는 점이다. 그래서 사업의 평가에 있어서 무슨 사업을 하느냐보다 누가 하느냐를 더 중요시하기도 한다.

미국의 벤처 캐피탈 산업의 아버지라고 알려진 조지 도리옷(George Doriot)은 사업 아이디어가 A급이고 창업 팀이 B급인 것보다는 '사업 아이디어는 B급이더라도 창업 팀이 A급'인 것을 택하겠다고 하였다. 하지만 창업 과정에서 창업 팀의 구성과 직원 채용에 대해서는 소홀히 하기 쉬우므로 각별히 유의하여야 한다.

최고 경영자의 자기 개발

대부분의 경우에 창업자는 상당기간 동안 기업의 최고 경영자가 된다. 기업에서 가장 중요한 인적자원은 최고 경영자이다. 최고 경영자는 통상적으로 인사권, 재정권, 대외교섭권 등 전권을 가지고 있다. 최고 경영자의 전문 지식과 재능, 리더쉽, 대인관계, 이미지, 창의력, 판단력 등이 사업의 성패를 좌우한다. 그러므로 최고 경영자는 기업을 성공적으로 이끄는 데 필요한 특성과 능력을 갖추어야 한다. 이와 관련하여 에 따라 다음과 같은 자기개발의 지침을 제시하는 바이다.

1) 당당한 최고 경영자가 된다

창업 초기의 창업자 최고 경영자는 주변의 축하와 찬사에도 불구하고 사업에 어려움이 많아서 여러 가지 어려움을 겪게 된다. 그래서 위축되기 쉽다. 하지만 위축되어서는 사업이 제대로 되지 않는다. 세계적인 기업도 거의 대부분이 처음에는 보잘 것 없는 지하 창고에서 또는 조그만 가게에서, 또는, 단독 세일즈맨으로 시작하였다. 추호라도 열등감을 느낀다거나 위축되는 감이 있다면 이를 적극적으로 극복하도록 노력하여야 한다.

2) 자신만의 고유한 특성을 개발한다

여기에서 고유한 특성이란 다른 사람과 차별화되는 특징을 개발한다는 뜻이다. 다른 사람과 달라야 자신만의 독특한 고객을 확보할 수 있다. 다른 사람과 같거나 유사하면 시장을 나누어 가져야 되므로, 자신이 더 유리할 것이라고 확신할 수 없다.

3) 전문가로 변신한다

현대 사회에서 최고 경영자는 기업이 상당한 규모로 성장할 때까지 사업의 모든 일을 알고 있어야 하며 취급하는 제품과 서비스 분야의 전문가가 되지 않으면 안 된다. 고객은 전문화되고 특화된 상품을 원한다.

4) 인적 네트워크의 개발한다

사업의 성패는 인간 관계에 따라 영향을 받는 경우가 많다. 사업에서 성공하기 위해서는 인적 네트워크를 활성화해야 한다.

5) 재능과 지식을 보완하는 방법을 강구한다

사업에 성공하기 위해서는 참으로 다양한 재능과 지식이 필요한데 사장은 자신의 부족한 점을 파악하고 이를 보완할 수 있는 방법을 개발하여야 한다. 자신의 사업 중에 중요한 부분인데 본인이 완벽하게 수행할 수 없을 때는 직원을 고용하는 것도 한 방법이다. 또한, 법률, 세무 등 전문 지식이 부족한 경우는 주위의 전문가를 활용하는 방법도 마련하여야 한다.

13-2 조직의 구성 형태

13-2.1 직접 통제 형태와 간접 통제 형태

창업 초기에는 종사자의 수가 적고 업무도 단순하여 창업자 사장이 모든 업무를 대부분 직접 수행하거나 관장하는 경우가 많다. 예를 들면, 한 사람의 사장과 한 사람의 종업원으로 구성된 경우에 사장이 거의 모든 일을 수행하거나 지휘하게 된다.

1-2인 규모의 조직을 넘어 3-10명 정도의 규모가 되면 업무를 분장하게 된다. 예를 들면, 생산팀, 마케팅 팀, 일반관리 팀 정도로 구분할 수가 있다. 그림으로 표시하면 13.1(a)와 같다. 팀별로 책임자를 임명할 수도 있고 그렇지 않고 창업자가 직접 지휘할 수도 있다.

기업의 규모가 10명이 넘고 팀별 업무 분장과 지휘가 필요한 경우에는 중간 관리자가 있는 조직을 구상할 수 있다. 예를 들면, 그림 13.1(b)와 같이 팀별 관리자를 두는 조직이다.

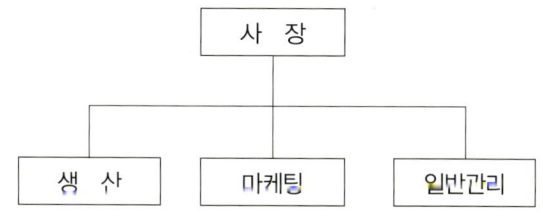

그림 13.1(a) 직접 지휘 형태

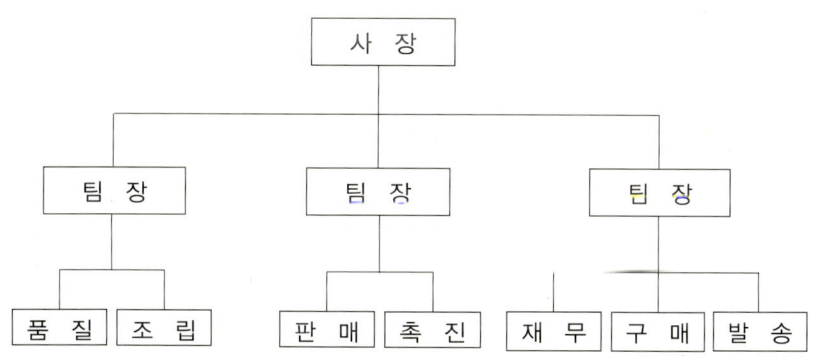

그림 13.1(b) 간접 지휘 형태

13-2.2 업무의 중요성을 반영하는 조직 형태

1) 생산 중심형 조직

생산 중심형 조직은 생산에 중점을 둔 조직이다. 그림 13-2(a)에 예를 보였다. 이와 같은 조직은 기업이 판매나 마케팅에는 관여하지 않고 제품의 생산에만 전념하면 되는 경우로서 제품이 하도급 수주로 결정되어 원가 절감, 품질 향상, 납기 준수가 사업의 핵심 요소가 되는 경우에 적용한다.

2) 마케팅 중심형 조직

고객과의 접촉을 통하여 고객 만족을 실현하는 것이 기업의 핵심적인 과업이 되는 경우에 적합한 조직이다. 그림 13.2(b)에 예를 보였다. 제품의 기능상 경쟁력이 크지 않은 경우, 경쟁이 치열한 경우, 유사 제품이 많은 경우, 고객과의 접촉이 중요한 사업인 경우에 적용하면 좋을 것이다.

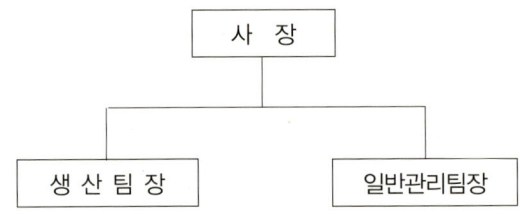

그림 13.2(a) 생산 중심형 조직 형태

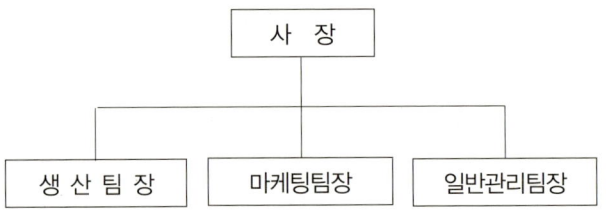

그림 13.2(b) 마케팅 중심형 조직 형태

3) 1인 주도 방식과 공동 주도 방식

기업을 운영하는 경우에 최고 의사 결정자가 1인인 경우와 2인 이상 복수인 경우가 있다. 예를 들어 말하자면, 1인 주도 방식은 단일 지도체제에, 공동 주도 방식은 집단 지도체제에 비견할 수 있다. 1인 주도 방식에서는 한 사람이 주도적으로 의

사 결정을 그에 따른 책임도 지는 방식이고, 공동 주도 방식에서는 2인 이상이 공동으로 의사 결정을 하고 그에 따른 책임도 공유하는 방식이다.

세 번째 방법으로는 혼합 방법이 있다. 2인 이상의 사람이 업무를 분할하고, 분할된 영역 내에서 권한을 행사하고 그에 따른 책임을 지는 방식이다. 예를 들어 2사람이 업무를 분할하는 경우에 한 사람은 생산과 기술을 분담하고, 다른 한 사람은 마케팅과 재무를 분담하는 방식 등이다. 그러나 최종적으로 대외적인 업무를 누가 책임지느냐의 문제는 남는다.

4) 팀워크

팀이 일단 형성되면 팀워크를 위하여 무엇을 어떻게 해야 할 것인가에 대하여 생각해야 한다. 팀워크가 제대로 이루어지지 않으면, 기업이 성장 발전하기를 기대하기 어렵다. 그러므로 팀워크는 신생 기업의 성장 발전 내지는 성패에 영향을 미치는 가장 중요한 요인 중의 하나이다.

팀워크를 증진하기 위하여 할 수 있는 활동으로는 토론, 만장일치 의사 결정 시스템의 채택, 공동 여가 활동, 가족적인 유대관계, 주식의 공유 등의 방식을 활용할 수 있다.

13-3 창업팀의 형성과 인원 선발 과정

창업팀의 형성과 인원 선발 과정은 4단계로 나눌 수 있는데 열거하면 (1) 창업자 및 기업의 분석 (2) 기업 팀의 필요성 평가 (3) 확보 방식 (4) 팀의 구성이다. 구체적인 내용을 살펴보면 다음과 같다.

1) 제1단계 : 창업자 및 사업의 분석

기업의 업무 수행에 필요한 인적 자원의 특징을 파악하기 위해서는 먼저 창업자 자신을 분석하고, 기업이 필요로 하는 능력이 어떤 것인가를 분석하여야 한다. 구체적으로는 다음과 같은 내용을 조사해 보아야 한다.

(1) 창업자 분석
   ① 창업 동기
      • 나의 목표는 무엇인가?
      • 나의 의사 결정의 특징은 무엇인간?
      • 나는 위험을 어떻게 처리하는가?
      • 나는 실패를 어떻게 처리하는가?
      • 창업 동기는 무엇인가?
      • 나는 피이드백(feedback)을 활용하고 도움을 구하는 데 있어서 어떠한가?
   ② 특기 및 경영 능력
      • 지금까지의 기록으로 보면 나의 장점과 약점은 무엇인가?
      • 내가 잘하는 것은 협상, 마케팅, 재무, 기술적 노하우, 인사 관리 등에서 어느 것인가?
      • 내가 배워야 할 것은 무엇인가?
      • 원숙도에 있어서 다른 사람들은 나를 어떻게 보는가?
   ③ 기대와 희생
      • 내가 기대하고 추구하는 것은 무엇인가?
      • 가족이 나에게 기대하는 것은 무엇인가?
      • 무슨 희생을 어느 정도까지 감당할 수 있는가?
      • 내가 중요시하는 생활 양식과 가치 체계는 무엇인가?
      • 이 점에 있어서 나의 가족은 어떤가?
   ④ 대인 기술
      • 내가 가진 사교술은 어떠한가?
      • 이견과 갈등을 어떻게 해결하는가?
      • 내가 팀장이 되었을 때 타인들의 반응은 어떠할까 ?
   ⑤ 업무 수행에 필요한 능력
      • 기업가로서의 업무를 다하기 위해 필요한 것은 무엇인가?
      • 기업가가 감내해야 할 것은 무엇인가?
      • 고려하고 있는 기업이나 업계에서 특별히 필요한 재능은 무엇인가?
      • 역할 분담은 어떻게 할 것인가?

(2) 사업의 분석

사업에 필요한 팀의 구성이라는 각도에서 기업을 재조명해 볼 필요가 있다. 이 때 특별히 유념해야 할 항목으로는 다음과 같은 것들이 있다.

① 성공에 결정적인 변수

모든 사업에는 성공을 위하여 필수적인 요소가 있다. 이런 요소가 무엇인가를 파악하고, 팀은 기업이 이런 요소를 갖추도록 구성되어야 한다.

② 목표

창업 직후 2~3년 동안의 기업의 가장 중요한 목표는 무엇인가? 목표는 측정할 수 있어야 하며, 현실적이어야 하고, 시간에 따라 구체적으로 명시되어야 한다.

③ 업무 및 활동

목표를 달성하기 위해 필요한 업무와 활동은 무엇인가?

④ 다른 기업과 구별되는 우수성

기업은 생산하는 재화나 서비스에 있어서 경쟁 기업보다 특별히 우수하여야 성공하는데 그런 점은 무엇인가?

⑤ 외부와의 관계

법조계 인사, 금융계 인사, 고객, 원자재 공급자, 감독 기관 등에서 외부와의 관계가 특별히 중요한 분야는 무엇인가?

2) 제2단계 : 필요한 인적 자원의 파악

창업자에 대한 분석과 기업의 특성에 대한 분석 결과를 서로 비교하여 기업이 필요로 하지만 창업자가 감당할 수 없는 것이 무엇인가를 파악하여야 한다. 만약 창업자 또는 창업팀이 사업에 필요한 재능과 특징을 갖추고 있지 못하면 그러한 재능을 갖춘 사람을 확보해야 한다. 그러한 재능이 없거나 확보할 수 없다면 사업을 아예 포기해 버리는 것이 나을 수도 있다.

창업자가 감당할 수 없는 업무가 있다고 판단되면, 팀을 형성할 필요가 있다. 이 때 창업자 또는 사업의 책임자는 기업을 철저히 이해하고, 기업에 필요한 인재는 어떤 재능과 특성을 갖춘 사람인가를 파악하여야 한다. 이 때 팀의 요원 또는 창업자는 자신이 잘하는 분야를 계속 키워 나가는 것이 분야를 바꾸는 것보다 좋다. 예를 들어 창업자가 기술자인 경우에 경영 능력이 부족하다면 과다한 시간과 노력을 투여하여 경영 기술을 익히기보다는 경영 능력을 갖춘 사람을 고용하는 대안을 적극적으로 고려하여야 한다.

3) 제3단계 : 인력 확보 방식

창업자가 할 수 없는 업무가 밝혀지면, 그것을 위해 구체적으로 어떤 기술과 자원이 필요한가를 파악하여야 한다. 파악한 기술과 자원의 필요시기, 빈도 등을 측정하여 전일제 또는 시간제의 피고용자를 구해야 한다. 법률, 세금 문제처럼 일상적이 아닌 특별한 문제에 대한 기술에 대하여는 시간제 노동력을 이용하는 것이 좋다. 회계업무도 신생 기업에서는 외부 전문가에게 의뢰하는 것이 저렴한 경우가 많다. 한편 기업에 필수적인 기술을 위해서는 상근 인력을 확보해 놓아야 한다.

4) 제4단계 : 팀 구성

지금까지는 팀 형성과 관련된 분석적 활동을 중심으로 살펴보았는데, 실제로 공동 경영자를 선택하는 일은 분석적 결과를 적용하는 것만으로는 이루어지지 않는다. 감정적인 요인, 심리적인 상태 등도 최종 결정에 영향을 미친다. 고려해야 할 사항을 정리하면 다음과 같다.
① 공동 경영자는 신임할 수 있는 사람이어야 하고, 사업에 전적으로 몰입할 수 있는 사람이어야 한다.
② 팀 구성원의 기대와 신생 기업의 어려운 현실이 일치할 수 있도록 고용 전에 조정하여야 한다.
③ 팀 구성원의 지속적인 결속과 몰입을 위해서는 주위 사람들이 사업을 이해하고 지원해 주어야 한다.

13-4 경영 파트너의 대상

경영 팀의 형성에 있어서 실제로 파트너가 될 수 있는 사람들은 다음과 같다.

(1) 전 직장 동료

경영 파트너로서 가장 일반적인 후보는 전 직장 동료이다. 특히 창업자가 파트너 후보인 동료와 일해 본 적이 있다면 그것은 비교적 손쉽게 결정을 할 수 있을 것이다.

(2) 친구

원만한 인간 관계가 있는 경영 팀을 구성하려면 친구를 사업 파트너로 고려해 볼 수 있다. 그러나 친구인 경우에 능력 평가에 객관성이 흐려지기 쉽다. 또, 창업 후에도 성과를 평가하는 데 어려움이 있으므로 입사 전에 이와 같은 문제들에 대한 신중한 검토가 필요하다. 사업 파트너를 직장 동료나 친구들에 국한한다면 필요한능력을 갖춘 사람을 구하지 못할 수가 있다.

(3) 경영 컨설턴트

경영 컨설턴트라는 직함을 가진 사람들 중에는 기회가 있으면 기업에 적극적으로 참여하고자 하거나 창업에 관심을 가진 사람들이 많다. 이런 사람들과는 그들의 전문 분야에 따라 제한된 거래로 시작하여 만족스런 관계가 가능하다고 생각되면 전적인 영입으로 발전할 수 있다.

(4) 경쟁사의 직원

경쟁사의 우수 직원으로 근무하던 사람은 창업 기업에 처음부터 많은 기여를 할 수 있다. 경쟁사의 직원을 포섭하는 일은 법적인 문제를 일으킬 수 있으므로 전문가 또는 경험자에게 문의하는 것이 좋겠다. 그러나 대부분의 경우에 큰 문제로 발전하는 경우는 많지 않다.

(5) 소개

개인적 또는 사업상의 친구들에게 필요한 사람의 기술과 자격을 설명하면 적합한 사람을 소개받을 수 있다. 이와 같은 방식이 유용할 때가 많다.

(6) 대중 매체에 광고

일반 신문, 전문 신문, 업종별 전문 잡지, 사이버 광고란 등에 광고를 내서 적격자를 구해 볼 수 있다. 너무 많은 사람이 응모해 올 것에 대한 고려도 하여야 한다. 미국의 경우에는 여러 가지 이유로 유명 기업으로부터 사직한 간부들이 구직 광고를 내는 경우도 많다.

(7) 친척

우리 나라처럼 혈연적 유대가 깊은 사회에서는 친척이 사업 파트너가 되는 경우가 많다. 친척으로서 사업 파트너로 고려해 볼 수 있는 대상은 형제자매, 사촌의 형제자매, 삼촌과 조카, 동서, 처남과 매형 등이다. 친척이 파트너가 되는 경우에는 처음에 시작하기 쉽다는 장점이 있으나, 사업이 진행됨에 따라 책임과 권한이 애매해지거나 이윤 분배와 손해에 대한 책임 부담 등에서 갈등이 생길 수 있다는 점을 유념해야 한다.

13-5 직원 채용

1) 채용 기준

창업팀 또는 간부급의 인력이 확보되면 실무 직원을 채용하여야 한다. 직원 채용에 있어서 기준으로 하여야 할 사항은 능력, 화합, 발전 가능성이라고 할 수 있다. 이들에 대하여 간단히 설명하겠다.

(1) 업무 수행 능력

채용되는 직원은 업무를 수행할 수 있는 사람이어야 한다. 그렇게 되기 위해서는 먼저 채용되는 직원에게 맡겨질 업무가 무엇이 될 것인가를 확실히 파악하고 있어야 한다. 간부 또는 중간 관리자들은 필요한 인력의 자격 요건을 정확하게 파악하여야 한다.

(2) 화합

채용되는 사람은 상하 동료들과 화합할 수 있는 사람이어야 한다. 아무리 능력이 있어도 기법 풍토에 적응하지 못하면 주어진 업무를 원만히 수행하기 어렵다. 특히, 창업 기업인 경우에는 기업 내에 전통이 확립되지 않은 상태인데 다양한 배경을 가진 사람들이 비교적 짧은 기간 동안에 모이게 되니 여러 가지 문제가 발생한다. 그러므로 채용 시에는 기업의 방침에 순응하지 않는 직원을 해고하는 방안도 고려하여야 한다.

(3) 발전 가능성

발전 가능성이 있는 사람을 채용하여야 한다. 시간이 경과함에 따라 기술과 생산성이 향상될 수 있는 사람이어야 한다. 그러기 위해 필요한 사항 중에 하나가 오랫동안 근무할 수 있는 사람이어야 한다. 직원에게 업무를 익히게 하려면 회사로서 많은 비용이 투자되기도 한다. 그런데 충분히 오랫동안 근무하지 않으면 기업은 투자의 대가를 얻지 못하므로 기업으로서는 적지 않은 손실을 입게 된다. 실제에 있어서 발전 가능성이 큰 사람은 사업 초기의 어려움이 많은 창업 기업에 오려고도 하지 않을 뿐만 아니라 입사한다 하더라도 근무하지 않는 문제점이 있다. 실제에 있어서 창업 기업에 있어서 만족스럽다고 할 만한 직원을 채용하기란 참으로 어렵다. 그러므로 업무의 성격에 따라 다소의 약점이 있는 사람이더라도 채용할 수도 있다.

(4) 정직성

대부분 사람은 정직하지만 정직하지 못한 사람은 기업에 결정적인 손해를 끼칠 수 있다. 기업의 문서 위조, 부실한 현금 관리, 허위 보고, 횡령 등을 통하여 기업은 결정적인 손해를 볼 수 있으므로 정직한 종업원을 선발해야 한다.

(5) 충성심

기업은 경쟁해야 하고 많은 비밀을 다루게 되므로 충성심이 있어서 배신하지 않을 종업원을 확보하여야 한다.

2) 모집원(募集源)과 방법

직원을 채용하려고 하면 먼저 채용 비용을 고려하여야 한다. 채용 비용의 범위 내에서 모집 방법, 선발 절차, 선발 도구 등을 결정해야 한다. 일반적으로 널리 적용되는 모집 방법 및 모집원은 다음과 같다.

(1) 광고

적격자가 접할 수 있는 곳에 모집 광고를 내서 모집하는 법이다. 광고를 낼 수 있는 곳은 많다. 예를 들면, 주요 일간 신문, 경제신문, 업종별 전문 신문과 잡지, 라디오와 텔레비전 방송 대상이 된다. 경우에 따라서는 무료로 광고할 수 있다.

(2) 교육 훈련 기관

각급 학교(고등학교, 전문대학, 4년제 대학, 사설 학원, 직업 훈련원 등은 주요한 모집원이다. 전화, 방문 등을 통하여 접촉할 수 있다.

(3) 직업 소개소

비영리 공공 직업 소개소, 영리 직업 소개소도 중요한 모집원이다.

(4) 친족

친족, 친척들은 창업 기업에 주요한 인력이 될 수 있다. 특히, 충성심이 많이 필요한 업무에 대해서 적합할 수 있다.

(5) 지연·학연

지연·학연을 통하여 어려운 조건에서도 미래를 기대하고 충실히 일해 줄 수 있는 사람을 발견하는 수가 있다. 장차 발생할 위험성에 대해서도 고려하는 것이 좋다.

3) 인원 선발에서 범하기 쉬운 실수

(1) 업무가 요구하는 능력을 갖추지 못한 사람을 선정한다.
(2) 능력을 고려하지 않고 친한 사람을 채용한다.
(3) 구체적인 능력 검정을 하지 않고 채용한다.
(4) 말솜씨만 보고 채용한다.
(5) 외모만을 보고 결정한다.
(6) 피고용자의 기대치를 고려하지 않고 채용한다.
(7) 아는 사람의 소개에 지나치게 의존한다.
(8) 필요 이상의 고학력자를 채용한다.
(9) 인력을 적재적소에 배치하지 못 한다.
(10) 채용 후 수행해야 할 업무를 충분히 설명하지 않고 채용한다.
(11) 채용 후 충분한 교육과 훈련을 실시하지 않는다.

13-6 기업의 법적 형태와 장단점

13-6.1 개인 기업

개인 기업(sole proprietorship)은 1인이 출자하고 자기의 이윤을 얻기 위하여 스스로 경영 활동을 하는 기업이다. 개인 기업은 한 사람이 단독적으로 출자하고 지배

하며 경영 상의 모든 위험과 손실을 부담하여 이윤을 단독으로 향유할 수 있으므로 단독 기업이라고도 부른다.

1) 개인 기업의 장점

(1) 이윤의 독점
(2) 창업의 용이성과 창업비의 저렴
(3) 활동의 자유와 신속성
(4) 절세
(5) 유리한 대인 접촉
(6) 비밀 유지

2) 개인 기업의 단점

(1) 무한 책임
(2) 영속성의 결여
(3) 자본 조달 능력의 한정
(4) 경영 능력의 한계

13-6.2 합명회사

합명회사는 2인 이상의 사원이 공동으로 출자하여 모든 사원이 회사의 채무에 대하여 연대 무한 책임을 지는 회사인데, 사원이 공동으로 성관을 작성하여 법원에 등기함으로써 설립되는 것이다. 합명회사는 소유와 경영이 분리되지 못하여 공동 경영과 무한 책임을 지게 되므로 주로 친척과 친지 간에 이용되고 있다. 우리 나라와 일본에서 합명 회사는 법인으로 취급되고 있으나 독일, 영국, 미국에서는 이것이 법인이 아닌 보통 공동 기업으로 분류되고 있다.

13-6.3 합자회사

합자회사는 무한 책임 사원과 유한 책임 사원으로 조직되는 기업 형태이다. 즉,

합자회사의 특징은 기업의 출자액을 한도로 하여 채무를 변제할 의무가 있는 유한 책임 사원과, 출자액을 초과한 기업의 채무에 대해서도 변제하여야 할 무한 책임 사원으로 구성되어 있다는 점이다. 그러므로 합자회사는 적어도 1인 이상의 유한 책임 사원과 1인 이상의 무한 책임 사원을 가진다.

우리 나라 상법 규정에 의하면 합자회사의 정관에다 각 사원의 유한 책임 또는 무한 책임 관계를 기입하여야 한다. 그리고 유한 책임 사원은 출자를 하되 경영에 참여하지 않고 무한 책임 사원은 출자를 하는 동시에 경영에 참여하여 업무를 집행할 권리와 의무가 있다. 그리고 무한 책임 사원은 재산 이외의 노무(서비스) 또는 신용만을 제공하여 사원이 될 수도 있다. 무한 책임 사원은 전원이 연대 무한 책임을 지는 것이며, 그들의 이익 분배율은 유한 책임 사원과 동일한 것이 통례이다.

유한 책임 사원이 그의 소유 지분을 처분하려면 무한 책임 사원 전원의 동의가 있어야 한다. 이 형태의 기업은 영리를 목적으로 출자만 하는 유한 책임 사원과 출자와 경영을 위한 무한 책임 사원들이 모여서 경영을 할 수 있다는 점에서 개인 기업, 합명 회사 및 주식회사의 장점을 결합한 것으로 생각할 수 있다. 그러나 실제에 있어서 합자회사는 합명회사나 주식회사보다 인기가 적다. 그 이유는 합자회사의 유한 책임 사원의 자격으로 출자하고자 하는 사람들은 주식회사에 출자하려는 경향이 많기 때문이다. 우리 나라와 일본에서는 합자회사를 법인으로 취급하고 있으나, 영국과 미국에서는 이것을 법인으로 취급하지 않는다. 그리고 합자회사는 영국과 미국의 limited partnership과 같은 성격의 기업으로서 특수 공동 기업의 일종이다.

13-6.4 주식회사

주식회사는 정관에 나타난 기업의 목적을 달성하기 위하여 설립되고 운영되는 법인체이다. 주식회사의 특성이 법인체라는 것인데 법인체라 함은 법에 의하여 인위적으로 개인과 동등한 권리 의무 및 권력이 부여된 실체이다. 대량 생산을 위한 대규모의 기업을 운영하기 위하여 소요되는 거액의 자본을 조달하고 효과적인 경영 활동을 하기 위하여 주식회사를 조직하여 경영하는 것이다. 대규모의 경영에는 전문적인 경영 능력이 있어야 하므로 소유(출자)와 경영의 분리가 요망된다.

1) 주식회사의 장점

   (1) 증권 발행으로 자금 조달
   (2) 주주의 유한 책임
   (3) 소유와 경영의 분리
   (4) 기업의 영속성
   (5) 소유권의 양도성
   (6) 기업 확장의 용이성
   (7) 법인체

2) 주식회사의 단점

   (1) 고액의 창업비
   (2) 정부의 규제 및 보고
   (3) 개인적 관심의 결여
   (4) 비밀의 결여
   (5) 이중 납세

13-6.5 유한회사

 유한회사는 사원 전원이 그들의 출자액을 한도로 기업 채무를 변제한다는 유한 책임을 부담하는 사원으로 조직되는 회사이다. 유한 회사의 전사원이 유한 책임을 진다는 점은 주식회사의 경우와 같고 합명 회사 및 합자 회사와는 사원 구성에 있어서 다르다는 것을 알 수 있다. 그러나 유한 회사는 비교적 소수의 사원과 소액의 자본으로 운영되므로 중소기업 경영에 주로 이용된다.
 우리 나라 상법에 의하면 유한 회사의 총 사원수는 50 인을 초과하지 못하며 전사원은 유한 책임을 부담하게 되어 있다. 그리고 유한회사의 총 자본액은 1,000만 원 이상이어야 하고 출자 1 좌의 금액은 5,000 원 이상으로 균일하게 하여야 한다. 사원 총회에서 회사 경영의 중요한 문제를 결정하며 경영에 참가하는 이사는 사원 총회에서 선임되고, 이사는 반드시 사원이 아니어도 된다. 각 사원은 출자 1 좌마다 1 개 의결권을 가지며 소유 지분의 양도는 사원 총회의 결의가 있어야 한다. 그리고 유한

회사는 주권을 일반 대중에게 발행할 수 없으며 거액의 자본을 조달하기 어렵다.

우리나라와 일본에서는 유한회사가 법인이고 법원에 등기하여야 하지만 영국과 미국에서는 이것이 법인이 아니고 특수 공동 기업의 일종이다. 유한 회사는 전 사원이 유한 책임을 진다는 점에서 주식회사와 유사하지만, 비교적 소수의 출자자에 의한 소액의 자본과 소유지분의 매매가 불편하다는 점에서 보통 공동 기업, 합명회사, 합자회사와 같이 인적 결합 관계를 중심으로 조직된 인적 공동 기업 형태로서 특수 공동 기업의 일종이다. 우리나라에서 유한회사는 주식회사 다음으로 많이 채택되는 기업의 법적 형태의 하나이다.

13-7 기업의 설립 절차

1) 개인 기업

개인 기업을 설립하기 위해서는 먼저 인허가가 필요한지를 알아야 한다. 사업에 필요한 인허가를 얻는 과정은 2 가지로 나누어 볼 수 있는데, 한 가지는 사업자 등록을 한 후에 인허가를 얻는 경우가 있고, 다른 한 가지는 인허가를 먼저 얻고 그 다음에 사업자 등록을 하게 되는 경우이다. 사업자 등록은 사업 개시일로부터 20 일 이내에 하여야 한다. 개인 기업의 설립 절차를 그림으로 표현하면, 그림 13.3과 같다.

그림 13.3 개인 기업의 설립 절차

2) 주식회사

주식을 인수하는 방식에 따라 모집 설립과 발기 설립의 두 가지로 나눌 수가 있다. 모집 설립은 회사의 설립 시에 발행하는 주식의 일부를 발기인이 인수하고 잔여 주식에 대하여 주주를 모집하는 방식이다. 발기 설립은 회사의 설립 시에 발행하는 주식의 총수를 모두 발기인이 인수하는 경우이다. 주식회사 설립 절차는 다소 복잡한데 실제 설립 준비는 회계사, 세무사, 법무사, 변호사 등에게 의뢰할 수 있다. 주식회사 설립에 필요한 서식을 담은 디스켓까지를 포함한 전문서적도 있어서 개인도 어렵지 않게 할 수 있다.

3) 1인 주식회사

(1) 내용

기존의 소기업을 주식회사로 조직 변경하거나, 소기업의 주식회사를 설립하고자 하는 경우에 자본금 5,000만 원 미만, 1인 이상의 발기인 조건만을 충족하면 특례로 주식회사 설립이 가능하다.

(2) 적용대상 소기업

제조업, 광업, 건설업, 운수업의 경우는 상시 근로자가 50인 미만인 경우이고, 기타 업종의 경우는 상시 근로자가 10인 미만인 경우에 가능하다.

(3) 기본 절차

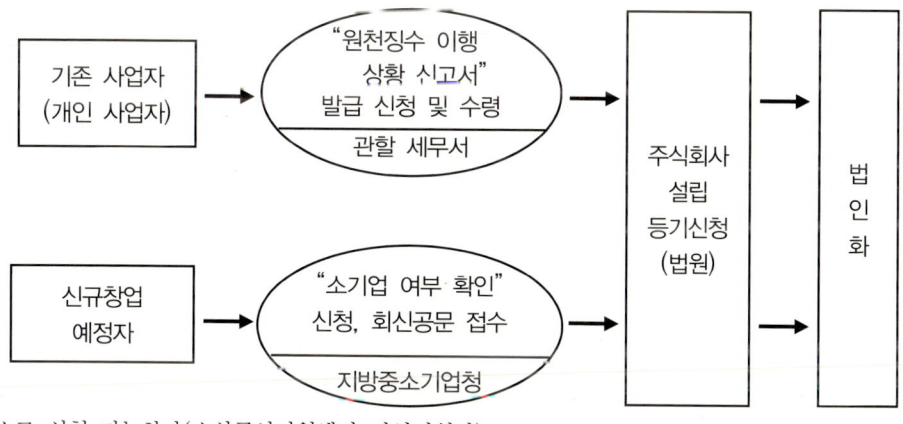

*팩스로 신청 가능하다(소상공인지원센터 경영지원과)

그림 13.4 1인 주식회사 설립에 관한 기본절차

(4) 소기업 해당 여부 확인 요청 절차
① 제조업의 경우
창업사업 계획 승인, 공장 설립 승인을 받은 경우
이 경우에는 창업사업 계획 또는 공장 설립 승인신청서에 기재된 근로자 수를 상시 근로자의 수로 인정한다. 지방중기청에 해당 여부를 확인 요청 하는데, 근로자 수가 기재된 계획 승인 신청서를 첨부한다.
② 그 외의 경우
등기 시 등재할 이사의 수를 상시 근로자의 수로 인정한다. 지방중기청에 해당 여부를 확인 요청하기 위해 공문서(신청서)를 제출한다. 이 때 공문서에 운영 예정인 업종과 등기 예정인 이사의 주민등록번호 및 주소 등을 기재한다.

4) 합명 회사

법인의 경우에 기업을 설립하기 위해서는 먼저 정관을 작성하고 법인 설립 등기를 하여야 한다. 인허가 사항이 있는 경우에는 먼저 인허가를 획득하고 세무서에 사업자 등록을 하여야 한다. 정관은 2명 이상의 사원이 공동으로 작성하고, 총사원이 기명 날인하여야 한다. 설립 등기는 총사원이 공동으로 신청한다.

5) 합자 회사

합자 회사의 정관을 작성할 때는 합명 회사의 규정을 준용하되 각 사원의 무한 책임 사원인지 유한 책임 사원인지를 밝혀야 한다. 설립 등기는 총사원이 공동으로 신청한다. 등기 사항은 합명 회사의 경우와 대체로 같다.

6) 유한 회사

유한 회사의 정관은 2인 이상의 사원이 공동으로 작성하여야 한다. 유한 회사의 설립 등기는 자본의 납입이 완료된 날로부터 2주일 이내에 관할 등기소에 하여야 한다.

13-8 사업자 등록

합법적인 사업 활동을 하기 위해서는 관할 세무서에 사업자 등록을 신청하여 사업자 등록증을 교부받아야만 한다. 신청 용지는 세무서 민원실에 비치되어 있는 사업자 등록 신청서를 기재하여 제출하면 된다. 만일 법령에 의하여 허가를 받아야 하는 사업의 경우에는 사업허가증의 사본도 제출해야 한다.

사업자 등록은 사업장마다 하여야 하며, 사업 개시일로부터 20일 이내에 다음의 구비서류를 갖추어 사업장 소재지 관할 세무서의 납세서비스 센터에 신청하면 된다. 구비서류는 (1) 사업자 등록 신청서 1부, (2) 사업허가증 사본 1부(허가를 받아야 하는 경우), (3) 임대차 계약서 사본 1부(사업장을 임차한 경우), (4) 2인 이상이 공동으로 사업을 하는 경우에는 공동사업 사실을 증명할 수 있는 서류, (5) 법인인 경우에는 법인등기부 등본, 정관 및 주주명부를 추가로 구비해야 한다.

사업자 등록증은 관할 세무서의 납세서비스 센터에서 즉시 발급하여 준다. 그러나 위장 사업 또는 신용카드 위장 가맹 혐의가 있는 사업자의 경우에는 현지 확인을 실시하여 실제 사업자인지의 여부를 확인한 후에 발급하여 준다.

사업자 등록은 사업 개시일 전에도 가능하다. 사업을 시작하기 전에 상품이나 시설 자재 등을 구입하는 경우에는 예외적으로 사업을 개시하기 전에 사업자 등록을 하여 세금계산서를 교부받을 수가 있다. 이 때 사업을 개시할 것이 객관적으로 확인되어야 사업자 등록증을 발급하여 주므로, 사업허가신청서 사본이나 사업 계획서가 필요하다. 특별한 이유가 없는 한 신청 후 7 일 이내에 발급된다. 요즘은 즉석에서 발급되는 경우가 많다.

사업자 등록 신청서

[별지 제3호 서식] (02.10.28. 개정)

접수번호	사업자등록신청서(개인사업자용) (법인이 아닌 단체의 납세번호 신청서)		처리기간 7(14)일
인적사항	상호(단체명)	전화번호	(사업장) (자 택) (휴 대 폰)
	성명(대표자)		
	주민등록번호		
	사업장(단체) 소 재 지		
	E-Mail 주소		

사업장현황

사업의 종류						개업일	종업원수
주업태	주종목	주업종코드	부업태	부종목	부업종코드		

사업장 구분 및 면적		도면첨부		사업장을 빌려준 사람(임대인)		
자가	타가	여	부	성 명(법인명)	사업자등록번호	주민(법인사업자)등록번호
㎡	㎡					

임 대 차 계 약 기 간	(전세)보증금	차 임(월 세)
	원	원

사업자금 내역(전세보증금 포함)		주류면허	
자기자금	타인자금	면허번호	면허신청
원	원		여 부

특별소비세 (해당란에 ○표)	제조	판매	장소	유흥	연간 공급대가 예상액	원

공동사업자명세

출자금				원	성립일			
성 명	주민등록번호	지분율	관계		성 명	주민등록번호	지분율	관계
	-					-		

서류를 송달 받을 장소 신 고	국세기본법 제9조 및 동법시행령 제5조의 규정에 의하여 사업장 이외의 다음 장소에서 서류를 송달받고자 신고합니다.	
	송달받을 장소	□주소지 □기타( )
	신고이유	

신청구분	□사업자등록만 신청 □사업자등록신청과 확정일자를 동시에 신청 □확정일자를 이미 받은 자로서 사업자등록신청 (확정일자 번호 :)

부가가치세법 제5조 제1항제25조 제3항, 동법시행령 제7조 제1항제74조 제4항, 동법시행규칙 제2조 제1항 및 상가건물임대차보호법 제5조 제2항의 규정에 의하여 위와 같이 사업자등록 [□일반과세자 □간이과세자 □면세사업자 □기타단체] 및 확정일자를 신청합니다.

년 월 일

신청인   (서명 또는 인)

세무서장 귀하

※ 구비서류 1. 사업허가증 사본·사업등록증 사본 또는 신고필증 사본(법령에 의하여 허가를 받거나 등록 또는 신고를 하여야 하는 사업인 경우)중 1부. 다만, 행정정보의 공동이용을 통하여 확인할 수 있고, 신고인이 이를 요청하는 경우에 그 확인으로 갈음 할 수 있습니다. 이때 수수료는 무료입니다. 2. 임대차계약서사본(사업장을 임차한 경우) 1부. 3. 상가건물임대차보호법이 적용되는 상가건물의 일부분을 임차한 경우에는 해당 부분의 도면 1부	수수료 없 음

※ 기재요령 : 사업장을 임차한 경우 상가건물임대차보호법의 적용을 받기 위해서는 사업장 소재지를 임대차계약서 및 건축물관리대장 등 공부상의 소재지와 일치되도록 구체적으로 기재하여 주시기 바랍니다.
(작성 예) ○○동 ○○○○번지 ○○호 ○○상가(빌딩) ○○동 ○○층 ○○○○호

이 신청서는 아래와 같이 처리됩니다.

그림 13.5 사업자 등록 신청서

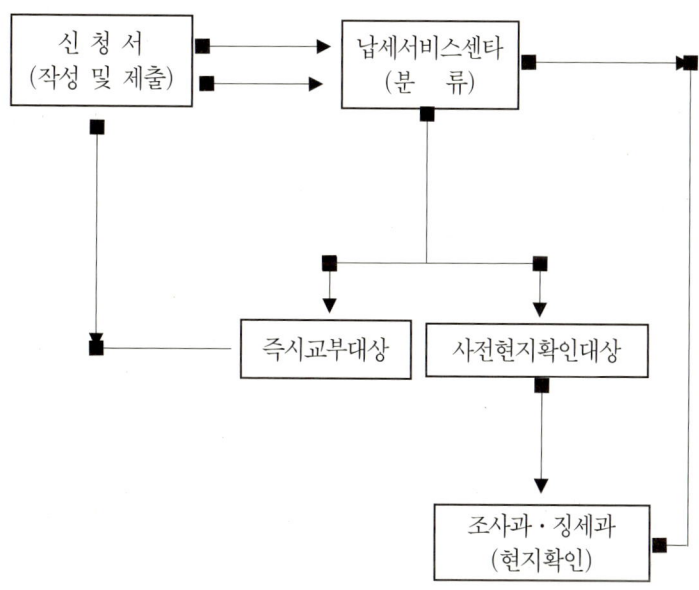

신 청 인	처 리 기 관(담당부서)
	세 무 서(사업자등록 담당부서)
	접 수 교 부
교 부	

13-9 복습

↘→↗→ **요점 정리**

1. 창업자는 가장 중요한 인적 자원이다. 경영자로서의 능력을 개발하기 위하여 적극적인 노력을 해야 한다.
2. 창업팀을 형성하는 과정은 (1) 창업자 및 기업의 분석 (2) 기업 팀의 필요성 평가 (3) 확보 방식 (4) 팀의 구성이다.
3. 직원 채용 시 고려 사항은 (1) 업무 수행 능력, (2) 화합, (3) 발전 가능성, (4) 정직성, (5) 충성심 등이다.
4. 기업의 법률적 형태로는 개인 기업, 합명회사, 합자회사, 주식회사, 유한회사가 있다.

↘→↗→ **주요 용어**

직접 지휘 형태
최고 경영자가 중간관리자 없이 사원들을 직접 관리 통제하는 형태. 조직이 작은 경우에 적합하다.

간접 지휘 형태
최고 경영자가 중간관리자를 통하여 사원들을 관리 통제하는 형태. 조직이 10명 이상이 되면 이와 같은 방식을 적용하는 것이 좋다.

생산 중심형 조직
생산 관리 부서를 단위 조직으로 하여 생산 관련 활동에 전념할 수 있도록 한 조직.

마케팅 중심형 조직
마케팅 관리 부서를 단위 조직으로 하여 마케팅 관련 활동에 전념할 수 있도록 한 조직.

직원 채용 기준

직원 채용시 적용해야 할 기준으로는 (1) 업무 수행 능력, (2) 화합, (3) 발전 가능성, (4) 정직성, (5) 충성심 등이 있다.

창업팀의 형성

경영자는 혼자서 모든 일을 수행할 수 없으므로 사람을 모아서 창업팀을 형성해야 한다. 이때 (1) 창업자 및 기업의 분석 (2) 기업 팀의 필요성 평가 (3) 확보 방식 (4) 팀의 구성을 거치는 것이 좋다.

↘→↗→ 복습 문제

1. 최고 경영자의 자기 개발에 대하여 말하라.
2. 직접 지휘 형태와 간접 지휘 형태를 설명하라.
3. 생산 중심형 조직과 마케팅 중심형 조직의 차이를 설명하라.
4. 창업 팀의 형성과 인원 선발 과정을 설명하라.
5. 경영 파트너의 대상이 될 수 있는 사람은 누구인가?
6. 직원 채용 기준은 무엇인가?
7. 개인 기업의 장단점은 무엇인가?
8. 주식회사의 장단점은 무엇인가?
9. 1인 주식회사의 설립에 대해서 설명하라.
10. 사업자 등록을 작성할 수 있는가?

↘→↗→ 연구 및 실습 과제

1. 학습자의 창업 사업에 대한 조직 계획을 수립하라.
2. 사업에서는 인건비를 줄이는 노력이 필요하다. 인건비를 줄이기 위해서는 어떤 방법들이 있겠는가를 말하여 보라. 자신의 사업 아이템과 관련하여 구체적인 방안을 말하여 보라.

참고 웹사이트

www.sbdc.or.kr
www.smba.go.kr
www.sbc.or.kr
www.entrepreneur.com
www.allbusiness.com
www.mysmallbiz.com
www.business-idea.com
www.coolbusinessideas.com
www.zeromillion.com

제 14 장

사업 계획서 사례

개 관

　이 장에서는 점포 사업과 제조업의 창업을 위한 완성된 사업 계획 사례를 공부한다. 이 공부는 이 책의 제5장에서 13장까지 학습한 내용을 활용하여 사업 계획서를 작성한 사례를 통하여 사업 계획서 작성 능력을 배양하려는 것이다. 먼저 점포사업 계획 사례, 다음에는 커피 숍 사업 계획서 사례, 마지막으로 생산 공장에 대한 사업 계획서 사례를 소개한다.

학습목표

1. 소점포 창업 사업 계획서를 작성할 수 있다.
2. 제조업 사업 계획서를 작성할 수 있다.
3. 사업 계획서의 각 부분을 설명할 수 있다.

주요용어

소점포 창업 사업 계획서, 제조업 사업 계획서

14-1 소점포 비빔밥 전문점 사례

A. 계획 사업의 개요

A.1 비빔밥의 특성
  (1) 한국 음식의 패스트푸드 화
      비빔밥의 특성은 준비된 식재를 토핑만으로 빠르게 제공된다
  (2) 다양한 서비스 제공
      매장 내 취식, 포장 판매, 택배까지 다양한 서비스의 제공
  (3) 돌솥비빔밥의 이벤트
      지글지글 끓는 돌솥의 식감과 눌은밥의 구수함
  (4) 영양식
      비빔밥 한 그릇에는 단백질, 지질, 당질, 섬유소, 회분, 칼슘, 인, 철, 나트륨, 비타민A, B1, B2, C, 니아신 등의 종합영양식
  (5) 다이어트식
      고추장의 캡사이신은 체지방을 줄여 비만의 예방과 치료에 큰 도움이 되며, 식욕 증진과 보온 효과, 장내 살균 작용 등을 통한 다이어트 식품

A.2 컨셉트
  (1) 개요 : 비빔밥 전문점
  (2) 서비스 형태 : 셀프서비스
  (3) 타깃 : 10대 후반 ~ 40대 중반
  (4) 마케팅 전략 : 간편하다, 빠르다, 싸다, 맛있다

B. 신사동 주변 상권 분석

B.1 상권의 유래 및 개괄
　압구정동은 73년 배 밭에 대규모 아파트단지가 들어선 후, 상류층 주거지역으로 정착되면서 고급 쇼핑상가의 개발을 동반하였다. 압구정 상권은 젊은층(오렌지족, 야타족)이 찾는 로데오상권과 중장년층, 직장인 중심의 압구정역 상권으로 분리된다.

이 상권은 현대백화점과 압구정역을 사이에 두고 압구정1동과 마주보고 있는 이 곳은 강남의 관문으로 교통과 인구의 집결지이며 아파트(현대, 미성), 단독주택, 상가지역이 균형을 이루고 있다. 한강시민공원이 있어 생활공간이 넓고 체육활동으로 활용하기에 좋으며, 패션, 화랑, 도예점 밀집지역으로 생활문화권을 형성하고 있다. 압구정역 상권 중 신사동 상권은 주변의 대규모 아파트단지의 배후인구를 대상으로 하는 은행, 증권 등의 금융시설과 광고회사, 벤처회사, 스튜디오 등이 많이 분포하고 있어 인근 아파트 주민과 직장인 중심의 상권이 형성·발전하였다.

B.2 상권의 구분

표 B-1 상권의 구분

구 분	경계점 (대표할만한 건물)	특　　성
중심지	국민은행	상권의 중심지이며, 압구정역, 한남대교, 동호대교를 통해 상권으로 인구 유입지점이다. 압구정1동 상권과 연계하여 압구정역 상권을 이룬다.
동단	제림성형외과	지하철 3호선 압구정역 5번 출구와 연결되며, 압구정 로데오 방향으로 인구 유출입 지점. 중심지와의 거리 : 120m
서단	신현대의원	강남대로와 한남대교를 통한 압구정방향으로 차량고객 유출입지점. 중심지와의 거리 : 690m
남단	신구초등학교	논현동 방향으로 인구 유출입 지점. 중심지와의 거리 : 620m
북단	현대백화점	동호대교를 통한 강북에서 강남으로 인구 유입지점이며, 압구정 로데오로의 인구 분산지점. 중심지와의 거리 : 60m

경계구분 (상권을 중심으로 지리적인 범위 지정)

B.3 급지 구분

표 B-2 급지 구분

입지명	급지평가 (상,중,하)	주요업종	특　　　징
압구정로	상급지	성형외과 금융기관	압구정역을 기준으로 강남대로 방향으로의 상권에 포함되며, 벤처기업 등이 다수 존재하며, 한 건물에 한 개의 성형외과가 있을 정도로 발달되어 있다. 청아스포츠센터가 있어 직장인뿐만 아니라 아파트주민들의 유동도 많은 편이다.
압구정로 이면도로	중급지	커피전문점 로바다야끼	압구정 로데오가 신세대의 거리라면, 압구정역은 직장인을 중심으로 상권이 활성화되어 있는데, 이들을 위한 커피전문점과 로바다야끼 등 음식점과 유흥주점 등이 밀집되어 있다.

B.4 점포 평균 임대시세

표 B-3 점포 평균 임대료

급 지	층 수	평 형(평)	보증금(만원)	월 임대료(만원)	권리금(만원)
상급지	1층	10	15,000~	200	15,000
	2층	20	10,000~	160	~
	지하	20	8,000~	100	9,000
중급지	1층	10	10,000~	120	8,500
	2층	20	8,000~	100	~
	지하	20	5,000~	70	6,000
하급지	1층	10	5,000~	70	6,000
	2층	20	3,500~	50	~
	지하	20	3,000~	30	4,500

B.5 유동인구

표 B-4 유동인구

연령	남성		여성		합계	
	유동인구(명)	비율	유동인구(명)	비율	유동인구(명)	비율
10대	222	4.10%	138	6.40%	570	10.60%
20대	726	13.40%	972	18.00%	1,698	31.40%
30대	936	17.30%	942	17.40%	1,878	34.80%
40대이상	570	10.60%	684	12.70%	1,254	23.20%
합계	2,454	45.40%	2,946	45.40%	5,400	100%

연령별 / 성별 유동인구 조사 (조사위치 : 서울은행 앞)

B.6 시간대별 / 성별 유동인구

표 B-5 유동인구

연령	남성		여성		합계	
	유동인구(명)	비율	유동인구(명)	비율	유동인구(명)	비율
A타임	588	10.90%	660	12.20%	1,248	23.10%
B타임	984	18.20%	1,338	24.80%	2,322	43.00%
C타임	882	16.30%	948	17.60%	1,830	33.90%
합계	2,454	45.40%	2,946	45.40%	5,400	100%

※ A타임 (12:00~13:00), B타임 (16:00~17:00), C타임 (19:00~20:00)

B.7 교통 노선

표 B-6 교통 노선

구 분	NO.	정류장명	운행노선
지하철	3호선	압구정역	대화~신사~오리역
일반 버스	21	광림교회	둔촌동~영등포
	78-1		옛골~강남역~가락시장
	222		개포동~국민대
	239-1		성남시~압구정
	567-1		사당~신내동
	710		개포동~정릉
	29	삼성투자신탁건물	번동~방배동
	38-2		월계동~도곡동
	716		번동~강남역
좌석 버스	12	광림교회	개포동~신촌~상암동
	30		오금동~여의도
	909		분당~압구정
	6800		경기대~압구정

B.8 지점 선정

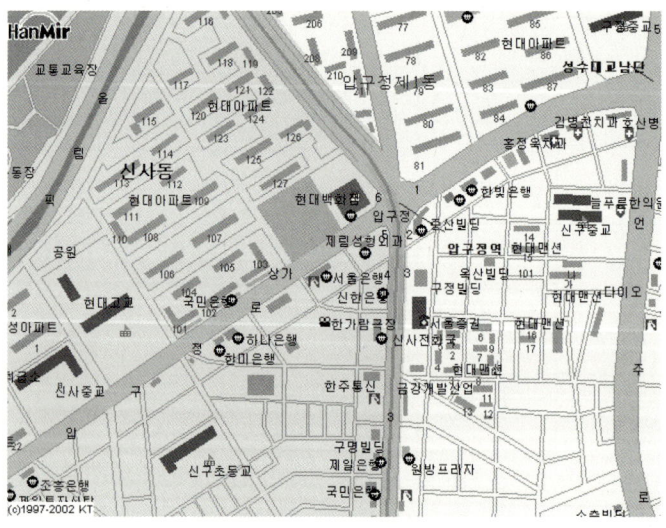

그림 B-1 지점 주변지도

점포가 위치할 지역은 잠정적으로 〈그림 B-1〉에서 알 수 있듯이 신사동으로 선택하였으며 예상 지점은 지도에 표시(❹)된 바와 같이 추정하였다.

지도에서 예상 지점을 ❹로 선택한 이유는 다음과 같다.

1. ❹ 지점에는 전철역이 인접하여 있다.
2. 전철역에서 연결되는 통행로가 있다 (통행로까지는 30 m 정도).
3. 버스 정류장이 인접하여 있다 (버스 정류장까지는 20 m 정도).
4. 주변 상권이 활발하여 상승효과 기대가 가능하다.
5. 유동인구가 많은 대로변 인도를 끼고 있다.

C. 점포 계획과 소요자금 추정

C.1 점포 계획

- 면적 : 30 m^2
- 주변도로와 인접하여 있음

C.2 개설비용

표 C-1 개설비용

(단위 : 만 원)

임내료	인테리어	간판	주방기기	주방집기	인쇄물	가맹비	오픈비	합계
15,000	3,000	330	1,230	590	400	500	100	21,150

D. 재무분석

D.1 주요메뉴 및 가격

- 비빔밥류 : 3,000원 ~ 4,500원
- 볶음밥류 : 4,000원 ~ 4,500원

- 카레류 : 4,000원 ~ 4,500원
- 콤보류 : 4,500원 ~ 5,000원
- 돌솥 비빔밥류 : 3,500원 ~ 5,000원
- 뚝배기류 : 4,000원 ~ 4,500원

D.2 구매 고객 및 매출 추정

D.2.1 평균 1일 고객수

표 D-1 평균 1일 고객 수

(단위 : 명)

1 개월 째	2 개월 째	3 개월 째	4 개월 째 이후
150	175	200	3 개월째와 동일

D.2.2 1 인 평균 매출액 : 4,000원

D.2.3 1 개월 개점일수 : 28일

〈매출, 매입 추정표〉에서 매출 추정치를 구하는 계산식은 다음과 같다.

 (1) 1일 고객수 : 유사한 상권에 위치한 타지점의 1일 평균 고객수를 참고로 산출
 (2) 1일 매출액 : 1일 고객수 X 1일 평균 매출액
 (3) 월 매출액 : 1일 매출액 X 1개월 개점일수
 (4) 월 매출원가 : 1일 매출원가 X 1개월 개점일수

D.3 판매관리비 추정

표 D-2 판매 및 관리비 추정

항목 \ 월별	1 개월 째	2 개월 째	3 개월 째와 그 이후
임차료(만 원)	100	100	100
인건비(만 원)	주방 2명 : 220 캐셔 1명 : 120	주방 2.5명 : 275 캐셔 1명 : 120	주방 3명 : 330 캐셔 1명 : 120
수도광열비(만 원)	70	90	110
소모품 / 잡비(만 원)	30	35	40
소계(만 원)	540	620	700

D.4 월별 매출매입 추정표

표 D-3 월별 매출매입 추정표(1)

월별	1 개월 째	2 개월 째
매출	1) 1일 고객수 = 150명 2) 1일 매출액 = 150 X 4000 = 600,000 3) 월 매출액 = 600,000 X 28 　　　　　　 = 16,800,000(원)	1) 1일 고객수 = 175명 2) 1일 매출액 = 175 X 4000 = 700,000 3) 월 매출액 = 700,000 X 28 　　　　　　 = 19,600,000(원)
매입	1) 총매입액 = 1일 매입액 X 28 　　　　　 (240,000) 　　　　　 = 6,720,000(원)	1) 총매입액 = 1일 매입액 X 28 　　　　　 (280,000) 　　　　　 = 7,840,000(원)

표 D-4 월별 매출매입 추정표(2)

월별	3 개월 째	4 개월 째와 그 이후
매 출	1) 1일 고객수 = 200명 2) 1일 매출액 = 200 X 4000 = 800,000 3) 월 매출액 = 800,000 X 28 　　　　　　= 22,400,000(원)	3개월째와 동일
매 입	1) 총매입액 = 1일 매입액 X 28 　　　　　(320,000) 　　　　　= 8,960,000(원)	3개월째와 동일

D.5 연간 매출매입 추정표

표 D-5 연간 매출매입 추정표

연 도	제1차	제2차	제3차~
매 출(원)	260,400,000	268,800,000	2차 연도와 동일
매출원가(원)	104,160,000	107,520,000	

D.6 소요자금

D.6.1 고정자금

표 D-6 고정자금 추정

(단위 : 만 원)

임차(점포) 보증금	15,000
주방기기	1,230
주방집기	590
전화 가입권	25
소계	16,845

D.6.2 운전자금

표 D-7 운전 자금

(단위 : 만 원)

현금 (예비비)	50
판매비	460
급료	-
주방 2명 / 1개월	340
캐셔 1명 / 1개월	120
기타 (소모품 / 잡비)	30
일반관리비	170
임차료(점포) / 1개월	100
수도 광열비 / 1개월	70
소계	710

D.6.3 초기 비용

표 D-8 초기 비용

(단위 : 만 원)

인테리어	3,000
간판	330
인쇄물	400
가맹비	500
오픈비용	100
소계	4,330
총 소요자금	21,885

D.7 추정 손익계산서

앞에서 보인 매출매입 추정과 판매비 및 관리비에 관한 자료에 의거하여 이 사업의 추정 손익계산서를 작성하면 다음과 같다.

D.7.1 월별 추정 손익계산서

표 D-9 월별 추정 손익계산서

(단위 : 원)

월	1개월 째	2 개월 째	3 개월과 그 이후
매출액(가)	16,800,000	19,600,000	22,400,000
매출원가(나)	6,720,000	7,840,000	8,960,000
매출 총이익(다)	10,080,000	11,760,000	13,440,000
판매비(라)	4,600,000	5,200,000	5,800,000
일반관리비(마)	45,000,000	1,700,000	1,700,000
영업이익(바)	-39,520,000	4,860,000	5,940,000
지급이자(사)	0	0	0
잡손(아)	0	0	0
세전 당기순이익(자)	-39,520,000	4,860,000	5,940,000
세금(차)	0	0	0
당기 순이익(카)	-39,520,000	4,860,000	5,940,000

매출 매입 추정표 참조

매출 매입 추정표 참조

매출 총이익 = (가) - (나)

판매비 = 인건비 + 소모품 및 잡비

일반관리비 = 임차료 + 수도 광열비

영업이익 = (다) - (라) - (마)

여기에서는 무시

여기에서는 무시

세전 당기 순이익 = (바) - (사) - (아)

여기에서는 무시

당기순이익 = (자) - (차)

※ 초기 비용 43,300,000원을 첫달의 일반관리비에 포함시켰음

D.7.2 연간 추정 손익계산서

표 D-10 연간 추정 손익계산서

(단위 : 원)

연 도	제 1 차	제 2 차	제 3 차
매출액	260,400,000	268,800,000	
매출원가	104,160,000	107,520,000	
매출 총이익 판매비 일반관리비	156,240,000 67,800,000 63,700,000	161,280,000 69,600,000 20,400,000	2차연도와 동일
영업이익	24,740,000	71,280,000	
지급이자 잡손	0 0	0 0	
세전 당기 순이익 세금 당기 순이익	24,740,000 0 24,740,000	71,280,000 0 71,280,000	

D.8 현금흐름표

초기 자본금을 218,550,000원으로 시작하여 이 사업의 월별 및 연간 현금흐름표는 다음과 같다. 현금흐름표를 보면 현금 부족은 일어나지 않고 원만히 운영할 수 있으리라 판단된다.

D.8.1 월별 현금흐름표

표 D-11 월별 현금흐름표

(단위 : 원)

월 별	0 개월 째 (준비기간)	1 개월 째	2 개월 째	3 개월 째와 그 이후
현금 수입				
자본금	218,550,000			
매출		16,800,000	19,600,000	22,400,000
총 현금 수입	218,550,000	16,800,000	19,600,000	22,400,000
현금 지출				
고정투자	168,450,000			
초기비용		43,300,000		
매입		6,720,000	7,840,000	8,960,000
판매비		4,600,000	5,200,000	5,800,000
관리비		1,700,000	1,700,000	1,700,000
총 현금 지출	168,450,000	56,320,000	14,740,000	16,460,000
당기 수입지출 비교				
수입 총액	218,550,000	16,800,000	19,600,000	22,400,000
지출 총액	168,450,000	56,320,000	14,740,000	16,460,000
잉여 (부족)	39,510,000	(39,520,000)	4,860,000	5,940,000
현금상태				
기초 잔액	218,550,000	39,510,000	(10,000)	4,850,000
당기 잉여 (부족)	(168,450,000)	(39,520,000)	4,860,000	5,940,000
월말 잔액	39,510,000	(10,000)	4,850,000	10,790,000

D.8.2 연간 현금흐름표

표 D-12 연간 현금흐름표

(단위 : 원)

연 도	사업 시작 전	제 1 차	제 2 차	제 3 차
현금 수입 　자본금 　매출	218,550,000	260,400,000	268,800,000	
총 현금 수입	218,550,000	260,400,000	268,800,000	
현금 지출 　고정투자 　초기비용 　매입 　판매비 　관리비	168,450,000	43,300,000 104,160,000 67,800,000 20,400,000	107,520,000 69,600,000 20,400,000	제 2차 연도와 동일
총 현금 지출	168,450,000	235,660,000	197,520,000	
당기 수입지출 비교 　수입 총액 　지출 총액 　잉여 (부족)	218,550,000 168,450,000 50,100,000	260,400,000 235,660,000 24,740,000	268,800,000 197,520,000 71,280,000	
현금상태 　기초 잔액 　당기 잉여 (부족) 　기말 잔액	218,550,000 168,450,000 50,100,000	50,100,000 24,740,000 74,840,000	74,840,000 71,280,000 146,120,000	

D.9 추정 대차대조표

사업 개시전과 제 1차 연도 말의 추정 대차대조표는 다음과 같다. 창업자가 전액 출자한다고 가정하였으므로 부채는 없다. 또 매입 매출은 모두 현금거래로 이루어진다고 가정하였으므로 경영상에 특별한 어려움은 발생하지 않는다.

표 D-13 추정 대차대조표

(단위 : 원)

	사업 개시점	1차 연도 말
자산		
현금	50,100,000	74,840,000
주방기기	12,300,000	12,300,000
주방집기	5,900,000	5,900,000
전화 가입권	250,000	250,000
임차 보증금	150,000,000	150,000,000
자산 총액	218,550,000	243,290,000
자본		
자본금	218,550,000	218,550,000
순이익 (손실)		24,740,000
자본 총액		243,290,000

E. 수익성 평가

추정 손익계산서(표 D-10)의 결과를 보면 수익성의 전망이 양호한 것으로 보인다.

14-2 디지털 콘텐츠 대여 커피 전문점 창업 계획 사례[2]

A. 사업의 개요

직장인들의 선호하는 커피를 판매하는 커피 전문점과 출퇴근 시간을 이용하여 음악, 영화, 드라마 등의 디지털 콘텐츠를 이용할 수 있는 디지털 콘텐츠 대여 서비스를 결합한 아이템으로 창업해 보고자 한다.

최근 조사에 따르면 직장인이 가장 선호하는 음료 1위가 커피로 조사되었다. 이처럼 직장인들에게 커피란 기호식품을 넘어 직장인의 필수품으로 자리 잡고 있고 그 수요는 아직도 빠르게 증가하고 있다. 커피를 마시는 이유로는 커피를 마시는 사람의 60%가 커피의 맛과 향 때문이라고 응답했고 20%는 피로를 풀어주기 때문에 그리고 나머지 20%는 만남과 대화 때문이라고 응답했다[1]. 이러한 조사 결과가 보여주듯 맛과 향이 좋은 에스프레소를 취급하는 테이크아웃 커피전문점들이 꾸준히 증가하고 있고 수요도 증가하고 있다.

또한 직장인들의 평균 출퇴근 시간은 평균 1 시간 35 분가량 소요된다는 조사 결과가 있으며 대중교통을 이용하는 직장인들을 보면 출퇴근 시 스마트폰 또는 디지털 단말기로 영화나 드라마 또는 영어 강의 등 디지털 콘텐츠를 시청하는 사람들을 어렵지 않게 볼 수 있다. 드라마나 동영상 강의의 경우 보통 한 시간 정도가 시청 시간이고 영화의 경우도 2 시간 내외인 것을 감안하면 출퇴근 시간을 이용해 디지털 콘텐츠 한편을 시청하는 것은 시간적으로 부족하지 않다.

하지만 디지털 콘텐츠를 사용하기 위해서 음악 또는 동영상 구입, 다운로드, 인코딩에 들어가는 시간이 상대적으로 많은 노력이 필요하다. 예를 들어 1 시간짜리 동영상을 인코딩하는 경우 적게는 20 분에서 시스템사양과 인코딩 방식에 따라 1 시간까지도 걸리는 경우가 있다. 뿐만 아니라 디지털 기기 조작이 미숙한 여성이 경우 이러한 작업에 더 어려움을 느끼고 있다.

이러한 불편한 점과 직장인들의 커피 선호 현상을 결합하여 커피를 구입하면 디지털 콘텐츠를 다운로드 받을 수 있거나 단말기까지 대여해주는 디지털 콘텐츠 대여 커피 전문점을 창업하고자 한다.

---

[2] 이 사업 계획 사례는 안종하 씨가 2012년 대학원 재학 중 창업학 수강 시 작성한 것이다. 이 사업 계획을 안종하 씨의 허가를 얻어서 여기에 소개한다. 안종하 씨에게 감사드린다.

B. 시장성

B.1 시장 조사 결과

B.1.1 사업의 동향

고급 커피 전문점은 보통 젊은 층이나 대학생, 직장인 고객이 많은 곳이 입지하는 것이 일반적이며 보통 권리금이 많고 해당 상권 내 노른자위에 들어가는 것이 일반적이다. 최근 신도시 지역에 카페 촌이 형성되는 경우도 있으며 대단위 아파트 단지가 있는 곳에 위치[2]하는 경향이 있다. 즉, 유동인구나 거주 인구가 많은 곳에 위치하는 것으로 분석된다.

커피 전문점은 단순히 커피만을 마시는 공간이 샌드위치, 베이글 등과 같은 다른 음식과 함께 커피를 즐기는 공간이 되어가고 있는 것이 현재 일반적이며 최근에는 커피의 경우에도 에스프레소에 우유, 시럽, 생크림 등을 섞어 라떼, 카푸치노 같은 신 메뉴를 만든 것은 물론, 커피를 싫어하는 고객을 위해 녹차라떼, 주스 등의 웰빙 메뉴를 추가[2]하는 곳도 증가하고 있다.

커피전문점의 운영은 간편하기 때문에 중간 어느 정도 매출이 일어나고 부터는 다른 업종과 겸하여 운영이 가능하다. 또한 최근 바리스타 양성 교육 프로그램이 많으므로 누구나 쉽게 커피를 배울 수도 있어 개인 창업에 유리하다.

커피전문점을 매출은 마진율이 높다는 장점이 있다. 커피의 마진은 다음과 같이 구성된다. 커피 한잔에는 7g 정도의 원두가 들어가고 1 kg의 원두 한 봉지를 구매할 경우 1,5000 원 정도가 소요된다. 커피 한잔의 원두가격은 150 원이며 최고급이라도 400 원을 넘지 않는다. 커피에 첨가되는 우유, 설탕 등을 더해도 제조 원가는 500 원을 넘지 않는다[3]. 현재 브랜드 커피의 평균 가격이 4,000 원 정도인 것을 감안하면 제조 원가 대비 마진율은 700%에 달하고 있다.

직장인들이 출퇴근 시간을 통하여 많이 시청하는 동영상 콘텐츠의 경우 현재 대부분 불법에 의존하고 있는 실정이다. 하지만 점차 저작권이 사회적인 문제가 되고 있으며 미국과의 FTA를 통해 지금 보다 더 문제가 될 것으로 예상된다. 2005년 6월 27일 미국 영화·음반업체가 P2P 업체인 그록스터를 상대로 제기한 불법파일 공유에 따른 저작권 침해 소송에서, 대법원은 소프트웨어 개발업체가 사용자들의 저작권 침해를 유도한 경우 그 책임을 져야한다는 판결을 내렸다. 그동안 무료 다운로드와 불법 복제에 대한 우려로 온라인 영화시장 진출에 소극적이었던 할리우드 영화사들은 이번 판결로 합법적인 다운로드 시장 진출을 위한 사업 모델을 모색하고 있어[8] 그 여파는 국내에까지 미칠 것이라 생각한다.

커피 전문점의 수요 증가와 성장성 그리고 디지털 콘텐츠의 수요 증가와 저작권의 강화라는 사실을 바탕으로 예측해볼 때 출퇴근 시간을 이용한 직장인들을 타깃으로 한 디지털 콘텐츠 대여 커피 전문점의 사업성은 유망할 것으로 판단된다.

B.1.2 경쟁관계에 있는 사업, 제품, 점포 등

경쟁관계에 있는 커피 전문점은 카페베네, 할리스, 탐엔탐스, 스타벅스, 커피빈, 이디아 그리고 개인브랜드 등이 있는 것으로 분석되고 있으며 커피를 전문적으로 취급하지는 않지만 테이크 아웃 커피를 판매하고 있는 브레댄코, 파리바게트, 던킨도너츠 등도 직접적인 경쟁관계는 아니어도 잠재적으로 영향을 줄 수 있는 관계에 있다고 생각한다. 주요 국내 커피 전문점을 분석해보면 다음과 같다.

탐엔탐스의 경우 국내 브랜드로 경기도 하남시에 자체적으로 설립한 공장에서 로스팅한 원두를 전국 매장으로 배송하고 있고 로스팅 된 원두는 1개월 안에 모두 소비하는 것이 특징이다. 현재 전국 310개의 매장이 있으며 그중 56개 매장은 24시간 영업을 하고 있다. 가맹비, 교육비로 1,100만원이 소요[4]될 것으로 추정되고 가맹본사의 매출액은 2010년 기준 540억 4,376만원[4]에 달하는 것으로 확인된다.

카페베네는 2008년에 생겨나 2011년 기준으로 매장개수 500개가 넘어설 정도로 아주 빠르게 성장하고 있는 국내 브랜드의 커피 전문점이다. 특징으로는 연예인을 이용하여 마케팅이 아주 활발하다는 점과 설립 초기에 상대적으로 창업의 부담이 적은 건물주들을 상대로 건물 1층에 커피전문점을 내볼 것을 권유로 빠르게 성장한 점이다. 2010년 기준으로 가맹본사의 매출액은 1,022억 5,595만원[4]으로 확인된다. 가맹비, 교육비로는 1,100만원이 소요된다.

할리스 커피는 1998년에 생겨난 국내 첫 에스프레소 전문점이다. 독창적인 인테리어를 통해 로맨틱한 휴식공간을 지향하고 있으며 연극, 영화, 뮤지컬 등 지속적인 문화 마케팅을 활발히 진행하고 있는점이 특징이다. 2010년 가맹점 수는 240개로 기록되었으며 2009년 매출액은 384억 원이며 특이점은 당기순손실 18억 원을 같은 해에 기록하였다. 가맹비, 교육비로는 550 만원이 소요된다.

이디아 커피는 2002년에 생겨났으며 특징으로는 주거 대학가, 오피스텔 또는 주거 상권을 중심으로 매장을 확대하고 있다. 다른 커피 전문점들과 달리 테이크아웃의 수요가 많은 곳에 위치하는 것이 특징이며 다른 커피 전문점보다 작은 매장과 저렴한 가격으로 판매하고 있다. 2010년 294 개의 가맹점 수를 기록하였고 같은 해 가맹 본사는 147억 831만원의 매출을 기록하였다. 가맹비, 교육비로는 700 만원이 소요된다.

참고로 다음 그림 1은 상위 5대 브랜드 매장 수 추이를 나타낸다. 괄호안의 숫자는 매장 개설 시기를 나타낸다. 국내 브랜드 및 해외 브랜드 모두 매장의 수는 계속 성장한 것으로 나타나고 있으며 특히 카페베네의 성장이 두드러지게 나타나고 있음을 확인할 수 있다.

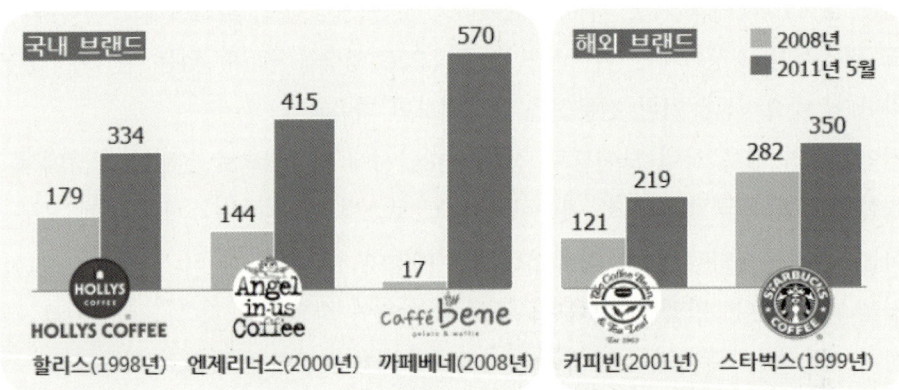

그림 1. 상위 5대 브랜드 매장 수 추이[9]

B.1.3 수요예측

국내 커피전문점 시장 규모, 2011년 약 2.8조원 예상되고 있다. 1999년 스타벅스 1호점(이화여대) 개점 이후 빠른 속도로 성장 진행되고 있으며 1999년 이후 2011년까지 연평균(CAGR) 21.6%의 지속 성장을 하고 있다. 시장 형성기 해외 브랜드에 의한 성장이 진행되었다면, 2000년 중반에 들어서 국내 브랜드에 의한 성장 진행되고 있다.

2008년 이후 카페베네를 비롯한 국내 브랜드 커피전문점의 공격적 출점 경쟁으로 성장이 재 확대되었고 2010년 말 전체 매장 수는 약 9,400여 개이며, 상위 5대 브랜드1의 점포수가 2,000여개에 이르고 2006년 말 1,500여 개에 불과했던 커피전문점 가맹점수는 2010년 말 6배 이상 증가한 9,400여 개에 이르고 있다[5]. 커피전문점을 시장 규모 추이를 보면 다음 그림 2와 같다. 1999년에 비해 2011년 10 배 성장한 것으로 나타난다.

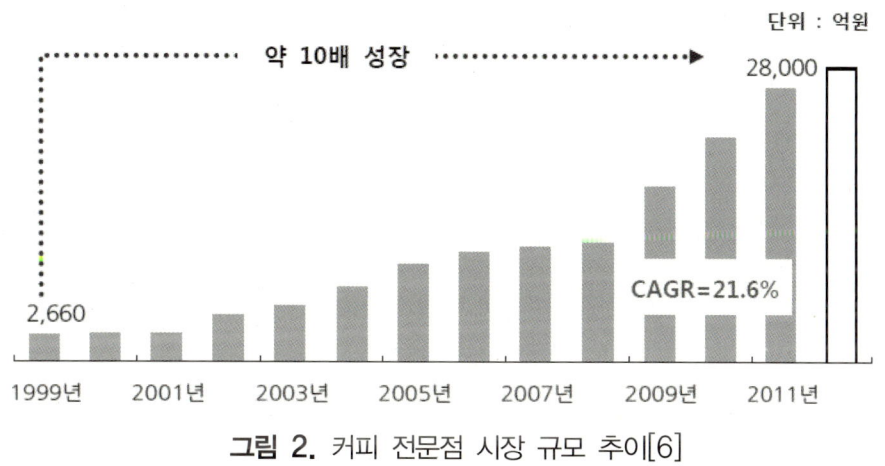

그림 2. 커피 전문점 시장 규모 추이[6]

국내 1인당 커피소비량 증가로 커피전문점 시장 확대가 예상되고 있다. 2009년 기준 우리나라의 1인당 커피소비량은 1.93kg으로 주요 선진국에 비해 낮은 수준이다. 미국(4.1kg), EU(4.8kg)에 비해서는 절반 수준에도 미치지 못하고 있으며, 우리와 식생활이 유사한 일본(3.4kg)에 대해서도 60% 정도로 낮을 수준이다. 식생활 개선 및 소비 수준 확대로 커피소비량 역시 더욱 증가할 것이므로, 커피전문점 시장은 더욱 확대될 것으로 기대된다[5]. 다음 그림 3은 국가별 1인당 연간 커피 소비량을 나타낸다.

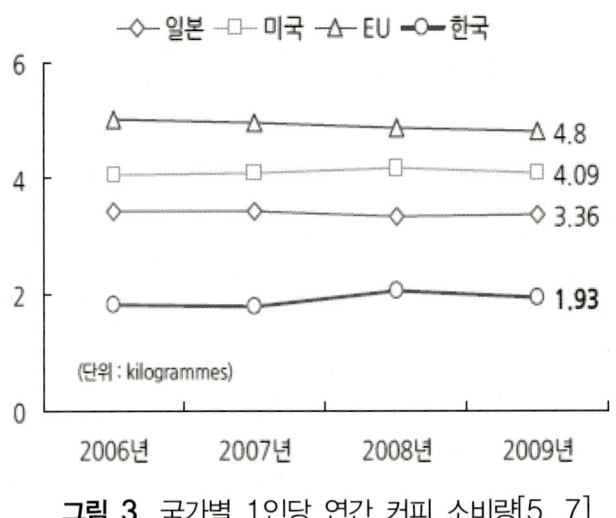

그림 3. 국가별 1인당 연간 커피 소비량[5, 7]

　현재 커피 전문점은 10%를 상회하는 평균매출 성장률과 외국과의 커피 수요를 비교해 볼 때 앞으로도 상당기간 꾸준한 성장을 기록할 것으로 예상된다. 프랜차이즈 커피 전문점의 가맹점 수는 급격하게 증가하고 있음에도 불구하고 평균매출액 증가율 또한 여전히 높은 수준을 유지하고 있다는 점이 이러한 예상을 뒷받침 해주고 있다. 커피 전문점을 기반으로 기존 다른 커피 전문점과 차별화 되는 직장인 대상 디지털 콘텐츠 대여 서비스는 창업 아이템으로 유망할 것으로 생각한다.

C. 마케팅 전략

C.1 STP전략

　STP 전략의 특징을 다음 표 1과 같이 인구통계학적, 지역적, 구매행위, 교육배경에 따라 먼저 크게 세분화 하였다. STP 전략의 결과는 다음 표 1과같다.

표 1. 인구통계학, 지리적, 구매행위, 교육에 따른 STP 전략

특징	세분화1	세분화2	세분화2	세분화3
인구통계학적	18~25세	25~40세	40~55세	55~70세
지역적	서울 직장 서울 거주	서울 직장 경기도 거주	경기도 직장 경기도 거주	그 외 지방 직장 그 외 지방 거주
구매행위	커피 마시지 않음	출퇴근 시 커피 마심	커피를 마시나 출퇴근 시 커피 마시지 않음	출퇴근 시 커피 가끔 마심
교육배경	대학	대학원 이상	고등학교	교육받지 못함

위 STP 전략을 통하여 회색 배경으로 선택된 세분화 요소를 주요 타깃으로 할 것을 선정하였다. 인구 통계학적으로는 25~40세 즉 직장 활동을 가장 왕성히 할 나이이며 가족 부양에 대해 크게 부담을 느끼고 있지 않아 자신은 위해 조금은 비싼 커피의 가격이지만 기꺼이 구매할 수 있는 사용자를 대상으로 삼았다.

또한 지역적으로는 서울에 직장을 두고 서울이나 경기도로 출퇴근 시간이 오래 걸리는 사람을 대상으로 삼았고 구매행위로는 커피를 마시지 않거나 출퇴근 시 커피 마시는 것을 선호하지 않는 사람은 대상에서 제외하였다. 뿐만 아니라 매장 분위기를 고급스럽고 매장 방문 시 대접받고 있다는 느낌을 주기위해 고학력자를 위주의 대상으로 선정하였다. 다음 표 2는 직업과 나이에 대한 세분화 결과를 나타낸다.

표 2. 직업과 나이에 따른 STP 전략

		시장 세분화 요인2: 나이			
		18~25세	25~40세	40~55세	55~70세
시장 세분화 요인1: 직업	취업 준비생	1	2	3	4
	대학생	5	6	7	8
	직장인	9	10	11	12
	무직	13	14	15	16

다음 표 3은 출퇴근 시간과 출퇴근 시 이용하는 교통수단에 따른 STP 전략을 나타낸다. 즉, 출퇴근 시간이 1시간~2시간이고 지하철과 버스 등 대중교통을 이용하여 커피를 마시면서 디지털 콘텐츠를 감상할 수 있는 여건이 되는 사람들을 타깃으로 하고 있다.

표 3. 출퇴근 시간과 출퇴근 교통수단에 따른 STP 전략

		시장 세분화 요인2: 출퇴근 교통수단			
		지하철	버스	도보	자가용
시장 세분화 요인1: 출퇴근 시간	30분 이내	1	2	3	4
	30~1시간	5	6	7	8
	1시간~2시간	9	10	11	12
	2시간 이상	13	14	15	16

이런 STP 전략을 통하여 입지 상권을 직장인들의 유동인구가 충분하고 회사가 밀집되어있는 서울시 중구로 설정하였다. 중구의 특성상 거주 인구가 적고 유동인구가 많다. 서울시 중구의 상권은 다음 표 4와 같이 분석[11] 되며 창업 시 적합한 위치로 판단된다.

표 4. 명동 인근 상권 주요 정보

거주 인구수	추정 유동인구				
	유동 인구수	지하철 이용고객	카드 사용고객	외부 감사 기업 수	외부 감사 기업 종사자 수
16,842 명	146,499명/시간	3,340명/일	17,691명/월	593개	175,742명

그림 4. 선택 상권인 명동인근의 지도

C.2 가격

　서울 중구 명동역 밀리오레 옆의 보증금 30억 월 임대료 1억 원으로 알려진 파스쿠찌 매장은 하루 임대료가 333만원이 넘는다. 과거 이곳에서 영업했던 스타벅스의 매출이 월 3억 원 정도였단 것을 감안한다면 3,300원짜리 커피가 하루 3,000잔 이상 판매되었다는 것이고 이중 임대료로 한잔 당 1,000원씩 지불되었다. 임대료 외에 고정비용인 인건비와 관리비 그리고 인테리어 및 집기에 대한 감가상각비용을 더해야만 실질적인 원가를 계산할 수 있다[3].
　그림 5는 커피의 가격 상승률 추이를 다른 주요 상품과 비교한 결과이다. 현재 비싼 가격임에도 불구하고 커피 전문점이 꾸준히 증가하고 매출 또한 증가하고 있는 것은 소비자들이 커피에 대해서는 기꺼이 지불할 수 있을 정도로 인식도 변화하고 있다는 것을 의미한다.

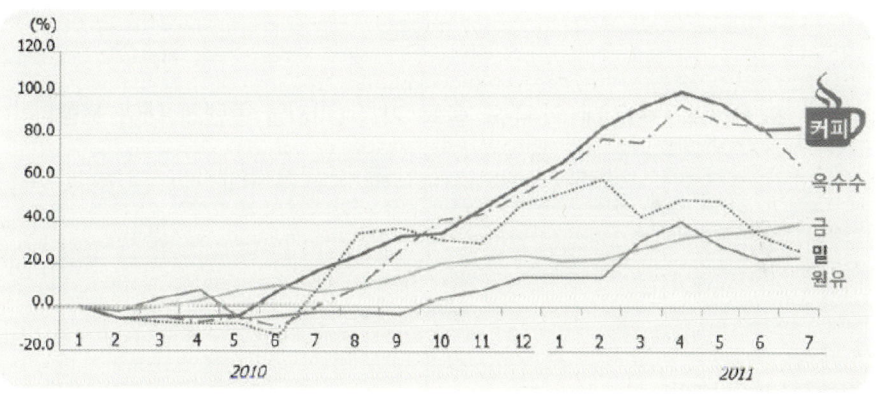

그림 5. 주요 상품의 가격 상승률 추이(2010년 1월 ~ 2011년 7월)[9]

　시간대별 커피 전문점의 결제 비율을 살펴보면 출근 직후인 10시부터 점심 식사이후 14시까지가 전체 매출의 29%를 차지하고 있으며 퇴근 시간인 17시부터 21시 까지가 전체 매출의 27%를 차지[2]하고 있다. 또한 30대와 40대의 결제 비율이 전체의 58%를 차지하고 있어서 직장인들에게 매출이 집중되고 있음으로 생각할 수 있다.
　위 결과를 바탕으로 가격을 다음과 같이 설정할 것이다. 퇴근 시간의 경우에는 커피 가격을 업계의 기준가격이라고 할 수 있는 스타벅스 수준으로 유지한다. 하지만 추가로 퇴근시간의 경우 디지털 콘텐츠 대여를 무료로 해준다. 하지만 다른 시간의 경우 기준 가격보다 10% 가량 저렴한 가격으로 커피를 제공하고 디지털 콘텐츠의 활용은 매장 내에서만 가능 하도록 한정한다. 퇴근시간에 제공되는 디지털 콘텐츠 대여는 기기를 대여하여 다음날 특정시간 이내에 회수하도록 할 예정인데 이 부분에서 차이를 갖는다.

표 5. 퇴근 시간대 주요 품목 가격 (디지털 콘텐츠 대여 포함)

품목	가격(원)
에스프레소	3,400
아메리카노	3,400
카페라떼	3,900
카푸치노	3,900
카페모카	4,400

표 6. 퇴근 시간대 외 주요 품목 가격 (디지털 콘텐츠 대여 포함)

품목	가격(원)
에스프레소	3,100
아메리카노	3,100
카페라떼	3,600
카푸치노	3,600
카페모카	4,000

다음 그림 6은 디지털 콘텐츠 대여 기기의 예시를 보여준다. 제휴를 통하여 기존 엔젤리너스에서 진동 알림벨로 사용하고 있는 광고를 시청하면서 대기할 수 있는 단말기를 디지털 콘텐츠의 재생용으로 사용할 수 있을 것이라 생각한다.

그림 6. 디지털 콘텐츠 대여 기기 예시

C.3 유통

추가적으로 디지털 콘텐츠를 무료로 공급하기 때문에 커피 유통에 들어가는 비용을 최대한 줄여야만 이익을 창출할 수 있다. 유통 단계의 비용을 최대한 줄여 이익을 극대화 하고자 한다. 로스팅은 직접 하면 많은 이점이 있기는 하지만 기술적으로 어려운 점이 많이 있다. 때문에 원두는 원두커피 전문 업체를 이용하여 저렴하게 공급하고자 한다. 즉, 원두의 유통에는 아웃소싱을 도입한다. 원두를 취급하는 업체를 검색해본 결과 5군데의 회사가 검색되었으며 가격은 원두 품질에 매우 다양했지만 1kg에 15,000원 내외로 구입이 가능했다. 이는 한잔에 7g정도의 원두가 투입된다고 계산했을 때 약 142잔을 뽑을 수 있는 양이며 아메리카노 기준으로 142잔은 판매할 경우 467,800 원의 마진을 남길 수 있게 된다.

디지털 콘텐츠의 경우 미리 구입한 디지털 콘텐츠를 매장 내 비치된 단말기에 저장하여 판매하는 방법과 제휴된 서비스를 통하여 고객이 해당 서비스에 가입된 계정에 실제 콘텐츠를 구매해주는 방법이 있을 수 있다. 음악의 경우 1일 스트리밍 권이 900원 선이고 영화의 경우 약 1,000~3,000원 정도이므로 평균적으로 약 2,000의 비용이 소모된다고 볼 수 있다. 따라서 1kg의 원두를 판매했을 때 실제 마진은 183,800원이다. 하지만 최근 커피 대기시간을 이용한 진동벨의 동영상 광고를 하듯이 광고를 목적으로 하는 업체도 많이 있으므로 이 부분 또한 아웃소싱 또는 제휴를 통하여 마진의 폭을 개선할 수 있을 것이라 생각한다. 정리하면 다음 표 7과 같다.

표 7. 원두 및 디지털 콘텐츠의 유통 방법 정리

제품	유통방법	예상 가격
원두	아웃소싱 또는 로스팅 원두의 인터넷 구매	1kg당 15,000 원 이하
디지털 콘텐츠	아웃소싱 또는 광고 제휴	제휴 없을 시 1개당 평균 2,000원 제휴 후 1,000원 미만 예상
마진	제휴 없을 시	원두 1kg당 183,800원
	제휴 후	원두 1kg당 325,800원

C.4 촉진

촉진은 4P에 의한 전략을 기본으로 수행[11]한다. 먼저 상품(Product) 전략은 상품을 특별하게 만드는 전략이다. 원두는 아웃소싱을 통하여 구입할 것이기 때문에 로스팅 과정에서의 차이보다는 다양한 상품과의 결합으로 차별을 시도한다. 커피에 첨가되는 시럽을 다양화해서 고객이 선택할 수 있도록 한다. 커피를 첨가한 상품 판매를 한다. 아침을 거르는 직장인을 위한 커피를 활용한 아침 메뉴 등이 예이다. 또한 원두는 기본적으로 아웃소싱을 원칙으로 하지만 가끔씩 비정기적으로 실제 매장에서 간이 로스팅 기계를 이용하여 로스팅을 시연하고 이를 통하여 볶은 원두를 판매하거나 이를 이용하여 커피를 판매한다. 추가로 제공되는 디지털 콘텐츠도 상품 전략의 한 종류이다.

가격(Price) 전략은 이미 커피 업계에서는 스타벅스의 가격이 기준가격 역할을 하고 있으므로 스타벅스 수준의 가격을 유지한다. 가격을 너무 싸게 받았을 경우 제공되는 서비스의 품질이 의심되기도 하므로 너무 낮은 가격이 되지 않도록 신경 쓰며 제공되는 서비스 또한 고품질이 될 수 있도록 매장 직원의 관리를 철저하게 유지시킨다.

위치(Place) 전략은 이미 위 STP 전략에서도 기록하였듯이 거주자가 적으며 직장인과 유동인구가 많은 서울시 명동을 타깃으로 설정한다. 주로 퇴근길 직장인들을 대상으로 되도록 퇴근길에 방문하기 어렵지 않은 위치로 선정한다.

판매촉진(Promotion) 전략은 수요층을 차등화 하여 진행한다. 디지털 콘텐츠의 경우 주로 타깃이 되는 퇴근길의 직장인을 위한 서비스로 홍보할 수 있으며 아침 출근길이나 퇴근 시간 버스정류장, 지하철 입구 등에서 판촉물이나 전단지로 신규 매장이 오픈했음을 알릴 수 있다. 판촉물에 사용되는 것들로는 주로 업무에 많이 사용하는 메모장, 볼펜이나 명함케이스 등으로 선정하며 이를 통해 주변 직장동료나 협력업체와의 대화 시에 자연스럽게 홍보가 되도록 유도할 것이다.

표 8. 촉진을 위한 4P 전략 정리

전 략	내 용
Product	시럽 선택 커피 첨가 상품 판매 아침 메뉴 제공 로스팅 시연 무료 디지털 콘텐츠 제공
Price	스타벅스 기준가격 사용
Place	서울시 명동 직장인 퇴근길
Promotion	전단지 판촉물(볼펜, 명함케이스)

D. 기술 분석

D.1 제조 공정(서비스 공정)

창업을 위해서는 필요한 제조 공정(서비스 공정)은 커피머신 작동 기술과 디지털 기기 작동 기술을 요구한다. 커피머신 작동기술은 기본적인 커피를 서비스 하기위한 기본적인 기술이다. 원두의 로스팅, 블렌딩 등은 상대적으로 어렵고 복잡하지만 원두의 공급은 아웃소싱을 통하여 충당할 예정이므로 이런 제조 공정은 필요하지 않는다. 커피머신의 작동기술은 간단한 바리스타 교육을 이수하면 누구든지 어렵지 않게 습득 가능하다.

디지털 기기 작동 기술은 디지털 콘텐츠를 대여하기 위하여 필요한 기술이다. 일반적인 스마트폰 사용방법과 일반적인 디지털 콘텐츠 등록 방법처럼 어렵고 복잡하지 않으며 젊은 사람들은 대부분 한번쯤은 해봤을 많은 많이 보편화 된 방법인 만큼 아르바이트 직원이 안내하기에도 큰 어려움이 없을 것이라 생각한다.

D.2 설비, 건물(소요 공간)

평균적인 커피 전문점의 크기는 40평[2]이라고 한다. 따라서 이와 같은 크기의 소요공간은 산정할 것을 계획한다. 40평에 주방과 사용자들이 커피를 마실 수 있는 홀과 디지털기기를 활용할 수 있는 공간을 따로 구획을 나누어 제공한다.

D.3 대지

평균적인 40평의 소요 공간을 대상으로 임대 보증금과 권리금, 월세를 점포의 상태에 따라 상, 중, 하로 구분하여 조사하면 다음과 같다.

표 9. 점포 상태에 따른 금액[2]

투자비구분	상	중	하
임대보증금	15,000	10,000	8,000
권리금	15,000	10,000	8,000
월세	500	400	260

D.4 인력계획

오전 8시부터 오후 11시까지 총 13시간 영업을 할 예정이다. (오전 8시라는 다소 빠른 시간에 오픈하는 이유는 아침을 거르는 직장인들을 위해 아침 메뉴를 제공하기 위함이다.) 약 7시간씩 총 4명의 아르바이트생을 고용하여 오전 8시부터 6시간 30분 그리고 그 후 영업시간에 대해 각 2명씩 배치할 계획이다.

D.5 소요자금 추정

위에서 산정한 점포와 인력에 대한 소요자금을 예측해 본다. 점포의 경우 중간정도의 상태의 점포를 선정할 것이다. 따라서 임대보증금으로 약 1억 원, 권리금으로 1억 원, 월세로 400만 원이 소요된다. 그리고 인력으로는 시급 4,500 원의 총 13시간 4명의 인금은 일당 234,000 원이 소요된다. 최근 평균 아르바이트 비용이 시급

4,000 원에서 4,300 원 수준인 것을 감안하면 4,500 원은 다소 높게 측정되었지만 고객에 대한 친절과 서비스에 대한 보상으로 인식하도록 강조할 생각이다.

E. 재무 분석

E.1 소요자금 추정과 조달계획

다음 표 10은 창업을 위해 초기에 필요한 투자비용을 나타낸다. 현대 캐피탈 홈페이지[2]에 나온 자료를 이용하여 커피 전문점 창업에 필요한 일반적인 항목과 소요되는 자금을 참고하여 기록하였다. 아래 표 10을 참고로 창업 투자비용은 총 33,800만 원이 예상된다.

표 10. 창업 초기 투자비용

(단위 : 만원)

구분		금액	비고
점포	임대보증금	10,000	40평형 기준
	권리금	10,000	
	소계	20,000	
개설투자	가맹비	-	개인 브랜드 이므로 가맹비는 없음
	교육비	500	커피 교육 및 디지털 기기 소사 교육
	오픈판촉비	300	
	이행보증금	-	
	물품대금	300	
	인테리어	7,000	
	간판, 홍보비	700	
	시설장비	4,000	
	의자, 탁자	800	
	POS시스템	200	
	기타	500	디지털 기기 구입
	소계	12,800	
총 투자 금액		33,800	

이 중 20,000만 원은 은행의 신용대출로 충당하고 나머지 13,800만 원은 저축해 둔 자본을 이용하여 창업을 시작하기로 한다.

다음 표 11은 월 고정비용을 감안한 매출 추정표이다. 월 매출액 중 디지털 콘텐츠에 대한 비용이 추가 발생하므로 써 다른 커피 전문점에 비해 마진율이 낮은 편이다. 아래 표를 통하여 총 매월 순수익 150만 원이 예상된다.

표 11. 월 고정 비용 및 매출 추정표

(단위 : 만 원)

구분		금액	비고
매출	월 매출액	1,552	커피 한잔에 약 2,588원 마진으로 계획, 하루 총 200잔 판매 예상
원재료비		1,250	
판매관리비	임차료	400	
	인건비	902	아르바이트: 702 만원, 업주: 200 만원
	점포관리비	120	
	수도광열비	45	
	보험료	10	
	광고선전비	50	
	여비교통비	15	
	차량유지비	-	차량 없음
	통신비	10	
	식대	50	
	로열티	-	프랜차이즈가 아니므로 로열티 없음
	소계	1,602	
순수익		1,552-1,602 = -50	-50을 순손실 발생

E.2 추정손익계산서(3년 분)

표 12. 추정 손익 계산서 (3 년 분)

(단위 : 만 원)

구분	1차년도					2차년도	3차년도
	합계	1분기	2분기	3분기	4분기		
추정 매출액	19,557	4,656	4,808	4,965	5,127	22,158	25,105
추정 경상이익	333	-150	2	159	321	2,934	5,881
추정 순이익	333	-150	2	159	321	2,934	5,881
추정 근거 (증감요인)	년 평균 물가 상승률 3% 로 추정 2차 년도부터 전년대비 10% 매출 상승 기대 반영						

E.3 추정대차대조표(3 년 분)

창업 초기 필요한 자금 20,000만 원을 은행 신용대출로 충당하였기 때문에 추정 2차 년도부터 이 금액을 우선적으로 상환한다. 추정 2차년 도에 3,000만원을 상환하고 추정 3차 년도에는 6,000만 원을 상환하는 것을 목표로 하여 계획을 수립한다. 은행이자는 년 7%로 추정하였다.

표 13. 추정대차대조표(3 년 분)

(단위 : 만 원)

계정과목	추정1차년	추정2차년	추정3차년
유동자산(1)	633	3,234	6,415
현금 및 현금 등가물	333	2,934	6,115
매출채권	-	-	-
기타당좌자산	-	-	-
재고자산	300	300	300
고정자산(2)	24,000	24,000	24,000
투자자산	-	-	-
유형자산	-	-	-
상각 대상 유형자산 (건물, 기계, 기구 등)	4,000	4,000	4,000
토지	20,000	20,000	20,000
건설중인 자산	-	-	-
무형자산	-	-	-
자 산 합 계(1+2)	24,633	27,234	30,415
유동부채	-	-	-
매입채무	-	-3,000	-6,000
단기차입금	20,000	17,140	11,259
유동성장기부채	-	-	-
기타유동부채	-	-	-
고정부채	-	-	-
장기차입금	-	-	-
원화장기차입금	-	-	-
외화장기차입금	-	-	-
사 채	-	-	-
기타고정부채	-	-	-
부채성충당금	-	-	-
부채 합계(3)	-20,000	-17,140	-11,259
자본금	33,800	33,800	33,800
자본잉여금			
이익잉여금 등	-	-	-
자 본 합 계(4)			
부 채 와 자 본(3+4)	13,800	16,660	22,541

E.4 현금 흐름표

과목	추정1차년	추정2차년	추정3차년
1. 영업활동으로 인한 현금 흐름	333	3,267	6,481
1.1 당기 순 이익	333	2,934	5,881
1.2 현금의 유출이 없는 비용 등의 가산	-	333	600
1.3 현금의 유입이 없는 수입 등의 차감	-	-	-
2. 투자활동으로 인한 자산부채의 변동	-	-	-
2.1 투자활동으로 인한 현금유입액	-	-	-
2.2 투자활동으로 인한 현금유출액	-	-	-
3. 재무활동으로 인한 현금흐름	-	-3,000	-6,000
3.1 재무활동으로 인한 현금유입액	-	-	-
3.2 재무활동으로 인한 현금유출액	-	-3,000	-6,000
현금의 증가(감소) (1+2+3)	333	267	481
4. 기초의 현금	-	333	600
5. 기말의 현금	333	600	1,081

E.5 수익성에 대한 종합 판단

　수익성에 대한 부정적인 측면은 다음과 같다. 첫 번째로 초기 창업 시 신용 대출의 비율이 높아 지자부담이 크다는 점이다. 두 번째로 창업의 예정지역인 서울시 중구 명동의 임대료가 비싸 고정비를 높인다는 점이다. 고정비가 높아 매출이 많이 발생하더라도 수익성을 떨어지게 한다. 세 번째로 물가상승률과 매출성장률의 예측치의 문제이다. 추정 손익 계산서에서는 매년 물가상승률을 3%로 매출성장률을 10%로 추정하였다.
　하지만 물가상승률에 따른 소비 위축과 소비자의 소비 심리가 매출에 영향을 줄 수 있으며 사회 전반의 물가상승으로 인한 부대비용과 인건비 등을 상승을 정확하게 고려하지 못한 것도 부정적으로 판단된다. 또한 매출 예상 성장률의 추정 오류도 잠재적인 부정적인 측면이다.

긍정적인 측면은 다음과 같다. 고정 지출 예상에 아르바이트생의 임금 및 업주의 임금까지도 계산하였고 예상 매출 성장률이 맞는다면 5년 내에 부채를 모두 상환할 수 있고 이후 안정적인 수익원으로 자리 잡을 수 있다는 점이다. 또한 커피전문점의 특성상 다른 일을 병행해가며 할 수 있으므로 5년 후 다른 제 2의 점포 또는 다른 아이템으로 사업의 확장이 가능하다는 것은 긍정적인 측면이다.

F. 위험분석

나타날 수 있는 문제점들 중에 높은 가능성으로 나타날 수 있는 문제와 가능성은 낮지만 충분히 나타날 수 있는 문제들로 구분하여 대응방안을 마련하였다. 나타날 가능성이 높은 문제로 첫 번째 매출 부진의 문제이다. 예상한 매출에 못 미치거나 예상 매출 성장에 못 미칠 경우 운영계획에 문제가 있을 수 있다. 또한 예상하지 못한 비용이 추가적으로 발생할 수도 있다. 이러한 경우 계획한 매출의 너무 이상적으로 산정하였다면 실제 매출에 근거하여 다시 산정하고 이를 토대로 부채상환 일정 등 사업성을 다시 판단할 것이다. 사업성이 현저하게 떨어질 경우 추가적으로 매출 증진에 노력을 해 보겠지만 은행 대출금액 20,000만 원이 잠식되는 시점 추가 피해를 면하기 위하여 사업을 정리할 것이다.

주변 상권에 경쟁업체의 등장도 가능성 높은 문제로 예상할 수 있다. 실제 사업이 성장할 경우 가까운 거리에 경쟁업체가 등장할 가능성은 언제가 열려있는 문제이다. 그 경쟁업체가 우리보다 경쟁력이 높은 업체일 수도 있고 낮은 업체일 수도 있다. 경쟁률이 낮은 업체라면 크게 신경 쓰지 않겠지만 경쟁력이 높은 업체라면 매출에 영향을 미칠 수 있는 만큼 대책을 마련해야 하겠다. 먼저 프로모션을 통하여 경쟁업체와의 상품 차별화를 강조할 것이다. 또한 기존 단골 소비자들에 대한 보상을 강화하여 단골고객의 이탈을 방지할 것이며 신규 소비자를 유치하기 위하여 판촉비용을 추가로 증가 시킬 것이다.

가능성은 낮지만 발생할 수 있는 문제로는 사회적으로 커피 또는 디지털 단말기에 대한 인식 악화가 있을 수 있다. 이러한 경우 커피와 디지털 단말기 대여에 대한 사용자가 느끼는 장점이 사라질 수 있으므로 창업 아이템의 사업성 자체가 없어지는 문제점이 있다. 하지만 이런 현상은 하루아침에 발생하지는 않을 것이며 만약 발생한다면 상당한 기간을 두고 변화 할 것이다. 이런 사회변화를 주시하여 사용자의 인식이 변화하는 다른 아이템으로 업종변경 또는 사업영역 확장을 통하여 문제점을 해결할 것이다.

G. 사업 추진 일정계획

사업 추진 일정 계획표는 다음 표 15와 같다. 이미 사업계획에서 조사한 내역이 있지만 다시 실제 점포 선점과 장소 검증에 한 달을 계획하였다. 계약희망 위치와 가능한 위치는 다를 수 있고 변경될 경우 주변 상권에 대한 다시 자세한 검증이 필요하기 때문이다. 이 일정을 상황에 따라 길어질 수 있다. 계약 할 수 있는 점포가 선점된 이후에는 은행에 대출을 통하여 자금을 조달하고 점포를 계약한다. 약 한 달간은 인테리어 및 물품구입과 직원채용을 위한 기간으로 계획한다. 그 후 별도의 보름간의 특별한 시간을 두어 직원들의 서비스 교육 및 오픈 후 판촉활동을 위한 준비(판촉물 구매, 인쇄 등)를 한다. 오픈 이후에도 지속적으로 프로모션 활동을 진행하여 매출 향상을 시도한다.

표 14. 사업 추진 일정 계획표

일정	작업
7월 1일 ~ 7월 31일	점포 선점 및 장소 검증
8월 1일 ~ 8월 15일	점포 계약, 은행 신용 대출 등 자금 조달
8월 15일 ~ 9월 15일	내부 인테리어 공사 및 직원 채용
9월 15일 ~ 9월 30일	직원 교육 및 오픈 및 판촉 준비
10월 1일	오픈
10월 1일 ~ 10월 15일	1차 판촉 (오픈 기념 프로모션 포함)
11월 1일 ~ 11월 15일	2차 판촉

H. 부록

이번 과목을 수강하기 전에는 막연하게 창업을 하고 싶다는 생각을 했었고 막연히 잘 될 것 같은 아이템만 있으면 무조건 성공할 수 있을 것이라는 환상이 있었지만 이번 과목을 수강하고 나서는 아이템만이 창업의 전부가 아님을 알게 되었습니다. 또한 중간고사와 기말고사를 통하여 비록 제출하는데 힘들고 완벽하지는 않지만 스스로 아이템 분석과 사업계획서를 작성해 보면서 많은 것을 느끼고 배울 수 있는 시간이었습니다.

I. 참고문헌

[1] 헬스조선, health.chosun.com/site/data/html_dir/2009/12/10/2009121000572.html
[2] 현대 캐피탈, www.my-business.co.kr
[3] "커피전문점의 진실", 고경진 소장, 현대카드.
[4] 한국프랜차이즈 협회, http://www.ikfa.or.kr/
[5] 커피전문점,'공급이 수요를 창출하다!', KB지주 경영연구소.
[6] 닐슨데이터 및 주요 커피전문점 매출기준, KB경영연구소.
[7] 통계청, 커피 소비량.
[8] 해외 온라인 영화시장의 최근 동향, 신성장산업연구실 연구원 권은경.
[9] SERI 경영 노트 제 113호.
[10] 국내 커피전문점 시장에서 중견 강소기업의 전략적 우위에 관한 탐색적 연구: 카페베네 사례를 중심으로, 김장훈.
[11] Geovision 상권분석, 명동.
[12] 커피숍, 소상공인진흥원, 2007.

14-3 특수 용접봉 제조 사업 계획서 사례

A. 계획 제품의 개요

본 사업의 목적은 특수 용접봉의 제조 및 판매이다. 당사가 제조하려는 특수 용접봉은 외부에 피복된 "FLUX"라는 부품이 수십 가지의 금속재료의 혼합으로 되어 있어 현재 전량 수입중이며 따라서 국내에서 기술을 획득하기 위해서는 특허 기술을 가진 회사와의 합작 형태로만이 확보할 수 있는 기술이다. 그 이유로는 이 기술의 국내 개발에 소요되는 막대한 기술개발비의 부담과 몇 년의 개발기간이 소요될지를 금속 소재 산업의 특성상 예측하기가 어렵기 때문이다. 더욱 큰 문제인 금속의 배합 비율문제는 그 비율이 0.01%만 차이가 나도 용접봉의 효율을 발휘하기가 어렵기 때문에 국내의 개발보다 특허기술을 가진 업체와의 기술제휴가 더 좋다고 판단된다.

따라서 본 사업은 미국의 특허기술 보유 회사인 United Spartan과의 기술 공여 계약을 통한 국내 합작회사의 설립을 추진하고자 한다.

※ 본 사업의 특허 확보 및 기술 제휴관계

구 분	특수 용접봉	비 고
합작 및 자본 제휴사	United Spartan 社(미국)	-
특허 보유 여부	용접봉의 피복(FLUX)의 특허 보유	-
타사와의 기술 비교	국내 생산 업체는 전무 (전량 수입의존)	-

본 사업은 따라서 전량 수입중인 특수 용접봉의 급증하는 국내의 수요에 대체함은 물론 생산 기술의 확보 후 외국에도 수출을 할 예정이다. 본 사업은 국내외로부터 10만불 상당의 기자재가 필요하지만 이미 기 확보 후 현재 시험 생산 중이므로 특별한 외화의 낭비가 없으며 공장이 가동에 들어가게 되면 경북 00군의 지역사회에 어떠한 공해를 유발하지 않고 70 명 정도의 고용효과를 가져올 것이나.

B. 시장 조사

B.1 산업의 특성

가. 국내에 파급 효과가 높은 산업

　(1) 기계 산업 중 가장 규모가 큰 자동차 및 조선산업에서 용접의 중요성은 매우 크다. 특히 한국에서의 중화학 공업의 비중은 계속 증가하고 있다. 그러나 국내의 경우 원료와 소재기술이 매우 취약하다. 따라서 국내의 중화학공업은 국외로부터 원료의 수입비중이 높기 때문에 수출이 많아지고 국내 소비가 증가할수록 오히려 원료 수입이 증가되는 매우 심각한 단점을 가지고 있다. 이는 용접용 재료의 경우도 마찬가지이다.

　(2) 특수 용접봉의 경우는 지금까지 전량이 수입품이었고, 일반용 용접봉은 국내의 조선 선재, 고려용 접봉, 한국 알로이드, 현대 금속, 서한 개발, 삼미 금속 등이 생산 및 수출을 하고 있었다. 그러나 현재 관련 자동차나 조선산업의 고도화로 인하여 일반 용접봉의 시장보다 고부가가치 제품인 특수 용접봉의 시장이 더 커지고 있는 추세이다.

　(3) 따라서 당사는 특수 용접봉 분야에 특허를 보유한 United Spartan 社(미국)와의 기술제휴를 통해서 국내에 한 단계 높은 품질의 특수 용접봉을 제공함으로써 관련 산업에 긍정적인 파급효과를 가져다주고 수입대체 및 수출을 기대하고 있다. 현재 용접이 대규모로 사용되는 대표적인 예인 조선 산업에서의 용접 재료의 비중은 다음과 같다.

〈부품별 기자재 수요 예측〉

(단위 : 백만 불)

조선산업		자재 비중 구성비(%)	수 요 추 정 액				
			2xx1	2xx2	2xx3	2xx4	2xx5
선체부	금속제품	29.00	377	354	334	348	551
	화학제품	2.90	38	35	33	35	55
	용접재료	2.00	26	24	23	24	38
	주단강품	1.10	14	13	13	13	21

나. 수출 효과 및 수입대체 효과가 큰 사업

본 사업에서 제안하는 특수 용접봉은 기존의 일반용 용접봉의 제조에 비교하여 기술적인 면과 수입대체의 면에서 효과가 매우 큰 것이 특징이다. 또한 국내의 기업들이 생산하는 용접봉은 모두 일반 용접봉으로서 특수용접봉은 현재까지 전량 수입에 의존하였으나 당사가 생산하려는 특수 용접봉이 생산되면 전량 내수를 충당할 수 있으며 선진국의 산업 구조적인 특성상 많은 수출이 가능할 것이라고 예측된다.

B.2 수급 현황

B.2.1 수요 및 유통구조

가. 특수 용접봉의 생산회사

국내에 일반용 용접봉 생산회사가 고려 용접봉, 조선 선재, 서한 개발, 삼미 금속 등 대기업을 비롯하여 약 10여개 업체가 있다. 그러나 삼미 금속의 스테인레스 용접봉을 제외하고는 특수 용접봉을 생산하고 있지 않으며 기존의 물량을 전량 수입에 의존하는 실정이므로 수급에 대한 기대는 100%로 전망된다.

나. 특수 용접봉의 유통구조

현재 국내에서 생산되지 못하고 있으므로 기존의 일반 용접봉 판매망을 활용하는 것이 적당할 것이다. 현재의 유통구조는 포철이나 현대나 대우와 같은 자동차회사와 같은 대규모 조립 업체에 수주를 받아 생산해 주는 수주 방식과 일반 대규모 유통매장이나 소매점 등에서 소규모 기업들에 판매하는 전국적인 소매상들을 이용하는 방식이 있다. 특수 용접봉의 경우 국내에 전량 수입되는 신제품이므로 본 사업에서는 최대한 기존의 유통망을 활용하려고 생각하고 있다.

B.2.2 업계 현황(현재 용접재료의 생산 및 소비 현황)

용접재료 수요는 철강 재료의 수입과 일정한 관계가 있으며, 국내의 경우 용접재료의 생산량은 조강생산량의 0.45% 정도이다.
(용접기술의 현황과 전망 - 기계와 소재, 8권 4호, 1996, 冬)

B.3 수요 산업 동향

현재 용접봉의 수요는 대개 다음과 같은 산업에 이용되고 있다. 철구조물, 선박, 자동차, 농기구, 판이음쇠, 알미늄 제조, 알미늄 합금 제조, 스테인레스강, 지합금강, 니켈강, 주철, 해양 구조물, 보일러, 산업기계, 화학공업, 컨테이너 제조 수리 보수, 섬유화학, 경공업, 기타 제조업체에 이용되고 있다.

※ 현재 시장에서 사용중인 용접봉의 시장 점유율과 소비 현황

용접 재료 명칭	소비량(t)	구성비(%)	비고
연강용 피복 아크 용접봉	23,775	82.4	일반용
연강용 가스 실드 와이어	4,456	15.5	일반용
스테인레스강용 피복 아크 용접봉	607	2.1	(특수용)삼미금속 일부 생산
합 계	28,838	100%	-

B.4 원재료 현황

2xx1년 현재 단위당 소요 원재료의 현황은 다음과 같다. (단위 1,000 원)

제품명 : 특수 용접봉, 기준수량: 1,000개

원재료명	규격	단위	단가(원)	소요량(kg)	금액(원)	예상구입처	비고
perro vanadium	99.9%	kg	11.0	30	330	John Mineral Co ,Ltd	model별 -10%정도의 변동 있음
perro neobium			11.0	25	290		
alnuminum			1.175	40	47		
co-p			2.4	110	264		
nickel			3.046	390	1,186		
copper			1.6	40	64		
man canese			21.31	16	341		
silicon			1.3	20	26		
perro molidodenium			5.2	100	520		
perro tungsten	high low		6.0	80	480		
chrom			6.15	39	240		
perro chrom(h)			6.4	40	256		
perro chrom(l)			0.115	40	46		
titanium sponge			8.0	20	160		
perro titanium			3.0	10	30		
합 계	-	-	-	1,000	4,282	-	

B.5 수급 전망(수급 조달 계획)

현재 특수 용접봉의 수급 전망은 매우 밝다고 할 수 있다. 그 이유는 국내에서 특수 용접봉이 전량 수입품이라는 점과 수입 시의 관세를 고려한 가격에 비해 국내 대량 생산으로 인한 원가 코스트의 다운으로 인한 경쟁력 강화 효과 그리고 한국 내의 유일한 생산업체로서 인한 시장 확보의 이점 때문이다. 본 사업에서 생산하고자 하는 제품들의 시장성은 다음과 같다.

※ 제품별 시장성과 시장 규모 (단위 : 원)

구 분	종 류	제품코드	수입품 단가	시장성
Hard Facing (Iron Base)	tool steel	efe 5-8	24,000	포항제철, 한국단열, 대성기업, 제지공장 등의 Roll Grinder의 표면 경화용으로 사용
			24,000	
			24,000	
			27,000	
			24,000	
	토사 마모	efecr-al	20,000	
			24,000	
			23,000	
	tool steel		24,000	
	mn의 접합용	e307 16	24,000	
	mn의 육성용		24,000	
cast iron	special electrod	e317-16	20,000	
	pure nickel	eni cl	34,000	
	perro nickel	enife-cl	29,000	
	perro nickel	estl	12,000	
stainless steel	arc stain less	e308-16	24,000-23,000	연간 150t의 시장성 -삼미금속도 일부 생산중-
		e309-16	24,000-23,000	
		e310-16	24,000-23,000	
		e311-16	24,000-23,000	
		e312-16	24,000-23,000	

B.6 동사 매출액 추정

각 연도 kg당 10,000원 (최소)기준 및 최소 생산량 기준으로 산정한 것이다. 1차 연도 생산 개시는 25%(국내시장 근거) 및 2차 연도는 내수 시장의 40% 목표 산정액이다.

(1) 수출

2차 연도까지의 시장목표는 미국 시장의 1%가 목표이다. 미국시장의 규모는 연간 300,000,000$이다. 따라서 추정 시장 점유액은 연간 300,000$가 된다. 평균 kg당 15$ 수출시 (최소판매가) 연간 200t을 생산하면 되며 따라서 월간 16.7t을 생산하면 충당할 수 있다.(하루 8시간 생산 기준) 당사의 금번 생산 시설의 용량이 월간 30t으로 약 56%의 가동률만으로 달성이 가능하다.

(2) 내수

20×1년 현재 150억원을 수입한다. 평균 판매가격은 최소 10,000원/kg당 및 시장의 25% 점유를 목표로 한다.

50억원×0.25(%)=3,750만원(년간)

※ 동 매출액의 산출 근거는 최소 판매가 10,000원 근거로 1일 8시간 가동을 원칙으로 한다. 실제의 시중 판매가는 25,000~45,000원으로 이 가격을 근거로 하면 평균 3배 이상이 상승한다.

B.7 원재료 조달 가능성 검토

원재료의 경우는 국내에서 구할 수 있는 Iron Powder와 Lime Stone의 경우를 제외하고는 원재료의 전량을 수입할 예정이다(전체 원재료 구성비의 70% 정도를 차지한다.) 제품별 성분 구성이 요구 함유량에 적합해야만 제품의 품질이 유지된다. 따라서 신뢰 가능한 외국회사(John Mineral Co. Ltd)로부터 전량을 수입할 예정이다.

※ 원재료의 수량과 금액(단위: 본, 백만 원)

원재료명	1998		1999		비고
	수량	금액	수량	금액	
perro vanadium	1.2	13.2	1.65	18.15	
perro neobium	0.8	9.6	1.1	13.2	
alnuminum	1.4	1.89	1.925	2.60	
co-p	4.4	10.56	6.5	14.52	
nickel	10.8	47.52	14.52	65.34	
copper	1.6	2.56	2.2	3.52	
man canese	0.2	13.64	8.52	20.96	
silicon	0.8	1.04	1.1	1.43	-
perro molidodenium	4.0	20.8	5.5	28.6	
perro tungsten	3.2	19.2	4.4	26.4	
chrom	1.2	9.6	1.65	13.2	
perro chrom(h)	1.6	1.056	2.2	1.45	
perro chrom(l)	1.6	1.84	2.2	2.53	
titanium sponge	0.8	6.4	1.1	8.8	
perro titanium	0.4	1.2	0.55	1.54	
합계	40.00	160.106	55.00	222.24	-

C. 생산 계획

C.1 생산 공정 및 생산 능력 검토

가. 생산 공정

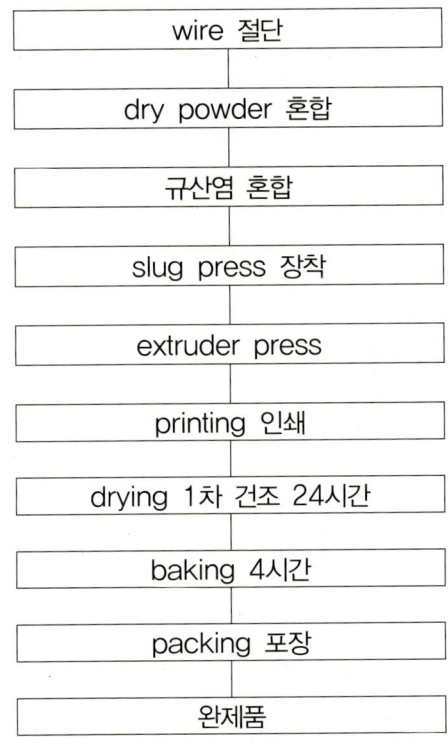

특수 용접봉의 생산 공정도

나. 생산 공정 내용 설명

[1] Dry Powder

Pre-Mixer기에서 중량을 잰 뒤 콘테이너로 옮겨진다.

콘테이너는 Mix Area로 옮겨진 뒤 Mix된 후 콘테이너가 제거되며 규산염 전달 Cover를 Wet Mixer 위에 연결한다.

[2] 규산염
(1) 2가지 유형의 규산염이 3인치 파이프를 통해 3000 갤론으로 나뉘어진 저장 탱크로부터 94갤론의 혼합 탱크로 옮겨진다.
(2) 규산염은 정해진 시간 동안 혼합된다. 이 때 점성 검사가 이루어지며 적정 시간 동안 혼합된 원료는 Extrusion Line으로 옮겨진다.

[3] Extrusion
(1) Wet Mixer로부터 Extrusion Press의 적정한 실린더의 크기에 맞게 Slug를 형성하기 위해 Slug Press에 채워진다. Slug들을 Extrusion Press에 채운다.
(2) 절단기에 의해 절단된 Core Wire가 삽입된다.
(3) 완성된 전극봉이 솔 콘테이너 끝에 도착하면 이들은 Wey 전극봉을 막기 위한 건조대 위에 올려진다.
(4) 전극봉은 말리기 위해 24시간 동안 Felt Tray에 놓여진다.
말린 뒤 Baking을 위해 준비한다.

[4] Baking-열기에 의한 건조
봉의 Skid Load가 Batch Oven에 가해지고 봉을 완전히 건조시키기 위한 필요한 시간 동안 미리 정해진 온도로 건조된다.

[5] 포장
봉들이 건조된 뒤 통(Can)들에 넣어져 일정한 중량으로 측정된다. 콘베이어를 따라가며 통 6개씩 공기가 새지 않는지를 검사하기 위해 검사기계를 통과한다.

[6] 저장소 및 선적
가득 채워진 skid는 포장 장소로부터 선적을 대기하기 위해 저장소로 옮기거나 선적되기 위해 선적 부서로 곧바로 옮겨진다.

다. 주요 생산 설비

(단위 : 개, 백만 원)

시설명	규격	단가	수량	금액	예상구입처	비고
slug press	cs 401	35.78	1	35.78	Oerlikon (Sweden)	-
extrusion press	wep 101	120.90	1	120.90		
brushing m/c	-	43.00	1	43.00		
converyer m/c	ob4/002	12.00	1	12.00		
printing units	vbg 100	10.410	1	10.410		
합 계	-	-	-	222.09		

C.2 생산 및 재고 계획

제품별 구분		1998	1999	2000	2001
특수 용접봉	생산량(ton)	62	400	650	1,225
	판매량(ton)	62	380	622	1,200
	매출액(백만 원)	620	3,800	6,220	12,000

※ 특수 용접봉의 경우 향후 4년간의 생산 계획은 다음과 같다.

C.3 소요 인력과 생산 조직

※ 소요 인력으로 인한 인력 필요 현황

(단위 : 명)

구 분		인 원 수	업 무
관리 부문	임원	2	총괄 업무
	사무직	8	소관 부문 (회계, 기획, 예산 등)
	기타	3	경비 및 경리여직원
	소계	13	
생산 부문	관리직	5	공장관리 및 설비관리
	생산직	52	숙련 기능공 및 보조요원
	소계	57	-
합 계		70	-

C.4 소요 공간과 레이아웃

용도	면적(단위 : ㎡)
공장	1500
사무실	270
검사 및 저장소	1050

C.5 건축 계획

건축 설비 증설 계획	시설명		수 량(개)	소요자금(백만 원)
2xx1년	기계시설	EXTRUSION	1	150
		OVEN	1	
	건물 창고 900 ㎡		1	130
	기숙사 및 식당 690 ㎡		1	180
	소계			460
2xx2년	기계시설	MIXER	1	400
		EXTRUSION	1	
	건물, 공장 및 창고 1500 ㎡		1	350
	소계			750
합계				1,230

현재 시설로는 계획 1차 년도의 수량을 달성하는 데는 문제가 없지만 이후의 생산 목표를 맞추기 위해서는 건물과 시설을 확충할 필요가 있다. 따라서 다음과 같은 시설 확충 계획을 수립한다.

D. 재무 계획

D.1 총 소요자금

(단위: 백만 원)

구 분	내 용	수 량	금 액	비 고
공 장	대 지	39,000 ㎡	기확보	
	건 물	900 ㎡	250	
	기계시설		500	
	부대시설		85	
	기 타		65	
	소 계		900	
운 영 자 금			400	
총 계			1,300	

D.2 소요 자금 조달 계획

(단위: 백만 원)

구 분		금 액	비 고
자 본 금	창 업 인	0	
	기 술 금 융	500	
	소 계	500	
차 입 금	회사채 발행	400	
	금 융 기 관	200	
	기 타	200	일반 시설대
	소 계	800	
총 계		1,300	

조달 가능성 검토

위의 조달 계획이 차질 없이 수행되면 조달하는 데는 별다른 문제가 없으며 어떠한 자금상의 차질이 생겨도 창업주가 다량의 부동산을 가지고 있으므로 자금을 조달하는 데는 별다른 문제는 없을 것이다.

D.3 수익성 검토

가. 추정 손익계산서

(단위: 백만 원)

항목 \ 연도	2xx1	2xx2	2xx3	2xx4
매 출 액	1,559	5,408	9,424	16,013
매 출 원 가	1,046	3,879	6,282	10,527
매 출 총 이 익	513	1,729	3,142	5,480
판매비 및 일반관리비	156	811	1,413	2,401
영업 이익	288	918	1,729	3,085
영업외 수익 / 영업외 비용	188	330	562	667
경상 이익	170	588	1,167	2,418
특별 이익	-	-	-	-
특별 손실	-	-	-	-
세전 순이익	170	588	1,167	2,418
법인세 등	51	176	350	725
당기 순이익	119	412	817	1,693

나. 수이성 검토 의견

　특수 용접봉 사업은 신규 아이템으로서 신규 시장의 창출뿐만이 아니라 기존의 일반용 용접봉의 시장에도 진출이 가능하다는 장점이 있다. 또한 지금까지 수입에 의존해 오던 많은 특수 용접봉 사용 업체들이 값비싼 수입품 대신에 저렴한 국산 특수 용접 판매를 기다리고 있는 상황이다. 따라서 현재의 시장의 상황과 시장 구조의 변화에 비추어 볼 때 판매에는 전혀 문제가 없을 것이다.

다. 추정 제조 원가 명세

(단위: 천 원)

항목＼연도	2xx1	2xx2	2xx3	2xx4
원 재료비	935,958	3,245,338	5,654,532	19,386,264
노 무 비	147,000	272,600	313,400	348,800
경 비	311,986	1,081,779	1,384,844	3,202,760
1. 복리 후생비	61,491	204,972	284,684	417,886
2. 전력비	51,976	173,255	240,632	385,742
3. 수도, 광열비	30,951	137,103	190,421	257,160
4. 감가상각비	11,422	38,076	92,884	276,097
5. 공과금	7,174	23,915	73,215	80,095
7. 보험료	21,259	70,866	98,426	260,374
8. 수선비	28,196	93,985	130,536	321,451
9. 외주 가공비	39,910	133,035	241,207	228,581
10. 기 타	58,234	201,993	525,479	959,049
당기 제조 원가	1,394,944	4,599,379	7,852,776	13,159,840

라. 추정 대차 대조표

(단위: 백만 원)

항목 \ 연도	2xx1	2xx2	2xx3	2xx4
현금과 예금	83	263	335	341
매출채권	-	-	-	-
기타유동자산	1,125	1,015	1,102	1,386
유동 자산 합계	1,208	1,278	1,437	1,727
투자와 기타자산	110	440	500	572
토지, 건물, 가계	2,540	2,599	2,617	3,378
기타 고정 자산	1,184	1,252	1,500	2,600
고정 자산계	3,834	4,291	4,617	6,550
이연 자산	345	345	524	570
자산 공제	5,387	5,914	6,578	8,457
유동 부채	2,653	2,657	3,511	3,454
고정 부채	1,165	1,000	-	1,300
이연 부채	-	-	-	-
부채 총계	3,818	3,657	3,511	4,754
자본금	1,450	1,845	2,250	2,400
잉여금	119	412	817	1,693
자기 자본계	1,569	2,257	3,067	4,093
부채 및 자본합계	5,387	5,914	6,578	8,847

마. 고용계획 및 인건비 명세

(단위: 명, 백만원)

분		평균임금	20x5 인원	20x5 금액	20x6 인원	20x6 금액	20x7 인원	20x7 금액	20x8 인원	20x8 금액
관리부문	임원	1,200	2	12	2	28.8	2	28.8	2	28.8
	사무직	322	16	25.8	16	61.8	16	61.8	16	61
	기타	250	2	2.5	2	6.0	2	6	2	6
	소계	177	20	40.3	20	96.6	20	96	20	96
생산부문	관리직	700	3	23.5	3	43.8	3	25	3	25
	생산직	313	22	34.5	22	82.6	29	108	33	142
	소계	1,013	25	58	25	126	32	134	41	167
총계		2,785	45	98.3	45	223	52	230	61	264

바. 감가상각비 산출근거

법인세법에 따라 고정자산에 대하여 감가상각비를 산출하였다.

D.4 차입금 상환 가능성 검토

가. 담보 계획

(단위 : 백만원)

종별	소재지	수량	예상 가격	소유주	비고
대지	춘천시 효자동 100Y번지	39,000 ㎡	1,300	(주)대현	
건물	상동	4,500 ㎡	750	"	
시설	상동	용접봉 시설 외 기타	300	"	
합계			2,350		

나. 자금수지 예상 표

(단위: 백만 원)

총소요자금	조달계획	자금부족액
1,300	1,300	0

다. 차입금 상환 가능성 검토

계획의 총 소요자금은 운전자금 4억원을 포함하여 총 13억원이다. 그러나 분석하는 시점에서 이미 확보된 자금 및 담보를 바탕으로 확보 가능한 자금이 13억이 되므로 자금 부족은 발생하지 않는다. 더욱이 이 회사가 미국 ABC사의 한국 내 합작회사로서 이 사업 이전부터 긴밀한 영업 및 자본의 외자 제휴를 해오고 있으므로 자금상의 문제는 없을 것이다.

D.5 내부 수익률 검토(IRR)

본 사업 계획의 총체적인 수익률을 나타내는 내부 수익률(internal rate of return)은 38.4%로서 차입 기대 금액의 이자율(15%)을 초과하고 있어 본 계획 사업의 투자 타당성은 높은 것으로 판단된다.

D.6 사업추진 일정

계획년도 (월별)	2xx1									2xx2							
	4	5	6	7	8	9	10	11	12	1	2	3	4	5	6	7	8
1. 설계 의뢰																	
2. 건설업체 선정																	
3. 건설																	
4. 시설 1차설비																	
5. 1차 시험가동																	
6. main 설비 설치																	
7. main 설비 시험가동																	
8. 양산체제 도입																	
9. 외국기술자 철수																	
10. 개발 완료																	

PART 6

창업 초기의 경영과 네트워킹

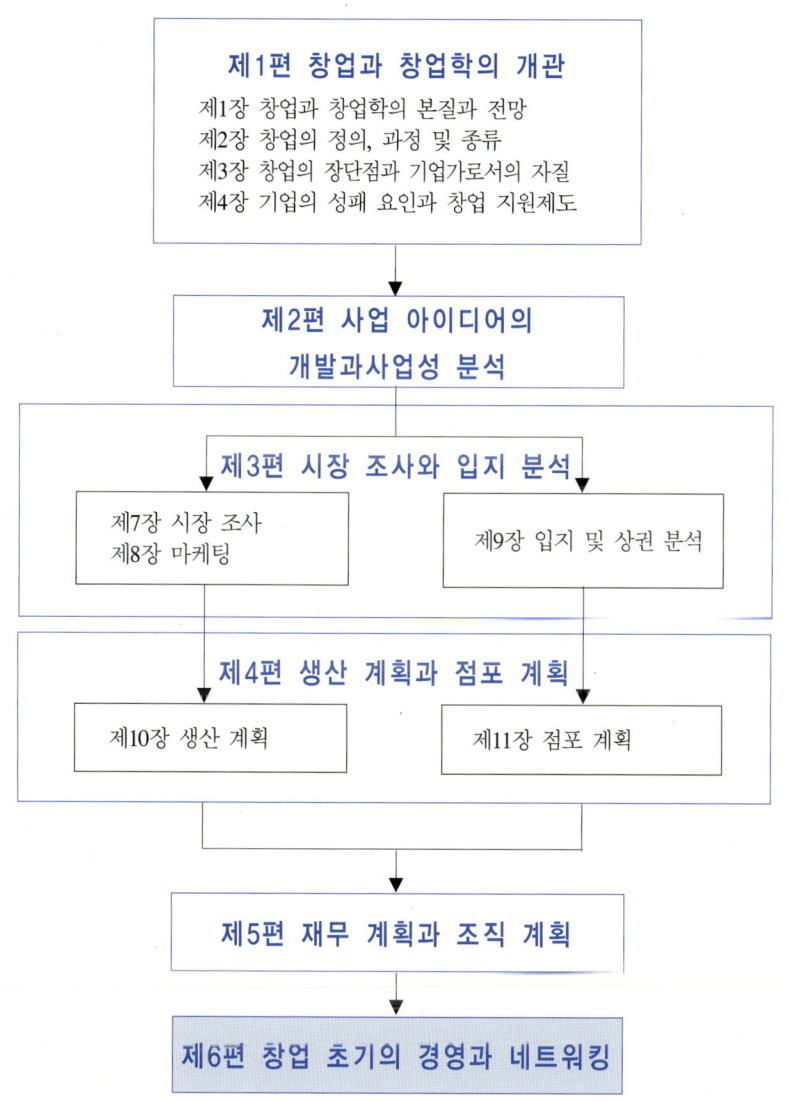

제 15 장

창업 초기의 경영

개 관

이 장에서는 창업 초기에 발생하는 상황을 분석하고 대응방안을 학습한다. 또, 투자의 회수, 코스닥 시장 등에 대해서도 공부한다.

학습목표

1. 창업 초기에 발생하는 상황들을 예측할 수 있다.
2. 창업 초기에 발생하는 상황들에 대하여 대응방안을 알고 실천할 수 있다.
3. 투자의 회수 방법을 안다.
4. 코스닥 시장에 대해서 안다.

주요용어

창업 초기에 발생하는 상황, 투자의 회수, Initial Public Offering, Management Buy-Out, Management Buy-In, 구주 매각, 합병, 코스닥 시장

사례 ▎휴렛 팩커드의 창업자 데이비드 팩커드와 빌 휴렛

　데이비드 팩커드(David Packard)는 변호사인 아버지와 고등학교 교사인 어머니 사이에서 1912년 미국 콜로라도주의 푸에블로에서 태어났다. 그는 어렸을 때부터 과학과 수학에 특별한 재능이 있었다. 그가 센테니얼 고등학교에 들어갈 때쯤에는 능숙한 라디오 기사가 되어 있었고 산 이사벨 라디오 클럽의 총무가 되기도 하였다. 그는 센테니얼 고등학교 2학년 때부터 운동을 하기 시작했는데 아버지의 변호사 사무실에서 근무하던 콜로라도 주립대학의 유명한 장애물 경기 선수였던 고든 앨로툿시로부터 배웠고 그가 나중에 상원의원으로 선출되어 회사에 큰 도움을 주었다.

　그는 운동을 아주 좋아했는데, 운동을 통해 배운 것들이 나중에 휴렛 팩커드를 경영하는 데 많은 도움이 되었다. 선수들 간의 팀워크가 매우 중요하다 것을 배웠다. 그리고 만약 선수들의 실력 수준과 팀워크가 비슷하다면 이기려는 의지가 강한 팀이 이긴다는 것도 배웠다.

　그래서 가장 능력 있는 사람을 고용하고, 팀워크의 중요성을 알게 하며, 이기도록 도와주는 것이다. 그가 스텐퍼드대학에 다니는 동안 학업 외에 운동에도 참여했고 또 학비를 보태기 위해 늘 바빴다. 그는 틈틈이 탄광이나 벽돌공장, 건설업체 같은 곳에서 일을 하며 학비를 보탰다. 미식축구를 4년간 했었는데 그 경험은 후에 성공적인 팀을 만드는 방법에 대한 그의 생각을 더욱 강화시켜 준 좋은 계기가 되었다.

　스탠퍼드대학에서 졸레드 터먼이란 젊은 교수를 알게 되었는데 1933년 봄에 터먼이 대학원에서 가르치는 라디오 엔지니어링 수업을 수강하게 되었고 그것이 휴렛 팩커드라는 회사를 세우는 계기가 되었다. 데이비드 팩커드는 1학년 때인 1930년에 빌 휴렛(Bill Hewlett)을 만났는데 빌 휴렛은 샌프란시스코에서 고등 교육을 받은 부모 밑에서 경제적으로도 풍족한 삶을 누리며 자랐다. 그 역시 어릴 때부터 호기심이 많았다. 그는 팩커드와 같이 폭발물 실험을 비롯한 많은 실험을 하면서 자랐다. 데이비드 팩커드와 빌 휴렛은 여행을 통하여 돈독한 우정을 갖게 되었고 상호 이해와 존중을 통해 반세기가 넘도록 사업을 성공적으로 이끌 수 있었다.

　스탠퍼드대학에서 학사과정을 마치고 데이비드는 제너럴 일렉트릭에서 일하게 되었고 빌은 MIT에서 석사학위를 받기 위해 공부를 계속했다. 데이비드는 제너럴 일렉트릭을 나와 터먼 교수의 주선으로 찰리 리튼의 리튼 엔지니어링 연구소에서 실험하게 되었고 제너럴 일렉트릭에서 일한 것을 학점으로 인정하여 스탠퍼드대학에서 일년만 더 공부하면 전자공학 석사가 될 수 있게 되었다.

1937년 8월 23일 빌 휴렛과 데이비드 팩커드는 팔로 알토에서 사업에 대한 첫 회의를 하였다. 논의한 생산품목은 고주파 수신기와 의료기구들이었다. 1938년 팔로 알토 에디슨가의 2층집에서 1층을 빌려 여기에 딸린 작은 차고에서 그들의 첫 작업실을 차렸다. 그리고 이 둘은 동전던지기를 통해 회사이름을 휴렛 팩커드라고 하였다. 그들의 첫번째 생산품은 음향 발진기였는데 이것은 통신, 지구 물리학, 의학, 그리고 국방산업에서 필요한 고질의 가청 주파수를 만들어 낼 수 있는 실용적이고 경제적인 제품이었다.

그들이 사업을 시작한 지 일 년 만에 총 매출액은 5,369달러에 달했고 순이익은 1,563달러를 기록했다. 사업은 계속해서 성장했다. 휴렛 팩커드 장비의 대부분이 군과 군수업체에 판매되기 때문에 1941년 진주만 공격에서부터 전쟁기간 동안 급성장할 수 있었다. 연간 매출액은 100만 달러로 늘어났고 전쟁이 끝날 무렵 회사의 직원 수는 200명에 달했다. 1943년에는 캘리포니아의 제조업체들 중에서 육해군이 주는 최우수상을 받는 세 업체 가운데 하나가 되었다.

전쟁이 시작되기 전부터 그들은 모든 직원들에게 인센티브 제도를 적용했다. 이 제도는 전쟁 중에 특히 유효했는데 법에 의해 임금 인상이 동결되었으나 전쟁 전에 세워진 제도는 유지할 수 있었다. 결과적으로 생산성이 크게 향상되었고 모든 직원들에게 돌아가는 보너스는 기본 급료의 85% 수준까지 올라갔다. 제2차 세계대전 동안 회사는 크게 성장하였다.

전쟁이 끝나자 거의 모든 사업체들과 마찬가지로 급격한 침체에 빠졌고 따라서 직원수도 줄었다. 하지만 우수한 인재들을 보유한 덕에 1950년에는 예전과 같은 200명으로 늘어났다. 1950년대 초반에 회사는 고속 성장을 했는데 이는 부분적으로 한국전쟁에 힘입은 바 크다.

2차 세계대전 후 터먼 교수와 함께 스탠퍼드공대 대학원생들이 휴렛 팩커드를 위해 제품을 연구하고 설계하며 또한 이를 만들도록 하기 위해 장학제도를 만들었다. 1954년에는 장학제도를 확대했고 기업과 대학 간의 우수 협동 프로그램(Honors Cooperative Program)을 도입했는데, 그 제도를 통해 휴렛 팩커드의 능력 있는 엔지니어들이 스탠퍼드대학에서 학위를 받을 수 있는 길이 열렸.

또한 1950년대 초에 스탠퍼드대학은 스탠퍼드 산업단지를 조성하여 지역 산업체들과의 관계를 돈독히 했다. 그리고 터먼 교수의 노력으로 스탠퍼드대는 팔로 알토의 캠퍼스에서 가까운 곳에 있는 579에이커의 학교 부지를 연구소와 사무실, 그리고 간단한 제조시설 등의 부지로 개발할 수 있도록 내놓았다. 휴렛 팩커드는 1956년 그 산업단지 내에 건물 두 동을 신축하여 산업단지 내에서 가장 규모가 큰 업체가 되었다. 1957년에는 휴렛 팩커드 주식이 처음으로 일반에게 공개되었다.

1960년대 들어서면서 컴퓨터의 수요가 증가하자 휴렛 팩커드는 탁상용 컴퓨터를 출품해 인기를 끌었다. 1970년대 초 미니 컴퓨터, 80년대 초 PC와 워크스테이션, 1984년에 레이져 프린터와 잉크젯 프린터 제품들을 계속해서 내놓았다. 휴렛 팩커드는 기존 업체와 중복하지 않는 새로운 제품으로 시장을 파고 들어간 다음 다른 업체가 따라오기 전에 다른 제품으로 옮겨가는 전략을 구사해 왔다.

휴렛 팩커드에서는 조직의 가치관과 회사의 목표를 가지고 있는데 이를 달성하기 위한 가이드라인을 주고, 주어진 회사 목표는 개개인이 조직 내에서 의사결정을 하는 데 기본 원칙으로 삼고 있다. 휴렛 팩커드는 조직의 가치관, 회사 목표, 그리고 전략 및 실행 방식을 합하여 HP Way라고 부른다. 휴렛 팩커드의 경영 전략 즉 HP Way는 항상 앞서가는 생각과 실천으로 타 회사의 경영 이념의 표준으로 늘 참고가 되고 있다.

한 단계 더 생각하기

✓ 휴렛과 팩커드는 사업 아이디어를 어떻게 구하였는가?
✓ 우리 나라에서도 HP와 같은 기업이 탄생하려면 어떠한 여건이 필요할까?
✓ 청년들을 위한 한국의 창업 여건과 미국의 그것을 비교해 보자.

15-1 창업 초기에 나타나는 상황과 대응 방안

15-1.1 개업 전의 마지막 점검

1) 창업을 결심하기 전에 한 번 더 생각한다

창업을 결심하기는 쉬워도 성공하기는 쉽지 않다. 창업 전에 한 번 더 생각하라는 말은 창업을 하지 말라는 것이 아니라 성공할 수 있는 조건이 모두 갖추어져 있는지를 검토하고 부족한 점을 보완하라는 뜻이다.

2) 개업을 서두르지 않는다

개업을 서두르는 이유는 많다. 예를 들면, 눈앞에 있는 기회를 놓치지 않기 위해서인 경우도 있고, 수입은 없이 비용만 나가는 것보다는 개업하여 수입을 발생시키려는 경우도 있을 것이다. 그러나 개업을 결행하는 것은 창업 결심과는 다르다. 일단 개업을 하면 많은 비용이 발생한다. 개업을 하면 되돌리기 어렵다. 개업한 후 사업을 포기할 때 발생하는 비용은 창업을 결심한 후에 마음을 바꾸어 포기할 때 발생하는 손실에 비하여 훨씬 크다. 개업을 하기 전에 사업의 위험을 줄이고 성공 가능성을 높일 수 있는 모든 노력을 해야 한다.

창업할 것으로 소문이 이미 나 있는데 이를 바꾸면 신뢰도가 떨어질까 걱정할는지 모른다. 그러나 신뢰도 하락으로 인하여 발생하는 손실은 무리한 개업으로 인하여 발생하는 비용보다 대부분 작을 것이다.

15-1.2 창업 초기의 상황과 대응 방안

1) 매출이 예상과 같이 오르지 않는다

초기의 매출이 예상과 같이 오르지 않는 경우에는 다음과 같은 사항을 점검하고 대응한다.

(1) STP 전략은 적질한가?

예를 들면, 값이 싸면 사람이 몰릴 것으로 예상했는데 반응이 신통치 않은 경우가 있다. 광보 부족이라고만 단정하지 말고 비즈니스 컨셉에 문제가 없는지를 검토해야 한다.

시장 세분화는 잘되었으며, 표적 시장을 잘 선택했는지도 점검한다. 예를 들어 보겠다. 교육공무원으로 근무하다가 사법고시에 합격하여 변호사 개업을 하였는데 손님이 전혀 오지를 않아 변호사 사무실 문을 닫고 잠적하였다는 신문기사를 본적이 있다. 이 신출내기 변호사는 법률서비스를 선택하는 소비자의 의사 결정 과정을 이해하지 못하고 표적 시장을 잘못 선택했다고 할 수 있다. 본인이 서비스할 수 있는 적합한 표적 시장을 선택하고 광고를 했어야 할 것이다.

(2) 가까운 사람을 고객으로 모신다.

대부분의 창업 기업의 초기 고객은 창업자와 인간관계를 가진 사람들이 중요한 역할을 한다. 개업 초기의 위기를 넘기는 데는 친척과 지인들의 지원이 중요하다. 자존심 때문에 못하겠다고 생각하면 안 된다. 인적 네트워크를 활용해야 한다.

(3) 판매 기술을 점검한다.

창업자는 친절하지만 고객을 사로잡아 매출로 성사시키는 기술이 부족할 수 있다. 판매원이 있는 경우는 충분한 판매 기술을 가지고 있는지도 확인해야 한다. 부족하면 교육을 받도록 해야 한다.

(4) 마케팅 전략을 점검하고 수정한다.

2) 품질에 문제가 있다

자신의 음식 솜씨만 믿고 사업 경험이 없이 음식점을 창업한 경우 음식의 맛이 소비자의 기대에 못 미치는 경우가 품질의 문제이다. 세계 정상의 제조 기업들도 제품의 품질 불량은 피할 수 없이 발생한다(예, 자동차의 리콜). 커피점의 종업원의 인상이 좋지 않아 실패할 수도 있다(서비스업에서는 고객이 느끼는 종업원의 인상도 (서비스)품질로 볼 수 있다).

(1) 고객의 반응에 주의를 기울인다.

고객의 미세한 반응에까지 신경을 써서 품질을 개선하도록 해야 한다.

(2) 전문가의 도움을 얻는다.

품질 불량으로 인한 상황이 발생하면 창업자가 스스로 또는 종업원의 노력으로 해결한다고 시간을 낭비하면 안 된다. 이들은 이미 최선을 다하고 있지만 품질 불량이 발생한 것이다. 그러므로 외부 전문가의 도움을 받는 것이 좋다.

3) 자금이 부족하다.

매출이 제대로 이루어지지 않으면 자금 부족이 심각해진다. 사업을 너무 낙관적으로 예측했을 수도 있다.

(1) 지출을 줄인다.

개업 접객이라 하여 과다한 지출을 하는 경우도 있다. 이런 비용은 줄여야 한다. 개인 지출도 줄인다. 수도요금, 전기요금, 각종 소모품비도 줄인다. 종업원 급여에서도 상여금은 연기한다. 광고도 줄이고 몸으로 때우는 방법은 찾아본다. 원자재도 외상으로 매입한다. 종이 한 장, 물 한 방울도 아끼는 것을 실천해야 한다. 위기를 기회로 활용한다. 가족을 동원하고 종업원의 수를 줄인다.

(2) 가까운 사람으로부터 자금을 구하도록 미리 노력한다.

4) 종업원이 문제가 되는 경우

(1) 개인적으로 만나서 조용히 타이른다. 사람이 많은 곳에서 창피를 주면 안 된다.
(2) 교육을 시킨다. 내부에서 교육을 시키거나 외부 교육을 받도록 한다.
(3) 해고한다. 법률로 정한 범위 내에서 말썽이 나지 않게 해고한다.

15-2 투자의 수확

1) 수익의 배당

개인 기업인 경우는 사업에서 발생하는 수익을 창업자가 자연스럽게 취득한다. 공동 사업인 경우는 약정에 따라 수익을 배당한다. 또, 주식회사인 경우도 이사회의 결의에 따라 배당한다.

2) 기업의 공개

(1) 최초 공모주 발행(Initial Public Offering, IPO)

증권 시장에서 공모주를 발행하는 것을 기업의 공개라고 한다. IPO를 통하여 기업에 새로운 자금을 유입시키는 것이다. 공모주의 가격이 초기 주식의 액면가보다 높으면 초기 주식의 소유자는 자본 이득(capital gain)을 실현할 수 있게 된 것이다. 예들 들면, 액면가 10,000 원/주의 주식이 주식시장에서 20,000 원/주에 10,000 주가 판매되면 기업에 1억원이 유입되는 것이다. 초기 발행 주식을 보유하고 있는 사람은 자본이득이 10,000 원/주가 되는 것이다. 미국의 벤처 캐피탈은 투자 후 3-4 년 후에 기업을 공개하는 것을 목표로 한다고 한다.

(2) 구주 매각(Secondary Sales)

창업자나 초기 투자자가 소유 주식의 일부를 새로운 투자자에게 매각하는 것이다. 초기 투자 액면가와 같은 가격보다 높은 가격으로 매각한다면 자본이득을 실현하는 것이다. 예를 들면, 초기에 발행한 액면가 10,000 원/주의 주식을 사업의 성장하고 수익을 많이 낼 것이라는 기대 하에 30,000 원/주에 매각한다면 주당 20,000 원의 자본이득을 실현한 것이다. 만약 주당 자본이득이 20,000 원인 경우 3,000 주를 매각하였다면 자본이득은 600,000 원이 실현되는 것이다.

3) 지분 매각

(1) MBO(Management Buy-Out)

창업자가 기존의 동업자나 주요 경영자에게 자신의 지분을 매각하는 것을 말한다. 예를 들면, 창업자가 액면가 10,000 원/주인 주식을 30,000 원/주에 매각한다면 주당 20,000 원의 자본이득을 실현한 것이다. 만약 주당 자본이득이 20,000 원인 경우 3,000 주를 매각하였다면 자본이득은 600,000 원이 실현되는 것이다.

(2) MBI(Management Buy-In)

기업을 인수할 때 기업의 임원만으로 대상 기업을 모두 인수할 수 없으면 외부 인사로 하여금 주식을 매입하게 하고 새로운 경영진을 참여시키는 방식이다.

4) 기업의 매각

기업 전체를 대기업 등에 매각하게 되면 투자 자본과 자본이득을 실현할 수 있다. 이 방법은 기업의 공개, 상장 등의 과정을 거치지 않고 일시에 많은 현금을 확보할 수 있다는 장점이 있다.

5) 기업의 합병

합병(merge)는 두 개 이상의 기업이 하나로 합해지는 것을 말한다. 기술과 경영의 결합, 원자재와 기술의 결합, 마케팅과 제품의 결합 등을 통하여 시너지 효과를 얻기 위해 합병이 이루어진다. 합병의 결과로 투자 자본을 회수하고 자본이득도 얻을 수 있다.

6) 지분의 재매수

지분의 재매수(Buy-Back)란 기업이 공개되지 않았을 때 초기 투자금액에 일정한 이윤을 붙여서 다시 매수하는 것을 말한다.

15-3 코스닥 증권 시장

1) 코스닥 증권 시장

코스닥 증권 시장(KOSDAQ Stock Market)은 한국증권협회에 등록된 유가증권을 (주)코스닥증권 시장의 중개를 통하여 거래하는 시장을 말한다. KOSDAQ은 Korea Securities Dealers Automated Quotation의 약자로서 미국의 NASDAQ(National Association of Securities Dealers Automated Quotation을 벤치마킹하여 만들어진 증권 시장이다.

코스닥시장은 중소기업과 벤처 기업이 직접 금융을 할 수 있도록 1996년 7월에 장외거래 시장으로 개설되었다. 1998년 10월 12일에 코스닥위원회를 신설하여 시장의 운영과 감독을 분리하였다.

2) 코스닥 등록 기업의 혜택

코스닥 등록 기업은 주식 발행, 이익 배당, 사채 발행 등에 있어서 여러 가지 특례를 만들어 혜택을 주고 있다[자세한 내용은 송종호(2000) 참조]. 이것은 벤처 기업을 육성하기 위한 것이다.

3) 코스닥 등록 요건과 절차

코스닥시장에 등록하기 위해서는 일정한 요건과 절차를 거쳐야 한다. 세부 사항은 너무나 전문적인 내용이므로 생략한다. 자세한 내용은 송종호(2000) 참조하기 바란다. 창업자가 코스닥시장에 등록하기 위해서는 전문가의 도움이 필요하므로 처음부터 코스닥 등록에 대한 자세한 내용은 학습할 필요가 적다.

15-4 복습

↘→↗→ 요점 정리

1. 창업 초기에 발생하는 문제로는 매출부진, 품질 불량, 자금부족, 종업원 부적응 등이 있다.
2. 투자를 수확하는 방법으로는 주식에 대한 배당, 기업공개, 지분매각, 기업의 매각, 기업의 합병 등이 있다.
3. 코스닥 증권 시장에 등록하면 주식발행, 사채발행 등 여러 가지 혜택을 볼 수 있다. 하지만 등록조건은 엄격하다.
4. 네트워킹의 대상으로는 (1) 가족 및 친척, (2) 동문회, (3) 업계 인사, (4) 전문가 집단, (5) 친목회, (6) 유관 기관 인사 등이 있다.

↘→↗→ 주요 용어

Initial Public Offering(IPO) 최초 공모주 발행
최초의 공모주를 발행하는 것.

자본 이득(capital gain)
공모주의 가격이 초기 주식의 액면가보다 높을 때 얻는 이득. 벤처 캐피탈은 투자 후 3-4년 후에 기업을 공개하는 것을 목표로 함.

구주 매각(Secondary Sales)
창업자나 초기 투자자가 소유 주식의 일부를 새로운 투자자에게 매각하는 것. 초기 투자 액면가와 같은 가격보다 높은 가격으로 매각한다면 자본이득을 실현.

MBO(Management Buy-Out)
창업자가 기존의 동업자나 주요 경영자에게 자신의 지분을 매각하는 것.

MBI(Management Buy-In)
기업을 인수할 때 기업의 임원만으로 대상 기업을 모두 인수할 수 없으면 외부 인사로 하여금 주식을 매입하게 하고 새로운 경영진으로 참여시키는 방식

기업의 매각
기업 전체를 대기업 등에 매각하면 기업의 공개, 상장 등의 과정을 거치지 않고 일시에 많은 현금(투자금과 이득)을 확보할 수 있다는 장점이 있다.

기업의 합병
합병(merge)는 두 개 이상의 기업이 하나로 합해지는 것을 말한다. 기술과 경영의 결합, 원자재와 기술의 결합, 마케팅과 제품의 결합 등을 통하여 시너지 효과를 얻기 위해 합병이 이루어진다. 합병의 결과로 투자자본을 회수하고 자본이득도 얻을 수 있다.

지분의 재매수
지분의 재매수(Buy-Back)란 기업이 공개되지 않았을 때 초기 투자금액에 일정한 이윤을 붙여서 다시 매수하는 것을 말한다.

코스닥 증권 시장

KOSDAQ(코스닥 증권 시장) : Korea Securities Dealers Automated Quotation

NASDAQ(미국의 장외 주식시장) : National Association of Securities Dealers Automated Quotation, 1971년에 시작

코스닥 증권 시장 : 한국증권협회에 등록된 유가증권을 거래하는 시장

중소기업과 벤처 기업을 위한 주식시장, 중소기업과 벤처기업이 직접 금융을 통하여 자본을 조달할 수 있는 시장. 1996년 7월에 장외거래 시장으로 개설, 1998년 10월 12일에 분리.

복습 문제

1. 창업 초기에는 어떤 상황들이 발생할 수 있는가?
2. 창업 초기에 발생하는 상황들에 대응 방안에 대하여 말하라.
3. 투자의 회수 방법에는 어떤 것들이 있는가?
4. 코스닥시장에 대해서 설명하라.
5. 다음 용어들을 설명하라.
   Initial Public Offering, Management Buy-Out, Management Buy-In
   구주 매각, 합병, 코스닥

연구 및 실습 과제

1. 학습자가 창업하려는 기업에 있어서 창업 초기의 문제점은 무엇일까? 말하여 보라.
2. 과제 1에서 제기한 문제점에 대한 대비 및 해결 방안은 무엇이겠는가를 말하여 보라.

참고 웹사이트

www.sbdc.or.kr
www.smba.go.kr
www.sbc.or.kr
www.entrepreneur.com
www.allbusiness.com
www.mysmallbiz.com
www.business-idea.com
www.coolbusinessideas.com
www.zeromillion.com

제 16 장

네트워킹과 아웃소싱

개 관

　제 16장에서는 기업의 창업과 경영에서 네트워킹과 아웃소싱의 중요성을 인식하고 이들을 실제로 행하는 요령을 학습한다. 네트워킹의 대상이 되는 사람과 조직은 어떤 것들이 있는가에 대해서 소개한다. 아웃소싱의 대상 업무, 형태, 효과 등에 대해서도 학습한다.

학습목표

1. 네트워킹의 중요성을 인식한다.
2. 네트워킹의 대상을 안다.
3. 네트워킹 시 주의할 점을 안다.
4. 아웃소싱의 장단점을 안다.
5. 아웃소싱의 대상 업무를 안다.
6. 아웃소싱의 과정 및 효과를 이해한다.

주요용어

　네트워킹의 중요성, 네트워킹의 대상, 네트워킹 시 주의점, 아웃소싱의 장단점, 아웃소싱의 대상 업무, 아웃소싱의 과정, 아웃소싱의 효과

사 례 **한국창업학회를 설립한 박춘엽[1)]**

"창의력이 창업 성공률 높인다"

"실업에다 경기 침체까지 겹치면서 창업에 대한 관심이 무척 높아진 요즘이야말로 반드시 필요한 게 하나 있죠. 바로 창업 자체를 하나의 중요한 사회현상으로 보고, 진지한 학문 연구의 영역으로 끌어들이는 일 말입니다." 30년 가까이 창업이라는 화두 하나만을 꽉 부여잡고 고집스레 외길을 걸어온 동국대 산업공학과 박춘엽 교수가 또박또박 내뱉는 말 한 마디 한 마디에 안타까움이 진하게 묻어 나왔다. "누가 뭐라 해도 대부분의 사람들에게 창업이란 여전히 실패확률이 높은, 하나의 도전입니다. 실패확률을 줄이기 위해서라도 창업에 대한 진지한 연구를 피해갈 수 없는 것 아닌가요?"

최근 그에게는 오랜 꿈을 조금이나마 실현할 수 있는 기회가 찾아들었다. 그가 이리 저리 발품을 팔면서 사람들을 설득한 끝에 '한국창업학회'가 세상에 태어나게 된 것이다. 교수, 변호사, 회계사, 기업인은 물론, 창업에 관심을 가진 일반인 등 모두 80명 가량이 창립총회장을 찾았다. 그 날 그는 초대 회장이란 감투까지 떠안고야 말았다.

"사실 제가 우리나라에서 창업 연구에 관한 한 원조격이거든요." 박 교수는 잠시 『중소기업 창업과 사업성 분석』이란 제목의 책을 펴냈던 17년 전으로 얘기를 이끌었다. "모두들 '도대체 어느 누가 창업을 책으로 배우냐'며 비웃고들 난리였죠." 애써 공들여 책을 출판하기 위해 이리저리 출판사를 수소문하고 돌아다녔지만 매번 퇴짜만 맞고 돌아설 수밖에 없었다. 하지만 끝내 자비출판이라는 '사고'를 저지르고만 그의 고집이 빛을 발하게 되기까진 그리 길지 않은 시간이었다. 86년 경제분야 베스트셀러에 그의 이름이 올랐기 때문이다.

"'창업학'이란 기업의 창업뿐 아니라 기업과 사회의 모든 영역에서 일어나는 혁신과 가치 창출을 다루는 학문영역입니다." 그만큼 그의 머리 속엔 많은 세부 분야들이 '창업학'이란 이름으로 한데 포개져 있다. 그가 굳이 Entrepreneurship이란 영어 단어를 고집스레 '창업'으로 번역하는 이유도 여기 숨어 있다. "창업이란 단지 '기업가정신'으로 한정될 수 있는 게 아니에요. 사회 전반에 걸쳐 창의력을 향상시키고 새로운 가치를 창출해 내려는 태도, 활동, 분위기 모두를 끌어안는 개념이지요." 그의 얘기는 계속됐다. "요즘 우리 나라에서도 학교에서 창업교육을 한다고 난리잖아요. 무조건 창업으로 내모는 분위기가 형성되면 큰일납니다. 실패확률이 그만큼 높아지죠. 창의력을 높이는 게 바로 창업교육의 핵심이 되어야 합니다."

최우성 기자 (morgen@economy21.co.kr)
Economy21, 2003년 7월 8일자.

한 단계 더 생각하기
✓ 창업학 연구의 사회적 가치는 무엇일까?
✓ 창업학 연구자들의 사회적 기여는 무엇일까?
✓ 창업학 연구를 촉진하려면 어떻게 해야 할까?

---

1) 이 내용은 필자(박춘엽, 당시 동국대학교 산업공학과 교수)의 한국창업학회 초대 회장 취임을 기념하여 Economy21의 최우싱 기자가 인터뷰한 내용을 "창의력이 창업 성공률 높인다"는 제목으로 게재(2003년 7월 8일)한 것이다. 필자는 한국창업학회 설립에 협조하고 참여해 준 여러 교수님들과 전문가님들에게 감사드립니다. 그리고 한국창업학회를 계속하여 발전시키기 위하여 애써 주신 학회의 임원들과 회원들에게도 감사의 말씀을 드립니다.

16-3 네트워킹

1) 네트워킹이란?

네트워크란 본래 그물망이라는 뜻으로 '사물이 그물 모양으로 얽힘'을 의미한다. 여기서 네트워킹이란 비슷한 관심이나 흥미가 있는 사람들의 비형식적인 관계 유지나 도움을 주는 관계 등을 의미하기도 한다. 예를 들면, "컴퓨터 네트워크", "자립부양 네트워크", "전문가 네트워크" "네트워크 마케팅" 등의 용어가 있다. 네트워킹은 네트워크로 만들기라는 뜻을 가진다.

효율적인 네트워킹은 그 규모가 크든지 작든지 성공적인 사업을 위한 핵심 요소이다. 효율적인 네트워크의 시너지효과는 에너지를 창출하는 힘이지만 비효율적인 네트워킹은 시간 낭비만을 유발시킬 수도 있다.

2) 네트워크의 기능

(1) 정보의 원천

인적 네트워크는 사업에 필요한 정보의 원천이다. 네트워크를 통하여 사업에 필요한 정보를 수집할 수 있다. 네트워크를 통하여 수집되는 정보는 신문이나 방송 매체에서 나오는 정보와는 달리 경쟁력의 원천이 될 수 있다. 이러한 정보를 네트워크에 참여하는 사람들의 경험으로부터 얻을 수 있다. 다른 사람들에게서 성공으로 이끌었던 실천 방안들을 우리 사업의 영역에 적용시킬 수도 있다.

(2) 홍보의 수단

네트워크는 제품과 서비스에 관한 정보를 확산시키는 좋은 매체 시스템이다. 특히, 홈 비즈니스와 같이 소규모 사업의 경우 네트워크는 큰 홍보의 수단이 될 수 있다. 네트워크는 새로운 기회를 포착할 수 있게 해 주며 네트워크를 통한 제3자와의 접촉은 구두로 이루어지는 가장 강력한 광고의 한 형태이며 홍보 활동이기도 하다. 신뢰할 만 한 제3자로 하여금 우리의 사업을 홍보하도록 하는 것은 매우 흥미로울 뿐 아니라 새로운 사업 기회를 마련하게 할 것이다.

16-2 네트워킹 대상

네트워킹에 포함시킬 수 있는 대상은 다음과 같다.
(1) 가족 및 친척
　　① 친족 : 부모, 형, 누나, 아우
　　② 백부모 : 사촌
　　③ 숙부모 : 사촌
　　④ 이모와 이모부 : 이종 사촌
　　⑤ 고모와 고모부 : 고종 사촌
(2) 동문회
　　① 초등학교 동문
　　② 중학교 동문
　　③ 고등학교 동문
　　④ 대학교 동문회
　　⑤ 대학교 같은 학과 동문
　　⑥ 해외 유학 친구
　　⑦ 연수 동기
(3) 업계
　　① 동업자 협회
　　② 동업자 조합
　　③ 관련 업계 협회
　　④ 관련 업계 조합
(4) 전문가 집단
　　① 전문가회
　　② 학회
(5) 친목회
　　① 업계 친목회
　　② 동호회
　　③ 골프회

④ 등산회

⑤ 낚시회

⑥ 후원회

(6) 유관 기관

① 관계

② 정부기관(중소기업청 등)

③ 소상공인 지원센터

④ 연구소

⑤ 지방자치단체

(7) 봉사활동 : 양로원 봉사회, 고아원 봉사회, 장애인 봉사회

(8) 전 직장 친구

(9) 향우회

(10) 종교 활동 : 교회, 성당, 사찰,

(11) 언론계

(12) 재계

(13) 법조계

(14) NGO

16-3 네트워킹 시 주의점

(1) 확실한 목표를 설정한다

네트워킹을 하는 이유와 필요성을 따져보고 네트워크의 목표를 설정할 필요가 있다. 모든 사람이 사업에 필요한 정보를 가지고 있는 것은 아니다.

(2) 계획적 접근이 필요하다

네트워크를 효율적으로 이용하기 위해서는 계획적 접근이 필요하다. 예를 들면, 언제 어떻게 함으로써 최대의 효과를 얻을 수 있는지를 따져보고 계획하고 실천해야 한다. 홈 비즈니스의 경우 이러한 목적은 운영의 효율성 향상이나 사업 목표와 일맥상통하는 새로운 영업기회 등과 관계가 있다.

(3) 호혜적이어야 한다

네트워킹에서 보상을 받기 위해서는 먼저 베풀어야 한다. 먼저 베푸는 사람이 더 많이 얻는다. 자기 자신만의 이익을 위해서만 활동한다면 다른 구성원들이 혐오하고 경계하게 될 것이다.

(4) 자신이 유용한 사람임을 보인다

호혜적인 정보 교류를 위해서는 자신이 유용한 사람이 되어야 하고 그것을 나타내야 할 것이다.

(5) 네트워킹은 목적을 위한 수단이지, 목적 그 자체가 아니다

목적을 위한 수단으로써 네트워킹은 개인적인 혹은 사업상의 목적을 달성하기 위하여 사용할 수 있는 전략이다.

(6) 미래를 위한 투자를 한다

지금 당장은 유용하지 않은 정보라 하더라도 그것은 미래에 달라질 수도 있다. 우연한 교류가 뜻하지 않는 기회로 발전할 수도 있다. 예를 들면, 예술가와의 만남이나 세일즈맨이나 다른 사람과의 만남이 새로운 기회로 연결될 수 있다.

(7) 네트워킹은 지속적으로 해야 한다

정보는 역동적이며 끊임없이 변화한다. 최신의 정보와 접하려면 끊임없이 네트워킹을 계속해야 한다. 사업을 좀더 성공적으로 운영하고 고객에게 더 나은 서비스를 제공하기 위해서 최신의 정보를 많이 가지고 이를 다른 사람들과 공유해야 한다.

(8) 이질적인 집단과의 네트워킹도 중요하다

새로운 집단에 속하여 교류하면 새로운 기회를 만들거나 새로운 제품, 서비스, 판매 방식 등을 개발하는 동기를 부여할 수 있다. 이 업종 교류라는 것도 이와 같은 원리에서 수행되는 것이다.

(9) 지속적인 관리가 필요하다

네트워크를 유사 시에 활용하기 위해서는 지속적인 관리가 필요하다.

16-4 아웃소싱

1) 아웃소싱이란?

아웃소싱(outsourcing)은 조직 내부 활동 또는 기능의 일부를 전문화된 조직 외부의 업체에 외주하여 처리하는 경영 기법이다. 즉, 자사의 업무 프로세스의 일부 또는 전부를 외부 기업에 위탁함으로써 자사가 추구하는 핵심역량의 개발에 전념하여 지속적인 경쟁우위를 획득하는 전략 유형이다.

2) 아웃소싱하는 이유

  (1) 효율 증대
  (2) 경영의 안정화
  (3) 전문 서비스 활용
  (4) 품질 생산성 향상
  (5) 판매 증대
  (6) 사업의 영역 확대

3) 아웃소싱의 장점

  (1) 비용이 절감될 수 있다.
  (2) 전문성이 높다.
  (3) 신속하고 납기를 만족시킨다.
  (4) 업무가 종료되면 계약이 해지된다.
  (5) 사내의 적은 종사자만 가지고도 많은 일을 할 수 있다.

4) 아웃소싱의 단점

  (1) 기업의 기밀이 누출된다.
  (2) 원하는 시간 내에 수행되지 못하는 경우가 발생한다.
  (3) 통제가 어려워진다.

5) 아웃소싱의 대상 업무

생산, 개발, 판매, 마케팅, 광고, 정보 수집과 분석, 법무, 회계, 세무, 배달, 고객 상담, 전화 받기 등 모든 업무가 아웃소싱의 대상이 될 수 있다.

6) 아웃소싱의 형태

아웃소싱은 전문인력 활용과 협력회사 활용으로 나누어 생각해 볼 수 있다.

(1) 전문인력 활용

고문, 자문, 촉탁, 파트 타이머 등은 1년 단위로 계약을 체결하게 되고, 프리랜서는 프로젝트 기간에 따라 계약기간 등을 결정하여 활용하고 있다.

(2) 협력회사 활용

① 업무 위임의 경우

수행 직무의 산출물을 수치화·계량화하기는 어려우나 직무 한계를 특정하여 위탁할 수 있는 범위 내에서 업무 위임 계약에 따라 협력 회사가 계약을 이행한 경우 대가를 협력회사에 지급하는 방식이다.

② 업무 도급의 경우

수행 직무의 산출물을 계량화하거나 산정할 수 있는 직무에 대해서는 업무 도급 계약을 체결하여 계약조건에 따라 정해진 기간에 완성된 경우 대가를 협력회사에 지급하는 방식이다.

16-5 아웃소싱 과정 및 효과

(1) 아웃소싱의 필요성 파악

아웃소싱을 도입하려 할 때는 가장 먼저 왜 아웃소싱을 하려고 하는지에 대한 충분한 검토가 선행되어야 한다. 아웃소싱은 핵심 업무와 핵심 역량(core competency)이 무엇인지를 파악하여 그 외의 분야는 외부 전문업체에 의뢰하거나 외부 조달함으로써 그 조직의 모든 힘을 핵심 역량 한 곳에 집중하도록 하기 위해 실시한다. 따라서 아웃소싱을 추진하기 위한 필수 조건으로는 조직의 핵심 업무는 무엇이며 그 업무를 가장 차별화하여 경쟁력 있게 수행하기 위한 핵심 역량은 무엇인지에 대한 정확한 인식이 먼저 필요하다. 이를 잘못 파악하여 경쟁력도 없고, 핵심 역량도 아닌 분야에 지속적으로 투자를 하여 자원을 낭비하는 경우를 흔히 볼 수 있다.

(2) 목표 설정

아웃소싱의 목표를 명확히 설정해야 한다는 것이다. 목표가 어떻게 설정되느냐에 따라 구체적인 아웃소싱 영역과 실행 전략이 결정된다. 따라서 명확한 목표를 가지고 아웃소싱 전략을 수립하는 것이 그 무엇보다 중요하다.

(3) 아웃소싱 분야 설정

아웃소싱에 대한 목표가 설정된 후에는 내부적으로 수행할 부분이 무엇이고 외부에 아웃소싱 해야 할 부분이 무엇인지를 결정해야 한다. 즉, 아웃소싱의 대상, 영역에 대한 결정이 이루어져야 한다.

(4) 아웃소싱 시장 조사 및 업체 선정

체계적인 외주업체 선정 및 계약은 아웃소싱 성패의 가장 큰 요인이라 할 수 있다. 이 과정에서 서비스를 공급하는 외부업체와 보다 깊이 있고 원만한 관계를 형성함으로써 자기 보호를 하지 않으면 안 된다.

여기서 유의할 점은 단지 서비스를 주고받는 일이 아니라 두 당사자 간에 장기적인 관계가 다져지도록 하는 일이다. 이를 효과적으로 수행하기 위해서는 공급자의 선정과 계약 등을 세심하게 계획하여 실시할 필요가 있다. 철저한 검토를 통한 공급자의 선정과 계약은 공급자 간의 경쟁을 유발하여 제공되는 서비스의 질을 제고시킬 수 있다. 또한 외부 공급자에 대한 통제력 등을 강화하기 위해서는 계약기간 등 너무 길게 하는 것은 바람직하지 않다. 특히 정보기술과 같이 발전 속도가 매우 빠른 것을 아웃소싱 할 때 지나치게 장기간 계약하는 것은 계약 만료 이전에 구식이 된 서비스로 구애받게 될 가능성이 있다.

(5) 아웃소싱 계약 체결

아웃소싱이 효과적으로 활용되기 위해서는 철저한 사전 준비와 구체적인 실행 계획 등이 요구된다. 아웃소싱을 할 때 고려해야 할 사항들은 여러 가지가 있을 수 있으나 무엇보다 중요한 외주업체 선정 및 계약 시의 주의점, 아웃소싱 실행 시의 내부 제약 요소의 극복에 있다.

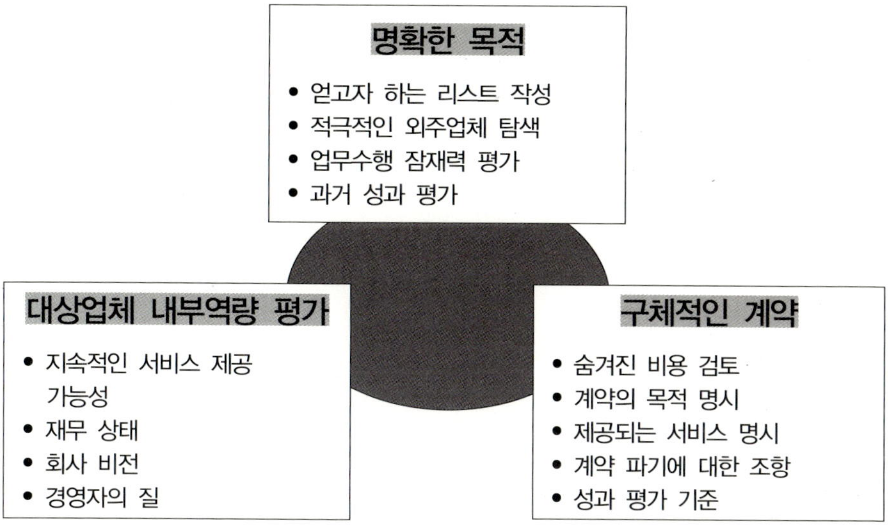

```
        ┌─────────────────────────┐
        │      명확한 목적         │
        │ • 얻고자 하는 리스트 작성 │
        │ • 적극적인 외주업체 탐색  │
        │ • 업무수행 잠재력 평가   │
        │ • 과거 성과 평가         │
        └─────────────────────────┘
```

┌─────────────────────────┐   ┌─────────────────────────┐
│   대상업체 내부역량 평가 │   │   구체적인 계약   │
│ • 지속적인 서비스 제공   │   │ • 숨겨진 비용 검토   │
│   가능성   │   │ • 계약의 목적 명시   │
│ • 재무 상태   │   │ • 제공되는 서비스 명시   │
│ • 회사 비전   │   │ • 계약 파기에 대한 조항 │
│ • 경영자의 질   │   │ • 성과 평가 기준   │
└─────────────────────────┘   └─────────────────────────┘

그림 16.1 성공적인 외부업체 선정 및 계약

(6) 아웃소싱 실시

아웃소싱을 하는 과정을 유의하여 관찰하고 소기의 목표가 달성되는지를 평가하고 조정한다.

2) 아웃소싱 시의 유의점

(1) 아웃소싱에 의존함으로써 우리의 핵심기술을 상실할 수도 있다는 점 등을 고려하여야 한다.
(2) 우리는 아웃소싱을 함에 따라 기업 각각의 기능별 분야 간의 밀접한 상호협력 관계를 잃지 않도록 유의하여야 할 것이다.
(3) 아웃소싱에 너무 의존함으로써 부품 공급업체에 대한 통제를 상실할 수도 있다는 점 등을 고려하여야 한다.

3) 아웃소싱의 효과

아웃소싱을 실시함으로써 나타나는 효과로는 다음과 같다.

(1) 경쟁력 강화와 생산성 제고
(2) 자원 확보의 한계 극복
(3) 가치관 변화에 대한 대응
(4) 고정 비용의 가변 비용화

4) 아웃소싱의 문제점

(1) 조화와 상생관계유지
(2) 합리적 용역료 설계
(3) 정보 교환 및 보안
(4) 제도 및 법률 보완

16-6 복습

요점 정리

1. 인적 네트워크의 기능은 정보의 원천, 홍보의 수단 등이다.
2. 인적 네트워크의 대상으로는 (1) 가족 및 친척, (2) 동문회, (3) 업계 인사, (4) 전문가 집단, (5) 친목회, (6) 유관 기관 인사 등이 있다.
3. 인적 네트워킹 시 주의할 점은 목표 설정, 계획적 접근, 호혜적 결과, 자신의 가치 상승, 미래적 가치, 지속성, 이질적 집단과의 네트워킹 등이다.
4. 아웃 소싱의 형태로는 전문인력 활용, 협력회사 활용 등이 있다.

주요 용어

네트워킹(Networking)
사물이 그물 모양으로 얽힘.

아웃소싱(Outsourcing)
조직의 운영에 필요한 물적, 인적 자원을 외부로부터 조달한다는 뜻.

↘→↗→ **복습 문제**

1. 네트워킹은 왜 중요한가?
2. 네트워킹의 대상 업무는 무엇인가?
3. 네트워킹 시 주의할 점은 무엇인가?
4. 아웃소싱의 장단점은 무엇인가?
5. 아웃소싱의 대상 업무는 무엇인가?
6. 아웃소싱의 과정 및 효과를 설명하라.

↘→↗→ **연구 및 실습 과제**

1. 학습자의 인적 네트워크에 대하여 스스로 평가해 보라.
2. 자신의 인적 네트워크를 개선하려면 무엇을 어떻게 하겠는가를 정리해 보라.

↘→↗→ **참고 웹사이트**

www.entrepreneur.com
www.allbusiness.com
www.mysmallbiz.com
www.business-idea.com
www.coolbusinessideas.com
www.zeromillion.com

참고 문헌 및 추천 도서

참고 문헌 및 추천 도서

김동환, 홍성도(2001), 『벤처기업 M&A』, 무역경영사.
김석태, 염정호, 박춘엽(2003), "청년실업 현황과 해소 방안," 한국창업학회 2003년 추계 정책토론회 및 학술논문발표회논문집(2003. 12. 6., 한국방송통신대학교), pp. 16-30.
박영수, 김청열, 이재맹(2002), 『창업경영과 세금』, (개정초판) 학현사.
박영숙(2003), "소자본 창업 성공전략," 『중구논단』, 제8집
박춘엽(1985), "한국의 중소기업 창업지원체계의 분석" 『중소기업연구』, 제11집, pp. 83-115.
박춘엽(1986), 『중소기업 창업과 사업성 분석』, 진선.
박춘엽(1991), 『중소기업 창업과 사업성 분석』, 경문사.
박춘엽, 김종진(2011), 『중소기업경영론』, 개정판, 한국방송통신대학 출판부.
박춘엽, 양갑모(1998), 『소매점 창업과 사업성 분석』, 도서출판 스몰비즈니스.
박춘엽, 정수원, 김종진, 정월순, 김정대(2003), 『홈비즈니스 창업과 경영 매뉴얼』, 중소기업청.
박춘엽(1997), "한국중소기업의 역할변동," 동국대학교 일본학 연구소, 『일본학』, 제16집, pp. 98-119.
박춘엽(1998a), "소상공인 발전 센터 설치의 이론적 배경," 『중소기업연구』, 제20권, 제2호, pp. 193-208.
박춘엽(1998b), "가칭 '소상공인 지원센터' 설립을 위한 세안," 새정치 국민회의 정책위원회(34회 정책토론회)에서 발표(1998년 7월 16일, 국회의원회관 소회의실).
박춘엽(1999a), "미국의 SDBC와 한국의 소상공인지원센터의 비교," 『중소기업연구』, 제21권, 제2호, pp. 235-255.
박춘엽 외 (1999b), "2000년 이후의 소상공인지원센터 발전방안," 중소기업청(연구보고서).
박춘엽(2000a), "소상공인지원센터의 이용자의 만족도 연구," 『중소기업연구』, 제22권, 제1호, 169-194.
박춘엽, 이승영, 전병찬, 최용록, 정수원, 김정대 외 (2000b), 『소상공인 창업자금

지원제도 개선방안』, 중소기업청에 제출한 연구보고서.

박춘엽(2001a), "소상공인 지원자금 이용자의 만족도 연구," 『중소기업연구』, 23권, 제2호, 211-235.

박춘엽(2001b), "소상공인 자금지원제도의 개선방안," 『중소기업연구』, 23권, 제3호, 77-95

박춘엽(2003), "해외의 창업 연구 및 교육동향과 한국의 좌표," 『한국창업학회 창립 기념논문집』, pp. 1-22.

박춘엽, 최용록, 김종진, 전병찬, 정수원, 김정대 (2003), "소상공인 지원제도의 공공 정책적 특성," 중소기업연구, 25권, 제4호, 227-243.

송종호(2000), 『벤처설립에서 코스닥, 제3시장, 나스닥 상장까지』, 시대의 창.

신영균(2009), 『미국 일본에서 크게 히트하고 있는 소자본 창업』, 하나PLUS.

안창현(2008), 『오픈마켓 초보자 창업 가이드: 매출을 올리는 상세 페이지 제작 기법』, 에이스.

임종원, 조호현, 신종칠(2002), 『마케팅조사론』, 법문사.

전병찬, 김정대, 박춘엽(2000), "한국의 소상공업 분포와 함축적 의미," 『중소기업연구』, 제22권, 제1호, pp. 147-168.

정대용(2006), 『문화산업 벤처경영론』, 청람.

정승화(2006), 『벤처 창업론: 부 창출 경영의 이론과 실제』, 박영사.

조병주, Karl H. Vesper(1999), 『기회발견과 창업메카닉스』, 청아출판사.

조준모, 고석준 (1999), 『아웃소싱 매뉴얼』, 삼영사.

중소기업청, 에이스(주) (2002), 『재택기업 및 무점포 사업 활성화를 위한 연구 보고서』, 중소기업청.

중소기업청 소상공인지원중앙센터(2001), 『경리 기장 업무의 기초』.

중소기업청 소상공인지원중앙센터(1999), 『창업자금 조달 및 운용』.

중소기업청 소상공인지원중앙센터(2001), 『계약서 작성 관련 실무』.

통계청(1998), 『1997년 기준 사업체기초통계조사보고서』, 통계청.

함승창, 박춘엽(2003), "소규모 무역업 창업을 통한 청년 일자리 창출 방안에 관한 연구," 한국창업학회 2003 추계 정책토론회 및 학술논문발표회, pp. 52-65.

하버드 경영대학원(2010) (송택순옥), 『위대한 비전의 탄생 기업창업』, 웅진윙스.

참고 문헌 및 추천 도서 추가(2010년 이후의 서적)

김선태, 차송이, 반명화, 강봉수(2011), 소셜커머스 창업 : 소셜커머스 창업 7일 만에 끝내기, 살림.

김재일(2010), 유비쿼터스 인터넷 마케팅, 박영사.

김지연, 이지현(2013), 성공하는 미용실 피부관리실 창업하기, 크라운출판사.

김형중, 오세조, 김상덕(2012), 프랜차이즈 창업경영실무, 한올출판사.

김희철(2012), 창업경영론[개정판], 두남.

나영균(2010), 만원으로 성공하는 쇼핑몰 창업 운영 그대로 따라하기, 혜지원.

노기엽(2011), 창업 마케팅론, 학현사.

박동옥(2011), 대한민국 2040 학원창업으로 성공하라, 미래와 경영.

세노르, 댄; 싱어, 사울, (윤종록 역), (2010) 창업국가: 21세기 이스라엘 경제성장의 비밀, 다할미디어.

손원준(2011), 학원 창업에서 경리까지 핵심지식, 지식만들기.

손원준, 한만용, 권연호(2012), 국세청도 가르쳐주지 않는 창업 경리회계와 세금[3판], 지식만들기.

야마모토 시게루(2011) (김은래 역), 사회적기업 창업 교과서. 생각비행.

윤종록, 김태호, 손성곤(2011), 창업과 경영[2판], 형설출판사.

윤천성(2011), 피부 관리숍 창업하기, 훈민사.

이경태(2010), 줄 서는 식당 창업의 7가지 비밀, 이론아침.

이기찬(2010), 나홀로 창업 오퍼상이나 해볼까, 중앙경제평론사.

이덕훈(2012), 창업학의 이해[2판], 비앤엠북스.

이병욱(2012), 창업비밀과외: 100가지 사례로 녹여만든 창업성공비책, 에프케이아이미디어.

이시환, 전진수(2011), CAFE24 쇼핑몰 창업후 운영기법, 가메.

이신모(2011), 청년창업학, 두양사.

이용석(2012), 창업 모델로 승부하라: 누구나 하는 모델 창업과 운영 실전 노하우, 생각나눔.

장재남(2012), 프랜차이즈 가맹본부창업: 불편한 진실 성공전략 성공사례, 두남.

장정용(2012), 창업 선수들은 왜 망하지않을까, 지식공감.
전진수, 박경태, 김명순(2012), 온라인 쇼핑몰 창업 바이블, 혜지원.
정용진(2013), 커피전문점 창업하기 : 창업의 달인, 크라운출판사.
정희전(2013), 쇼핑몰 창업 제작 마케팅: Makeshop(메이크샵)과 함께하는, 앱북스.
정희전, 착한사진연구소(2012), 쇼핑몰 창업 운영 제작 북, 한빛 미디어.
조권식(2013), 공부방 창업하기: 창업 성공 프로젝트, 크라운출판사.
한국창업전략연구소(2011), 베스트 창업 아이템 100(2011), 21세기북스.
한국창업전략연구소(20110, 베스트 창업 아이템 100(2011), 21세기북스.
허진(2010), 성공하는 부동산 창업, 북파일.
황윤정(2012), 인터넷 쇼핑몰 창업론, 이담북스.

외 국 도 서

Brabec, Barbara (2003), *Homemade Money: Starting Smart: How to turn Your Talents, Experience, and Know-how into a Profitable Home-based Business That's Perfect for You,* New York: M. Evans and Company.

Bygrave, William (2009), *The Portable MBA in Entrepreneurship,* New York: John Wiley and Sons.

Bygrave, William D. and Andrew Zacharakis (2010), *Entrepreneurship,* 2nd Edition, Wiley.

Bygrave, William (1997), *The Portable MBA in Entrepreneurship Case Studies,* New York: John Wiley and Sons.

Edwards, Paul (2010), *Home-Based Business for Dummies,* For Dummies.

Entrepreneur Media (1996), *Starting a Home-Based Business,* New York: John Wiley and Sons.

Folger, Liz (2002), *Stay-at-Home Mom's Guide to Making Money from Home,* Revised 2nd. Ed., Roseville, CA, Prima Publishing.

Gladstone, David and Laura Gladstone (2002), *Venture Capital Handbook,* Englewood Cliffs, New Jersey, Prentice-Hall.

Guillebeau, Chris (2012), *The $100 Startup: Reinvent the Way You Make a Living, Do What You Love, and Create a New Future*, Crown Business.

Hisrich, Robert, Michael Peters and Dean Shepherd (2012), *Entrepreneurship,* 9th Edition, McGraw-Hill/Irwin.

Huff, Priscilla Y. (2002), *101 Best Home-Based Business for Women,* 3rd., Edition, Roseville, CA, Prima Publishing.

Jones, Katina Z. (2000), *The 150 Most Profitable Home Business for Women,* Holbrook, MA.: Adams Media Corporation.

Kuratko, Donald F. (2008), *Entrepreneurship: Theory, Process, and*

Practice, Wiley.

Riebe, Wolfgang (2008), *450 Home Business Ideas*, Create Space Independent Publishing Platform.

Ronstadt, Robert C. (1984), *Entrepreneurship: Text, Cases and Notes*, Dover, MA, Lord.

Timmons, Jeffry A. and Stephen Spinelli (2003), *New Venture Creation: Entrepreneurship for the 21st Century with PowerWeb and Mentor CD*, New York, McGraw-Hill.

淸成忠男(1993), 『中小企業ルネサス』 東京 : 有斐閣.

伊藤敏子(2002), 『SOHO成功ファイル88』, ダイヤモンド社.

原田保, 松岡輝美編(2001), 『SOHOベンチャ-の戰略モデル』, 中央經齊社.

浦野敏裕(2003), 『SOHO事業の進め方』, かんき出版.

安田龍平(2002), 『「起業」成功事例集-この22人はなぜ成功したのか-』, 經林書房.

近藤雅和(2000), 『eコマ-ス最前線—アメリカの成功と失敗に學ぶ-』, 廣齊堂.

찾아 보기

찾아 보기

(1)
1 인 주도 방식 / 300
1 인 주식회사 / 313
1 차 자료 / 156
1 차 자료의 수집 방법 / 159

(2)
2차 자료 / 156

(D)
DM / 190, 192, 198
DM의 기획과 제작 / 194
DM의 배포방법 / 196
DM의 종류 / 192

(E)
Entrepreneurship의 이원 / 9
Entrepreneurship의 정의 / 9, 10

(S)
SWOT 분석 / 161

(T)
Ted Turner / 144

(ㄱ)
가격 / 179
가격 결정 / 181
가격결정 방법 / 180
가격전략 / 182
간접 통제 형태 / 298
간판 / 244
개업전의 마지막 점검 / 383
경영 컨설턴트 / 305
경영 파트너의 대상 / 304
경영자의 중요성 / 297
고객서비스 / 197
고정 자본 / 264
공동 주도 방식 / 300
광고 / 189
광고의 종류 / 189
광고의 특징과 역할 / 189
구인회 / 92
구전광고 / 190, 198
기술 분석 / 131
기업 매입 / 46
기업의 공개 / 386
기업의 법적 형태와 장단점 / 308
기업의 설립 절차 / 312
기업의 실패 원인 / 75
기업의 합병 / 387, 389

(ㄴ)

내부 수익률법 / 288
네트워크 마케팅 / 185
네트워킹 / 396
네트워킹 마케팅 / 177

(ㄷ)

다이렉트 마케팅 / 177
단기 금융 회사 / 290
대차대조표 / 262
도산의 원인 / 77
도소매업 및 소비자 용품 수리업 / 97

(ㄹ)

리스 / 271, 290
리스 회사 / 280, 290

(ㅁ)

마쓰시다 고노스께 / 258
마케팅 계획 / 178
마케팅 중심형 조직 / 300
마케팅 컨셉 / 175
마케팅의 유형 / 176
매슬로우의 욕구 단계 이론 / 99
매입 채무 / 271, 290
면접 / 160
모리타 아끼오 / 72
모방창업 / 43
모집원(募集源)과 방법 / 307

목적과 필요 정보 / 230
무인상점 / 186
무점포 창업 / 44

(ㅂ)

벤처 캐피탈 / 281
벤처기업 / 45, 47
보증 보험 / 274, 290
보험 회사 / 280, 290
브로사이드 / 193, 198
브로슈어 / 193, 198
비공식 시장 조사 / 153
빌 게이츠 / 54

(ㅅ)

사업 계획 / 34
사업 아이디어 / 30, 95
사업 아이디어 개발 기법 / 98
사업 아이디어의 선별 / 110
사업 아이디어의 중요성 / 95
사업 자금의 원천 / 275
사업계획서 사례 / 321
사업보국 / 5
사업성 분석 / 34, 124
사업성 분석의 구조와 환경 / 127
사업성 분석의 기본과제 / 126
사업성 분석의 절차 / 129, 133
사업자 등록 / 315
사업자 등록 신청서 / 316

상권 분석 / 207
상권의 일반적 특성 / 207
상세권 / 206
상표제도 / 114
상황 분석 / 152
생산 중심형 조직 / 299
생산계획의 단계 / 231
서큘러 / 193, 198
설비 배치와 건물 계획 / 237
성공적인 경영자의 요건 / 81
성공적인 기업가의 특성 / 60
소비자의 욕구 / 101
소상공업 / 85
소상공인 / 85
소상공인 지원센터 / 276, 290
소상공인지원센터 / 84
소상공인지원제도 / 85
소요 인력 / 248
소요 자금 추정 / 249
소요자금 추정 / 268
소자본 창업의 SWOT 분석 / 164, 166
소점포 비빔밥전문점 사례 / 322
손익계산서 / 263
쇼핑 센터의 출점시 검토 사항 / 215
수익성 분석 / 286
수익성 평가 기준 / 286
수익성지표계산 / 132
순현가법 / 287
슘페터 / 13

스페셜티 광고 / 190, 198
시장 분석 / 130
시장 세분화 / 146
시장 정보의 원천 / 158
시장 조사 / 143, 146
시장 조사의 순서 / 150
시테크 마케팅 / 177
신기술 사업 금융회사 / 279, 290
신기술사업금융회사의 지원방법 / 284
신용 보증 / 272, 290
신용 보증 기관 / 280, 290
신용보증기관 / 84
신주인수권부 사채 / 283
실용신안제도 / 112

(ㅇ)

아웃소싱 / 400
앙트르프르너십 연구의 역사적 과정 / 11
애프터서비스 / 197
약정투자 / 284
에인젤 캐피탈 / 280, 290
여성 창업 / 44
영업비밀보호제도 / 114
우편 조사 / 161
운전 자본 / 265
유통 / 183
유통 채널 / 183
유통경로의 종류 / 183
유한 회사 / 311

은행의 지급 보증 / 273, 290
의장제도 / 113
이동찬 / 294
이병철 / 4
인명부 광고 / 190, 198
인재제일 / 5
인터넷 창업 / 45
일자리의 창출 / 7
입지 선정에 필요한 정보 및 소재 / 217
입지분석 사례 / 218
입지분석과 시장조사와의 관계 / 205
입지와 지점 선정 절차 / 207
입지와 지점의 차이 / 204
입지의 중요성 / 204

(ㅈ)

자금을 조달하는 방법 / 270
자기 사업의 단점 / 58
자기 사업의 장점 / 57
자기 자본 / 265
자기자본 수익률 / 289
자료의 소재지 / 159
자본 / 31, 264
자본 구조 / 265
장애인 창업 / 45, 46
재무계획의 필요성과 목적 / 261
재무분석 / 132
재무제표 / 262
저작권제도 / 115

저축 기관 / 281, 290
전단지 / 190, 198
전자 상거래 / 110
전자상거래 / 108
전화 조사 / 159, 160
전환사채 / 283
점포계획 / 244
점포중심형 창업 / 44
정식 시장 조사 / 155
정식 시장 조사 실시 / 154
정주영 / 28
제조 원가의 추정 / 238
제조업을 위한 입지 선정 / 216
제품과 생산기술조사 / 231
제품과 서비스의 발견 / 104
조직의 구성 형태 / 298
종합 금융 회사 / 290
주식회사 / 310, 318
중소기업 진흥 공단 / 279, 290
중소기업진흥공단 / 84
중소기업청 / 83
증권 회사 / 281, 290
지방중소기업청 / 83
지적재산권 / 112
지점의 평가 / 212
직원 채용 / 306
직접 통제 형태 / 298
진로 / 18
진열 창 / 245

(ㅊ)

창업 과정 / 32, 38
창업 기업의 실패율 / 74
창업 시스템 / 33
창업 지원기구 / 83
창업 초기의 상황과 대응 방안 / 383
창업 투자 조합 / 278
창업 투자 회사의 선택 / 278
창업 팀의 형성과 인원 선발 과정 / 301
창업의 3요소 / 30
창업의 의미 / 6
창업의 정의 / 24, 30
창업의 종류 / 39
창업의 중요성 / 7
창업자 / 30
창업자 적성검사 / 58
창업초기의 경영 / 379
창업투자회사 / 277, 285
창업님 / 35
창업학 지식의 용도 / 18
창업학의 교육 / 20
창업학의 범위 / 16
창업환경 / 36
채용 기준 / 306
촉진 / 187
촉신수단 / 187
촉진의 개념 / 187
총상권 / 205

(ㅋ)

카탈로그 / 193, 198
코스닥 증권시장 / 387

(ㅌ)

타당성분석 / 124
타인 자본 / 265
통행량 분석 / 212
투자 수익률 / 289
투자, 융자, 차입 / 265
투자의 수확 / 385
특수 용접봉 제조 사업계획서 사례 / 359
특수 은행 / 277, 290
특허전략 / 115
특허제도 / 112
틈새 시장 / 149, 176
팀워크 / 301

(ㅍ)

판매 / 188
판매 방식 / 184
패밀리 마케팅 / 178
팩토링 / 273, 290
포인트 업 마케팅 / 177
포지셔닝 / 148
프랜차이즈 / 42
피고용자의 단점 / 56
피고용자의 장점 / 56
필요 정보 / 230
필요성의 발견 / 99

(ㅎ)

한국여성경제인협회 / 84
한국창업학회 설립취지문 / 17
합리추구 / 5
합명 회사 / 309, 318
합자 회사 / 309, 318
혁신적 창업 / 43
홈 비즈니스 / 108
홈 비즈니스에 있어서 마케팅의 중요성 / 174

저자소개

박춘엽(朴春燁)
미국 조지아공대(Georgia Institute of Technology)
　　산업공학 박사 및 석사 취득
숭실대학교 전자계산학과 졸업
학교법인 숭실대학교 이사
한국방송통신대학교 중소기업경영론 강의(TV 강좌)
한국방송통신대학교 경영대학원 강의교수
(전)미국 조지아공대 중소기업연구소 연구원
(전)동국대학교 산업공학과 교수
(전)한국창업학회 초대회장
(전)한국중소기업학회 회장
(전)소상공인지원센터 초대 자문위원장
E-mail : parkcy@dongguk.edu

주요 저서와 논문

- 중소기업 창업과 사업성 분석
- 발명 특허 창업(공저)
- 과학기술법제(공저)
- "가칭 '소상공인 지원센터' 설립을 위한 제안," (1998) 국회의원회관 소회의실에서 발표.
- "A Modified Procedure for a One-sided Normal Test," American Journal of Mathematics and Statistics, Vol. 2, no. 2. 공저(2012).
- "Forecasting the Number of Publications of Papers on Entrepreneurship in Academic Journals," Research in Higher Education Journal, Vol. 4, pp. 7-16. 공저(2009).

창 업 학 -이론, 방법, 사례-

2013년 2월 25일 개정판 발행
2014년 3월 3일   2쇄 발행

저 자 | 박춘엽
발행인 | 정태욱
펴낸곳 | 보명BOOKS

주 소 | 서울시 중구 을지로2가 101-34번지 3층
        Tel (02) 2274-4540 | Fax (02) 2274-4542

출판등록 제 2-4210
ISBN 978-89-6366-072-1   93320   정가 25,000원

COPYRIGHT ⓒ 2004 박 춘 엽
저자와 협의 하에 인지는 생략합니다.
이 책의 무단복제 또는 복제행위는 저작권법에 의거하여 처벌 받게 됨.
잘못 만들어진 책은 구입하신 서점에서 교환해 드립니다.